陈寅恪先生一生著作的托命之人

蒋天枢传

（增订本）

朱浩熙　著

团结出版社

图书在版编目（ＣＩＰ）数据

蒋天枢传 / 朱浩熙著 . 一北京：团结出版社，

2023.3

ISBN 978-7-5126-9864-2

Ⅰ.①蒋… Ⅱ.①朱… Ⅲ.①蒋天枢（1903-1988）

－传记 Ⅳ.① K825.46

中国版本图书馆 CIP 数据核字 (2022) 第 216818 号

出　　版：团结出版社

　　　　　（北京市东城区东皇城根南街 84 号　邮编：100006）

电　　话：（010）65228880　65244790（出版社）

　　　　　（010）65238766　85113874　65133603（发行部）

　　　　　（010）65133603（邮购）

网　　址：http：//www.tjpress.com

E-mail：zb65244790@vip.163.com

　　　　　tjcbsfxb@163.com（发行部邮购）

经　　销：全国新华书店

印　　装：三河市东方印刷有限公司

开　　本：170mm×240mm　16 开

印　　张：27

字　　数：381 千字

版　　次：2023 年 3 月　第 1 版

印　　次：2023 年 3 月　第 1 次印刷

书　　号：978-7-5126-9864-2

定　　价：78.00 元

纪念蒋天枢先生一百二十周年诞辰

蒋天枢先生 1957 年秋在上海。

己巳（1929）初夏在清华读书时赴天津游览留影，秀水唐立庵（左）、海宁吴其昌（右）、彭城蒋秉南（中）在津门。

蒋天枢 1935 年在开封高中任教时留影。

1934 年夏，蒋天枢与刘青莲女士结婚，摄于开封。

1953 年 9 月中旬，蒋天枢赴粤，在中山大学东南区，同陈寅恪先生及家人合影。左起：蒋天枢、陈美延、唐筼、陈寅恪。

1953 年 9 月中旬，蒋天枢在中山大学东南区，同陈寅恪及家人合影。左起：蒋天枢、陈寅恪、唐筼、陈美延。

1953 年 9 月中旬，陈寅恪与家人在白水泥甬道上合影。

左起：陈美延、唐筼、陈寅恪、陈流求。蒋天枢摄。

1973 年 5 月，蒋天枢先生与作者在上海合影。

明末书画家顾苓所绘《河东君初访半野堂小影》
（首次发表）。

1978 年蒋天枢夫妇与长女蒋钟堉和外孙海川合影。

陈寅恪先生 1955 年撰联，唐师母手书，寄赠蒋天枢。

再版前言

拙著《蒋天枢传》于2002年在作家出版社出版后，南方周末、文艺报等媒体刊发了书讯，文学报、作家文摘报等大幅选载了其中篇章，文汇读书周报、淮海文汇等报刊发表了徐宗文等评论家的文章，在社会上产生一定的影响。

我读大学时虽然学的是文学专业，但毕业后长期在党政机关做公务员，日常工作繁忙，写作只能作为业余爱好，抽暇为之。蒋天枢先生逝世后，我钦佩蒋先生的学识和人品，自认为与蒋先生既是同乡，又有亲戚关系，多年接触频繁，对他比较了解，有责任为蒋天枢先生作传，遂不揣浅陋而为之。

《蒋天枢传》出版后，引起家乡人民、蒋天枢同行及学生们的关注。回忆蒋先生的文章不断见诸报端，披露了很多鲜为人知的往事；一些知名高校的学者也开始研究蒋天枢先生，发表了一些有分量的学术论文。《蒋天枢传》作为研究参考书之一，内容被广泛引用。作为《蒋天枢传》的作者，我感到无比欣慰。

前几年，作家出版社曾提出《蒋天枢传》再版的问题。我虽然时已退休，但考虑再版必须修订，尚需花一番功夫，而我退休后又到一所民办大学任职，既无精力，又无时间，再版一事遂搁置下来。

2021年9月28日，团结出版社社长梁光玉主动联系到我，说有意再版《蒋天枢传》。光玉先生是我认识二十多年的老朋友，2002年我在徐州教育部门工作时，曾有过一次愉快的合作。此言一出，双方一拍即合。而且，我已真正赋闲在家，有了时间保证，遂将修订工作提上日程。

《蒋天枢传》出版多年，我一直保存着当年写作《蒋天枢传》的原始资料，并且陆续搜集到不少新的资料。近五个月来，我摒弃杂务，重拾旧稿，细检历史资料和新发现的资料，对原作进行修订。

修订以原作为底本，恢复了当年出版时删去的《棠棣之悲》一章；有两章因原来文字较长，修订又增补新的内容，遂将《可亲严师》一章拆分成《可亲严师》和《薪火相传》两章，将《寒柳春光》一章拆分成《寒柳春光》《集腋成裘》《尊师重道》三章；针对当前家庭教育出现的问题，增写了《玉汝于成》一章；针对当前存在的老年问题，增写《欲休难休》一章。同原作相比，修订本由过去的二十六章变成三十二章，增加六章。

此次修订，对原书内容普遍作了充实，章节之间也作了调整，增加了历史图片，并订正了原书的错误。为了便于对蒋天枢先生著述研究，书后附录了《蒋天枢先生著述编年》。

希望《蒋天枢传》增订本能为人们认识和研究蒋天枢先生提供更多的方便。

此书出版后，作者将把写作和研究蒋天枢先生的有关资料，捐赠给复旦大学古籍整理研究所"蒋天枢先生文库"。

2022 年 2 月

前　言

　　陈寅恪——一位传奇般的人物。二十世纪七十年代以前，很少有人知道陈寅恪的名字。进入二十世纪八十年代之后，陈寅恪却声誉鹊起，不仅倾倒了文史学界，而且也使社会上兴起且持续升温的陈寅恪热。考察这种前所未有的社会现象，人们发现，《陈寅恪文集》和《陈寅恪先生编年事辑》的出版功不可没。

　　二十世纪八十年代的第一个春天，当沉寂多年的学术荒原欣欣有生意之时，上海古籍出版社春气先动，郑重地推出了一套三百多万字的《陈寅恪文集》及其附录《陈寅恪先生编年事辑》，第一次比较完整地将陈寅恪的学术成就和坎坷生涯公诸于世。

　　金子就是金子。金子就要放光。人们正是从《陈寅恪文集》和《陈寅恪先生编年事辑》中，才了解了陈寅恪先生，认识到陈寅恪先生学术著作的非凡价值。海内外的反响，更是异乎寻常地广泛和强烈。陈寅恪先生无可置疑地成为文史学界一颗光芒四射的星座。

　　人们不能不感到奇怪：陈寅恪先生在世时出版著作十分艰难，以致本人曾经无奈地发出"盖棺有日，出版无期"的浩叹。[1]"文化大革命"中，陈寅恪先生又"受到最大的诬蔑迫害，给戴'头号牛鬼蛇神'帽子，家被抄到难以次数计算"，[2]身边文稿损失殆尽。而在他被迫害致死十余年后，其著作却能得以比较完整地出版，究竟是谁，化腐朽为神奇，实现了陈寅恪先生的生前宏愿呢？

是陈寅恪先生的早年学生蒋天枢！

蒋天枢（1903—1988），字秉南，早字若才，江苏省徐州丰县人，青年时代就读于无锡国学专修馆，师从唐文治先生，后考入清华国学研究院，是梁启超、陈寅恪先生的及门弟子，曾任东北大学、西北大学和复旦大学中文系教授。

当今中国文史学界，几乎无人不知道蒋天枢。这不仅因为他卓越的学术成就和有口皆碑的人品，还在于他同陈寅恪先生的特殊关系。

早在1953年，双目失明的陈寅恪先生就委托蒋天枢负责自己学术著作的出版事宜。1964年春夏之交，蒋天枢赴粤祝贺陈寅恪先生七十五岁寿辰时，一向明察秋毫、慧眼独具的陈寅恪先生就预感到一场政治风暴即将来临，而自己在这场风暴中凶多吉少，不能不早为计。于是，他便将为自己编辑出版一套文集的工作，郑重地托付给蒋天枢："拟就罪言盈百万，藏山付托不须辞。"⁽³⁾可谓语重心长，厚望殷殷。

蒋天枢受命不辞，全力以赴。尤其是陈寅恪先生逝世以后，在"左"的错误肆虐神州大地的情况下，他冒着领导不允许、别人不理解的种种风险，克服了常人想象不到的重重困难，矢志不渝地从事陈寅恪先生论著的搜集、整理和编校工作，终于没有辜负先生的信任和重托，对宏扬民族文化做出了一项历史性的贡献。

桃李满天下的陈寅恪先生，为何单单选中蒋天枢，慨然将毕生心血相委呢？蒋天枢又何以能不负师命，心甘情愿地为之呕心沥血呢？

考察陈寅恪先生同蒋天枢的交往，人们不难发现，二人的关系非同一般，正如陈先生的女儿陈美延所说："先父同蒋先生虽是师生名分，实则是无话不谈的逆友。他常说，蒋先生是最可信赖的人。"⁽⁴⁾陈寅恪先生一向教导门人学行并重，于立品尤为谆谆，诚挚地培养学行俱优和朴质笃实的学风。由此可见，陈寅恪先生对蒋天枢的托付，不仅是对其学识的认可，更是对其人品的肯定。

从蒋天枢来说，他之所以宁可放弃自己学术成果的整理，而心甘情愿地为陈寅恪先生论著的编校效力，当然出自师生之情，但更重要的，是他真正认识到陈寅恪先生学术成就的价值，从而把这项工作视为对老师更是对民族应尽的责任。郑逸梅《艺林散叶》记载："蒋天枢先生平生颇傲俗流，世传其曾谓：'当今学术界，我只钦佩陈寅恪。'"〔5〕蒋天枢亦坦言："陈寅恪先生是中国历史文化所托命之人。"〔6〕蒋天枢正是从保存民族文化瑰宝、发扬中国固有文化的角度，来看待陈寅恪先生论著的编辑和出版的。他所做的工作，正是自觉为民族文化所作的牺牲和奉献。

人要文明，须要有文化。文化人也应该成为文明人。但是，文化人还并不等于文明人。文化人须经过灵魂的脱俗净化，才能完成这一艰难的飞跃。否则，文化人便永远称不上文明人。

陈寅恪和蒋天枢所演绎的这段故事，无疑体现了中华民族的优秀品质和传统美德，体现了文明古国一脉相承的士林高风，因而也就自然成为当今学术界一段脍炙人口的佳话。人们在充分肯定陈寅恪先生的学人品格和学术地位的同时，也自然而然地高度评价蒋天枢先生的高风亮节。《解放日报》一位记者在一篇文章中曾经这样写道："我们这个文明古国历来是讲究治学做人并重、人品文品如一的。十年内乱后的今天，人们对于文坛的道德水准予以深切的关注，出版社有时就像一面三棱镜，文坛的面面观在这里都得到了折射。正如（上海）古籍出版社那位编辑所说：'像蒋教授这样不重名利、品格高尚的人，才是令人感佩的。'"〔7〕

我们应该感谢陈寅恪先生，是他为民族文化宝库作出不可磨灭的贡献。我们也应该感谢蒋天枢先生，是他让更多的人认识了陈寅恪先生。在社会上越来越多的人对陈寅恪先生耳熟能详的同时，也让更多的人认识蒋天枢先生，不仅对于研究工作者多有裨益，而且对于弘扬民族传统文化、促进新时代的精神文明建设，无疑也具有启迪和借鉴意义。

这，就是本书的任务。

《蒋天枢传》讲述的是一个卓有才华的中国学人献身于中国文化事业的真实故事。

———————————————

注：

（1）据蒋天枢《陈寅恪先生编年事辑》（上海古籍出版社，1981年9月）："壬寅 一九六二年 先生七十三岁 仍住中大东南区一号楼上。初春，陶铸同志陪同胡乔木同志到中大看先生，谈及旧稿重印事，虽已交付书局多年，但却迟迟不予出版。因言'盖棺有期，出版无日'。胡笑答云：'出版有期，盖棺尚远。'"

（2）蒋天枢致朱子方（1978年1月24日）："陈先生生前受到最大的诬蔑、迫害，给戴'头号牛鬼蛇神'帽子，家被抄到难以次数计算。身死之后，所有稿子还被那些坏蛋劫走。（后来才被历史系拿去。家里人要不给）上海人民出版社去年八月十七号公函索，迄今还没要到。"

（3）见陈流求、陈美延编《陈寅恪诗集》，清华大学出版社1993年4月第1版。

（4）陈美延致朱浩熙（1990年9月16日）："先父与蒋先生虽是师生名分，但二人可说是无话不谈的逆友。他常说蒋先生是最可信赖的人，所以生前亲自重托蒋先生协助出版《陈寅恪文集》（即先父将一生发表或未发表的各种诗文著述编撰成集）。为此，蒋先生曾两次来广州讨论有关事宜。"

（5）见郑逸梅《艺林散叶》（北京出版社，1982年版）第4154条。

（6）蒋天枢致朱子方（1982年3月）："我这本《（陈寅恪先生编年）事辑》，中心意旨是想写出陈先生是'中国历史文化所托命之人'这一点主旨。"

（7）见查志华《一个品格高尚的学者——记复旦大学蒋天枢教授》。载1982年3月5日《解放日报》第2版。

目　录

第一章　徐州学子

1927 年初秋，清华园雪松青青，衰草茸茸，潺潺的小溪从绵密的树丛中穿过，萧瑟的秋风摇曳着荷塘里的枯梗黄叶。对山松亭响起悦耳的钟声，清华园又迎来了又一批新生。

清华，多少学子神牵梦萦、向往门墙的高等学府！

清华学校开办于皇清末年，因宣统皇帝御赐清华园建校，故名清华学校，又称清华学堂。

这所学校位于北京古城的西北部，西与圆明园、颐和园咫尺相望，西南与燕园毗连，原是清末端郡王载漪（1856—1922）的王府。这位王爷当年曾经红极一时，但后来由于支持义和团运动，1901 年《辛丑条约》订立时，被指为"首祸"，沦为阶下囚，流放新疆，永远监禁。人去物非，其王府也便被充公了。

1911 年，清政府根据美国国会 1908 年通过的所谓退还庚子赔款剩余部分的法案，在这里开办了清华留学预备学校。1925 年春天，清华学校又创办了清华国学研究院及大学部，云集了时下国内名师和寥若晨星的文史泰斗，逐渐发展成为全国第一流的高等学府——清华大学。

清华国学研究院主要招收"国内外大学毕业生，或具有相当之程度者"，

"以研究高深学术，造就专门人才为宗旨"，"先设国学一科，其内容约为中国语言、历史、文学、哲学等，其目的专在养成下列两项人才：（一）以著述为毕生事业者。（二）各种学校之国学教师。"[1]

1927 年 8 月的一天，一位面目清秀、身材细高的青年人，风尘仆仆地跨进清华园的大门。一进校，他就迫不及待地打听王国维先生的消息。

人们悲痛地告诉他："王先生，业已投水自尽了……"

想不到，这位年轻人听到王先生逝世的噩耗，立时呆住了，瞪大了眼睛，张大了嘴巴："什么什么，王先生，他怎么了？"当知道王国维先生确已不在人世时，他竟情不自禁地潸然泪下……

王国维何许人也，居然能让这位年轻人如此动情？

王国维先生字静安，号观堂，生于 1877 年，浙江宁海人，是清朝末年的一位秀才。他早年治史，而后徘徊于深奥的哲学和纯粹的文学之门，再回到史学园地纵横驰骋，做了许多开拓性的工作，取得了划时代的巨大成果。王国维对殷墟甲骨文字、西陲木简、莫高窟六朝及唐人写本、齐鲁封泥的考证等，在史学界引起了极大的震动。其《静安文集》《曲录》《宋元戏曲考》《人间词话》《流沙坠简》等学术著作，被海内外学人奉为经典。

1927 年农历五月初二日（6 月 1 日），王国维先生批改完报考国学研究院新生的试卷，写好遗书，中有"五十之年，只欠一死，遭此世变，义无再辱"之语及后事安排，藏诸怀中。次日早餐后，他照例到书房小坐，然后到研究院教授室，与同事商议下学期招生事，随后向办公处秘书借了五元纸币，走向南校门，雇了辆人力车，大约十点钟走入颐和园，在石舫前兀坐沉思，十一时左右从鱼藻轩石阶上跃身投入水中。清洁工闻声赶来打捞，却发现王国维先生头陷淤泥中，已经窒息而死。[2]

这些天，学校一直笼罩在悲哀的气氛中。

这位年轻人是谁，为何对王国维先生如此动情呢？他就是刚刚考入清华国学研究院的徐州学子——蒋天枢。

蒋天枢崇拜王国维先生已非一日。他拜读过王先生写的不少文章，对王先生心仪已久。1926 年夏季，蒋天枢在无锡国学专修馆的学兄吴其昌考取清华国学研究院；挚友唐兰因得到王国维先生赏识，也到清华国学院附读。校友之间，鸿雁传书不断。清华气象，尤其是王国维先生的治学精神和学术成果，令一向追求名师的蒋天枢怦然心动。他遂决定，报考清华国学研究院，做王国维先生的及门弟子。

然而，报考清华国学院，考试这一关是极难通过的。报考人数极多，文化考试极难，往往录取者不到十分之一，甚至不到二十分之一，堪称是凤毛麟角了。[3]

1927 年 4 月，蒋天枢前往清华大学设在上海交通大学的考场，参加清华国学研究院第三届新生考试。[4]

旅舍中，一灯如豆，蒋天枢仍然在为迎考挑灯苦读。更深夜半，他困倦睡去，竟然梦见了王静安先生——

> 应试清华之时，旅舍灯残，伏枕倦极而卧，即梦见王静安先生教余习训诂校雠之学，乃荒鸡叫晓，惊余梦觉，复入睡乡而继续入梦者再……[5]

日有所思，夜有所梦。于此，可见蒋天枢追随王国维先生心情之迫切了。

蒋天枢终于梦想成真，如愿以偿。

本着宁缺勿滥的原则，清华国学研究院本届只招了十八名新生，蒋天枢便是其中之一。这比第一届招收三十八名、第二届招收三十名大大减少了。[6]

千里迢迢，投师而来，蒋天枢决然想不到，朝思梦想的王国维先生却已与世长辞，现在只能参加王国维先生的葬礼了。[7]

"升堂矣，未入于室也。"这不能不说是永久的缺憾！可以想象，蒋天枢心中该是何等的悲苦，怎能不为此雪涕沾膺呢！

王国维先生的墓地选在清华园之北西柳村七间房之原。

8月14日，王先生安葬，校长梅贻琦率领数十名师生前往祭送。时雨天降，天人同悲，人人雨泪洗面，哀思绵绵不尽。

虽然未能及门，亲聆先生教诲，蒋天枢却一直把自己当作王国维先生的私淑弟子，从未停止追随者的脚步。一提起王国维先生，他便肃然起敬，从不直呼其名，仅称"静安先生"，并对先生的著作尽力搜集，精心阅读。于此可见，王国维先生在他心目中的分量之重了。[8]

蒋天枢入住清华园西斋——研究生的集体宿舍。学校规定，研究生一年完成研究论文，即可离校，完不成的，可以延续一至二年。事实上，多数人都是三年左右才能毕业离校。新老研究生住在一起，朝夕研讨交流，关系也十分融洽。

蒋天枢的导师改为梁启超先生和陈寅恪先生。他平时"听陈寅恪先生开课，由梁启超先生指导论文写作，得阅丰富的藏书，着手研究全祖望"。[9]

梁启超先生字卓如，号任公，又号饮冰室主人，生于1872年，广东新会人，举人出身。1895年，他随乃师康有为先生赴京会试，发动了轰动全国的公车上书；1898年，他又参与了百日维新运动，失败后流亡日本。梁先生介绍的西方学说，对知识界产生巨大影响。辛亥革命后，他先是拥护袁世凯，在袁世凯复辟帝制后，又策动蔡锷组织护国军，树起讨袁的大旗，并经常发表感情奔放、流利畅达的政论文章，可谓清末民初一位叱咤风云的领袖人物。

陈寅恪先生，江西修水人，是清末湖南巡抚陈宝箴之孙、诗人陈三立之子，生于1890年。从十三岁起，陈先生先后留学日本应庆大学、东京帝大、德国柏林大学、瑞士苏黎世大学、法国巴黎大学、美国哈佛大学和德国柏林大学研究院等高等学府，直到1926年三十七岁时，才受聘回国，担任清华国学研究院教授。很快，陈先生便以博闻强记、卓有见地享誉清华校园。师生们把他和王国维、梁启超、赵元任相提并论，合称为"清华四巨头"。

说起梁先生同陈先生的关系，当时学校倒还留传着一段佳话哩！据说，梁启超先生向清华校长曹云祥推荐陈寅恪时，曹问：他是否博士？有无著作？

梁答道：不是博士，也无著作，但是，他的学问胜过我。可见陈寅恪先生是一位无冕的卓异才俊！

王国维先生虽比陈寅恪年长十几岁，二人的关系却非同寻常。王先生自沉时，遗书交代，其书籍一概委托陈寅恪、吴宓两位先生处理。这是一项生死相托啊！面对王先生的遗体，"二十几位同学行三鞠躬礼，但陈寅恪先生来后，他行三跪九叩大礼"，令人"深感情义深浅在此一举一动中可见"。[（10）]不仅如此，陈寅恪先生"辄痛苦非常"，认为王先生是"以此身殉文化"，情意沛沛的撰写了长篇七古《王观堂先生挽词》，以及文采焕发、学术宣言式的著名碑文《清华大学王观堂先生纪念碑铭》。[（11）]

当蒋天枢逐渐认识两位导师的时候，梁启超、陈寅恪先生也在静观默察，仔细打量这位来自徐州、英气勃勃的年轻人——

蒋天枢，清光绪二十九年农历十月初三（1903 年 1 月 6 日）生于徐州府丰县蒋寨门村。[（12）]是年为癸卯年。他属兔。

1929 年蒋天枢在清华国学研究院读书时。

丰县，古属沛县丰邑，是千古龙飞的帝王之乡。秦朝末年，这里出了个刘邦，当过沛县泗水亭长，后来响应陈胜、吴广起义，杀了沛县县令，于泗水之滨举起义旗，先是在项梁领导下，同项羽勠力攻秦，推翻了暴秦的统治；后又同项羽展开了一场传诵千古的楚汉战争，逼得项羽霸王别姬、乌江自刎，自己却登上了皇帝的宝座。"妇孺能言西楚事，牧童善解《大风歌》。"(13) 直到今日，丰沛县的许多百姓都还能神采飞扬地讲述汉高祖刘邦的故事哩！

丰县又是历史上人们向往的桃花源。中国有句象征美满姻缘的成语叫"朱陈之好"。朱陈村的故事，就发生在古丰县。唐代大诗人白居易有诗专咏此事，诗曰：

> 徐州古丰县，有村曰朱陈……
>
> 女汲涧中水，男采山上薪。
>
> 县远官事少，山深人俗淳。
>
> 有财不行商，有丁不入军。
>
> 家家守村业，头白不出门。
>
> 生为村之民，死为村之尘。
>
> 田中老与幼，相见何欣欣。
>
> 一村唯两姓，世世为婚姻。
>
> 亲属居有族，少长游有群。
>
> 黄鸡与白酒，欢会不隔旬。
>
> 生者不远别，嫁娶先近邻。
>
> 死者不远葬，坟墓多绕村。
>
> 既安生与死，不苦形与神。
>
> 所以多寿考，往往见玄孙……

诗人描述了如此美景，喟然一声长叹："一生苦如此，常羡朱陈村！"(14)

但是，当蒋天枢睁眼看世界时，丰县早已是另一番景象了。这里既没有帝王之乡的风光，也没有世外桃源的祥和，诗情已寻觅不见，画意早荡然无存了。

入冬，天地寒彻，凛冽的西北风就怒吼起来，搅得黄沙遮天蔽日。历史上，古黄河曾经流过此地六七百年，大清咸丰五年（1855）河床北徙后，在此地留下一条故道，晴日沙飞尘扬，雨天一片汪洋。冬季干旱多风，经常黄沙漫天。民间流传着一句顺口溜："进了徐州府，先喝二两土，白天喝不够，晚上再来补。"

徐州一带又是著名的古战场。几千年来，这里龙争虎斗，发生规模较大的战事就有四百多起。一方刀剑耕耘的土地，一方血浸火燎的土壤，"九里山前古战场，牧童拾得旧刀枪"的古民谣脍炙人口，风悲日曛，川原野旷，直令人销魂断肠！

面临如此情景，襁褓之中的蒋天枢不能不打个冷颤。他哪里知道，当时的社会状况比自然界更令人心寒呢！

戊戌变法失败后，帝国主义列强加紧瓜分中国的阴谋勾当。腐败无能的满清政府对外签订一个个不平等条约。为归还战争赔款和建造圆明园，仅1903年，清政府就从徐州老百姓身上，搜刮走白银二十多万两。[15]丰县历来是重灾区，人民生活苦不堪言。正如一本小册子中所说的："劳苦大众生活已至绝境，真是饿殍载道，尸骨遍野。""丰县城里的居民，乞丐冻死、饿死、病死的，每天都有数十人，尸体暴露在街旁。几个地方（吃官饭的衙役）整天抬死尸也抬不完。城里店内、富户门前，每天晚上泼满污水，怕饥民死在门前，还得觅人把死尸抬走。凤鸣塔周围是放死尸的地方，有的饥民偷挖尸体的肉来吃……"[16]

丰县位于苏、鲁、豫、皖四省交界，和铜山、沛县、鱼台、金乡、单县、砀山、萧县七县接壤，土匪经常出没，洋枪洋炮，明火执仗。农民为抗击匪害，围村筑起黄土屏障，俗称寨墙、土圩子。蒋寨门村位于县城西南三十余里，主要为蒋姓人家的聚居之地。为了维护百姓生命财产安全，每天晚上，村民自动组织起来，扛上红缨枪，轮流打更放哨。即便如此，也抵不住盗匪的突然袭击。往往土匪一来，村民们丢家弃舍，闻风而逃。蒋天枢晚年曾经这样描述当时的社会情景："那是清王朝崩溃之前的混乱年月，土匪大帮小帮，多如牛毛，打家劫舍，烧毁村庄，连有田产的人家也去挖野菜，剥树皮充饥。"（17）蒋天枢印象中，从小就随着爹娘赶着马车四处逃难。

国家垂危，民生涂炭。然而，春雷也正隐隐地从远方滚来。

中华民族的优秀子孙，正在摸索救国救民的真理。就在蒋天枢出生的这年冬天，伟大的革命家孙中山先生在国外重组受到破坏的革命军，响亮地喊出了"驱除鞑虏，恢复中华，建立民国，平均地权"的声音；黄兴、陈天华、宋教仁、章士钊等人在长沙发起兴中会；《觉民》《中国白话报》《猛回头》《警世钟》等报刊相继出版，一下子风靡了中华……（18）

蒋天枢就生在这样一个寒冷的世界和混乱的年月。

对于蒋天枢的出生，家人一则以喜，一则以忧，喜的是家门添丁，人口兴旺；忧的是不知道国家的前途在哪里，人民的出路在何方，灾难会不会不期而至，一直活得战战兢兢……

面对严酷的现实，父辈们苦苦思索，不得其解。喜忧参半的家人，费尽心思，给蒋天枢起发一个奇怪的乳名——解，希望他长大以后，能够像解答一道道数学难题那样，解开久久困忧父辈和乡人心中的家国情结。

蒋天枢，会辜负父辈们的殷切期望吗？

注：

（1）据1925年10月20日《清华周刊》载《研究院章程》，见清华大学出版社《清华大学史料选编》，1991年3月第1版。

（2）蒋天枢《陈寅恪先生编年事辑》引赵万里所编静安先生年谱云："四月中，豫鲁间兵事方亟，京中一夕数惊。先生以祸难且至，或有更甚于甲子之变者，乃益危惧。五月初二日夜，阅试卷毕，草遗书怀之，是夜熟睡如常，盥洗饮食赴研究院视事亦如常，忽与友人处假银饼五枚，独行出校门，雇车至颐和园。步行至排云殿西鱼藻轩前，临流独立，尽纸烟一枝，园丁曾见之。忽闻有落水声，争往援起，不及二分钟已气绝矣。时正已正也。"又据丁文江、赵丰田《梁启超年谱长编》梁先生致梁令娴信："静安先生自杀的动机，如他遗嘱上所说，'五十之年，只欠一死，遭此事变，义无再辱。'他平日对于时局的悲观，本极深刻。最近的刺激，则由两湖学者叶德辉、王葆心之被枪毙。叶平时为人本不自爱（学问却甚好），也还可说是自取之道。王葆心是七十岁的老先生，在乡里德望甚重，只因通信有'此间是地狱'一语，被暴徒拽出，极端笞辱，卒致之死地。静公深痛之，故效屈子沉渊，一瞑不复视。此公治学方法，极新极密，今年仅五十一岁，若再延寿十年，为中国学界所发明，当不可限量。今年内竟为恶社会所杀，海内外识与不识莫不痛悼。"投水当日情况，参见刘烜著《王国维评传》（百花洲文艺出版社，1996年12月）第293页。

（3）据季羡林《赋得永久的悔》（人民日报出版社，1996年1月）。又据《研究院章程》（《清华大学史料选编》，清华大学出版社，1991年3月）："投考手续约分二步：第一步报名，听凭资格审查，合格者由本院发给准考证一纸。第二步持此证应考。考题分三部：第一部，经史小学，注重普通知识，用问答题；第二部，作论文一篇；第三部专门学科，分经学、中国史、小学、中国文学、中国哲学、外国语（英文，或德文，或法文）、自然科学（物理学，或化学，或生物学）、普通语言学入门。考生于其中任选三门，作出答案，即为完卷。"

（4）据蒋天枢《惜梦室主自订年谱》（未出版）："一九二七民国十六年丁卯二十五岁锡中，图书管理员。交大考，九月由津浦北上至京，清研。"

（5）据谢国桢《瓜蒂庵文集》（辽宁教育出版社，1996年9月出版）之《新岁赠同学秉南蒋子》（一九七七年元月三日记于沪渎）。

（6）据1925年10月20日《清华周刊》所载《研究院章程》，见清华大学出版社《清华大学史料选编》，1991年3月第1版。

（7）据1988年3月16日何佩刚访问蒋天枢后所写《蒋天枢先生的治学道路简述》（初稿）："1927年4月，蒋先生报考清华研究院，父亲卖了三十亩土地，才得以北上清华研究院读书，属第三届学生。蒋先生因景仰王国维先生而报考清华，但入学后王先生去世，只能参加他的葬礼。"据刘烜著《王国维评传》（百花洲文艺出版社，1996年12月）第十三章，王国维先生葬礼在1927年8月14日。所说"只能参加他的葬礼"，应指王国维先生下葬后的焚七、追思等祭奠礼仪活动。

（8）蒋天枢1950年1月15日致朱子方信："前数日偶得一影印静安先生遗墨两册，（书札手稿之属，每部二册），拟寄与高（亨）先生一部，俟邮路稍通畅当付寄也。"

（9）据1988年3月16日何佩刚访问蒋天枢后所写《蒋天枢先生的治学道路简述》（初稿）。

（10）姜亮夫《忆清华国学研究院》，载缪明春、刘巍编《老清华的故事》，江苏文艺出版社，1998年12月。

（11）据刘烜著《王国维评传》（百花洲文艺出版社，1996年12月）第十三章《以身殉学术》。

（12）据蒋天枢《惜梦室主自订年谱》（未出版）："光绪二十九年癸卯，一岁，十月初三（癸亥）戊午未时生于老宅之西屋。"

（13）清诗人宋琬七绝诗《徐州怀古》句。

（14）见《白居易集》之《朱陈村》。

（15）据董献吉等编著《徐州百年大事记》，复旦大学出版社，1989年。

（16）见陈益甫《清末民初封建社会点滴》，载《丰县文史资料》第一辑。

（17）据1988年3月16日何佩刚访问蒋天枢后所写《蒋天枢先生的治学道路简述》（手稿）。

（18）据《中国近代史大事记》，知识出版社，1982年。

第二章　古丰蒋氏

　　丰县有四大家：城北孙家、城南李家、城东张家、城西蒋家。全县以蒋姓命名的自然村多达二十四个。蒋寨门村是其中之一，位于丰县城西南三十五里。[1]

今日丰县宋楼镇蒋寨门村一角。

寻根溯源，丰县蒋氏还是西周开国元勋周公旦的子孙呢！

殷商灭亡后，周天子大封同姓。周公第三子姬伯龄受封于蒋国（古弋阳期思里，今河南省固始县东蒋乡一带），为诸侯王。其子孙遂以国为姓，姓蒋。东汉中兴时，伯龄公第四十七世孙蒋横为大将军，因匡扶汉室平定天下有功，受封逡巡侯。后来，东汉统治集团内部互相倾轧，蒋横遭司吏羌路诬陷，含冤自杀，葬丰县之南龙岗汝水口（后名瓦子口，现安徽萧县境内）。为防抄家灭族，蒋横九子，其中八人背乡离井，逃窜江南，唯第七子蒋稔守墓不去。因此，蒋稔的后人多散居萧县、丰县一带。屈指细数，蒋天枢一代，应是周公的第一百一十六世孙。[2]

蒋寨门村建于何时，已无从考证。村之所以称蒋寨门，是因为蒋氏在此聚居且寨门较大的缘故。[3]

蒋天枢出生在一个书香门第。其曾祖父蒋润之，字笠湖，号雨帆，是道光年间的秀才。伯父蒋念濂，字子周，号莲仙；父亲蒋念洛，字子程，号东甫，二人均为清朝光绪年间的秀才。[4]一门三秀才，这在苏北农村并不多见。

说到蒋天枢之家，人们交口称赞：他有一位了不起的奶奶。提起奶奶，蒋天枢常以无限崇敬的心情赞叹道："奶奶是位了不起的人！奶奶做的事，一般女性是做不到的！"[5]

奶奶姓朱，沛县栖山北一里司家楼村人，生于清道光二十七年（1847），十七岁嫁蒋润之之子蒋长义为妻。朱家是朱陈村的老户。朱、蒋两家迄今还保存着朱陈村的遗风哩！蒋天枢的曾祖母姓朱，奶奶妯娌二人在朱家是堂姊妹，两位姑奶奶、一位堂姑母和姐姐又嫁到朱家。如此，也可以说是"世世为婚姻"的朱蒋之好了。

奶奶朱氏是北方典型的小女人。她尽管身单力薄，可在蒋家祸不单行时，硬是挑起千斤重担，成了蒋家的顶梁柱。她二十五岁时，刚过知天命之年的公公蒋笠湖病逝；此后仅过八个月，二十八岁的丈夫又猝然病亡。这真是墙倒屋塌、雪上加霜啊！上有五十二岁的婆婆，体弱多病；下有三个嗷嗷待哺的幼儿，不谙世事。她一个弱女子流干了眼泪，硬是咬紧牙关，挺起腰杆，强撑起了这个破败的家。

上要尽心尽力地侍奉婆婆，下要把三个幼儿拉扯成人，吃穿用度全压在她的肩上。家事多如牛毛，除操持一日三餐外，田里农活当紧，人误地一春，地误人一年，耽误不得啊！而庄稼活多是力气活，一个小脚女人怎么能承担下来呢？她免不了求东家，告西家。再说，人情礼节、红白喜事，应酬也要靠她……日子过得难呐！

为了养家糊口，朱氏经常睁眼忙到天黑，天黑又忙到天明。每天晚上，侍候老人和孩子入睡后，她最多睡个囫囵觉，多数时间都是拧纺车、蹬织机，然后把织成的布匹拿到集市上卖点钱，以补贴家用……

这日子过得能不难吗？可难归难，她相信天无绝人之路，没有过不去的坎儿，始终没有倒下。就这样，一家三代，老少五口，苦挨苦熬，日子过得虽磕磕绊绊，勉勉强强，但还热热乎乎。

苦挨了三个冬春，才说走出家门不幸的阴影，婆婆又一病不起，撒手人寰了。

可怜的蒋家祸不单行。孤儿寡母叫天天不应，叫地地不灵，人强命不强，感到十分无助！

厄运连连，然而，日子还要过啊！陷于绝境的朱氏罄其所有，安葬婆婆，带上三个幼儿，又踏上了艰难的人生之路。

可以想象，奶奶朱氏该流了多少眼泪，作了多少难啊！

三个孩子一天天长大，到了入学的年龄。时下的农村，文盲遍地，多数人是"睁眼瞎"，一个大字不识。朱氏想，一个祖上秀才之家，孩子们不读书怎么行呢？乡间虽有私塾，可送子上学要钱要粮啊！眼下衣食尚且难以为继，咋上得起呢？

朱氏盘算来盘算去，求人不如求己。她想起了娘家人：胞弟朱希曾是位穷教书先生，请她来教育三个幼儿，管他一日三餐，不是两全齐美吗？主意一定，她带上孩子，徒步三十多里，回到沛县的娘家。朱氏哭诉家道的不幸，度日的艰难，这时候，亲不帮亲谁帮亲呢？弟弟朱希曾本就急公好义，轻财好施，一听姐姐的哭诉，二话没说，背起书箱，跟着姐姐，来到蒋寨门，一日三餐，粗茶淡饭，舅爷当起了教师爷。

朱希曾熟读四书五经，洞明世事，但性情耿介，执教严苛，课下是舅舅、外甥，上课就是先生、学生。他往课堂一站，就板起面孔，宣布馆规，从《三字经》讲起，要求不仅认字，而且悉能背诵。哪个孩子做不到，他便严词苛责，动辄以戒尺相加，决不容情，曾打得孩子小手红肿，大哭不止。朱氏虽心疼孩子，却深明大义，见此情景，常常扭过脸去，泪水暗吞。[6]

在舅爷训导下，三个幼子熬过十年寒窗，终于脱颖而出。朱氏长子念濂、次子念洛入庠为秀才，次子念溪成了当家理财的一把好手。

看着三个外甥成才，朱希曾耗尽心力，却过早谢世了。

丰县流传一首民谣："天上下雨地下滑，自己跌倒自己爬。亲朋好友来相助，酒换酒来茶换茶。"念濂三兄弟感念舅舅朱希曾的教诲之恩，为舅父竖碑鸣谢。其时，朱希曾之子朱登鼎尚幼。蒋家便把朱登鼎接到丰县，尽心抚养，直至其成家立业。

这件事，在方圆几十里地传为美谈。朱氏也成了地方女性学习的楷模。《丰县志》专门为朱氏立了小传：

> 朱氏，沛县德闻女，年十七，适庠生蒋笠湖之子集生，
>
> 七年，夫故，遗三孤俱幼，姑亦衰，氏以纺绩供甘旨。姑
>
> 殁，丧葬尽礼。抚孤念濂、念溪成立，念洛入庠。现年六十。[7]

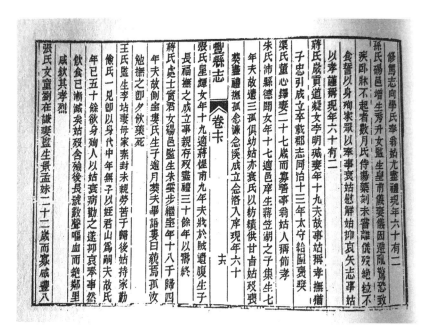

清光绪《丰县志》列女传一页。

穷则思变。蒋念濂兄弟一心振兴家业，也试图外出闯荡。那时，丰县出了个李厚基，1913 年任福建镇守使，再升任护军使，曾经三次回丰县招兵买马。蒋念濂一度投笔从戎，在李厚基麾下听差。但是，第一次世界大战爆发后，中国国内烽烟四起，军阀拥兵自重，连年争战，不少丰县男儿抛尸异乡。李厚基却在家乡置田三十余顷，在县城南关建起三座楼房的小院，新开了酿酒厂和石油公司，还在天津买了一条街的房子。[8] 看到这些，蒋念濂遂毅然辞职返乡了。

蒋家兄弟合计，决定走以农为本、兴工经商之路。他们率先在乡下办起手工业作坊，就地取材，生产白酒、黄豆油、面食点心之类，就地销售，行情看好，生意越做越大，逐渐辐射到临县和周边地区。蒋家家道中兴，不仅购买了田地，又在县城置办了房产，惹得四方刮目相看。

1905 年，孙中山领导的兴中会联合各地方性组织，在日本东京成立了中国革命同盟会。

1908 年，光绪皇帝猝然病死，宣统皇帝登基，千孔百疮的清王朝面临又一次劫难。

丰县农村强烈地感受到这种动荡。地方新旧两党争权夺利，愈演愈烈；乡间土匪结伙成群，甚嚣尘上，光天白日抢劫，谋财害命。人们谈匪色变，惶惶不可终日，家资稍为富裕的更是提心掉胆，唯恐匪祸临头。乡间风传，饶有家产的蒋家已被土匪盯上了。匪患猖獗，风声日紧。蒋寨门早已有村无寨，无防可守。近年崛起的蒋家不得不防了，权衡利弊，多方通融，决定迁居到李楼寨去。

李楼寨位于蒋寨门正东约二里，是一个较大的土圩子，东西有寨门，四角有炮楼，易守难攻，比较安全。寨主李培桂是一位有德长者，同蒋家是老年世交。[9] 丰县李家是显赫望族，仅清代就出了三位杰出人物：清康熙年间出了状元李蟠，雍正年间出了兵部尚书李卫，清末民初又出了位福建督军李厚基，在地方颇有势力。

从此，蒋家就在李楼寨寄居下来。寨中是一条"丁"字大街。东西大街较长，路北是李姓人家的青砖瓦舍；东西街正中向南是一条南北街，南北街两侧有十多间草房，便是蒋家来此的安身之处了。南北路西侧，有北房三间，南屋一间，西屋三间，由奶奶和天桂、天枢住；路东沿街三间东屋，是念洛公等人的住处。念洛公住房南侧，是李家的马棚，马棚后有个篱笆小院，院中三间南屋就是学屋了。

就在这动荡不安、寄人篱下的日子，蒋天枢送别了慈爱的母亲。

父亲念洛公早年娶砀山县杨德龄先生之女杨氏（1867—1899），生一子（天桂）一女。杨氏不幸于三十二岁病逝。念洛公继配砀山县窦家集周氏，生二子（天枢、天格）一女。[10] 周氏温良贤惠，虽为继室，待杨氏一子一女视如己出，尽心抚育，母子、母女关系亲密无间。哪知生命无常！1923 年农历十月初十（11 月 17 日）深夜，在颠沛流离中，年仅四十二岁的周氏永远地闭上了双眼。念洛公早年丧父，已属不幸，中年两次丧妻，可谓不幸之中大不幸。这对念洛公的打击之大可想而知。

历史往往出现惊人的相似！蒋家上一代人祸不单行，现在悲剧又在重演。周氏的去世，只是蒋家新一轮不幸的开始。

仅仅过去一个多月。大年初二，家家户户还正沉浸在欢度春节的气氛中。人们刚刚吃过晚饭，李楼寨外便枪声大作，人声嘈杂。土匪打寨了！土匪头子放出话来，这次就是冲着蒋家来的！

李楼寨巡夜的人们迅即操起长矛，提起大刀，冲上寨墙。黑压压的土匪武装一千多人，把李楼寨围得严严实实。寨外，匪徒呼声震天；寨内，百姓惊慌失措。五十三岁的蒋念溪担负守寨的重任，跑上跑下，忙前忙后，指挥乡亲们严防死守，使匪徒们绞尽脑汁，却久攻不下。夜渐渐深了，土匪虽未退去，却也略微平静下来。

蒋念溪不敢稍事松懈，一个人悄悄来到东北角楼，又对守寨人叮咛一番。哪知土匪已经探知他的行踪，等蒋念溪刚出角楼，迈出门槛，就向他射来一阵密集的子弹。土匪的火力已把角楼的小门封死。可怜念溪公迎着寒风，打了个冷战，一头栽倒在寨墙之上，喷涌而出的鲜血染红了他的前胸后背……

蒋念溪被乡亲们抬回家中，周身血流不止，生命危急，亟需救治，可土匪围得里三重外三重的，出不了寨门啊！家人和邻居们眼睁睁地看着奄奄一息的蒋念溪苦无良策，一筹莫展。时间一分一秒地过去，不到一个时辰，蒋念溪便气绝而亡了。

寨外杀声不止，寨内哭声震天。李家的草房，变成了蒋家的灵堂。

但是，铤而走险、心地歹毒的土匪们决不因流血死人而罢手。天色渐明，土匪闻寨墙守将身亡，攻势如潮，气焰更加嚣张。上午，寨门终于被攻破了！歹徒们一拥而入，无恶不作。蒋家一门，一人陈尸灵堂，蒋念濂、蒋念洛和蒋天桂被绑作人质，押赴乡政府所在地宋楼。土匪还把身着孝服的蒋家人驱赶一块，公然讹诈和恫吓："要钱不要命，要命不要钱，限期三天，一个人一千块大洋，否则就撕票！"

这年，奶奶已七十八岁，仍然是全家的主心骨。她一边安排举丧，一边派人四处筹款。三日之内，家人翻箱倒柜，求亲告友，才勉强凑齐银圆，把人赎了出来。

这股土匪究竟为何专门祸害蒋家呢？

原来，这一带共有四股土匪武装。攻打李楼寨的，是其中以河南省永城为根据地的一支。为首者李三，永城保安山人，外号"一条矶"。这次祸害蒋家的起因，竟然是为了一把麦草——

"一条矶"李三自幼父母双亡，与一帮小叫花子拜把子，流窜讨乞为生。他们惯于"耍刀子"，以凶器伤害自身肌肤，骗取人们的"同情"，让人们撂几个铜板。

一年冬天，以李三为首的小丐帮到丰县范集赶庙会，不巧天雨大雪，没敛到钱财，便漫无目的地向东北方向流窜，一路来到蒋寨门，夜宿在蒋家的车屋里。

天寒地冻，乞丐们冷得搓脚拧手，遂钻进蒋家草屋里烤火取暖。当时，农家普遍都有草屋，储备很多麦草，作为畜牲过冬的饲料。蒋家一位巡夜人看到草屋里冒烟，担心引起火灾，不容分说，强行把一群叫花子赶跑了。李三等人饥寒交迫，挨了一顿骂，还遭到驱赶，发誓要报这一箭之仇。数年之后，他们拉起土匪武装，打听到蒋家人已迁居李楼寨，便兴师动众而来，扬言不让蒋门家破人亡，决不罢休。

抗日战争时期，李三这股土匪接受了新四军收编，变成了一支抗日队伍。1941 年，在震惊中外的皖南事变中，该部受到日、伪、顽的联合夹击，斗争极为残酷。"一条矶"李三死于一次异常惨烈的战斗中。[11]

李楼寨经过土匪之祸，已被破坏得不像样子。蒋家经过这场劫难，心惊肉跳，有家不能回，篱下又寄不得，只好变卖部分家产和土地，背乡离井，迁至丰县县城旗杆街居住。

丰县旗杆街。

县城是全县的心脏，在县政府眼皮底下，自然会有一些安全感。但是，以农为本，根在乡下，城乡之间来来往往不断，即便迁居之后，蒋家仍然未能摆脱愈演愈烈的土匪之祸。

1926 年农历七月五日（8 月 12 日），蒋天枢的同父异母兄长、二十九岁的蒋天桂，又惨死在土匪枪口之下——

蒋天桂是家中长子。土地的耕、种、管、收，里里外外，全靠他一人操持。[12]

民国五年（1916）秋天，地净场光之后，蒋天桂带人将粮食运回县城家中，半路上，突遭一股土匪打劫。一阵乱枪响过，蒋天桂不幸中弹，倒在了血泊中，粮食也被抢个精光。随从将天桂抬到县城，家人火急延医救治，然而，为时已晚，子弹刚刚取出，人也咽气了。[13]

从此，蒋家又失去了一个得力的顶梁柱，家景便每况愈下。

土匪活动猖獗，人民生命财产损失无算。时下的朱陈村，哪里还能找到丝毫温柔富贵乡的影子呢!

北宋大文学家苏轼知徐州时,在一首《陈季常所蓄〈朱陈村嫁娶图〉》的诗中这样写道:

> 我是朱陈旧使君,劝农曾入杏花村。
>
> 如今风物那堪画,县吏催钱夜打门。[14]

如果说,宋代肆虐乡里的是官害,那么,到了清末和民国年间,这里匪害就更加酷烈了。难怪蒋天枢直到晚年,对于当年的土匪之祸,还恨得切齿咒骂。

丰县匪害,祸延日久,闹得民不聊生,谈匪色变。直到1928年5月下旬,国民革命军第二师第九团团长王敬久率部追击直鲁军阀途经徐州时,闻家乡丰县匪害严重,雷霆大怒,没有向上峰报告,即毅然率部前往清剿,在丰县城北城西搜杀围捕,激战了五天五夜,至6月1日,歼灭土匪上千名,把流匪全部剿杀,才根除了匪患。从此,地方百姓才过上了安宁的日子。[15]

1930年7月,丰县人曾筹款二百银圆,在县城公立了一方《王团长敬久剿匪纪念碑》,感谢他为民根除匪害的善举。[16]

也正是这个时候,蒋家背乡离井十六年之后,才得以回到蒋寨门自己的家。

匪患除了,但蒋家经受一连串的沉重打击,从此也一蹶不振了。一个四世同堂之家,只保存一个大家庭的架子,早已没有了孤儿寡母时那种自强不息、蒸蒸日上的气象。

全家上下都说,蒋家由盛到衰,又由衰到兴,到再次衰落下去,在最困难的时候,是奶奶拯救了这个家。遗憾的是,奶奶毕竟老了!即便如此,全家也还离不开她。

蒋天枢眼中,奶奶,就是家;家,就是奶奶。奶奶饱经忧患,确实太不容易，太伟大了！

————————————

注：

（1）据丰县地名委员会1982年编《江苏省丰县地名录》。

（2）据《古丰蒋氏族谱》1962年重修本。

（3）据丰县地名委员会1982年编《江苏省丰县地名录》。

（4）据《古丰蒋氏族谱》1962年重修本："润之，字笠湖，号雨帆，邑庠生，生于清道光二年七月初三日，享年五十一岁，配朱氏，沛邑岁贡生锡黻公女，生于道光元年，卒于光绪二年七月初十日，享年五十七岁……子长义、长茗；女四，长适沛邑庐楼监生朱公保宸，次适朱庄朱公东川，三适白蜡园王公景伦，四适瞿家寨瞿公金镛。""念濂，字子周，号莲仙，邑庠生，生于同治七年八月初八，子天树，女二。""念洛，字子程，号东甫，邑庠生。"

（5）据刘青莲女士1990年3月向笔者口述。

（6）据《古沛朱氏族谱》十一修《小传》："省三公，谓希曾，公天资聪慧，勤奋向学，博览经史子集，无不得其要领，人称饱学之士。公性耿介高雅，乐与高士交，厌同俗人谈。轻财好施，常慷慨解囊，急人所难。遇游手好闲者，必谆谆规劝之。公胞姊适丰邑蒋长义。蒋卒姊寡，延公设馆，抚教三孤，严厉规饬，尝行戒尺，致甥号啕。母舐犊情深，掩袖垂泪，公亦不容情。后三孤皆成才，为邑诸生，家业遂振，人才辈出。"

（7）据光绪二十年《丰县志》之《烈女人物类》。又据《古沛朱氏族谱》载："绍恩，字德闻，配监生阎俊标女，生子希曾、步曾、右曾、武曾，女一，适丰县蒋长义。"

（8）据丰县县志办公室、丰县档案局合修（1986年9月）《丰县简志》之《李厚基》条目。

（9）据朱子方1991年向笔者提供的材料。

（10）据《古丰蒋氏族谱》1962年重修本"念洛，字子程，号东甫，邑庠生，生于同治九年八月十五日，卒于民国十六年二月二日。配砀邑杨氏锡龄公女，生于同治六年三月五日，卒于光绪二十五年九月初一日，享年三十二岁。葬附祖茔侧。子天桂；女一，适朱公本渭。继配窦家集周氏家鹤公女，生于光绪八年六月十七日，卒于民国十二年，子天枢、天格，女一，适张公麟柏。"

（11）据李其新《李三打"蒋寨门"》一文，载徐州市政协所编《徐州文史资料》第14期。李文所说1939年有误，应为1924年；所说"打'蒋寨门'"应为"打李楼寨"。

（12）据《古丰蒋氏族谱》1962年重修本："天桂，字荣冬，生于光绪二十年三月十四日，卒于民国十五年七月五日，配李高台监生李氏相臣公女，生于光绪十七年二月三日，卒于公元一九六零年六月二十七日，子显章。"

（13）据朱子方1991年向笔者提供材料。

（14）见《苏东坡全集》（珠海出版社，1996年11月）卷二第912页。陈季常，名慥，家洛阳，少时慕朱家、郭解为人，稍壮，折节读书。苏轼在岐下识之。苏至黄州，常从之游。

（15）据仇广汉《我所认识的王敬久》一文，载丰县政协编《丰县文史资料》第1期。王敬久（1902—1964），号又平，乳名质彬，丰县城南二十里葛巴草集（今属丰县刘王楼乡）人，1024年由私立徐州中学保送入孙中山先生创办的黄埔军校第一期，官至第二十三集团军总司令、闽粤赣三省新兵编练司令，后在台湾赋闲，晚年穷困潦倒，肺病剧作，62岁时孤独病死。

（16）《王团长敬久剿匪纪念碑》由王敬久挚友、湖南安化人、时丰县县政府秘书蒋思痛撰写碑文，1930年7月落成，碑高约四米，立于县城东南堤凤鸣塔畔，据说1985年被毁。王敬久的剿匪行动事发突然，因没有报请上级批准，加之官兵有一定伤亡，被营长李天成控告。蒋介石对王敬久给予记大过一次处分。

第三章　求学无锡

书香门第，父辈望子成龙，对蒋天枢更是寄予厚望。念洛公为之取名天枢，实望其有所作为。天枢者，北斗之第一星，众星环绕之枢纽也。

身为秀才，念洛公当然希望儿子走"学而优则仕"的道路。但是，清朝晚期，科举登第已是此路不通。光绪三十一年（1905）七月，皇帝颁布圣谕，宣布彻底停办科举。在中国社会转型时期，这就断绝了联系传统的社会动力和政治活动的纽带，也给新一代的中国人提出了何去何从的问题。

在社会动荡的形势下，世事茫茫，前瞻不清，父辈坚定不移的选择，还是让孩子多读几年书。

蒋天枢所受的启蒙教育，是从李楼寨的茅草屋里开始的。

蒋家从借住的房舍中，匀出三间南屋小院作为塾屋，请了一位在当地颇有名望的老先生来执教。不仅蒋家的孩子，左邻右舍的孩子也可以入学。先生姓周，人称周翰林。据说，人称翰林，是恭维他，实际上不过是位廪生，只是学问还好罢了。周先生所教，不外《幼学琼林》《百家姓》《千家诗》《三字经》及"四书""五经"之类。蒋天枢"敏悟好学，悉能背诵"，显露出良好的天资。[1]

辛亥革命胜利后，新式学堂逐渐兴起。丰县之南的砀山办起一所杨氏小学。蒋天枢的家乡位于丰县西南部，距离杨氏小学不远。家人为让蒋天枢接受新式教育，便把他送进了杨氏小学。

新式学堂毕竟与私塾在教育内容与教学方法上不同，蒋天枢接受的信息多了，感到天地大了，眼界也开阔了。

童年的蒋天枢喜读课外书，背着家人，读了《三国演义》《水浒传》《聊斋志异》等小说，后来又喜欢上唐诗，便作起古体诗来，一发而不可收拾，一学期就写了厚厚一本。父亲检查他的学业时，搜出一个写诗的小本子，还是传统观念，认为写"制艺"文章（八股文）才是正道，吟诗填词不过是文人余事，拿出去付之一炬了，并严厉告诫蒋天枢：好好读书写文章，以后不准再作诗了！

在学校里，蒋天枢和同学们谈天说地，越来越关心国家大事。

第一次世界大战结束后，帝国主义列强于 1919 年 1 月 18 日在巴黎召开分赃会议。中国作为战胜国出席了会议，要求取消不平等的"二十一条"，并归还山东，取消列强在华特权等。想不到，会议却无理决定，将德国在山东的权利转让给日本，由此，激起了中国人民的强烈愤慨。北京三千多名学生在天安门前隆重集会，很快发展成为全国规模的"五四运动"。蒋天枢虽然在淮北乡下，但外部的消息不时传来，也受到强烈的震憾，激发了爱国之心。他多么想走出家门，到外面的世界闯荡闯荡啊！

1919 年，蒋天枢十七岁。秋天，他经在南京市政府工作的堂叔蒋念泗介绍，到南京中学借读。

南京是历史名城，钟山龙蟠，石城虎踞，六朝金粉，帝王之都。但是，蒋天枢来到南京时，看到的却是一片衰败景象，昔日繁华的中央门一带，处处却种满了大白菜。

蒋天枢立志刻苦学习，报效祖国。在南京中学，他门门功课都考第一。老师们刮目相看，同学们也羡慕不已。

读荀子的《劝学篇》时，蒋天枢反复咀嚼，细细品味，深为文章形象深刻的说理和朴实无华的文风所感动。联想一代青年的历史责任，他写了篇《读荀子的〈劝学篇〉》，立论正确，说理明晰，文采焕发，感情充沛。东南大学的一位国文教授在南京中学兼职任课，批阅蒋天枢的这篇文章，认为深得荀子《劝学篇》的真谛，是一篇难得的佳作，一边赞叹，一边批了八个大字："烨烨煌煌，俨然作者！"[2]

在南京上学期间，蒋天枢一边学习，一边考虑今后的去向。这时，唐文治先生主办的无锡国学专修馆吸引了他。

唐文治（1865—1954），字颖侯，号蔚芝，江苏太仓人，光绪十八年（1892）进士，初任户部主事，光绪三十二年（1906）任农工商部左侍郎署理尚书。其时，中国社会正处在向殖民地不断陷落之时，清政府腐败无能，帝国主义疯狂入侵，在中国土地上争夺势力范围。唐文治忧心国事，提议改革，1907年后脱离宦海，为实现其"振兴实业，兴学育才"的主张，积极从事教育事业。为此，他曾先后赴英国、比利时、法国、美国、加拿大和日本考察，博闻强记，见多识广，又洞明世事，非一般耆宿硕儒所能望其项背。唐文治先是接任上海实业学堂（南洋大学、交通大学前身）监督，锐意整顿，逐步改变为适合我国国情的体制，使学校具有科技大学的规模，在社会上产生了广泛的影响。自1920年起，他目疾日深，开始定居无锡。

钱塘乡绅施肇曾等人捐资，在无锡创办国学专修馆（后更名无锡国学专修学校，简称国专），延请唐文治先生出任馆长。唐先生自言"横览东西洋诸国，靡不自爱其文化，且力谋以己之文化，括而充之，深入于他国之人心"，痛感"文化侵略，瞬若疾风，岂仅武力哉！吾为此惧，深恐抱残守阙，终至湮没"，[3]便决心挽救本国文化，继承中国书院传统，将平生之学传承下去并发扬光大，并把这看作是自己应尽的责任。

无锡国专以砥砺品诣、躬行实践、造就国学人才为唯一宗旨，导师仅二三人，招生不讲学历，学生集体住宿，学校提供伙食书籍，并根据成绩发放膏火（奖学金）。唐馆长亲手制订十条《学规》，一曰躬行，二曰孝弟，三曰辨义，四曰经学，五曰理学，六曰文学，七曰政治学，八曰主静，九曰维持人道，十曰挽救世风，着重对学生进行品德和学问方面的修养教育。[4] 第一期招生时，仅收二十四人，慕名报考者竟有一千五百人之多。[5] 一时，无锡国专成为众多学子向往的学府。

蒋天枢追求名师，在南京中学只学习一年，就报考了无锡国学专修馆。

无锡国专为确保生源质量，招生采取少而精的原则，宁缺毋滥，因而考试非常严格，先笔试，后口试。唐先生甚至亲自提问，以决定录取与否。要考进这所学校，很不容易呢！

越是难，越是有诱惑力。十八岁的蒋天枢年轻气盛，自恃学习成绩优秀，要斗胆闯一闯。有志者事竟成。唐文治先生为他开了绿灯。蒋天枢遂成为无锡国专第二期学生。

无锡国学专修馆坐落在惠山之麓，大运河在山下汤汤流过，山上有号称天下第二泉的惠山泉，风景秀丽，环境优美。国专开办次年，乡绅孙鹤卿在学前街学宫旁捐建尊经阁，教学条件又得以改善。

唐文治先生为传承和发扬民族文化，特别重视对学生道德品质的修养教育。他认为，没有学问，就不能做大事；而徒有学问，不具品德，就做不成大事。因此，尽管年事已高，视力不好，他仍然坚持亲自授课，批改学生作业，一丝不苟地履行馆长的职责。唐先生经常引用范仲淹"先天下之忧而忧，后天下之乐而乐"的名言勉励学生，激发学生救国救民的责任感，并且亲自撰写一副"人生惟有廉洁重，世界须凭气骨撑"的对联，悬挂国学馆醒目之处，对学生进行潜移默化的教育，殷切希望弟子们都成为国家的栋梁之材。在教学上，唐文治主张厚植基础，博览专精，读古籍原书，使学生掌握古典文献的基本知识，并且采取启发式教学，提倡自学，反对满堂灌。唐先生特别强调教师质量，认为"学生之成就，系于教师之学养"，延请教师但求质量，不问学派。鲁迅、许寿裳留学日本时的同窗好友、曾任京师图书馆馆长、国语统一筹委会会员朱文熊也被无锡国专请来执教。这种卓有特色的办学模式，给教育界吹进一股新鲜的空气。唐文治务实而不尚空谈的教学特点，在社会上广为称道。[6]

国专的学习环境十分宽松，每天只上四节课，其余时间，则让学生在掌握课堂讲授内容的基础上，根据爱好自学，发展个人特长。这很合蒋天枢的胃口。他本来古典文学基础较好，便在唐先生指导下，从源头学起，抱起《史记》，一字不漏地读下去，连同注疏，也不放过，直到完全读懂弄通，再接着往下读，读的同时，还要按照先生的要求，把这两部大书用五彩笔圈点一遍。

这该花费多大功夫啊！

唐文治先生（1865—1954）。

蒋天枢坚信唐先生的话：这样阅读文章，尽管很苦，却能培养钻研精神，把大量知识储存大脑里，用时可随时撷取，左右逢源，受益终生。他不怕吃苦，尽管有些枯燥，还是咬着牙，日复一日读下去，读着读着，一个个疑难迎刃而解，渐渐尝到读书的乐趣，读书的兴致和效率也高了。蒋天枢读过《史记》，接着又读《资治通鉴》，遇到问题，随时向先生请教，深感受益无穷。唐先生还以自创的朗读方法——唐调教诲学生，师生同乐。蒋天枢的心灵受到震撼，常常感叹道：得当代一流名师指点，实在是三生有幸啊！

学贵致用。唐文治先生特别注重培养学生的写作能力，并且总是要求把文章和修身结合起来，鼓励学生在提高写作水平的同时，追求高洁的志向，陶冶高尚的情操。唐先生亲自制定的《学规》之首就是"躬行"，反对"读书自读书，做人自做人"，严辞训导学生："每逢讲说，仅做一席空谈，而于礼义道德，绝无躬行之实，自欺欺人，可鄙孰甚？非吾徒也！"[7] 其严厉可见一斑。每次作文，唐先生和和其他老师一起精心批改，不仅有总批，而且有眉批，还安排两个小时结合学诣，进行作文评讲。蒋天枢从此坚定了人品与文品合一的志向，要求所思所写一定要有利于身心修养。他追慕屈原忠心爱国、品质高洁，写了篇《拟屈原〈橘颂〉》：

> 惟后土之性特，诞嘉木兮南国。信禀性之有殊，独贞固而不移。在夫人而有然，讵卉木其无奇。皇天平分此九土兮，橘独生夫南方。虽无纷华之可悦，而有独异之锋芒。禀凛秋之劲气，抱温润之和光。既青赤之顺序兮，复经纬之中藏。虽文章之烂缦兮，蕴精英而不扬。彼缤纷其变易兮，此独守其故常。求贞固于晚岁兮，心抑郁其忧伤。夙夜惕其审慎兮，姱好修而莫忘。岂不欲随地而居处兮，乃恐其化而为枳也。岂不欲随俗以南北兮，乃恐其笑以为诡也。嗟嗟！心不坚兮和同，志不立兮首鼠。既坠身以招尤，徒劳劳兮自苦。思夫君兮太息，慎斯植兮南土。[8]

这篇文章以橘喻人，通过对橘品格的高度赞扬，表达了作者的志向与追求。此后，蒋天枢便以屈原以楷模，做人似屈子，秉性如丹橘。他后来专治《楚辞》，固然出于教学需要，但也不能说与他多年的治学、修身无关。

与《拟屈原〈橘颂〉》相关的，蒋天枢还写有《空谷幽兰记》，深得朱文熊先生赞赏：

亡是公子嫉世俗之自炫也，窳风之易惑也，邪说之害明也，良璞之见污也，慨然遐思皇古之世，纯厚之风，君子怀其德而保其贞，小人执其善而不与世浮行，思之而不可得，嗒然似丧其偶。客有揖而进之曰："观子之面，有悴其容；度子之肠，抑郁其胸，果何为而有此？非达人之所行。子曷从吾穷迹纵览，飘忽太空，超神象外，领趣寰中，於焉逍遥，聊以娱情乎？"公子曰："唯唯。"吉日良辰，既沐既濯，膏车秣马，侵晨而作，尔乃戴华冠，佩陆离，穿窈窕而寻幽，与世外而为期。於是云作辂，风为马，丰隆作御，雨师洒尘，云霓树旌，凤羽为旐，眇天末以远期，路不周与昆仑。恍惚远望，穆焉怡神，豆区城郭，四合红尘，名园奇卉，郁郁缤缤。吐葩扬荣，布叶垂阴。都人仕女，骛集云屯。灼灼夭桃，其实有蕡。曾几何时，斓缦无存。於是翘首遐思，若有所览，税驾兮扬灵，扬灵兮潇湘，芳洲无际，沅沣之旁，迷离懵恍，如有幽香，出自岩岫，馥郁微茫，若即而不可见，若远而气愈芳，左兮无所得，右兮在何乡？馨袭衣袖，彳亍彷徨。乃有翠石斑驳，绿水潺潺，流自幽谷，绝涧之前。嘻！是谁滋此一畹，於此绝境，自全其天？爰披榛而踪之曰："子之逃遁其身，来此荒谷，以避嚣尘，不为人所佩，不为世所近，子之苦不彰，子之馨不闻，蓬蒿萋汝旁，虎豹侣汝身，汝纵不欲贡於世，独不惜埋没汝之芳芬也？"侍者有粹其容，颡然而咍曰："世混浊而不清兮，吾方哀其自污也。君子善藏其德兮，固蕴而内脩也。

余固知謇謇之为美兮，奈举世之妒吾深也。何琼佩之褰偃兮，众纷然而蔽之也。既婷娉而鲜丽兮，非斯世之攸珍也。时缤纷其变易兮，又何可以淹留也？吾见夫世之荃蕙兮，乃脀化而为茅也。何昔日之芳草兮，今直染而为萧艾也。吾之独守此侧陋兮，吾将以葆吾真也。"亡是公子既聆玉音，丧其所怀，劝德畏戒，喜惧交争。话言未已，乃有幽歌，起自层厓，歌曰："南山之幽有美人兮，抱真藏璞韫其身兮，德修厥躬宝善怀兮，无与无求与世违兮！"歌声欲已，余音在空，回飙返风，驾言相从。

此文假托亡是公子空谷寻兰，全篇无一兰字，却把花中君子善藏其德、固蕴内修的高洁品质，刻画得淋漓尽致。难怪朱文熊先生阅罢，欣然批曰："文笔幽秀，竟体芬芳。所谓'入不言兮出不辞，乘回风兮载云旗'者，请以移赠。"

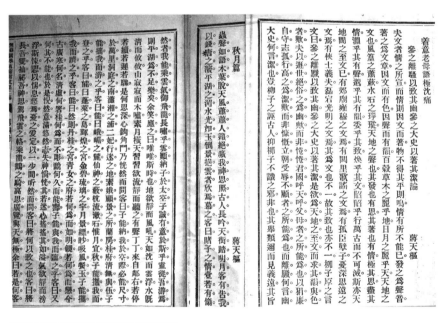

无锡国学专修馆第二编载蒋天枢文章。

　　文以载道。无锡国专是讲求为文与修身并重的。蒋天枢的这两篇文章，以物状人，寄情励志，践行着贞固不移、善藏其德的人生追求。

　　蒋天枢珍惜在无锡国专学习的珍贵光阴，跟随唐文治先生发愤苦读，多门功课考试成绩列入超等。[9]

　　国学专修馆的师生们苦练内功的同时，也非常关心国事，常围绕国计民生，畅所欲言，各抒己见，兼容并包，为将来走向社会、报效祖国积蓄力量。时至今日，其爱国热情、民主意识，我们仍然能从学生毕业论文中窥见一斑。

　　国专学生毕业时，以论文之优劣评定名次，目的是检验学生学成之后，能否品学兼优，学以致用。每期学生毕业，学校都出学生论文专集，以检阅学习成果。

　　蒋天枢这一届学生毕业时，唐文治先生不仅撰写《无锡国学专修馆文集二编题辞》，对弟子俊彦殷殷劝勉，而且对学生文章逐篇批阅，撰写评语，寄予厚望。

　　该书共收入蒋天枢文章五篇，其中论说文三篇，散文两篇。唐文治先生逐篇作出评价。其中：

　　对《崇廉论》一文的评语是："气势严厉，最为称题之作。"

　　对《问今日中国之祸亟矣！或谓行联邦委员制可以救国，其说然欤？总统之制至于觊觎争夺委员制能免于争欤？议院卑污流弊于斯为极，选举法宜如何改良，方可渐臻妥善？兹事体大宜各探本言之》的评语是："曲折逶迤，气息弥复深厚，末段或以为迂，不知乃正本清源之法也。务望勉旃！"

　　对《参之离骚以致其幽参之大史以著其洁论》的评语是："隽秀刻露，为文亦极致幽著洁之旨。入后更进一层，庶足语于韩子之因文见道也。"

　　对《藐姑射山仙人传》批曰："内外朗澈，如不食人间烟火者。自是此题合作。"

　　对《秋月篇》批曰："奇情霞举，逸兴云飘，而能折以天问，荡我古怀，

是涤笔于金瓯玉碗来者，扑去俗尘何止三斗！"(10)

于此可见，蒋天枢在无锡国学专修馆学习期间，不负韶华，取得了骄人的成绩。四年学习生活，他不仅学业精进，也淬炼了优良的品质，受到了一次人生的洗礼，为终生从事文史教学和文史研究工作奠定了坚实的基础。

1925 年春天，蒋天枢学有所成，依依惜别无锡，回到了家乡丰县，先是在丰县中学任教，后又到初级师范兼课。

丰县初级师范学校创办于 1923 年夏季，1924 年又招收了一个中学班。师范和中学两块校牌，实则一个校园。(11)

当时，家人已从李楼寨搬到县城旗杆街上。蒋天枢住在家里，一边教书，一边享受天伦之乐。

县城蒋家住的是一个东西偏长的院落。靠东三间临街的门面，经营点买卖；奶奶住正房，其余都挤住在南屋里。

由于经受太多的不幸，奶奶变成了一名虔诚的佛教徒。每天，她老人家都要高点香烛，伏地叩首，祈祷地下的亡灵得到安息，保佑一家老小平安无事。

蒋天枢不信宗教，但又对命运琢磨不透，便尊重奶奶的信仰。每天一早，他就帮奶奶把香烛点上；放学一回家，就坐在奶奶身旁，拉着奶奶的手，唠唠家常和外面的新鲜事儿，让老人家高兴高兴。

蒋天枢爱家，爱家乡，但却与地方钩心斗角的世俗风气格格不入。

1925 年 3 月 12 日，孙中山先生病逝于北京；两个月后，上海发生"五卅惨案"，激起了全国范围的罢工、罢课、罢市浪潮。全国政局动荡。徐州也处于动荡之中。直系军阀、奉系军阀在此地你争我夺，乌烟瘴气。

在这种大环境下，丰县延续五六年之久的新旧两党之争愈演愈烈，也影响到教育界。学校中，也有人热衷于地方纷争。一位姓王的校长以拜把兄弟的形式，拉起了一个"十人团"，与地方官场争斗搅和一起。从此，本来还算平静的校园便不得安宁了。

蒋天枢是一位谦谦君子，向来敬重教育界同人。但是，日久见人心，西洋景一旦戳穿，他的心也渐渐凉了。一次军阀混战时，有的老师平时道貌岸然，满口仁义道德，但关键时刻，却趁着乱局，浑水摸鱼，干起哄抢面粉的勾当。蒋天枢亲眼所见，大不以为然，摇头叹气不止。

面对这种污浊的学校空气，蒋天枢更怀念太湖之滨的母校，想念一身正气的唐文治先生。

母校和唐文治先生也没有忘记蒋天枢。1926 年夏天，唐文治先生适应百姓的需求，在无锡又创办了一所私立中学，手下教员紧缺。唐先生想到了品学兼优的蒋天枢，给他寄来了聘书。

恩师垂青，蒋天枢自然喜出望外，遂辞去了家乡的教职，告别家人，高高兴兴地回到了风景秀丽的惠山脚下，回到了唐先生的身边。

蒋天枢先是在无锡私立中学任教，不久又转入国学专修馆。

在唐文治先生身边，蒋天枢既当老师，又当学生；工作很紧张，也很愉快。

唐先生治校，因事设人，人员精干，全馆职员仅十二人，一人顶一人用，不养一个闲人。馆长负责学校的全面管理，带头承担繁重的教学任务，为全体职员作出样子。在学校里，蒋天枢还同王蘧常等几位青年教师热衷学术研究，互相切磋琢磨，探理求真，经常争论不休，不知东方之既白。(12)

1925 年 9 月，清华学堂"设立大学普通专门科，研究院亦得同时实现。原拟规模甚大，兼办各科（如自然科学、社会科学等），嗣以经费所限，只能先办国学一科"。(13)唐兰、吴其昌是无锡国专第一期的学生。(14)毕业后，二人先后进入清华国学研究院学习。他们给母校鸿雁传书，介绍清华国学研究院的信息，并寄来王国维先生的最新学术成果。蒋天枢逐渐成为王国维先生的狂热追随者。

一向追求名师、追求卓异的蒋天枢怦然心动，决定继续深造：报考清华国学研究院，做王国维先生的入室弟子！

注：

（1）据何佩刚1988年3月16日《蒋天枢先生的治学道路简述》（初稿）："五六岁后，住进李楼寨。父亲请私塾教师到家中教《论语》《孟子》《诗经》《左传》《书经》等书。蒋先生敏悟好学，悉能背诵。"

（2）据何佩刚1988年3月16日《蒋天枢先生的治学道路简述》（初稿）："十七岁去南京的中学里旁听二年，曾写《读荀子〈劝学篇〉》；当时，东南大学有一位教授在该校兼课，对蒋先生此文十分赞赏，批曰：'烨烨煌煌，俨然作者。'"所说旁听二年，实跨年度一学年。

（3）见唐文治《国学专修学校十五周年纪念刊序》，载《唐文治文集》（上海古籍出版社，2018年12月）第1530页。

（4）据唐文治《无锡国学专修馆学规》，见《唐文治文集》（上海古籍出版社，2018年12月）第994页。

（5）据王赓唐、冯炬主编《无锡史话》（江苏人民出版社，1984年）及王兴孙《父亲王蘧常的老师和学生》（2018年9月10日《文汇读书报》）。

（6）参见《无锡国专三十七年毕业生纪念刊》之《私立无锡国学专修学校校史》。

（7）据唐文治《无锡国学专修馆学规》（1920），见《唐文治文集》（上海古籍出版社，2018年12月）

（8）见蒋天枢《论学杂著》，中州古籍出版社，1985年版。

（9）据何佩刚1988年16日《蒋天枢先生的治学道路简述》（初稿）："1921年，考入无锡国学专修馆，属第二届学生，每次考试，成绩都列入'超等'。"

（10）见《无锡国学专修馆文集二编》，1925年刻印本。

（11）据丰县中学校史编写组《丰县中学校史概述》，载《丰县文史资料》第1期。

（12）王蘧常（1900—1989）字瑗仲，号明两，别号涤如、甪里翁、玉树堂主、欣欣老人。浙江嘉兴人，哲学史家、历史学家，著名章草书法家。早年师从沈曾植，问业于康有为、梁启超，1920年入无锡国学专修馆，毕业留校任教，1927年后先后执教于光华、大夏、复旦、交通等大学。1988年蒋天枢先生逝世，王蘧常先生亲撰亲书挽联，有"悲忆一灯与君研经共迎惠山晓色"之句。

（13）见吴宓《清华开办研究院之旨趣及经过》，见《清华大学史料选编》（清华大学出版社，1991年3月）

（14）唐兰（1901—1979），原名张佩，又名佩兰、景兰，字立庵、立盫，笔名曾鸣。浙江嘉兴人。1917年从陈仲南学医，1920年入无锡国学专修馆，曾直教受教于罗振玉、王国维，在研究甲骨文、金文方面得到王国维的指导。曾任东北大学讲师、北京大学教授，1936年受聘故宫博物院专门委员，西南联大副教授，1952年任故宫博物院副院长。论著甚丰，在金文、甲骨文等古文字，音韵学、训诂学、古代史学等诸多领域造诣很深，且治学严谨，学术创见甚多，对所及领域均有很大贡献。吴其昌（1904—1944），字子馨，号正庵，海宁硖石人，十六岁考取无锡国学专修馆，受业于唐文治。1935年考取清华国学研究院，从王国维治甲骨文、金文及古史，从梁启超治文化学术史及宋史，深得王、梁二先生器重。1928年后任南开大学、清华大学讲师，武汉大学教授。抗战后随校迁四川乐山，四十岁患肺病咯血逝世。著有《朱子著述考》《殷墟书契解诂》《三统历简谱》《子馨文存》等。

第四章 清华立雪

进入清华国学研究院，"学员免交学费及宿费，但每学期入学时，应交膳费三十五元，预交赔偿费五元。此外零用各项，均归自备"。[1] 这对于深受土匪之祸业已衰败的蒋家，无疑是一笔不轻的负担。父亲忍痛卖掉三十多亩农田，送蒋天枢走进了清华园的大门，成了清华国学研究院的第三届学生。

蒋天枢做梦也想不到，刚走进清华园的大门，兜头就被浇了一盆冷水——王国维先生投水自尽了！

清华国学研究院共十一名教职员，其中有王国维（静安）、梁启超（任公）、赵元任（宣重）、陈寅恪（寅恪）四名导师，人称"四大巨头"。[2] 现在，王国维先生已经作古，蒋天枢便由梁启超、陈寅恪先生指导，"听陈寅恪先生开课，又由梁启超指导论文写作"。[3]

关于梁启超先生，蒋天枢早就闻其大名，并很爱读他感情奔放、流利畅达的政论文章。平时，梁先生住在清华园"古月堂"的一个小庭院，常在办公室召见学生，指导学业。可从上年初，他患了便血病，不时住院治疗，出院后常回天津家中休息。

梁先生虽然历经许多磨难，饱受风霜之苦，其意志却并不消沉，反而愈挫愈坚，眉宇之间，始终洋溢着一股浩然之气。更令人感动的是，梁先生尽管学识渊博，名气很大，却从来不摆架子，总是平等待人，乐于同学生交朋友，亦师亦友，非常融洽。梁先生对学生们坦陈：自己学业修养博大不精，指导学生达到做学问的最高境界，实际上并不可能，因为自己对任何学问并无专长等等，表现出虚怀若谷、襟怀坦白的大家风范。[4]梁先生越是谦恭，学生们对他越是崇敬和尊重。

开学后，由于身体的原因，梁启超先生长时间居家养病。蒋天枢赴津门向梁先生请教时，也常约无锡国专的老学长唐兰和周其昌。这时，唐兰已是故宫博物馆的专门委员，虽曾受教于王国维先生，致力于青铜器款识及甲骨文研究，对梁启超先生也十分敬重。吴其昌是清华研究院的第一期学生，既从王国维先生治甲骨文，也从梁先生治文化学术史和宋史，对梁先生也非常感佩。他们一同来到饮冰室书房，看望病中的梁启超先生，并从先生那里领受教益。不久，周其昌到天津南开大学任教，唐兰、蒋天枢到天津有落脚之处，老同学相聚津门的次数更多了。

蒋天枢接触最多的是陈寅恪先生。

陈先生同梁先生的风格迥然不同。他学殖深厚，博闻强记，才华横溢，不务虚名。陈先生个头不高，身体孱弱，平时爱着一袭长衫，走上讲台时，常用黄布或黑布包着一大摞参考书。课堂上，他才思敏捷，记忆惊人，谈锋犀利，旁征博引，顺手拈来皆是学问，可谓妙语如珠，风趣横生。需要引证的时候，他往往打开包着的参考书，把有关资料抄到黑板上，然后讲他的心得和看法，其中有很多新颖独到的见解，令学生们从心底里叹服。

陈先生既善于学习，又勤于思考。即使同一门课，他每讲一次，都有一些新的观点，给人以新的启发。由于他讲课涉及面广，内容高深，因此，听陈先生讲课，一般人颇感吃力。陈先生不仅会讲拉丁文、梵文、巴利文、满文、蒙文、藏文、突厥文、西夏文、波斯文，而且英、法、德、俄、日、希腊诸等国语也会，甚至连匈牙利的马札儿文也懂。听他课的，不仅有新生，也有老生；不仅有清华的学生，也有北大等高校的旁听生，甚至还有许多知名的教授。难怪有人称陈先生是教授的教授了。

课后，蒋天枢很爱向陈寅恪先生请教问题，尤其是听陈先生谈一些新的学术见解。听陈先生侃侃而谈时，蒋天枢经常不违如愚，有时也提出一些疑难问题，听听陈先生的看法，每一次聆吸教诲，都会有新的收获。陈先生也非常乐意同这样的学生相处。

陈寅恪先生住在清华园主体建筑工字厅。进门处，悬挂着嘉庆皇帝御笔所书的"清华园"匾额；前后两大殿，中有短廊相接，恰似"工"字。院内曲廊漫折，勾连起一座座独立的小套院，颇有意趣。有红学家考证，这里就是《红楼梦》大观园的原形。

陈寅恪时年三十八岁，还是孤身一人。他的居处，堆满了中外的各种书籍，没有插足的空儿。蒋天枢走进陈先生的住处，往往要搬搬挪挪，才能腾空坐下。陈先生为人谦和，记忆力强，又无学究气，话题俯拾皆是，每每谈论学问，经常大段大段地背诵文章，甚至还能说出某段文字见某书某卷某页第几行。他常向蒋天枢推荐书籍，也乐意把自己的藏书借给蒋天枢看。

细心的蒋天枢发现，陈寅恪先生读书用力最勤。他读过的书，不仅有圈点，有校勘，而且还有许多眉批和行间批。先生平时读书之笔记，也往往是先生著述之蓝本，弥足珍贵。蒋天枢读先生所读之书，读先生所著之文，学习先生"用思之细，达于无间，常由小以见其大，复由大以归于细"的读书方法，"用思绵密，用语雅隽，立言不多而能发人深省"的写作技巧，"或取新材料辅助旧史，或考校异同，与前贤札记之以铺叙例证得出结论者颇异其趣"的治学蹊径，深感受益良多。[5]

在日常交往中，陈寅恪先生也发现，蒋天枢虽然年龄较小，但古典文学基础比较扎实，天资聪明，敏而好学，且为人正直朴诚，气质清淳，是一位值得信赖的人。

在梁启超、陈寅恪先生指导下，蒋天枢着手研究全谢山先生，并为撰写自己的毕业论文——《全谢山先生年谱》做准备。

说起来，蒋天枢最初确定这个论文题目，似乎带有某种偶然因素。他早年就对全谢山先生有所了解，因为家父的书桌上，就放一套全谢山先生的文集。他经常翻阅，有所涉猎。但是，论文题目的确定，还有更深层的原因。

全谢山，名祖望，字绍衣，浙江鄞县（宁波）人，生于清康熙四十四年（1705），卒于乾隆二十年（1755），是一位慷慨激烈、不畏强暴、极富民族气节的学人。雍正、乾隆之世，在统治严酷、文网密织、文字狱不断发生的情况下，全谢山勇敢地写作宋末和南明志士的历史，以其进步的学术思想，给后人留下一笔丰富的极有价值的文化遗产。全谢山先生一生坎坷，著述浩繁，身后数十年才陆续公诸于世，而且围绕其著作问题，又出现一系列纷争。

蒋天枢之所以撰写《全谢山先生年谱》，其一，全谢山是清初浙东学派的一个比较重要的人物，极具研究价值。其二，研究全谢山先生的治学方法，掌握其学术要领，明了其事业心迹，很需要有一部全谢山先生年谱。其三，现有的《全谢山先生年谱》不能满足要求。全先生弟子董小纯虽曾撰有《全谢山先生年谱》，但遗憾的是，该谱"缺略特甚"，需要一部完整的全谢山先生年谱。[6]其四，梁启超先生专治明清史，多年对浙东学派下过功夫，对全谢山先生推崇备至，认为其学术虽根柢于王阳明学派，但其成就远在王学之上。因此，他对蒋天枢撰写新的《全谢山先生年谱》，能够提供有力的帮助。

清华园是一个读书的好地方，不仅有名师指导，而且也确有很多好书可读。研究院创办后，得到一笔不菲的购书经费。先是王国维先生购进一大批中文古典书籍，之后陈寅恪先生又购进一大批外文书籍，使清华的藏书非常可观。有全国第一流的师资，有如此丰富的研究资料，蒋天枢写作毕业论文可谓如鱼得水了。

但是，清华园的门墙并不是与世隔绝的桃花源，月色溶溶的荷塘并不总是风平浪静。蒋天枢入学当年11月，校内就爆发了一场轰动京城的学潮。起因是：外交部为改组学校庚子赔款董事会，重新聘请董事，校长由董事会成员互选产生。外交部聘请的第一位就是梁启超先生。梁先生虽然接受了聘书，但前提是不当校长。而现任校长曹云祥以小人之心，度君子之腹，担心梁先生会抢校长的位置，竟暗中挑动教育系教授朱君毅反对梁先生任董事。朱君毅经过谋划，唆使学生王省上书外交部，以梁先生病假离校为借口，"请求易人"。曹云祥将此信油印寄梁先生，意欲迫使他连教授之职也一并辞去。此事败露后，激起全体学生公愤。学生们一面赶赴天津，请求梁先生万勿辞职；一面奔走外交部，集体请愿。

梁先生是自己的导师，蒋天枢当然不能置身事外。外交部基于学生公愤，对肇事者严肃处理：王省被开除学籍，朱君毅被迫辞职，曹云祥旋亦离任。学潮取得了完全的胜利。[7]

己巳（1929）初夏在清华读书时赴天津游览留影，
秀水唐立庵（左）、海宁吴其昌（右）、彭城蒋秉南（中）
在津门。

身经这次学潮，蒋天枢更珍惜进清华园读书的机会了。他蹉跎春光，争分惜阴，沉浸书斋中发愤读书；偶尔写封家信，报一声平安，家事遂渐行渐远了。

无奈的是，命中注定，他的求学之路那么崎岖，又那么坎坷！家门不幸的消息还是传来，在他心中掀起波澜。

1928 年 3 月中旬的一天，正在图书馆查阅资料的蒋天枢，突然接到家中的电报：父亲病危！他二话没说，请了假，打点行装，便火速奔赴天津，打算乘火车赶回徐州。长兄天桂去世后，他责任重大啊！

蒋天枢赶到天津，津浦路却已不通了！原来，国民党二届二中全会刚刚通过二次北伐的决议，分别以蒋介石、冯玉祥、阎锡山、李宗仁为司令的四路集团军正集结北上，联合发动了讨伐直鲁军阀和直奉军阀的战争。南北即将交战，津浦线已被双方的军队控制，正常的交通运输被迫中断了。

陆路不通，只能走水路。他三步并作两步地跑到海运码头，傍晚时分，才挤上一艘开往上海的轮船。

大海一望无垠，波涛涌动，海鸥上下翻飞，景象十分壮阔。蒋天枢一心想着家事，却无心欣赏。

天渐渐地黑下来，轮船颠簸着破浪前行。

夜间，海风阵阵，越来越猛，轮船摇摇摆摆，剧烈晃动起来。蒋天枢一阵恶心，匆忙跑上甲板，呕吐了一气。他伫立船头。在寒冷夜风的吹拂下，心绪浩茫，了无困意。

漆黑的大海上，只有远处的几点星火一明一灭地闪烁。大海不停地躁动，轮船颠簸前行，蒋天枢的心情也起伏不定。他想，这海，这船，这一望无际的黑暗，多么像中国当前的时局啊！在黑夜里，在大海中，一个人无异于沧海一粟，多么渺小；一个小家也无非是一叶扁舟，随时都有倾覆的危险。

蒋天枢望着黑夜中的大海，联想起自己多灾多难的家庭，更是忧心忡忡。

谁能预料，这个风雨飘摇的家庭，还要遭受多少苦难啊！

是年，父亲念洛公五十九岁，经历过人生早年丧父、中年丧妻、晚年丧子的三大不幸；多少年背井离乡，流离失所，三弟念溪和长子天桂喋血土匪的枪口之下，自己也曾被绑票险遭不测；到了这把年纪，上侍老母，下抚子女，活得多么不容易啊！

想到父亲的一生，蒋天枢止不住泪水洗面，打湿了衣襟。

夜风寒，他浑身冰凉。

在茫茫大海上航行四天四夜，蒋天枢抵达上海，然后换乘火车北上，赶赴南京。想不到，渡江来到浦口，北去的列车由于运送兵员，客票却停售了。

他归心似箭，急得满头冒汗，却苦无办法。

蒋天枢恨不得插翅飞去，能见上父亲最后一面，可现在，只能遥望家乡的方向，不停地长吁短叹！

也是天无绝人之路。面对着来来往往的军人，他突然想起了丰县籍的军人王敬久。王敬久时在北伐军总司令蒋介石手下带兵，不久前从六十三团调任第二师第九团团长。蒋天枢回乡心切，遂壮起胆子，闯进军营，以找老乡王敬久为名，掏出电报，陈述自己的困难，请求行个方便。想不到，接待的军官动了恻隐之心，答应他跟车北上，但只能爬到车厢上面。

当时，列车很少，旅客多时，也有攀爬到车厢上面的现象。

"行，只要能走！"蒋天枢感激万分，只要能回家，已经顾不得许多了。他背着行李，立即攀爬到车厢顶部。

三月之初，春寒凝重。列车呼啸着，沿津浦线一路北上。蒋天枢紧裹衣服，攀伏在车顶上。寒风迎面扑来，犹如刀割一般。无多时，他浑身已冻成一团，冷得打哆嗦了。车至临淮关站，临时停车，蒋天枢的手脚已冻僵了。幸亏有人搀扶着，他才下来，略微活动一下，喝口热水。汽笛一声长鸣，车要开动了，他又多亏军人们顶托着，手忙脚乱地攀上车顶。

堂堂清华园的研究生，就是这样返回到徐州的。

路过徐州第七师范学校时，天色已晚。蒋天枢在一位朋友家歇了歇脚，吃点东西，便徒步百余里，风尘仆仆地赶往丰县了。

3月23日早晨，他一头扑进了家门，叫了声"爹爹"，已是泪流满面了。骨瘦如柴的父亲多日已粒米未进，不能言语，只是睁着眼睛，苦苦等待着千里之外的儿子归来。听到天枢的一声呼唤，一息尚存的老人"哦"一声，泪水即涌出眼眶，汩汩地流到耳际。这是"辞世泪"啊！儿子到了，父亲已无牵挂，便撒手人寰了……

悲莫悲兮生别离！蒋天枢肝肠寸断！

念洛公的丧事是在战乱中操办的。

蒋介石、冯玉祥率领的北伐军第一、第二方面军设立了北伐军总司令部徐州行营。四路军的司令刚在徐州开过会，下达了北伐总攻击的命令。

盘踞在山东的直系军阀孙传芳先发制人，突然向徐州发动猛攻，并出人意料地突破了第一集团军的左翼，占领了丰县一带，并向徐州城逼近。

北伐军出师不利，迅即集中兵力，向孙传芳的直系部队反击，首要目标便是夺取丰县。

兵荒马乱之中，蒋天枢和家人扶着念洛公的灵柩还乡，草草殡葬于蒋寨门的祖茔。

回程时，天色已晚。北伐军已兵临丰县城下，把县城围得铁桶一般。蒋天枢和家人入城无路，被阻荒郊野外。

夜色渐浓，战斗打响了。城里城外，炮声隆隆，枪声大作。蒋天枢和家人蜷伏在一片乱坟之中，子弹如飞蝗一般从耳际擦过。后半夜，北伐军夺取县城，枪炮声才基本平息下来。这时，家人才小心翼翼地摸索着，迂道返回旗杆街的家中。[8]

死亡是死者的不幸，更是生者的悲哀。是年，奶奶朱氏已经八十二岁。

多年白发送黑发，她不仅把三个儿子一一送走，还送走了儿媳、孙子、孙媳……经受了太多太多的打击！命运对这位风烛残年的老人，竟然如此残酷无情！看着奶奶拼了一辈子，苦了一辈子，晚景却是如此凄凉，蒋天枢止不住心酸落泪。

蒋天枢虽则一介书生，温文尔雅，但已是家中年龄最长的男子汉了。家门屡遭不幸，他理应挑起养家的这副重担，但是，实在惭愧得很，自己的学业尚未完成呢！在家中盘桓了一日又一日，他意欲放弃学业，但心有不甘；想继续读研，家境如此，又心有不忍，实在为难啊！

一头稀疏白发的奶奶是深明大义之人。她非常理解天枢的难处，不仅勉励他完成学业，而且召集家人议事，要求扫扫"囤底"，为天枢打点些盘缠。蒋天枢的姐姐早已出嫁，尽管生计艰难，也想方设法，送来十八块大洋。这些银圆，外面用红布裹了一层又一层。蒋天枢知道，这是姐姐的心意，也是一笔还不清的亲情债！

4 月中旬，蒋天枢辞别家人，历尽艰辛，仍由海路北上。路经天津时，他叩响意租界西马路二十五号的大门，看望梁启超先生。⁽⁹⁾

梁先生刚从协和医院出院，正在家中静养。原来，从今年春天起，他的血压忽高忽低，时而小便带血，心脏功能也出现萎缩。经医生诊断，一个肾脏已发生病变。3 月 16 日，北平协和医院为他施行手术，切除了一个肾脏。但据后来得到的确凿消息："在病人被推进手术室以后，值班医生就用碘酒在肚皮上标错了地方。刘医生就进行了手术（切除那健康的肾），而没有仔细核对一下挂在手术台旁边的 X 光片。这一悲惨的错误在手术之后就被发现了，但是由于协和的名声攸关，被当成'最高机密'保守起来。"⁽¹⁰⁾这样，不可挽回的错误便造成不可挽回的悲剧。

师生相见，一个是僵卧病榻，英雄气短；一个是挂孝归来，哀痛未已。二人怅然相望，心中都有一种难言的酸楚。蒋天枢极重师情，尤其是梁先生这样的名师，可遇而不可求啊！

蒋天枢回京不久，梁启超先生便又住进协和医院，病情时好时歹。6 月出院后，梁先生感到力不从心，遂辞去清华研究院的一切职务，回到津门，专事休养，辅以著书消闲。9 月底，先生再入协和，稍好又回天津。直到 10 月 12 日，先生手编辛弃疾年谱时伏案不起，急送医院抢救，终于在 1929 年 1 月 19 日下午二时长眠不醒。[11]

梁先生的逝世，震动了清华园，也震动了北平和全国，挽诗、挽联、唁电、唁函如雪片似的飞来。

2 月 19 日，北平各界及广东旅平同乡会在老墙根广惠寺举行公祭梁启超先生仪式。社会名流熊希龄、丁文江、胡适、钱玄同、朱希祖、任鸿隽、陈衡哲、袁同礼等亲往致祭。清华国学研究院的同学们更是痛彻肺腑，敬献了一曲哀情动人的挽歌：

> 忽见沧江晚，冥冥何所之。
> 京尘吹日落，园树动群悲。
> 忧国死未已，新民志可期。
> 平生心力在，回首泪丝垂。
>
> 独挽神州厄，一言天下惊。
> 此身终报国，何意计勋名。
> 正气永不死，宏篇老更成。
> 西山能入座，已是百年情。[12]

1929 年 8 月 7 日，梁启超先生葬于北京西山卧佛寺东坡。

追随王国维先生，却未能及门；跟随梁启超先生，却中途丧师。蒋天枢何其不幸也！

对于梁先生的教诲，蒋天枢铭记在心，并感戴终生。他按照梁先生的教导，于 1930 年 9 月完成了论文《全谢山先生年谱》的写作。蒋天枢十分怀念梁启超先生，感谢他对自己的悉心指导，遂在《全谢山先生年谱》的《序》中写道："先师新会梁先生尝谓：谢山于晚明文献之外，最悉宋迄清初学术思想之流别，其持论或较梨洲尤博大平恕，而精神所托，则在浙东。先生盖深知全部学术，非一人之力所能垄断揽举，故于乡邦耳目所接最亲切者尽心焉。此点亦其治学精神所最可法者也。"

1934 年由商务印书馆出版的《全谢山先生年谱》内封。

蒋天枢引述梁启超先生对全谢山先生的评价，不仅说明撰写《全谢山先生年谱》的依据所在，而且借此表达对梁先生绵绵不尽的师生之情。他深感谢山先生"身后零丁，手稿流落，半归沦亡，疑似之诬，争执频多"，遂再准备写作《全谢山先生著述考》，作为《全谢山先生年谱》的姊妹篇。

1934年，《全谢山先生著述考》完成，连载于《北平图书馆馆刊》第七号第一卷。文章开篇，又引用梁先生在《近三百年学术史料》六讲中的话："清代浙东学派，与吴皖学派不相非，其精辟不逮，而以致用为归。自梨洲季野而后，其钜子曰四明全谢山。谢山于明末遗事，记载最详，故国之感，往往盈纸。南雷学统，此其一线也。"

两部论著，蒋天枢都以梁启超先生之论开篇，不仅因为梁先生持论精到，值得敬重，而亦以此寄托对梁先生永志不忘的教诲之恩，表达对梁先生绵绵不尽的永久纪念。

注：

（1）据1925年10月20日《清华周刊》第360期《研究院章程》，载《清华大学史料选编》（清华大学出版社，1991年3月）。

（2）据1925年9月11日《1925年秋研究院教职员表》，载《清华大学史料选编》（清华大学出版社，1991年3月）。除四位教授外，还有讲师李济（济之），助教陆维钊、梁廷灿、章明煌（苃亭），主任吴宓（雨僧），事务员卫士生（澳青），助理员周光午（卯生）。

（3）据何佩刚1988年16日《蒋天枢先生的治学道路简述》（初稿）。

（4）参见《梁启超文集》（中国广播电视出版社，1992年8月出版）之《北海谈话录（节录）——1927年初夏》。

（5）据蒋天枢《陈寅恪先生读书札记弁言》一文，载《陈寅恪读书札记》之《新唐书旧唐书之部》，上海古籍出版社，1989年4月出版。

（6）蒋天枢《全谢山先生年谱序》曰："浙东全谢山先生，承黄梨洲、万季野之后，而远于东莱厚斋，自辟涂径，卓然一家之学，为雍乾间东南史学大师。生平抑塞困顿，著述不辍，最深于晚明史实及地方掌故之学，于宋元来学术之源流，汉晋后地理之讹谬，抉摘指正，尤所致力。其《宋元学案》，不徒赓续黄氏之旧，发微阐幽，有为七百年来儒林所不及知者。其七校《水经注》，则赵一清、戴东原之先河也。浙东为明鲁王延一线之寄，先生殚心竭力，收罗其史料而表章之，近世治晚明史者，受益于先生尤多。先师新会梁先生尝谓：谢山于晚明文献之外，最悉宋迄清初学术思想之流别，其持论或较梨洲尤博大平恕，而精神所托，则在浙东。先生盖深知全部学术，非一人之力所能垄断揽举，故于乡邦耳目所在地接最亲近者尽心焉。此点亦其治学精神所最可法者也。"《全谢山先生年谱》系1930年商务印书馆发行。

（7）据蒋天枢《陈寅恪先生编年事辑》"民国十六年丁卯（一九二七）先生三十八岁"条下。

（8）蒋天枢《惜梦室主自订年谱》："1928，民国十七年戊辰，二十六岁，清研，3月接父病电，由海道南旋。渡江后，攀附车顶北行，住七师范，遇洪、谢扶三。3月23日（闰二月二日壬辰），上午八时父病逝城寓，享年五十九岁。值战起，扶柩还乡，草草殡葬祖茔。由朱窑回城时，遇冯军攻县城，伏乱冢间幸免。4月再由海道北上。是年，祖母已八十二岁。"又据刘青莲女士1990年3月向笔者详细介绍。蒋天枢生前多次向家人讲述这段经历，感慨万端。

（9）据蒋天枢《惜梦室主自订年谱》："（1928，民国十七年戊辰）4月再由海道北上。""经津，谒任公先生。"

（10）据费蔚梅《梁思成与林徽因》一书。报刊文摘1997年10月9日《梁启超之死有新说法》一文摘要。

（11）据蒋天枢《陈寅恪先生编年事辑》："民国十七年戊辰（1928）……春初，梁任公先生再入协和医院检查身体。""6月，梁任公先生辞去研究院一切职务，回天津养病。""冬，阳历1月19日，梁任公先生病逝于北京协和医院。梁先生便血本非由肾功能所致，误从某医将右肾割除，以致抵抗力弱，自本年十一月再入协和以来，便血终不已，体亦衰，遂于十九日午后二时溘逝。"又据李喜所、元青著《梁启超传》（人民出版社，1993年10月出版）："1928年春，梁启超的身体一天不如一天，血压不稳，便血间有，心脏亦在萎缩。不得已，他又入京住进了协和医院。医生不断为他输血，加强营养，身体渐又好转。出院后，梁辞去清华的一切工作，回天津静养。但他总是静不下来，又着手编辛弃疾年谱。9月24日，编至辛弃疾52岁时，突然痔疮大发，三天后入京就医。稍好后，出院返津，时有发烧，心情苦闷。10月12日……他那支巨大的笔再也提不起来了……11月27日，梁启超被送往协和医院抢救，但收效甚微。1929年1月19日，梁任公永远地睡着了。"

（12）转引自李喜所、元青著《梁启超传》，人民出版社，1993年10月第1版。

第五章　逃出东北

父母亲都谢世了；奶奶年届耄耋，垂垂老矣；几家亲戚都是"土里刨食"，艰辛度日。蒋天枢几乎失去了生活的依靠，手头拮据，正常的学习生活被打乱了。他一方面节俭度日，勉强维持学习；一方面和清华研究院二期的谢国桢一起，走勤工俭学的路子，通过周其昌介绍，在南开中学谋了个教席的差使，以微薄的收入，聊解无米之炊。[1]

在清华，蒋天枢结识了两位十分要好的朋友——高亨、唐兰。这就是后来为人津津乐道的"清华三兄弟"。

高亨，字晋生，初名仙翘，1900 年 7 月 4 日生于吉林双阳，家道寒素，其父高学福是位打零工的雇农，母覃氏以纺绩织布为生。他十岁始入私塾，1918 年春考入吉林省立第一师范学校，在张文澍先生指导下学习《说文解字》，兼读周秦诸子主要著作及前四史；1923 年春考入北平弘达学院，同年秋考入北京师范大学，一年后又考入北京大学；1925 年秋改名高亨，考入清华国学研究院第一期，师从梁启超、王国维先生。其论文《韩非子集解补正》，运用《说文解字》，变化会通，匡谬补阙，深得梁先生嘉许。梁先生鼓励他说："陈兰甫始把《说文》带到广东，希望你把《说文》带到东北。"[2]

唐兰，字立庵，曾用名唐用兰、唐景兰，1901年生于浙江嘉兴，无锡国学专修馆首期学生，清华国学研究院第二期附读生，同蒋天枢有两度同学之谊。唐兰博学多才，著述甚丰，治学严谨，多有发明创获，对文字、音韵、诗词、绘画、书法、篆刻、古代历史、青铜器发展及铭文研究方面，造诣很深，贡献卓著。[3]

清华三兄弟，不仅是清华国学研究院时朝夕相伴的同学，也是终生过从甚密的挚友。

蒋天枢完成毕业论文《全谢山先生年谱》后，按照学校规定，由学校联系设在上海的商务印书馆，列入何炳松主编的中国史学丛书，于1932年12月出版发行。

蒋天枢结束为期三年的学习生活，就要走向社会了。这时，高亨业已回到东北，执教于东北大学。经他介绍，蒋天枢来到沈阳，到辽宁省国立奉天第三高级中学任教。紧接着，唐兰辞去天津《商报》文学周刊和《将来》月刊主编的职务，也来到沈阳，任职于辽宁省教育厅，担任《辽海丛书》志书的编辑。[4]

这样，清华三兄弟在关外又聚首了。

蒋天枢到东北工作，并非仅仅出于同窗友情，更在于东北这方热土具有强烈的吸引力。

1928年6月4日，日本军国主义者出于吞并我国东北三省的罪恶目的，制造了沸扬中外的皇姑屯事件，将多年投靠日本但又不甘心当卖国贼的奉系军阀头目张作霖炸伤致死。年方二十八岁的张作霖长子、奉系军阀主要将领张学良临危受命，主政东北。张学良集国难家仇于一身，巧妙地摆脱了日本方面的纠缠与干涉，于1928年12月29日毅然宣布"易帜"，并出其不意地枪毙了亲日派头子杨宇霆和常荫槐，表现出一个青年政治家的雄才大略。

张学良执政后，为抵御外侮，致富东北，大兴教育，培养人才。他亲自兼任东北大学校长，并慷慨损款，建设校舍，还选派名列前茅的毕业生赴欧美留学。同时，张学良不惜重金，广招贤才，延揽名流，来奉天讲学。一时，全国卓然大家黄侃（季刚）、林公绰、李光忠（孝同）、章士钊（行严）、梁漱溟等，先后来到东北任教。[5]

"士为知己者死，女为悦己者容。"蒋天枢正是在张学良知识分子政策的感召下，满情希望、满腔热情地踏上东北这块土地的。

辽宁第三高中位于沈阳北陵东南。北陵和第三高中之间，是东北大学新校。三中之南，有清初皇宫盛京宫阙，即后来的奉天行宫。皇宫高堂大殿，巍峨壮观，令人可以想见当年"大政据当时，十亭两翼张，八旗皆世胄，一室汇宗潢"的帝京气象。北陵原为昭陵，是清太宗皇太极和孝端文皇后博尔济吉特氏的陵寝，在关外清代三陵中规模最大，保存也最为完整，地上有华表、石狮、石桥和青石雕四柱三楼石坊，雕工精美，富丽堂皇。

蒋天枢任教辽宁第三高中时摄。

东北不仅山川壮美，物产富饶，而且在这片"龙兴之地"，有皇室帝胄两百多年的经营，文化古籍藏量相当宏富。蒋天枢一边教学，一边访书，广搜资料，从事《全谢山先生著述考》的撰写，并为修订《全谢山先生年谱》做准备，可以说左右逢源。有时，清华三兄弟相约，一起考察东北的名胜古迹。蒋天枢打心眼儿里赞叹，东北真是个英雄大有用武之地的好地方！

时光如流。不知不觉，蒋天枢来沈阳工作一年了。当他摩拳擦掌、雄心勃勃地准备干一番事业的时候，天有不测风云，日本军国主义者为扩大对中国的侵略战争，策划了震惊中外的"九一八"事变！

1931 年 9 月 18 日夜间，离北陵不远的北大营，突然响起隆隆的炮声。日本侵略者悍然向中国人民挑衅了！

日本帝国主义对我国辽阔富饶的东北垂涎三尺，觊觎已久，甲午战争时就已暴露出狼子野心。1929 年世界资本主义经济危机爆发后，日本帝国主义看到美、英等国忙于自救，无暇东顾，中国国民党政府忙于国内战争，又无力抵抗外来侵略，便认为有机可乘，决定首先侵占中国的东北。[6]

9 月 18 日夜间，日军经过密谋策划，先派关东军独立守备队第二大队第三中队（柳条湖分遣队）的士兵炸毁南满铁路路轨，然后反诬是驻守北大营的中国士兵所为，便向我北大营守军发动进攻，同时命令关东军第二师团第二十九联队大举进攻沈阳。

事发突然。北大营的官兵毫无准备，仓促奋起，被迫自卫反击。但是，他们很快接到东北边防军代理司令荣臻转达当局"全取不抵抗主义"的命令。无奈之下，守军只好于 19 日凌晨突围而出，撤退至东山嘴子的东大营待命。

就这样，一夜之间，沈阳沦陷，落入敌手。

9 月中旬，蒋天枢回乡探望祖母刚返回东北。事变之夜，他就在距离北大营不远的辽宁第三高中，能够清晰地听到日寇进攻北大营的枪炮声。[7]

蒋天枢和辽宁第三高中的师生们彻夜未眠。第二天，全校师生群情激愤，自动罢课，以示抗议。还有不少人四处联络，准备斗争，决心投笔从戎，杀敌报国。

令人不解的是，南京政府却以"日军此举，不过寻常寻衅性质，为免除事态扩大，绝对抱不抵抗主义"之电告东北当局。张学良和东北军只得含愤忍辱，不战而退。

时仅一周，日军连续攻占我东北城镇和战略要地三十余处。辽宁、吉林的大部分河山沦丧敌手。

忍看白山黑水丧失，一些不甘心在日军刺刀下苟活的东北人，便打算乘北宁路尚在通车的时候，暂时退居关内，徐图大计。9 月 26 日，在东北大学工作的高亨告诉蒋天枢：东大大部分师生决定搭乘当天南下的列车，到天津避难，并听到传闻，说这可能是最后的班车了。

走，还是留？留，不就是当亡国奴吗？蒋天枢没有丝毫的犹豫，当即决定：走，与东北大学的师生们一路同行！

离火车开动只有一个多小时了，而到皇姑屯火车站还有十三里路要赶，没有汽车可乘，怎么办？要走，就必须轻装前进。

蒋天枢决定，将东西寄存到东北大学高亨那里，只身离开沈阳。于是，他匆忙收拾一下东西，把重要的书籍、衣物装入一个大皮箱内，跑步提到就近东北大学某幢三楼，请老同学代为保管，其余东西，不得不忍痛舍弃。高亨是本地人，当时还没有离开的打算。

之后，蒋天枢提只装着文稿的行李箱，急急忙忙赶往皇姑屯。

一路上，赶车的人群熙熙攘攘，风风火火，谁掉了东西也无暇捡拾。时间紧迫呀！蒋天枢几乎是一路小跑，不敢停步，直跑得大汗淋漓，身上一袭旧长衫如水浇的一般。他好不容易挤上车去，火车便一声悲鸣，"吭当吭当"地开动了。

蒋天枢长吁一口气，狼狈地摇摇头，心中很不是滋味，无奈地发出酸楚的苦笑。[8]

火车驶离皇姑屯，"呜呜"地鸣叫着，像是受伤的东北虎发出的声声哀嚎。外敌入侵，是国难，也是家难啊！人们仿佛做了一场恶梦，心情特别复杂，既对东北恋恋不舍，又巴不得赶快逃离……

蒋天枢怔怔地望着车厢内外，心头点点滴血。车窗外，秋风萧瑟，黄叶飘飘；车窗内，人们神情慌张，失魂落魄。他默默地念叨着：可爱的东北，再见了！这一去，不知何时再能够回来……

10月初，蒋天枢辗转回到北平，身上一无所有，唯有仰仗朋友接济，解决缺衣少食的燃眉之急。

一天，高亨也逃来北平，找到蒋天枢，说他一度下乡躲避，再回到东大时，发现老同学的黑色皮箱已不翼而飞了，据目击者说，东西是被日本浪人破窗偷走的……

这使蒋天枢懊恼不已：皮箱里多是他的心爱之物啊！那里有奶奶曾祖父朱尊霖公两百年前的手书册页，有陈寅恪先生一部上好版本的《三国志》，有一件自己最心爱的皮大衣，还有刚刚收到的《全谢山先生年谱》的稿酬两百块大洋……

蒋天枢非常自责：自己的衣服和钱丢了也罢，把祖上传家之物丢了，如何向亲人交代呢？那部《三国志》是经陈先生精心批校过的，又该如何向先生交代呢？这些都是金钱买不来的啊！一连数日，蒋天枢如坐针毡，寝食难安。若干年后，一提起此事，他都痛恨自己："我这个人太不争气，那么肯丢东西，走一处，丢一处，丢自己的也就罢了，还丢祖宗的，丢老师的……"[9]

"九一八"事变后，全国人民的抗日热情空前高涨，对国民党政府实行"不抵抗主义"表示强烈不满。各地学生纷纷赴南京政府请愿。在全国人民要求抗日的声浪中，蒋介石被迫于12月15日宣布下野，在22日召开的国民党四届一中全会上，又辞去国民政府主席及行政院院长职务。[10]

东北的师生大量流亡关内。东北大学等学校在北平设立了办事处，收容流亡学生，把他们分送到北平、天津的一些学校继续读书。

东北的学生大量来到北平，北平学校的学生大量增加，教师出现紧缺现象。这为流亡教师提供了临时就业机会。经朋友介绍，蒋天枢在北京第一中学、师范学校、春明中学、平民中学等几所学校任课。

国难当头，社会动荡，国家究竟向何处去？一时，人们都在关心国家的兴亡，探索救国救民的道路。风云人物纷纷发表政见，各种思潮异常活跃，也吸引了流亡师生。蒋天枢追随他们的脚步，到北京大学听过章太炎的讲演，到孔德中学听过钱玄同的谈论……[11]

蒋天枢流亡北平，尽管谋生不易，却仍然把弟弟蒋天格接来北平读中学；而且不忘旧业，一有时间，就沉下心来，继续进行全谢山研究。这时，清华国学院二期的谢国桢已在北平图书馆工作，蒋天枢前往查阅资料更加方便了。不到一年，他不仅完成了四五万字的《全谢山先生著述考》，而且搜集大量资料，对《全谢山先生年谱》一书进行增补，充实了很多内容，完成了四大册手稿。[12]

人生如水上飘蓬，雨打风吹，不知西东。在社会动荡之时，一件偶然小事，有可能改写一个人的一生。

1932年11月，蒋天枢回乡看望奶奶。临行，他由于自己居无定所，唯恐文稿遗失，把《全谢山先生著述考》一文交给《国立北平图书馆馆刊》编辑部，把《全谢山先生的谱》（增补本）交谢国桢暂为保存。1933年2月，《全谢山先生著述考》在《国立北平图书馆馆刊》第七卷第一号刊出，因为文章较长，刊物为双月刊，4月的第二号又刊出了文章的续篇。[13]

奶奶这年八十六岁，已是风烛残年，心力交瘁。[14]蒋天枢时时刻刻都关心着她老人家。这不仅出于亲情，也出于由衷的敬意和自己应尽的责任。他多么想把奶奶接出来，尽一尽孝道啊！可是，一提起这事儿，老人家总是说："穷家难舍，热土难离。人到了这把年纪，出去也是累赘，哪里也去不了，哪里也不能去了。你们能多回家看看，我也就心满意足了。"

返回北平途中，蒋天枢迂道开封，看望老朋友李静之。

李静之原名李海宴，河南方城人，东南大学毕业，1928年考取北京大学研究生，1931年曾在沈阳第三高中任教，同蒋天枢交往甚厚。"九一八"事变后，李静之返回河南，在开封高中教书。[15]

开封旧称汴京、汴梁，战国时的魏国，五代时的梁、晋、汉、周及北宋王朝都曾在此建都，自明迄今，一直是河南省省会。这里至今保存着龙亭、包公祠、相国寺、潘杨湖和铁塔、繁塔等名胜古迹。

老朋友相见，自然是叙不尽的离情别意。民族危亡之际，相见不易，聚谈恨短，不知不觉，两天过去，蒋天枢要告辞了。"相见时难别亦难"，李静之一再挽留，蒋天枢却执意要走。无奈何，李静之为表达心意，安排一家上等的酒店，盛情为老朋友饯行。

想不到，这次私宴惊动了一个人——开封高中校长王芸青。

王芸青字警宇，是位办学的行家里手，不仅识才爱才，而且治校严谨。他1920年起就担任开封高中的校长，一干就是六年；两年后重操旧业，又干了三年；1933年初，已是三度出山了。[16]他早从李静之处听说过蒋天枢，心仪已久，最近知蒋天枢来汴，更是怦然心动了。没有名师，何来名校？送上门的人才，岂能失之交臂呢？听说蒋天枢要走，王校长提前关照李静之，说作为一校之长，一定要尽地主之谊，这场送别宴，自己和高中老师都要参加的。老校长这样说，李静之脸上有光，也只好顺水推舟。

古都开封素有美食城之称，名菜名点不可胜数。旧友新朋相聚，主人格外热情，竭尽地主之谊。酒过三巡，王芸青校长端起酒杯起身，说出一番举座皆惊的话来："子曰：'有朋自远方来，不亦说乎！'今天，静之为老朋友送行，芸青却要为新朋友接风。天枢先生乃名门高足，杏坛新秀，能光临敝校，开封高中满院生辉啊！芸青不才，忝为校长，极为欢迎蒋先生这样的老师。借此机会，本校长十分荣幸地宣布：开封高中决定延聘蒋先生为开封高中国文教员！李、蒋二位既曾同在沈阳第三高中执教，又何妨今日再度联手呢？诚恳希望蒋先生能够赏光！"

说罢，掌声四起。王芸青举杯，开封高中老师们也纷纷站起，向蒋天枢敬酒。

这不是突然袭击、强人所难吗？蒋天枢毫无思想准备，受之有难，却之不恭，只好勉强地端起酒杯，尽了这杯中物。大家一边祝酒，一边交谈。蒋天枢一再感谢王校长和老师们的盛情，并婉言道，北京几所学校已经安排了课程，舍弟又在北京读书，实在不便逗留。王校长笑容可掬，避开话锋，只是一味递烟劝酒，说："何以解忧，唯有杜康。杜康可是河南名酒啊！好酒不醉人啊！"饭桌上，觥筹交错，高潮迭起。

蒋天枢本就豪饮，加之开封人热情好客，轮番敬酒，他又回敬，不知不觉，便酩酊大醉，被老朋友搀扶着才返回住地。

一觉醒来，日上三竿，火车早已开走了。他后悔不迭，直言贪杯误事啊！

王芸青校长已在蒋天枢门外恭候多时，进门后，一再为昨晚让蒋先生勉为其难表示歉意，并说开封高中目前正是用人之际，既然误了车次，正说明人留人，天也留人，好歹要请蒋先生在开封住些日子，一来聊解敝校燃眉之急，二来也给本校长个面子。

无奈，蒋天枢只好戏剧性地留在了开封。[17]

开封高中的前身是 1902 年春天创办的河南大学堂，1903 年改为河南省高级学堂，1913 年改称河南省立第一中学，1927 年与二中合并为"大一中"，现在是河南省省立独立高中了。学校位于前营门 65 号，在龙亭的右前方，教师大都来自北大、清华等著名学府，学生毕业后也多投考北大、清华、上海交大等一流大学，办学成绩显赫卓著，素有"中原先进，学府前驱"之称，是享誉全国的七所优秀中学之一。[18]

清华国学院毕业之后，蒋天枢在沈阳就讲授高中国文，教高中可谓轻车熟路。他讲课引经据典，言之有物，条理清晰，谈吐高雅，很快就在师生中赢得良好的口碑。

时间不知不觉地过去一两个月。开封高中待蒋天枢不薄，只是他心中常想着北平，留下来毕竟不是初衷啊！再说，他已把弟弟蒋天格带到北平读书，离开了也确实放心不下，于是，便向王校长坦言自己的难处，要告辞了。王芸青知道难以强留，从此便躲着蒋先生。找校长找不到，蒋天枢只好写下辞呈，托人向王校长转交，悄悄买好当天夜间的火车票，打算一走了之。

用罢晚饭，蒋天枢收拾好行装，正准备动身，忽听外面人声嘈杂，打开房门，只见门外站满了同学，黑压压的一片。原来，蒋先生要离开的消息不胫而走，同学们是来挽留他的。

"蒋先生，您别走……"同学们未曾开言，就说不下去了。

"蒋先生，我们恳求您留下来……"

同学们说着，地下跪倒了一片……

蒋天枢再次面临艰难的抉择。他怎么也想不到，对于聚散两不依的临时师生关系，同学们竟如此看重，如此难割难舍！面对一双双期待的眼睛，他感受到一腔腔烫人的情怀，心里更矛盾了：走，还是留？留，自己确有难处啊！可是，走，不是让同学们失望吗？他直咂嘴，进退两难啊！

蒋天枢踌躇再三，还是叹了口气，点一点头，动情地说："同学们，请起吧！请回吧！我不走了，留下来了！"

同学们"噢"地一声长呼，响起一阵热烈的掌声，末了才慢慢散去。

就这样，蒋天枢继续留在了开封。

王芸青校长不再躲了，很快找上门来，高兴地说："蒋先生，这是同学们诚心诚意要留你啊！我们的学生这么好，你怎么能舍得走呢？"可背地里，还是这位王芸青校长，不止一次在不同场合又说："像蒋先生这样的好老师，我们怎么能轻意放他走呢？他什么时候要走，我就什么时候发动学生包围他，让他想走也走不了！"

后来，有人单就这件事，说王芸青是位熟读《三国演义》的人，留蒋天枢只不过是略施小计而已：起初杯酒留人，是突然袭击，先发制人；最后发动学生，是退居幕后，围魏救赵。听到这些，王芸青不过摆摆手，说："不管怎么说，蒋先生还是与开高有缘嘛，而且缘分不浅哩！"蒋天枢听了，淡然一笑，心里想：说到底，王校长虽然工于心计，但于公于私并无恶意，何况开封高中待自己不薄啊！

暑假期间，蒋天枢回了一趟北平，安排弟弟的学习和生活，并向曾经任课的几所学校告别，也把行李和衣物取来。[19]

他惦记着寄存在谢刚主那里的《全谢山先生年谱》（增补本）手稿，一天，来到北平图书馆，向老朋友讨要。老朋友一怔，说要好好找一找，翻腾了一阵，竟然没有找到。蒋天枢再次前往时，谢刚主依然查找无着。他不便在北平久留，叮嘱老同学细心找寻，务要找到寄给他。

返回开封后，蒋天枢多次去信，向谢刚主索要《全谢山先生年谱》（增订本）。过了许久，谢刚主才有信来，说很对不起，多方找寻，还是没有找到，很可能当作废纸处理了。

蒋天枢大失所望，心痛不已：

> 至增补之谢山年谱旧稿，凡四巨册，存谢刚主处，久索不归，云已付之故纸摊云。伤哉！[20]

这部文稿，是自己几年的心血结晶，就这样付诸东流了！

蒋天枢除了长叹一声，还能说些什么呢？刚主呀刚主，"受人之托，忠人之事"，你怎么对老同学所托不当回事呢？他不想原谅刚主，但事已至此，不原谅又能如何呢？

他又自怨自艾：如果不是当时回乡探亲，便不会将文稿寄存在别人那里；如果不到开封看望李静之，回京后便将文稿讨回，也不会丢失。要怪，也怪自己啊！文运坎坷，奈之何哉！

转而又想，何须怨天尤人？如果日本侵略者不发动"九一八"事变，自己绝不会流亡北平，断不会有这种事情发生！这笔账，只能算到日本侵略者头上！要恨，只能恨万恶的日本侵略者！

———————————

注：

（1）据谢国桢《瓜蒂庵文集》（辽宁教育出版社，1996年9月第1版）之《记清华四同学》一文："吴其昌，字子馨，浙江海宁县硖石镇人。肄业于无锡国学专修馆，考取清华研究院，高于余一班。毕业后，同馆于梁任公师饮冰室寓庐，又同教学于南开，君教大学预科，余教高中。"

（2）据华钟彦《高亨先生传略》，见《高亨著作集林》（清华大学出版社，2004年出版）附录。

（3）据杜乃松《唐兰先生在学术上的贡献》一文（见2000年12月1日《中国文物报》）。

（4）蒋天枢1953年手撰《惜梦室主自订年谱》："1930，民国十九年庚午，春在平，住东老，9月到沈阳三中。"

（5）据孙华旭主编《辽宁高等学校沿革》（辽宁人民出版社，1983年出版）之《东北大学》部分。

（6）据郝国兴等七人编《中国共产党讲义》，山东人民出版社，1983年2月第1版。

（7）据1988年3月16日何佩刚《蒋天枢先生的治学道路简述》（初稿）："'九一八'事变，日军进攻北大营的炮声，听得十分清晰。"

（8）蒋天枢《论学杂著》（中州古籍出版社，1985年7月第1版）之《书〈年华录〉后》："是年（1931）九月，'九一八'事变作，只身逃回北京，书籍衣物及先代长物尽丧失，仅着旧长衫一袭而归！此后历尽艰困。"

（9）蒋天枢《陈寅恪先生读书札记弁言》："他若《三国志》一书（陈寅恪先生批校书之一），昔年余假之师携往沈阳，'九一八'之难失之。时余在沈阳北陵第三高中任教，事变发生之后，须步行至皇姑屯车站始可乘火车，因将所携书并先生书及家藏朱尊霖公（枢祖母之曾祖父）手书册页及皮大衣等，装黑皮箱中，托友人皮存东北大学某幢楼三楼中，后为人破窗将箱盗去。"见《陈寅恪读书札记》之《旧唐书新唐书之部》，上海古籍出版社，1989年4月第1版。又据《古沛朱氏族谱》载："朱尊霖（1757—1833）字雨田，号霁峰，生而奇瑰，豪爽性直，读书一目数行，由国学考取方略馆誊录，历任两淮盐大使，澳海关澳盈库大使，广州番禺知县等，因广修书院，崇尚文明，兴修水利，政绩卓著，迁广东布政司。擅长书法、绘画，临摹王羲之《飞灵经》，不减色于原本。"

（10）据马洪林、郭绪印编纂《中国近现代史大事记》，知识出版社，1982年出版。

（11）据1988年3月16日何佩刚《蒋天枢先生的治学道路》（初稿）。

（12）据蒋天枢《论学杂著》之《烟雨楼集〈记杭堇浦〉辨诬》附记："1931年余在沈阳，'九一八'事变后逃回北平（当时旧称）。时至北平图书馆校补作谢山年谱，并草谢山著述考。此文初稿，即著述考中《鲒埼亭集》之附篇。"

（13）据朱子方1997年4月22日来信："（关于）北平图书馆馆刊，经向东大同学徐健竹（沛县人，中山大学研究生，曾任中国社科院历史所研究员）函询，已得答复。该刊为双月刊，第七卷一期出版于1933年2月，二期出版于1933年4月。"

（14）蒋天枢1953年手撰《惜梦室主自订年谱》："（1932）十一月南旋省视祖母，今年已八十有六。"

（15）据《南阳地区志》"人物传"：李静之（1901—1989），原名李海宴，字静之，河南省方城县人。幼读私塾，1919年考入南阳中学，1924年南京东南大学疑业，1928年考取北京大学研究生，主攻中国文学史。1931年任教于沈阳第三高中，后在南阳创办《前锋报》，兼任南阳景武高中校长，后同中共代表方敬之策动河南省主席起义。新中国成立后，一直在民革河南省委工作，曾任副主任委员、省统战理论学会副会长，对统战工作作出重大贡献。

（16）据2015年5月河南省开封高级中学官网，王芸青（警宇），1920—1926年任校长，1928—1930年任校长，1933—1945年任校长。

（17）据刘青莲女1990年3月向笔者讲述。

（18）据1991年3月22日开封高中编写《河南省开封高级中学》及《1902—1992开封高级中学九十周年纪念册》之"学校简介""历史沿革"部分。

（19）据刘青莲女1990年3月向笔者讲述。

（20）见《论学杂著》之《烟雨楼集〈记杭堇浦〉辨诬》之附记。

第六章　汴京温馨

1933 年 11 月 13 日，蒋天枢接到电报："祖母病危，速归。"他迅即启程，次日下午赶到家中，"扑通"一声，跪倒在奶奶床前，握住奶奶的手，连声呼唤："奶奶，我的奶奶！我回来了啊！"

奶奶已奄奄一息。听到呼唤，吃力地睁开双眼，看了看孙儿，片刻，才断断续续地说："好，好，乖儿，该成个家了啊……"蒋天枢"嗯嗯"地应着，已是泪流满面。

当天深夜二时，操劳一生、忧患一生的奶奶就咽气了。这年，奶奶八十七岁。老人家临死时，还在念念不忘天枢的婚事，牵挂着年已三十仍然孤身一人的孙儿。[1]

老人家寿终正寝时，三个儿子都已不在人世，只有孙儿们为她送终了。

为了表达对老人家的敬意和孝心，蒋天枢为奶奶定做了一副上等的柏木棺材，让老人家入土为安。

家道衰落，亲戚们也过得艰难。姐姐生育了七个子女，夫妻二人除操劳农活，农闲时便磨香油、轧棉花、做粉丝卖，以维持生计。外甥朱子方勉强读完初中，为养家糊口，已到百里之外的一家大户人家做家教。蒋天枢一想到姐姐资助他十八块银圆的往事，心中就沉甸甸的。这是一笔心债啊！他鼓励外甥朱子方继续深造，报考开封高中，跟舅舅读书去。

天高云淡，雁阵惊寒。一队队大雁"哦哦"地惊叫着，由北向南，从头顶飞过，到那遥远的地方，寻找新的栖身之地。蒋天枢不由得感慨：长期以来，自己心目中，家就是奶奶，奶奶也就是家。哪怕走到天涯海角，都不会忘记丰县，都要回到奶奶身边来。现在，奶奶去了，爹娘早不在了，哪里是自己的归宿呢？年过而立之年，依然像只孤雁，独来独往，她老人家九泉之下能够安息吗？想到这里，他一阵愧疚，一阵迷茫。

是啊，为了告慰九泉下的奶奶，也为了自己的未来，他的确应该考虑自己的婚事了！

说到婚事，蒋天枢有过一段痛苦的经历……

还在十七岁时，由外婆家人作伐，他曾与砀山县窦家集村的史姓姑娘结婚。[2] 按照当地习俗，儿女订亲全听父母之命。花轿抬进家后，新郎挑去新娘子的红盖头，一对新人才第一次见面。也是没有缘分，蒋天枢瞅见史氏的第一眼，压根儿就不喜欢新娘子。他心情沮丧，又极不情愿苟合，婚后即拒绝与史氏同居。二人徒有夫妻名分，而无夫妻缘分。一个苦恼伤神，一个烦闷抑郁，都在默默地吞食这有名无实的婚姻的苦果。[3]

没有爱情的婚姻，哪还有幸福可言！蒋天枢在无锡国学馆上学，平时很少回家；史氏寡言少语，过门不久，便面黄肌瘦，昼夜咳喘，据说患了肺结核病，结婚一年多，就成了一枝过早凋谢的花朵。[4]

显然，封建礼教捆绑下的夫妻，从结婚第一天起，就注定了悲剧性的结局，但令人想不到的是，最终竟以一方的生命为代价，换取双方的解脱。这不仅是死者的悲哀，也给生者留下了终生的隐痛。

此后，一晃就是十年。蒋天枢天涯孤旅，四海飘蓬，有业无家。奶奶跟他唠叨过，找对象，还是在家乡找，寻个知根知底的人家，找个识文断字、温柔贤惠、能过日子的姑娘。他自然听从奶奶的话，可这样的姑娘不好找啊！

　　奶奶临终前的叮咛，并不仅仅是牵挂。她见过小学新来的一位姓刘的女老师，认为和天枢挺般配，心里一直装着她。这事儿，奶奶曾经向孙儿念叨过。可说归说，听归听，蒋天枢由于还没见过面，也未置可否。老人家关心孙儿，但也不愿勉强他，强扭的瓜不甜，看缘分吧！

　　也许是奶奶在天之灵保佑的缘故吧，1934年初春，刘家通过一位朋友穿针引线，正式向蒋家提亲了。

　　姑娘叫刘青莲，本县刘王楼村人，芳龄24岁，1933年毕业于徐州师范学校，正在丰县小学教书。刘青莲的堂叔刘季洪先生，1928年做过北平孔德中学教务主任，后留学欧美，现在是江苏省教育学院的教授。[5]

　　刘季洪早就认识蒋天枢，并且很欣赏蒋天枢的才学，也极力想促成这门婚事。

　　春暖花开时节，学校放假，蒋天枢专程回丰县相亲。

　　二人初次约会的地点，在县城东门外新辟的丰县公园。公园横跨护城，河水清沏，绿树葱茏，一塔耸峙，是一个游览幽会的优雅场所。

丰县凤鸣塔公园。

　　面对这位纯朴聪明的家乡姑娘、一位有知识的新女姓，蒋天枢一见钟情，打心眼儿里愉悦。他们肩并着肩，在护城河的长堤上漫步，登上望华亭眺望小华山，在王敬久剿匪纪念碑前徘徊留连，一路洒下轻柔的絮语和欢快的音符。

　　公园里，有一座著名的古塔——凤鸣塔，砖石结构，八角七层，相传为明代万历年间所建。据说古时丰县落过凤凰，引来百鸟朝凤，因称凤鸣塔。至于是否真有其事，今人无从考证。不过，人们通常把钟情的青年男女比作一对凤凰，把鸾凤和鸣、凤凰于飞视为吉祥的福音和美满的象征。就是在这座凤鸣上，蒋天枢和刘青莲订下了终身。

　　春风化雨，爱情的种子在悄悄萌发。"五月南风大麦黄"的季节，刘青莲趁学校放忙假，作了一次开封之旅。蒋天枢自然热情接待，竭尽地主之谊，向钟情的恋人充分展示开封古城丰富的历史文化内涵。

　　他陪同青莲游览包公祠，听人讲述包龙图"日断人世，夜断幽冥"的神奇故事；徜徉酒美春浓、灯烛荧煌的樊楼，笑谈宋徽宗当年的风流韵事；登上号称"天下第一塔"的开宝寺铁塔，俯瞰大地如茵、黄河如带，听铁马叮当，领略悠悠余韵。二人回忆在凤鸣塔上结缘的情景，心头荡漾着柔情蜜意……

　　一天，他们同开封高中的老师、家属一起，来到滔滔黄河岸边，看大河奔流壮阔的景象，国事、家事一起涌上心头……

　　照相机摄下这群人茫然的镜头和期待的神情。蒋天枢吟道：

> 风吹着丝丝的头发，
> 耳边是波涛滚滚，
> 这一群
> 大大小小老老少少，
> 伫立在苍茫的岸边，
> 各自无穷地期待着……[6]

蒋天枢和刘青莲当然有自己的期待。

初涉爱河的青年男女，喜欢在酸甜苦辣的拉锯战中，死去活来地消磨岁月。蒋天枢和刘青莲相爱后，却像西来东去的大河之水，一去而不回头，相拥着，奔腾跳跃着，飞向东方，流入大海。

7月，夏粮入仓，柳梢蝉唱，蒋天枢和刘青莲步入了婚姻的殿堂。

婚礼定在徐州的花园饭店。

花园饭店坐落在彭城最繁华的大同街上。园内，芳草青青，鲜花争艳，一座浅赭色的神秘的西式楼房，散发着迷人的诗意，便是他们新婚的洞房。花园饭店为经销英、美烟草的苏州人吴继宏兴建，一切仿照上海式样，并由上海技工建造，虽不宏大，却颇为豪华，冬可取暖，夏可降温。"辫帅"张勋曾在此宴请十三省区的军政名流，策划满清复辟"大业"；军阀混战时期，张宗昌、孙传芳、褚玉璞等风云人物都曾在此处下榻；1927年6月19日，蒋介石和冯玉祥又在这里相会换帖，金兰结盟……[7]

徐州花园饭店。

历史上风云际会的花园饭店，今日却成了蒋天枢和刘青莲的伊甸园。为了这一天，蒋天枢已苦苦等待了十多年。结婚典礼之所以选在徐州举行，目的是为了避开世俗的热闹，显得更加庄重。双方的亲朋好友忙完农事，聚在徐州，吃顿喜庆饭，说说吉利话，大事便告成了。

结婚，两个"我"字变成了"我们"，组合成一个新家。蒋天枢把与刘青莲的结合看作完成一项事业，喜悦之情溢于言表，在结婚照背面题言道：

> 当我们的事业成功时，
> 心中充满说不出的快乐！

新婚燕尔，夫妻二人返回丰县奶奶身边，度过了亲情穆穆的蜜月。8月，他们便到开封古城定居，如檐间燕子，落足在旧时街巷的一角，寻泥觅草，着手构筑温馨的小巢，先是住在解元胡同，不久又迁入学校就近的青云巷。[8]

1934 年任教开封高中时摄，左起：魏华灼夫妇和孩子、孙文谟夫妇和孩子、张熙天夫妇、蒋天枢夫妇。

寓所是一个普通的四合院，南临青云巷，北靠准提街，远离闹市，环境清幽。这里原是学校的书房，现是教工的宿舍。

提起"青云"二字，人们自然会联想平步青云、飞黄腾达的官运。说起来，这里在宋代还真是一处金榜题名候补升迁的地方哩！又是"青云"，又是"准提"，把仕途经济、春风得意的气氛渲染得淋漓尽致！然而，时过境迁，时下业已变成闲云野鹤的栖身之所了。

蒋天枢身居青云巷，会有好运吗？能吉星高照吗？

蒋天枢一向热爱教育，热爱学生。学校虽然冠名"开封"二字，学生却来自四面八方，不仅有河南籍的，也有来自江苏、安徽、山东等省的。由于传统观念的束缚，女子一般足不出户，外出求学的基本是男儿。多数学生家境贫寒，不仅有爱国热情，而且读书用功，能吃苦耐劳。

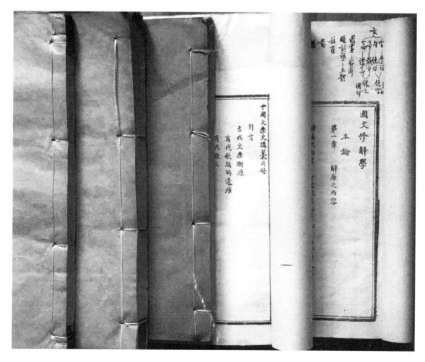

蒋天枢为开封高三编撰的四册《中国文学史》《国文修辞学》讲稿。

古语云：得天下英才而教育之，乃人生一大乐事。教书虽为稻粱之谋，但事关学生的前途和命运，责任重如山啊！蒋天枢深知，学生的学养，在于教师的学养，工作毫不懈怠。他担负两个文科班的国文课教学，为了让学生多学一些，学得好一些，苦熬多少个日夜，编写了《国文修辞学》和四册《中国文学史讲稿》。

平时，蒋天枢视学生为朋友，与同学们打成一片，相处非常融洽。其品行、才学给同学们留下了深刻的印象。张志公是 1935 年进入开封高中读书的普通班学生，后成为语言学家。时过多年，谈起蒋天枢先生，他依然充满敬佩之情："我在开封高中上学时，有位国文老师，叫蒋秉南，是一位好教师，学养高，待人好，业余爱好照相。那时没有傻瓜照相机，照相得测光、定速、测距、取景，很要点技术。我有些毕业照，就是这位蒋老师给照的。"[9]

像张志公这样卓有成就的人才，开封高中还出了一大批。开封高中堪称是桃李芬芳，香溢神州了。[10]

蒋天枢不仅对学生尽心尽力，而且对家人、族人也力所能及地负起责任：长兄蒋天桂去世后，寡嫂李氏和侄女度日艰难，他常给予接济；弟弟天格先是在南京读中学，被他接到北平上高中，后考入北平辅仁大学，师从沈兼士先生学文字学，又从陈垣先生学历史，费用全由他承担；外甥朱子方已经考上师范学校，在他鼓励下，1934 年考取开封高中，一切费用也全由他包揽；堂叔蒋念泗生有四子，子女求学困难，一子蒋天机也奔开封而来，依蒋天枢读书、吃住……负担并不轻啊！

在蒋天枢看来，负担虽重，还不致捉襟见肘，尽到责任，内心就没有歉疚，精神上就有乐趣，辛劳更不在话下了。授课之余，蒋天枢喜爱书法绘画，兴之所至，研墨吮毫，时而笔走龙蛇，写张条幅；时而泼洒丹青，绘幅小景；有时候，也拿起竹笛，吹上几曲，自娱自乐。那悠扬的丝竹管弦之声，不就是新婚夫妻至为发舒的心曲吗？

一天，院门"吱呀"一声被推开了。来人是刘季洪先生。

刘季洪，1925 年北京高师（北京师范大学前身）毕业，先在徐州七师任教，不久到北平孔德学校做教务主任。孔德学校是北大的教学实验基地，校长由北大校长蔡元培先生兼任。刘季洪精明强干，办事效率高，深得蔡元培赏识。后来，他到南方参加革命，25 岁担任江苏省教育厅督学。自 1930 年起，他留学美国华盛顿大学、哥伦比亚大学，又到美国各地和欧洲诸国考察，1933 年回国，任江苏省教育学院教授。1935 年 6 月，刘季洪 31 岁，奉调河南大学校长，来到开封。

能在开封相聚，大家高兴异常。蒋天枢夫妇感到，刘季洪新来乍到，孤身一人，生活不便，就提出请他住到青云巷来，也好有个照应。当时，小院十一间房子，腾出三间也很方便。不久，刘季洪把夫人和孩子也接来了。小院里增添了人气，充满亲和之情，俨然一个和睦的大家庭。

当时，河南大学困难重重，难以为继。刘季洪接任校长一职，可说是受命于危难之际。这所大学设文、理、法、农、医五学院十八系，在校生一千余人，是当时国内规模较大的一所高等学府。刘季洪感到责任重大，压力也很大。解决河南大学的问题，当务之急，是要找出问题的症结。他初来乍到，单枪匹马，两眼一抹黑，亟须一位不仅贴心而且得力的助手。如从河南大学找人，一来人头不熟，二来不够超脱，他想到了蒋天枢。蒋天枢出于亲情，也不便推辞。二人遂日日乘坐一辆黄包车，来往于青云巷与河南大学之间。

经过近两个月的深入了解，河南大学存在的问题水落石出：校务之所以不能正常进行，主要是经费所致；经费之所以困难，又因为短期内大量进人，校风散漫造成；校风之所以不正，主要在于治校不严，放任自流。面对一大堆棘手的问题，刘季洪和蒋天枢多次交流，统一了认识，决定对症下药，从调整人事、整顿学风入手：一是商请各院系及各方主管，对教员重新聘任，裁减冗员五十人，解决学校收支不平衡的问题；二是修订学校规章制度，鼓励学生养成俭朴的习惯和尊师的风尚，解决校风散漫的问题；三是延请范文澜、萧一山等知名专家来河大任教，以提高教学质量，树立河南大学的新形象。由于准备充分，工作细致，问题迎刃而解，河南大学各项工作逐渐走上正轨。[11]

1937年旧历五月，青云巷里传来一声儿啼。刘青莲产下一个男婴，取名钟琦。[12]

为了照顾青莲和孩子，蒋天枢委托姐姐从老家请来了保姆孙嫂。青云小巷，来来往往的人多起来了。向来清静亲和的院落，一下子热闹起来，人来人往，吃饭的人也多了。蒋天枢从街上买来两口大面缸，红红火火地过起日子来。

蒋天枢从一介书生走进社会，又走进生活，有了一个永远属于自己的温馨之家。他这才真正体会到，生活原来这么美好啊！

玖瑰花会永远芬芳吗？

人生的道路长着呐！

_____

注：

（1）蒋天枢1953年撰《惜梦室主自订年谱》："（1933年）11月13日，接祖母病电召，14日下午赶至家，病已垂危，夜二时逝世，享年八十七岁。""祖母危时，深以孙枢久不婚为恨。"

（2）据《古丰蒋氏族谱》："天枢，字若才，大学教授，配砀山窦家集史氏，卒。"

（3）据蒋天枢表弟朱启昌、外甥朱子方与笔者谈话。

（4）朱子方1992年11月6日给朱浩熙的信："舅母史氏何时嫁来蒋家，我记不清楚。自我记事，她就住在西房南端一间屋里，病病殃殃，面色发黄，无力行走，究竟是什么病，不记得有人说起。现在看来，仿佛是乡间所说的痨病，也许是妇女病或结核病。哪年死去？记忆中已无印象，可能在打李楼寨前后，搬到县城内时，已没有她了。"

（5）据丰县在台刘守法先生提供资料，刘季洪始祖系明代洪武二年由山西洪洞县迁丰县西南刘堤湾。刘季洪和刘青莲之父刘建昌同为十二世刘克勤之曾孙。

（6）蒋天枢1934年题照片诗。

（7）据陈冠华《徐州花园饭店》一文，载徐州市政协编辑《徐州文史资料》第15期。

（8）据刘青莲女士1990年3月口述。

（9）据张志公1996年2月1日致陈大庆信。

（10）据《河南省开封高级中学介绍材料》："（开高）桃李芬芳，遍布神州，其中不少人已成为名扬海内外的党和国家的主要领导干部，如陈雷、胡炜、王阑西、焦若愚、柴成文、李庭芳、皋峰、戴明予、于友先等就读于该校。新闻界穆广仁、董成斌；教育界张志公、李恒德、杜天崇、苗迪青、冯曾昭、田雨三、苏勉曾、李鹤鼎、王南等著名教授都在该校毕业；文艺界曹靖华、姚雪垠、师陀、王昌定、张一弓、马可、王振亚和专家韩祖铭、范守山、朱象三、王复周、张效房、孙乃抗及美籍华人知名人氏赵浩生、朱怀朴等皆在该校学习过。革命战争年代的人民英雄像林翠、白涛、晋夫、姚第鸿等烈士，都是从该校走上革命道路的。"

（11）据谭伯鲁《著名教育家刘季洪先生》一文，载《徐州文史资料》第15期。

（12）据蒋天枢1953年《惜梦室主自订年谱》："乙亥，卅三岁，（中华民国）三十四年，1935，五月，钟琦生。"

第七章　流离入川

　　河南大学整顿工作初见成效，显示出新校长的抱负与能力，刘季洪多日紧锁的愁眉为之一展。但是，他心里清楚，没有蒋天枢的鼎力相助，河南大学的问题解决得不可能这么顺利。尽管是亲戚，他还是对蒋天枢心存感激。

　　刘季洪想，大学的工作千头万绪，自己即便是条龙，又能戏多大的水呢？身边很需要一位蒋天枢这样的人。心里有了谱，他便寻个机会，征求蒋天枢的意见："来河南大学，我孤掌难鸣，身边没个可靠的人不行啊！你来跟我干，怎么样？"并允诺安排一个不错的位子。

　　响鼓不用重锤敲。蒋天枢对岳叔的话心领神会。面前道路千万条，说不定这就是一条青云路呢！但是，他一介书生，偏偏不识时务，不愿涉足官场，一心只想教书做学问。面对着刘季洪的热情相邀，他淡然一笑，本能地摇摇头，婉言谢绝了。

　　人各有志。刘季洪爱莫能助，也不强勉，但对蒋天枢的做法委实大惑不解："秉南啊，你学问这么好，就心甘情愿地待在一所中学里？"

　　"那倒未必。"蒋天枢幽默地笑了，高声言道："我也想进大学，但绝不愿涉足官场！"

　　"那么，我就聘你做河南大学教授，如何？"

"此话当真?"

"军中无戏言。"

"我只做教授!"

"一言为定!本校长还有这个权力,说话算数!"

事情来得突然,蒋天枢倒有点手足无措了,沉吟片刻,才回应道:"我考虑考虑吧!"

"怎么?做教授也要考虑考虑?"刘季洪瞪大了眼睛:"你一向是个爽快人,怎么倒犹豫不决了?好,那你考虑好,给我回个话!"

说实在的,到大学任教,这的确是个机会,但蒋天枢斟酌再三,还是觉得有些不妥:一是刚帮了岳叔大人的忙,就调进他主政的河南大学,有帮人图报之嫌;二是同校长大人沾亲带故,会被人说成裙带关系,正常的事情反而不正常了。思来想去,他还是谢绝了刘季洪先生的一片好意。

刘季洪大不以为然:"过了这个村,就没有这个店了!你要想清楚啊?"

蒋天枢坦然一笑,颇为自信地说:"门前有棵梧桐树,还怕凤凰不做巢吗?"

就这样,蒋天枢放弃了一次去大学工作的好机会。

机会并不均等。对有的人来说,机会一旦失去,便不会再来;但对有的人来说,机会是珍贵的,却又不是唯一的。时隔不久,蒋天枢又等来了一次机遇。

1936年12月12日,震惊中外的西安事变发生了。东北军和西北军扣留了蒋介石,逼迫蒋介石接受了停止内战、一致抗日的主张,开启了第二次国共合作。东北大学因不少学生追随张学良,参与西安事变,因而受到国民党政府的责难。南京政府先是要停办东北大学,因东北人据理力争,遂于1937年1月7日,强行把东大改为国立大学,命令教育部和北平社会局接收,任命臧其芳为代理校长兼文学院院长。

臧其芳(1894—1962),辽宁盖县人,1920年留美三年,1926年任东北大学教授、法学院院长、东北特别区行政长官机要秘书，1930 年任天津市政府社会局长、代市长，1936 年任江苏盐城和无锡区行政专员。

臧其芳风风火火地赶赴北平上任，却遭到东大学生的拒绝。同学们认为，臧其芳何许人也，竟抢了老校长张学良的位置！并且臧某人曾在江苏省省主席陈果夫手下任职，有"CC 派"特务的历史背景，让人信不过。臧其芳也不是省油的灯，在北平碰了钉子，转而来到河南，在开封设立东大办事处，并宣布东大各个学院一律迁到开封。结果，胳膊拧不过大腿，东大师生一部分迁到开封，一部分仍然滞留在北平。[1]

东北大学迁汴后，蒋天枢的不少老朋友也随之过来了。大家劫后重逢，百感交集。不少人只身逃离东北，尚不知家人的死活，成天心事萦怀，愁情万种。他们一有时间，就来蒋天枢家中聚首，或纵论国事，或畅叙契阔，或探讨学问，或分享天伦之乐。青云巷里，经常高朋云集，"座上客常满，杯中酒不空"。高亨、姜亮夫、蒋良骐、刘盼遂、杨润如、朱芳圃等东大教授，都成了蒋家的常客。

东北大学正式开学后，文学院教师人手不足。经高亨、蓝文征先生举荐，校方决定聘请蒋天枢为东北大学文学院教授。这真是"失之东隅，得之桑榆"啊！

蒋天枢已经错过到河南大学的机会，这次岂肯再失良机？他当即向开封高中递交了辞呈。王芸青校长遗憾再三，但是，良禽择木而栖，不能不忍痛割爱。不过，这位"智多星"校长虽然同意蒋天枢辞职，但又提出一个条件：请蒋先生继续在开高代课，课时安排可尊重蒋先生意见。蒋天枢想，不就是代几节课吗？反正自己年轻，辛苦一点就是了，二话没说，就点头同意了。

蒋天枢从此调入了东北大学，当起了"扁担教授"：一头挑着开封高中，仍然担任两个班的国文课；另一头挑着东北大学，在文学院讲授《尚书》《诗经》和《三国志》。[2]

蒋天枢一向爱读《三国志》，近年确实下了一番功夫。来开封后，他利用中原藏书丰富的优越条件，搜集到不少关于《三国志》研究参考书，如杭世骏的《三国志补注》、侯康的《三国志补注续》、赵一清的《三国志补注》（北大影印本、陶元珍跋）以及广雅丛刊单行本——潘眉的《三国志考证》、钱大昭的《三国志注证遗》、梁章钜的《三国志旁证》等等。有些零星的资料，特别是清人关于《三国志》的论述，蒋天枢还让外甥朱子方帮助摘抄下来，不断积累，日渐宏富。[3]

1937 年 7 月 5 日，蒋天枢前往北平，一为外甥朱子方报考大学做安排，二为看望陈寅恪先生，并践行唐兰共游西山之约。

朱子方在开封高中学习了三年，就要考大学了。开封高中重理工类教学，而朱子方受舅父影响，却喜爱文史之类。蒋天枢尊重外甥的选择，并动员他报考清华大学历史系，认为"中国是一个历史悠久的文明古国。作为一个中国人，不能忘记自己祖国的历史，应当学习、研究自己祖国的历史，继承祖国的历史文化遗产，把它发扬光大。国难当头，尤当如此"。[3]清华大学历史系师资一流。考大学，学历史，当然要首选清华。

当时，报考清华大学要到北平应试。朱子方为人老实讷言，没出过远门。蒋天枢提前赶赴北平，就是为子方打前站，帮他安排住处的。另外，唐兰早就来信，约他一起，陪同陈寅恪先生游览西山。蒋天枢这次到北平，也想了结这个心愿。

西山，本是北平西部群山的总称，风景优美，名胜众多，是游览的胜地。特别是西山有许多著名的佛寺、道观，是考察研究宗教和古典建筑的好去处。

几年前，蒋天枢曾经陪同陈先生作西山之游。陈先生长期研究和讲授佛经文学，游览西山古刹名寺，话题自然很多。他同蒋天枢边走边讲，一路来到大觉寺前。此寺依山层叠而上，颇为壮观。站在寺前，陈先生娓娓道来，犹如岩罅石缝中流下的涓涓细流，轻轻叩击着蒋天枢的心扉。

师生走进大觉寺正殿，深为大殿的庄严气象而惊叹。仰观中，他们竟发现一人身着长袍，攀援屋栋旁，目光在屋宇上来回打量，仔细考察大殿的结构和梁栋之间的画饰。师生们屏气静心，看其举动，只见那人审视一会，方慢慢下来，掸一掸身上尘土，来到大家面前。嗬，原来是许地山先生！

大家在这种特殊的情况下巧遇，都不由得哈哈大笑。

许地山笔名落华生，著名小说家、散文家，对佛教有专门研究。他早年曾获燕京大学文学学士、神学学士学位，后留学英国牛津大学，研究宗教史、印度哲学、梵文及民俗学，1927 年回国后，任燕京大学文学院及宗教学院教授，并在北京大学兼授印度哲学，在清华大学兼授人类学。眼下，许先生正着手编写《大藏经引得》和《中国道教史》，因涉及古建筑的内部结构及藻井画饰，这次是专门来到西山，进行实地考察的。

陈寅恪先生和许地山先生是老相识，又同研究文学及宗教，是相互敬重的好朋友。此次邂逅，大家遂一起游山，一路谈笑风生，至晚方归。

往日的西山之游，给蒋天枢留下了难以忘却的印象，并吸引着他故地重游。(4)

蒋天枢热切地期待着。

到北平后，蒋天枢先去辅仁大学，看望胞弟蒋天格，关照一下他的学习和生活，然后来到故宫后门米粮库胡同找唐兰。其时，唐兰已在北京大学任教，就住米粮库胡同北大教工宿舍。

7 月 7 日，二人一起上街逛书店，跑了很多地方，夜色朦胧才回到住地。一别四年，相见不易。二人亲历"九一八"之难，今日能够相聚京华，恍如隔世，感慨万端，真是"今夕复何夕，共此烛灯光"啊！聊到将看望陈寅恪先生，和先生一起再游西山，二人更为感奋，又是一次向陈先生请益的好机会，实属难得啊！唐兰要来几个小菜，二人遂把酒言欢，边吃边说，畅叙契阔，酒多话稠，直喝得酒酣耳热，至更深夜半，才和衣睡去。(5)

京华之夜，是一个多么静谧的夜晚！殊不知，天空乌云惨淡，阴风乍起，暗藏杀机。震惊世界的七七卢沟桥事变，正在紧锣密鼓地策划中——

当晚 7 点 30 分，日军驻守丰台的第一联队第八中队在靠近宛平卢沟桥的龙王庙一带，在进行挑衅性演习，并借口遭受中方的袭击，一人失踪，无理地提出进入宛平县城搜查。对此，中国驻军第 29 军第 37 师第 110 旅旅长何基沣严词拒绝。日本驻北平特务机关长松井即以电话相威胁，声称如不允许，将采取武力行动。日军的无理要求，再次遭到理所当然的拒绝。日本侵略者气急败坏，命令立即包围宛平县城，企图以武力夺取之。

7 月 8 日凌晨 4 时，中日双方派出代表，进入宛平县城调查。4 点 30 分，双方正在进行交涉时，突然枪声大作，日军的大规模进攻开始了！

中国驻军守土有责，面对强敌，奋起反抗。我 29 军司令部命令将士们：卢沟桥即为尔等之坟墓，应与桥共存亡，不得后退！

中国的抗日战争全面爆发了！[6]

蒋天枢按照原来约定，7 月 8 日上午到永定门火车站接朱子方。可是，他来到永定门，已经无人可接。原来，因北平发生战事，火车开到保定，旅客就被告知：火车不再前行，愿意退票的可以退票；不愿退票的，待恢复通车后，仍可持原车票上车。但是，何时能够恢复通车呢？火车站却无可奉告。朱子方无奈，只好返回开封了。

卢沟桥事变的消息，迅速传遍北平的大街小巷。战事吃紧，全城戒严，闹得人心惶惶，气氛骤然紧张起来。

亲历"九一八"事变的蒋天枢，有种不祥的预感，遂决定放弃原定的计划，尽快离开北平，可赶到永定门火车站买票时才知道：南去的火车不通了！

蒋天枢天天跑火车站。拖延了几日，火车恢复通车，他才得以返回开封。

"七七事变"令国人揪心。日本侵略者飞扬跋扈，气焰嚣张，决定"以此次事件为转机，从根本上解决华北"。[7]因而，日方不断增兵，步步紧逼。7 月 25 日，日军完成一切准备，便对北平、天津发动了全面进攻。

7 月 28 日夜，我方第 29 军被迫从北平郊区撤退。

8月8日正午，北平陷落，津门、塘沽亦相继沦入敌手……[8]

北平失陷后，不愿做亡国奴的中国人，有的就地开展斗争，有的则设法南逃。学校已听不到学生们的读书声。正在辅仁大学读书的蒋天格也逃来开封，转入河南大学文史系借读。兄弟二人在古城开封团聚了。[9]

外敌入侵，山河破碎。蒋天枢深为国家的命运而担忧。他当时正讲授《三国志》，多么盼望当代中国出现一位诸葛亮式的人物啊！在民族危亡之秋，他重读《出师表》，不由得热血沸腾，热泪潸潸……

蒋天枢非常景仰足智多谋的诸葛亮，查阅了很多资料，还准备奔赴南阳、樊昌和四川等地实地考察，想写一部《诸葛亮传》，向历史和现实大声呼唤……[10]

然而，正当蒋天枢编织新的写作计划的时候，东北大学又发生了新的变化——

老校长张学良率领东北军驻守西安，仍然不忘故旧，并在西安为东北大学筹建了新的校舍。东大遂于8月在南京、陕西同时招收新生，并将于9月5日在西安新校开学。这样，寄身河南大学篱下的东大师生，行将迁往古都长安。[11]

蒋天枢在青云巷住六年，一旦离开，真有些恋恋不舍。看着四围青灰色的瓦舍，望着蓝天下黄绿相间的秋叶，他在小院中久久徘徊，柔情缱绻。六年来，小院犹如一泓澄澈的潭水，时时荡漾着爱情、亲情、友情的涟漪，在心头泛起丝丝的甜意，让人感到那么惬意，那么温馨，那么舒适和令人陶醉……而今，却要挥一挥手，道一声"别了"……

他和妻子简单收拾一下衣物，捆扎一下书籍，室内字画等一仍其旧，为的是尽可能保持原状，不影响刘季洪先生及其家人的心情。

蒋天格继续在河南大学借读。朱子方已考取河南大学文史系，乘迁校之机，回乡探亲了。此后不久，河南大学迁往鸡公山。保姆孙嫂记挂着家中老小，不愿离乡太远，便返回丰县了。

一切安排停当。8月的一天，蒋天枢挈妇将雏，告别了开封的老师、同学和亲友，登上了东北大学西进的包车。

到了西安，刘青莲由于旅途奔波，忙于生计，过度劳累，加上水土不服，刚安顿下来，就生了一场大病，卧床多日不起。

妻子身患重病，小儿嗷嗷待哺，蒋天枢既要护理病人，又要照看小儿，还要备课上课、买菜做饭，多日手忙脚乱，几天下来，本不壮实的身体又瘦了一圈。

好不容易，刘青莲病情缓解，能下床洗衣做饭、照看小儿了，日本侵略者的战火却烧到了风凌渡。一架架敌机带着凄厉刺耳的叫声，不时掠过头顶，扔下一颗颗罪恶的炮弹。古城内外，时时腾起深灰色的硝烟，响起惊天动地的爆炸声。往往一日数警，爆炸声不绝于耳。

小钟琦受到惊吓，常常号啕大哭，夜间惊厥醒来，也哭声不止。有时，孩子刚刚安静下来，飞机的轰鸣和隆隆的爆炸声又响起了。小儿由于睡不安稳，便懒得吃喝。望着孩子一天天消瘦下去，蒋天枢夫妇愁眉紧锁，坐卧不安。

这时，河南的朋友来信说，开封高中的教师家属准备南迁，到魏华灼老师的家乡避难。

魏华灼是开封高中教师，家乡在湖南邵阳宝庆县偏僻的农村。虽然路途遥远，交通不便，但远离战火，比较安全，蒋天枢有些心动，便和妻子商议，让她带小儿跟开封高中的家属一路同行。经过协商，相约某日，开封、西安两地赴湘人员同时出发，经郑州南下，到长沙会合，然后西进邵阳宝庆。[12]

日军空袭后，潼关实行戒严。西安城人心惶惶。这时，东北大学师生经常躲避空袭，事实上已经停课了。

1937年11月，上海沦陷，南京告急，徐州也风声紧了。朱子方探亲归来，河南大学业已迁走，便来到西安，投奔舅舅蒋天枢。当时，北平师范大学、北平大学、北平女子文理学院和北洋工学院（天津）四校已迁来西安，借用东北大学校舍，成立了西安临时大学，收容沦陷地区的师生。朱子方便在西安临时大学借读了。

蒋介石西安行任营主任蒋鼎文暗中劝说东大南迁。东大经济系主任兼文学院院长李光忠经向四川省三台县联系，借得县属旧试院、草堂寺及当地中学部分校舍。东北大学遂决定迁往四川省三台县。

1938 年 3 月初，乍暖还寒时节，蒋天枢和蓝孟博、姜亮夫、黎东方等教授作为首批入川人员，联合租乘一辆汽车，离开了西安。北平师范大学教授黎劭西也随车同行。当时，北平师范大学刚在郑州复校，又迁往汉中。途经汉中时，黎劭西夫妇同大家惜别，东大的教授们继续南行。

川陕公路，坎坷不平，汽车摇摇晃晃地颠簸前行。由于春季干燥多风，一路尘土飞扬，黄沙滚滚。奔波数日，至 3 月 6 日，他们来到三台县。[13]

注：

（1）据孙华旭主编《辽宁高等学校沿革》（辽宁人民出版社，1983年出版）及臧英年《先父臧其芳》一文（《中华读书报》2008年5月16日）。

（2）据刘青莲、朱子方回忆，又据蒋天枢1953年《惜梦室主自订年谱》："丙子廿五年，卅四岁，1936，汴，高中，东大。"

（3）见朱子方《忆舅父蒋天枢》一文（写本）。

（4）据蒋天枢《师门往事杂录》，载北京大学中国中古史研究中心编《纪念陈寅恪先生诞辰百年学术论文集》，北京大学出版社，1989年12月第1版。

（5）蒋天枢《论学杂著·序言》："次日（7月7日）余宿后门米粮库唐立庵兰家。"

（6）据苗建寅主编《中国国民党党史》（西安交通大学出版社，1990年5月）之《中国国民党在抗日战争时期》部分。

（7）引自《今井武夫回忆录》，上海译文出版社，1978年出版。

（8）据蒋天枢《陈寅恪先生编年事辑》。

（9）据刘青莲1990年3月上旬讲述。

（10）据朱子方1990年9月19—21日来徐州时讲述。

（11）据孙华旭主编《辽宁高等学校沿革》（辽宁人民出版社，1983年）："在河南开封的东大，由臧其芳代理校长。1937年8月，在南京、陕西招收新生，聘李光忠为经济系主任兼文学院院长；裁撤事务长，改为秘书长，由政治系教授娄学熙兼任。是年9月5日以'国立东北大学'名义在西安开学。"

（12）据蒋天枢《论学杂著·序言》："余回汴后形势日恶，匆匆理行装，随东北大学迁西安。未几妻病，医药育儿之事，集于余身，又须上课，夜眠仅得少许时。敌机时来轰炸，妻携儿经郑转长沙随友人避难邵阳。"

（13）据孙华旭主编《辽宁高等学校沿革》（辽宁人民出版社，1983年）："1938年春，敌机扰陕日频，无法上课。敌机企图西犯，潼关实行戒严。委员长西安行营主任蒋鼎文密劝东大南迁。李光忠（经济系主任兼文学院院长）向四川省三台县当局及耆绅借得旧试院与草堂寺之全部及潼属联立高中之一部分舍宇为校舍，乃于三月中旬举校迁潼。四月下旬全校师生都到，图书仪器及重要校具皆已运到，校舍也修缮完毕，五月十日复课。"

第八章　泣血三台

人间事竟有这么巧合！蒋天枢同三台还有一段夙缘呢！他想起了同唐兰的一段往事：

> 七七事变前夕，余以事至北平，一日与友同出至前门，路经关帝庙，戏掣一签（居平多年，从未做过），其词曰："花发满春台，鹊声报喜来，承恩辞玉殿，出镇列三台。"[1]

当时，蒋天枢还以为是佛门同自己开了个没头没脑的玩笑。想不到，时过半年，自己竟然真的来到了三台。这是佛门大师的先知先觉，冥冥之中的神灵点化，还是世事无常的机缘巧合呢？这些年来，他总是流亡：流亡北平，流亡汴京，流亡西安，现在又流亡三台。流亡流亡，何时不再流亡呢？现在，来到天府之国，会受到大慈大悲的菩萨保佑吗？

三台，位于四川盆地中部偏北，左带涪江，右挟凯江，沃野深丘，方圆百里，因县境西部有三台山而得名。县城潼川，西汉高祖六年为郪县，南朝梁时置涪城县，唐时曰梓州，元至元二十年并涪城县入郪县，明洪武九年撤郪县入潼川州直辖，清雍正十二年置三台县。[2]

三台古来就是一处避难之地。唐肃宗宝应元年（762）秋天，大诗人杜甫为避安史之乱，来到三台，当年冬天又举家从成都迁来。广德二年春，其故人严武再度以黄门侍郎出任剑南东西川节度使，诗人才得以返回成都，在严武幕府中做节度使参谋检校工部员外郎。后人即以此称之为杜工部。

杜甫客居梓州三年，写下不少著名诗篇，如《九月九日登梓州城》《闻官军收河南河北》《春日梓州登楼》《涪州泛舟送韦班归京》《上牛头寺》《登惠义寺》《上兜率寺》《涪城香积寺官阁》《陪李梓州泛江》等。[3]杜甫的一生即与三台结下了不解之缘。

昔日诗圣杜甫避难地，而今东大师生又重来。所不同的是，杜甫当年避的是内乱，而东大师生现在避的是外患。避难不过是权且栖身，希图一时平安。难怪杜夫子一旦走出三台，会喜极而泣了。

蒋天枢这次随东北大学迁居三台就迥然不同了。他做梦也想不到，历史上避难的好地方，会给他留下刻骨铭心的血色记忆……

蒋天枢一行到三台后，暂住在一家小旅馆中，白天上街号房子，安排房屋修缮，并陆续购置一些教学办公用品，为全体师生的到来做些许准备。

3月中旬，东大师生开始分批入川，4月中旬陆续到齐，学校的一些仪器、设备、图书资料等也相继运到，5月10日正式在复课了。

自"九一八"事变后，东北大学师生经北平、天津、开封、西安迁来三台，"间关万里，艰苦备尝，设备荡佚，竟同草创"。学校仅存两院五系——文理学院设中文系、地理系和化学系；法学院设政治系和经济系。学生仅283人，教职员86人。[4]

东大逃避战火而来，可三台哪里是一块安静的绿洲呢？熊熊燃烧的战火正在中国大地上迅速蔓延——

平津失陷后，日本侵略军疯狂南进。北方战场上，大同、保定、沧州、太原相继失手；南方淞沪战场上，上海、南京先后被日军占领，日军还惨无人道地制造了震惊中外的南京大屠杀。敌人狂妄至极，肆无忌惮地扩大战争，甚至叫嚣三个月之内占领全中国。为此，侵略者采取沿津浦线南北相向运动、夺取徐州的战略，然后计划沿陇海线西进，夺取郑州，再沿平汉路南下，夺取武汉，进而囊括中原，实现占领全中国的狼子野心。而从中国来说，则必须控制徐州，一来可以遮断津浦路，阻隔南北日军会合；二来可阻日军于津浦路以东，保卫陇海，以利持久抗战。如此，争夺徐州便不可避免。

1938 年 3 月 23 日至 4 月 7 日，东大迁川之际，中日双方进行了一场以争夺徐州为目的的台儿庄大战。血性的中国男儿，同敌人逐巷厮杀，白刃肉搏，万名志士为国捐驱，歼敌两个精锐师团计一万余人，取得了抗日战争以来空前的大胜利。[5]

捷报飞遍神州大地。身在三台的蒋天枢喜不自胜，手舞足蹈：

> 余暇则偕友泛舟涪江，或登东山吟啸，或上牛头山寺拓碑。
> 每诵杜工部"剑外忽闻收蓟北，初闻涕泪满衣裳。却看妻子愁何在，漫卷诗书喜欲狂"之句，不自知其泪下也。[6]

然而，战场形势瞬息万变。台儿庄大战后，穷凶极恶的日军即调集十三个师团，约三十万人马，辅以数百架飞机，以黑云压城之势，向徐州猛扑过来。1938 年 5 月 19 日，徐州沦陷了。

日本侵略者出于凶残的本性和报复的心理，灭绝人性地杀人放火、奸淫掳掠，制造了数十起骇人听闻的惨案。在蒋天枢的家乡丰县，日军攻入城内，见人就杀，见房就烧，西关、南关、北关尸体遍地，无人掩埋，成了一条"死街"。一个叫荒庄的村子，几十口人死于日寇屠刀之下，仅一个小孩虎口余生，成了真正的"荒庄"。古城徐州，笼罩在腥风血雨之中。[7]

东望故乡，蒋天枢痛心疾首。他想念家乡，更想念远在异乡的妻儿。蒋天格已随河南大学迁豫南鸡公山，朱子方已随西安临时大学迁陕南城固。五人分为四处，真是四分五裂了。蒋天枢担心战火继续燃烧，万一道路阻断，音讯不通，山高路远，天各一方，那该怎么办呢？天格、子方同很多师生在一起还好说，可青莲和小儿远在湖南乡下，一旦失联，妻儿该如何生活呢？

深夜，万籁俱寂。水银似的月光，从小窗流泻床前。蒋天枢左思右想，辗转难眠，遂披衣而起，望着皎洁的月光，脱口吟出杜甫的诗句："今夜鄜州月，闺中只独看。遥怜小儿女，未解忆长安。香雾云鬟湿，清辉玉臂寒。何时倚虚幌，双照泪始干……"吟着吟着，不觉热泪盈眶，模糊了双眼。

他点着蜡烛，提笔濡墨，给在鸡公山的弟弟天格写信，命他火速赶赴湖南宝庆乡下，把青莲和小钟琦接到三台来。[8]

信发出后，他便在思念亲人的熬煎中打发岁月，数米度日一般望着天南。

蒋天格接信不敢怠慢，立即赶赴湖南邵阳宝庆县。

这时，朱子方来信，说西安临时大学迁城固后，原有图书没能运出，经费不足，以致学生无书可读。蒋天枢急了，专程赶赴成都，来回四五天，往返数百里，从四川书局买来辽、金、元史各一部，并以百衲本用朱笔校勘后，寄给朱子方。

宝庆位于湖南的中部，资水和邵水的汇合处，是湘中的物资集散中心。这里气候温和，雨量较多，生活颇为方便。但小钟琦却不适应这里的潮湿气候，皮肤患了湿疹，奇痒难耐，抓耳挠腮，又哭又闹。刘青莲急得团团转，正望眼欲穿时，天格赶到了。

他们打点行装，即刻起程，往四川进发，春暖花开时，来到山城重庆。这时，河南大学从鸡公山迁豫西嵩山潭头了。热心的朋友为蒋天格在国立重庆编译馆谋到一个差事。天格为减轻哥嫂的负担，急于报到上班，便把嫂侄送上北去的长途汽车，发电报通知二哥到绵阳接站，自己留在了重庆。[9]

蒋天枢在绵阳接到妻儿，相拥相泣，悲喜交集，返回三台的路上，洒满离别重逢的絮语……

在三台县城的方家街上，蒋天枢寻觅到栖身之所。这是一所老式的房子，虽然陈旧，倒还可居。在蒋天枢看来，在这山河破碎、风雨飘摇的年头，有个安身之处就不错了。然而，他们住进去才知道，此处实在难以安居啊！百年老屋年久失修，下雨就漏，闹得一家人恓恓惶惶。

蜀中的雨季，风狂雨骤，电闪雷鸣，而且多日不晴。一旦下起雨，那真叫"床头屋漏无干处，雨脚如麻未断绝"啊！房子多处漏雨，蒋天枢夫妇把锅碗瓢盆、坛坛罐罐都用来接雨。夫妻二人手忙脚乱地抬着小床，在屋内挪来挪去，往往彻夜不能休息。杜甫当年茅屋为秋风所破的情景，时过千余年，在蒋天枢家中居然重现了！一方面照看孩子，一方面还要搬弄书籍和衣物，夫妇二人忙得精疲力竭，苦不堪言……

1938年秋天，东北大学新建的教工宿舍楼落成了。楼房位于县城东南部陈家巷，紧挨着老城墙，是一幢工字形的二层楼房。楼外有围墙，大门朝北，东南角有小门可以出入。蒋天枢这才搬离方家街，住进教工宿舍的三楼三底。楼上三间为居室和书房，与蓝孟博为邻；楼后三间厨房，两间砌锅灶，一间住女工。

旧历十一月，刘青莲生下次子钟霖。[10]

孩子落地的哭声，大人欣慰的笑容，一个多么艰难的四口之家，多么欢乐的四口之家啊！

然而，国难当头，何以家为！日本侵略者的战火不断延烧，也给这个四口之家笼罩了浓重的阴影。

日军占领徐州后，本想打通津浦线，截断陇海线，西取郑州，南下武汉。但在6月5日开封沦陷后，中国守军为阻断日军西进，于6月7日夜在郑州北花园口炸了黄河大堤，豫皖苏三千多平方公里的土地顿成一片汪洋。日军西进受阻后，便溯长江而上，三路分进合击，直取武汉。经过四个多月激战，武汉于10月5日失守。华南战场上，日军于10月21日占领广州。张治中奉蒋介石之命，实行焦土政策，一把大火烧了长沙。日军遂利诱汪精卫，计划在武汉建立伪国民政府，尽快把中国变成殖民地。[11]

中华民族在危急中！

战火西延，很快烧到了四川。

1940年7月10日，日本侵略者的飞机第一次空袭三台。历史记录下这悲惨的一幕：

> 民国29年（1940）7月10日，上午10时许，日本飞机27架
> 第一次轰炸三台，伤亡264人。[12]

入夏，敌机空袭尤其频繁。凄厉的警报声不时响起，县城周围挖满了防空工事。蒋天枢这样讲述当时的情况：

> 次年（己卯），空袭日多，入夏尤甚，余凡遇险多次，以本年夏为最。寓楼之左侧即东城垣，垣内皆洼地，所居楼在陡坡上，下距洼地丈余。院外以南田中，遍布防空壕，有警则妻携儿急避其中。

> 某日，瞥见窗外敌机已至，急下楼出东角门跃下洼地，则保姆负霖儿及英文教师殷葆荼已先在。背倚坡地上视，敌机已在投弹，先一弹稍偏西，响震剧烈，次一弹，顶空直下，惧难免，幸稍偏东落城墙外。出见以西民家房全毁，后闻全家罹难，仅一儿匿柜墙之间获免。时妻已携儿自壕出，震剧，儿鼻血流满面。[13]

三台县城内的百姓无法正常生活，很多人投亲靠友，迁到乡下。因避空袭，学校已不能正常教学。经当地朋友介绍，刘青莲曾一度携带两个孩子，到乡下暂住一时，家庭的正常生活也被打乱了。

战乱中，东北大学艰难地生存着，还略有发展。1939年8月，河南大学文学院院长萧一山先生来到东北大学，受聘为文理学院院长。蓝孟博任历史系主任，金毓黻、丁山、蒙文通任历史系教授；蒋天枢、高亨、潘重规任国文系教授。全校形成三院十系的格局，教职员和学生都多了。起初，国文系教授均住在教工宿舍。之后，姜亮夫、陶秋英夫妇苦于敌机轰炸，在北坝袁

家租到房子，搬出去了；紧跟着，潘重规也搬了过去。高亨先生和蒋天枢一家仍住在工字楼上。[14]

1940年春天，陆侃如、冯沅君夫妇和几位青年教师到东北大学国文系任教。学校打算将工字楼变成单身教工宿舍，高亨和蒋天枢教授也要搬出去。萧一山在后小湾租了一个四合院，一排五间平房，现只有夫妇二人居住，便主动邀请蒋天枢搬过去同住。[15]

萧一山，徐州铜山人，北大历史系毕业。学习期间，他就发愤自励，立志编著一部清史，二十二岁时，仅凭一己之力，就完成了《清代通史》上卷。北大教授李大钊、著名学者蒋梦麟、客居北平的日本教授今西龙等亲为作序。1926年，萧一山又完成《清代通史》中卷。梁启超先生欣然为之作序，盛赞道："萧子之于史，非直识力精越，乃其技术亦罕见也。"萧一山大学毕业后，即由梁先生推荐，到清华大学任教，同梁先生一道讲授中国通史。梁讲文化史，萧讲政治史。[16]

因为蒋、萧有同乡之谊，又都和梁先生关系非同寻常，蒋天枢夫妇对萧一山的盛情相邀却之不恭，但又担心小儿吵人，颇感为难。老友高亨从旁极力撺掇说："一山这么热情，诚心诚意邀请，再不过去就不好了。"蒋天枢这才把家搬到了后小湾。

后小湾位于县城北关。萧一山租住的原是当地富户的别墅。门前有一教会医院。四合院里，花木广植，环境清幽。五间平房，萧、蒋两家平分秋色：每家两间正房，合用一间伙房。老乡又结芳邻，相处颇为融洽。

寒假，萧一山在绵阳上中学的侄子萧立岩来看望叔叔，隆冬天气，只穿件空心棉袄，冻得抱着膀子。蒋天枢关切地问："冷不冷啊？"立岩一笑："习惯了，没什么！"过了几天，蒋天枢突然来到立岩的住处，悄悄地塞给他20元钱，让他买件毛衣穿，并一再嘱咐他："千万不要让你叔叔知道。"萧立岩知蒋先生生活也不宽裕，再三婉言谢绝了，但心里热乎乎的，对这位长辈的深情厚意，难以忘怀。[17]

暑假，萧立岩又来到后小湾，出来进去，总戴顶蓝布帽子。蒋天枢关切地问："天气这么炎热，你为什么老是戴着帽子呢？"萧立岩很不好意思，说患皮肤病，头发脱落，怕人笑话。蒋天枢温和地笑了："男子汉大丈夫，少点头发有什么关系呢？"接着，跟他讲了很多名人的故事，说明外貌有缺陷并不影响成就大事业，鼓励他树立信心，把精力集中到学业上去，同时，又找了一些治疗脱发的药方，让他试一试。听了蒋先生一席话，萧立岩立即甩掉头上那顶布帽子，皮炎也很快治好了。

萧立岩后来到中国社科院历史所工作，并任河北大学教授，研究工作卓有成就。

1941 年，又是一个春暖花开的季节，小钟琦长到三岁，小钟霖也已蹒跚学步了。两个幼儿手牵着手，在花间嬉戏穿行，扑蝶捉虫，天真可爱。两家人视之为掌上明珠，平添很多乐趣。

然而，春寒料峭，意想不到的事情发生了——

一日，日本空袭的警报响起。东大的女学生抱着钟琦、钟霖外出躲避空袭，在外误食了不洁之物。归来后，小钟霖就发起高烧，腹泻不止，一连服药几天，病情仍不见好转，原来有红有白的小脸变得皱巴了，原来胖乎乎的小胳膊小腿儿也明显消瘦下去了。蒋天枢夫妇眼见孩子的病情一天天沉重，心如刀割，但又无计可施。

这边小钟霖躺在床上，那边小钟琦又病倒了。两个孩子，一样病情。

教会医院里，只有一位英国老太太支撑着门面。她本是位接生婆，并不懂小儿科疾病的治疗。每次前往就诊，英国老太太只知道打针，可打针不对症，也不见效啊！病急乱投医。蒋天枢夫妇抱着孩子跑遍全城，可小县城本就缺医少药，有几位郎中也跑到乡下避难去了，哪儿找去！万般无奈，总不能不治啊，夫妇俩跑断了腿，转了一大圈，末了还是不得不把孩子抱进教会医院里。

孩子起初拉水，之后拉脓血……

病在孩子身上，疼在大人心上。蒋天枢、刘青莲苦无良策，万般无奈，只有寸步不离地守在孩子身边，陪着流泪……

疾病无情地折磨着孩子。爹娘也备受煎熬。两个小儿一天天消瘦下去，爹妈也一天天消瘦下去了。

有人劝蒋天枢夫妇带孩子到重庆就医，可那要花多少钱啊！说来惭愧，为了给孩子治病，他们已经用尽了积蓄，床头金尽，囊中羞涩啊！

农历四月下旬，小钟霖这株幼苗枯萎了……

失去霖儿后，蒋天枢夫妇更加精心地护理小钟琦。小钟琦虽然病得有气无力，可还一声声呼唤着弟弟的名字，喊得人心碎啊！

熬了一天，又熬了一天，孩子的病情还是没有回头。

窗外，如烟绿叶在风中翻腾，雨点叮叮咚咚叩打着窗棂，好像是在不停地发问：怎么办？怎么办……

蒋天枢和刘青莲如坐愁城，又能有什么办法呢？他们默默地为儿子祈祷：可爱的儿子，可怜的儿子，你千万要顶住，熬过这一关啊！爸爸妈妈已经失去了一个，不能再失去你啊……

好不容易挨到旧历五月一日，小钟霖走后不到一个星期，无情的疾病又吞噬了小钟琦的生命。眼看着两个活蹦乱跳的小生命十多天都走了！蒋天枢夫妇痛不欲生！

几天风雨，落红满地，无可奈何，春去也！

孩子们不明不白地走了，也带走了大人们的欢乐。小院里一下子沉寂起来。[18]

沉默无语的季节，凄凉苦楚的日子，蒋天枢夫妇受尽熬煎，怎么也想象不出是这种结局。痛失心肝宝贝，他们相看无语凝噎，失魂落魄了，尤其蒋天枢，终日以泪洗面，不吃也不喝，一闭眼就做噩梦，往往流着泪水睡去，醒来就捶床大恸……

春红落尽，小院一片伤心的碧绿。蒋天枢神情漠漠地望着窗外，偶然看到两只蝴蝶越墙而过，顿生无限伤感，不由自主地吟起唐代诗人王驾的《春晴》：

> 雨前初见花间蕊，
> 雨后全无叶底花。
> 蜂蝶纷纷过墙去，
> 却疑春色在邻家。

五彩的世界失去了颜色，有滋有味的日子寡淡起来。没有了孩子的笑声，这生活还有什么意思！

蒋天枢想起全谢山先生——

谢山先生五十七岁那年，正抱病删定文稿，不料年仅十三岁的独子德昭突然病殇。谢山恸不可支，自是绝笔，三个月后逝世。呜呼，谢山先生真大不幸也！两百多年后，研究谢山先生的蒋天枢，又遭此大不幸，岂命耶⋯⋯

遽失两儿之痛，才下眉头，又上心头，不停地折磨着蒋天枢。

事情到了无可挽回的地步，痛，又能如何呢？

数日之后，蒋天枢为排遣烦恼，重理旧业，翻检出《三国志》研究资料，继续写文章了。他在寻求精神的寄托。[19]书斋生活凄清难耐。读累了，写累了，他点上一支烟，眼前又浮现出两个娇儿的身影，心里好痛哇！更深夜静之时，书房里还会传来他的长吁短叹，低声啜泣⋯⋯

失去两个幼儿，蒋天枢长时间如在梦中，不能接受这个残酷的现实。有时想，如果带孩子到成都就医，或许不致如此吧？他追悔莫及，经常以泪洗面，借酒浇愁。

酒，真是一种怪物，看上去清淡如水，吞下去却辛辣似火；高兴时可以为你助兴，烦恼时又帮你寻求解脱⋯⋯

蒋天枢本就好酒量，四川又是美酒之乡，从此便与酒结缘，以酒为友了。

酒入愁肠，辛辣自知。酒酣人醉之际，蒋天枢和泪濡墨挥毫，摇头苦笑着，为自己的书房命名"苦酒斋"，自称是"苦酒斋主"。过去，他很少抽烟，现在也染上烟瘾，一支接着一支，中指、食指被烟气熏得焦黄。

西风萧瑟，天气渐凉。后小湾的秋天，更增了几分清冷。一向极少写诗的蒋天枢，不禁来了诗兴，长歌短吟，都为两个幼儿。写罢，他低声念一遍，伤心一次，终于不忍卒读，全部付之一炬了。[20]

萧一山先生极为同情蒋天枢夫妇的不幸遭遇，总想帮他们走出愁城。不久前，他在水观音建了三间平房，那地方清静、安全，敌机一般轰炸不到，原想一建好就搬过去住。眼下太太临产，他又不便搬家了，于是，向蒋天枢夫妇建议："蒋先生心情这么不好，为防触景生情，是不是临时搬到水观音住一段，散散心？"

这正中蒋天枢的下怀。夫妇二人确实也很想换一下环境了，遂于1940年农历十月搬到了水观音。[21]

水观音位于三台县城西郊，距城六七里地。萧一山与东大教务长、经济系李孝同教授合建的六间房屋，位于路边的山坡台地上。萧房居东，李房居西。

野外山居并不寂寞。当时，东大在这一带还建有多处平房，以供学校史地经济研究室办公及人员居住。因为邻居关系，蒋天枢先生又结识了一些新朋友，尤其令人高兴的是认识了金毓黻先生。

金毓黻（1887—1962），原名毓玺，一名玉甫，字谨庵，又字静庵，别号千华山民，室号静晤，辽宁辽阳人，北京大学文科毕业，返回奉天"不幸而投身政界"，曾任辽宁省政府秘书长、教育厅厅长、东北大学史地教授。"九一八"事变后，日寇曾以丰厚利禄和安东省省长职务相诱，遭到金先生拒绝。1936年7月，金先生迂道日本抵达上海，经蔡元培先生介绍，任教育部特约编辑，中央大学历史系教授，专治东北史。抗战爆发后，中央大学迁重庆。1939年秋冬，金先生客居三台，现任东大历史系教授并兼东北史地经济研究室主任。说来有缘，他的研究室即与蒋天枢为邻。金静庵看重蒋天枢的学识和人品，常来蒋天枢的书房叙谈；蒋天枢认为金先生谦虚文雅，平等待人，并不以过去曾经身居官位而自视甚高，所以也高兴与金先生结交。谈起学术，二人有很多共同语言，遂结成肝胆相照的朋友。(22)

当时，金先生孤身一人，无以为家，常来蒋天枢家打秋风。山中无长物，刘青莲常从百姓那里买些玉米糁熬粥喝。玉米粥温馨的土香，很容易唤起人们对田园生活的美好回忆。金先生一端起粥碗，就想起沈阳街头的粥棚，想起东北家乡的味道，认为是一种不易得到的享受，非常珍惜。

这一时期，蒋天枢在东大讲授《中国文学史》《左传》《楚辞》《三国志》等课程，研究领域涉及周代诗文、汉赋、顾亭林等，特别是围绕《三国志》研究，搜集资料，精心校勘，粘贴了八大巨册，初步定名为《三国志注笺证》。陈寅恪先生得知他做这项工作，告之寻找新疆出土的晋人手写本《三国志》再校一下。遗憾的是，战乱期间，蒋天枢蜗居蜀中，一时无法觅到晋人手写本，只得作罢。他先就《三国志》的有关问题写成专文，如《〈三国志·魏书·陈思王传〉校记》《〈三国志·吴书·虞翻张温传〉校记》《诸葛玄事迹考》等，在东大学报《志林》上陆续发表。

一日，金静庵来到"苦酒斋"，得知蒋天枢正忙于《三国志注笺证》，说起一个风讯：听说天津卢弼也在做这项工作，并且业已完成了《三国志集释》书稿，只是尚未出版……

蒋天枢听了，着实吃了一惊：这些年来，自己辛辛苦苦忙于《三国志》研究工作，原来竟同别人撞车了！况且别人业已完成，自己何必再白费这番心血呢？金静庵一句话，使蒋天枢致力多年的《三国志注笺证》工作戛然而止。

后来，蒋天枢随复旦大学来到上海，才看到卢弼的《三国志集释》一书，铅字排版，三函，十八巨册。披阅方知，此书原来是集清代各家校本的汇校，而且并没有认识到新疆出土的晋人写本的价值，没有关注到陈寿《三国志》

所存在的问题，同自己的研究方向旨趣大异。这不禁使蒋天枢后悔不迭。时过境迁，自己曾进行的《三国志》研究已经一片荒凉，而且正在开辟新的研究领域，已无暇他顾……每念及此，他都深悔道听途说，并自责当初持志之不坚，以致功败垂成。[23]

烦苦为文，打发光阴，蒋天枢这一段还结合教学，写作了《汉赋之双轨》《周诗笺说》《论顾亭林》《周代散体文发展之趋势》等文章。

蒋天枢在水观音的书房又称惜梦室、仪顾堂，前者为记失子之痛，后者为表达对顾亭林的景仰之情。

1942 年 5 月 7 日（旧历三月二十三日），一声婴儿的啼哭，如悠扬的竹笛在水观音山野回荡，刘青莲生下长女钟埖。钟者，钟情也；埖者，黄土地也。蒋天枢于外敌入侵之际，为女儿起名若此，可见其永远不改的爱国痴情！[24]

其时，抗日战争正处在相持阶段。地处中国腹地的四川三台，日军空袭次数几至停止。由于高亨、罗璘夫妇的盛情相邀，1942 年 9 月，蒋天枢夫妇携幼女离开水观音，迁入罗家大院。

罗家住县城西大街，旧时是三台田连阡陌的大户人家，祖上是晚清一位颇有名气的画家，家中至今依然书香气浓。

东大迁来时，罗璘姑娘云英未嫁，潜心向学，常来东大听蒋天枢讲课。东大女学生有意牵线，将罗家姑娘介绍给高亨先生，但罗母不满意几个小姑娘做媒，想请一位体面的先生从中作伐。这时，高亨已与东北的妻子离居多年，孤身一人，生活颇为清苦。蒋天枢对高亨知根知底，同罗璘又有师生之谊，得知事情原委，当然有意玉成其事，遂充当了一回月下老的角色，把高亨和罗家姑娘牵在了一起。

罗家人听说蒋天枢夫妇来住，自然无不持欢迎态度。

罗家高宅瓦舍，庭院深深，靠街是商店，蒋天枢借住在后院。

生活就像大海，很难有风平浪静的日子。天道不公，命运之神常常欺凌弱者。正是"秋风萧瑟天气凉，草木摇落露为霜"的日子，蒋天枢突然发起高烧，脉搏迟缓，腹中胀气，皮肤上出现星星点点的玫瑰色斑疹。经医生诊断，他患了伤寒病。

此病是由伤寒杆菌引发的急性传染病，病情严重时可并发肠出血、肠穿孔等。为防止传染，蒋天枢遵照医生所嘱，住进教会医院，与家人隔离开来。

伤寒病人特别需要加强饮食，精心护理。刘青莲因女儿尚在襁褓之中，只好把外甥朱子方招来做帮手。

朱子方1941年暑假由西安临时大学历史系毕业，先在西安私立力行中学做了半年教导主任，次年来到三台，在国立十八中任教，秋天考取了东北大学文科研究院研究生，师从金毓黻教授治辽金史，住在城内马神庙。[25]

医院里，白天由刘青莲扶侍病人吃饭、服药，晚间便由朱子方过来陪夜。

俗话说，病来如山倒，病去如抽丝。高烧一个多月不退，蒋天枢被折磨得面色苍白，精疲力尽，神情愈加冷漠了。药物极端匮乏，病人主要还是依靠自己的体力同病魔抗争，一个字，熬!

僵卧病榻之上，蒋天枢想到入川后的种种遭遇，常恨日寇万恶，常怨天道不公。如果不是日本祸害中国，家中未必有种种不幸遭遇；如果医疗条件好些，家人未必是这样……

命运之神啊，你为何一而再再而三地捉弄读书人呢? 七灾八难，又几时方休呢?

他伤心不已，懊恼无限。

舌苔厚腻，食而不知其味。蒋天枢不知这就是伤寒的症状，总嫌饭菜不香，食而无味。一天，他心血来潮，想吃五香铁蚕豆了。铁蚕豆是四川的土特产，先放佐料中浸泡，再经晒干炒制，坚硬多味，咀嚼生香，自是别有一番风味。

刘青莲劝说道，医生嘱咐：伤寒病人只能吃软的、稀的。病人还是得听医生的话。铁蚕豆这么硬，不好消化，胃子咋能吃得消?

想不到，蒋天枢正心烦意乱，立即火冒三丈，吵着非吃铁蚕豆不可。平时，他虽有时生气，却极少发火。一向善解人意的妻子，非常理解丈夫的痛苦心情和失态之举，心一软，依了他。

诱人的铁蚕豆买来了。蒋天枢的不悦之色一扫而光，立即"咯嘣咯嘣"地大嚼起来。

有味！痛快！

口福过后，病魔的报复也来得特别快！当夜，蒋天枢的体温骤然升高，便血不止，随后即神志不清。尚未痊愈的伤寒病又加重了。医生说，伤寒病人的肠道相当脆弱，对不易消化的食物拒绝接受，稍有不慎，就会造成肠出血、肠穿孔，甚至会危及生命。

一见此状，夜间守护的朱子方大惊失色，立即去找大夫，又忙着通知舅母，随之是一番紧张的抢救。

出血过多，急需输血，可医院里并没有血浆！医生束手无策，说只能是加强营养了。可买营养品需要钱哪！蒋天枢因为生病，已被学校扣减了工资，手头拮据啊！朋友们闻讯，纷纷要解囊相助，可蒋天枢却不愿接受别人的馈赠。他知道，国难当头，大家都不宽裕啊！萧一山先生关系多，路子广，想了一个办法，介绍朱子方到驻三台的川北盐务局做文书，每月可领四十块大洋，这才解了燃眉之急。

蒋天枢经过痛苦的挣扎，从昏迷中苏醒过来，说不出的愧疚和悔恨。他恨自己过于任性：但凡听太太一句话，也不至于受这场罪，真是咎由自取啊！

住院疗效不大，又花钱太多。这使家庭雪上加霜。没有办法，蒋天枢便于1943年春天出院，回家熬病了。

东北大学的师生不少人来自东北，看到蒋教授病成这个样子，家中这么困难，便商量着凑了点人参，送给蒋先生补一补。人参是东北三宝之一，对于元气虚弱、过度失血者具有强补功能。刘青莲谨遵医嘱，每日用母鸡和少量人参，文火煨汤，让蒋天枢多次服下。说来也神，蒋天枢的肠出血渐渐止住了，身体也觉得一天强似一天，经过一个夏天，病情大体痊愈了。[26]

注：

（1）见蒋天枢《论学杂著序言》。中州古籍出版社，1985年7月。

（2）据《三台县志》（四川人民出版社，1992年）及《三台县教育志》之《概述》部分。

（3）据《三台县志》（四川人民出版社，1992年）及《三台县教育志》之《概述》部分。

（4）据《三台县教育志》（1991年）之《东北大学》部分。

（5）据《铭恨》，中国大百科全书出版社，1995年。

（6）见蒋天枢《论学杂著序言》，中州古籍出版社，1985年7月。

（7）据徐州市关心下一代工作委员会、徐州市档案馆、徐州矿务局编《铭恨》，中国大百科全书出版社，1995年。

（8）见蒋天枢《论学杂著序言》，中州古籍出版社，1985年7月出版。

（9）据刘青莲女士1990年3月向笔者讲述。

（10）蒋天枢《论学杂著序言》："余初住方家街，继乃迁东门内陈家巷新居。所居为新建工字形楼房，余居中，右邻物理系胡乾善，旧友。左邻法学院王某。楼外绕以垣，东南隅有角门，后有大门通出入。所居为三楼三底，（后面厨房三间，两间砌炉灶，一间住女工），妻居楼下，余居楼上右偏，蓝孟博居左。""居陈家巷旧历十一月，次儿钟霖生。"又蒋天枢《惜梦室主自订年谱》："戊寅（民国）二十七年（1938），三月入川，三台，陈家巷，阴历十一月钟霖生。"

（11）据《中华民国史事件人物录》，上海人民出版社，1987年第1版。

（12）见《三台县志》之《大事记》，四川人民出版社，1992年出版。

（13）见蒋天枢《论学杂著序言》。

（14）参见《辽宁高等学校沿革》，辽宁人民出版社，1983年12月；蒋天枢《论学杂

著》；《萧一山先生行述》（《徐州文史资料》第九期）；《萧一山先生生平大事记》
（《徐州文史资料》第十二期）。

（15）据戎笙《萧一山先生和他的清代通史》，载1987年5月6日《光明日报》。

（16）据刘青莲女士1990年3月讲述。

（17）据萧立岩1989年10月15日给朱浩熙的信及其《回忆蒋天枢先生二三事》。

（18）据蒋天枢《论学杂著序言》："迁居（萧宅）后，每遇空袭，学生带两儿外出
躲警报，因食不洁物，旧历四月，霖儿病。越四日，琦儿亦病痢。小城市无医药，穷困，
又无力外出就医，教会医院为霖儿打针，无效。延至四月下旬，霖儿殇。余与妻终日彷
徨，兼风雨淅沥，日对病危之儿，无计可施。五月初一日晚，琦儿亦殇。倘不移家，未必
至是。天呼！痛哉！"

（19）蒋天枢曾撰《〈三国志·魏书·陈思王传〉校记》《〈三国志·吴书·虞翻张
温传〉校记》等。其中前文末署"1940年6月写于三台城郊水观音之寓居"。又据《惜梦
室主自订年谱》，1940年10月始移家水观音。前文末署"1940年6月"或有误，当写于后
小湾失子之后。

（20）1990年3月，刘青莲女士曾告诉笔者，蒋天枢失子之后，极度悲苦，颇有望月流
泪、见花伤心之态，曾赋有《咏梅》等诗，痛不忍读，付之一炬。

（21）据蒋天枢《惜梦室主自订年谱》（写本）："庚辰（1940）民国二十九年，卅
八岁，三台，五月连殇二子，二月，水观音。"又据朱子方1997年4月22日来信："二舅从
工字楼迁后小湾、水观音，应该都在1940年（庚辰）。春迁后小湾，四五月间两表弟相继
殇，大概夏秋之交迁水观音。所谓'友人于西郊新建平房三间'，'友人'即一山先生。
为避日机轰炸，萧先生与东大李教务长（经济学家）在水观音马路边台地上合建一幢六间
房，每家三间。建成时，日机轰炸渐稀，萧先生尚未住。二舅迁往，易地而居，以减殇子
之痛。"

（22）据蒋天枢1987年3月《故友金静庵先生诞辰百周年纪念志感》："抗日战争期
间，余任教于迁川之东北大学。以避敌机轰炸，自城内迁居西郊之水观音。住房三间，在
山坡上，友人萧一山所构，构而未居，余借住焉。西邻为经济系教授李孝同，山居颇寂
寞也。时一山长文学院，余任教中文系。于时识辽阳金毓黻静庵。静庵任历史系教授，兼
东北历史研究室主任。时东北大学于水观音以西处建平房若干间，供研究所用，与余居邻
近，得与静庵相过从。时余年三十八，而静庵已五十有三，不特长于余，且静庵曾任辽宁
省政府委员兼教育厅厅长，恂恂儒者，不以曾贵尚人，因得以默契无间。所居既密迩，不
时晤叙。山居，余家时以玉米糁熬粥，静庵食而甘焉，以为山居之乐，不易有也。"

（23）据蒋天枢《论学杂著》之《〈三国志·吴书·虞翻张温传〉校记》之附记。何佩刚《蒋天枢先生的治学道路简述》："这时期，在东北大学讲授《中国文学史》《左传》《楚辞》《三国志》等课程，研究题目涉及周代散文、汉赋、《三国志》、顾亭林等。"

（24）据蒋天枢《惜梦室主自订年谱》："壬午，（民国）四十一年，1942，钟堉5月7日（三月二十三日）夜十点五十分生。"又《论学杂著序言》："壬午年旧历三月二十三日庚申（阳历5月7日夜十二点生于城内教会医院）长女生，初呼为大娃，后改名为钟堉。"

（25）据朱子方1997年4月22日致朱浩熙信："我1941年暑假西北大学毕业，在西安私立力行中学任教导主任半年。寒假即1942年初到三台，在国立十八中学任教半年，暑假考东北大学文科研究所。二舅病时，我正读文科研究所。"又《朱子方简历》："1942年东北大学文科研究所研究生，师事金毓黻教授，专修辽金史。"

（26）据蒋天枢《论学杂著序言》："（1942年）十月病，初住教会医院，子方白日上班，夜来侍疾，余病淹久而家贫。次年春回家，改服中药，经夏痊愈。"

第九章　风雨北碚

病中才半载，窗外已数年。蒋天枢离开病榻，犹如脱胎换骨一般；东北大学也时过境迁，不是原来的东北大学了。

东大师生由于心灵深处打着"九一八"的烙印，抗日情绪激烈，早已引起了重庆政府的高度"重视"。1942 年初，教育部部长陈立夫到东大视察，对文理学院的工作倍加赞赏。此后，教育部特批东大史地研究所招收硕士研究生，并批准文理学院分设为文学院和理学院，萧一山和张维正分别担任两个学院的院长；文科研究所正式成立，金毓黻任主任，蓝文征兼史地部主任，萧一山兼主任导师，还以十万元新建了研究所办公室。[1]

对于东大的这些变化，仁者见仁，智者见智。重庆政府的特别关照，也激起了校内矛盾的白热化。

敏感的蒋天枢面对这些，心中泛起淡淡的隐忧：东大突然的红，莫不是要进入多事之秋了？

这种担心并不是多余的。表面红火的校园里，早就暗伏着的杀机。东大本就具有爱国主义传统，共产党地下组织成立后，国民党和共产党的明争暗斗更是不可调和。

校长臧启芳当校长不久，就成了三青团中央监察委员会委员，加强了对学生的管理。1941 年 3 月，东大发生了进步学生聂有人失踪事件。学生强烈要求校方对学生失踪给个说法。学校推说聂有人是投井自杀的。可是，同学们打捞遍三台所有的水井，居然一无所获，意外的是，东门外涪江里居然冒出聂有人的尸体。现场证明，聂有人是被人捆上石头沉江谋杀的。这与校方的说法大相径庭。

既然聂有人是被人谋杀的，为什么校方却说是投井自杀呢？究竟是什么人、为什么谋杀聂有人呢？学生群情激愤，纷纷要求校方查明聂有人的死因，严惩肇事者，并强烈要求学校保护学生的人身安全。事情越闹越大，地方法院出面了。法官"调查"一番，逮捕了学生庄国浩、鞠秀成，说二人都是共产党员，因"清党"内哄，谋害了聂有人。三个月后，地方法院开庭审理此案。法庭上，有人证明，庄、鞠二人并不是共产党员，而是三青团员。于是，法院不得不将二人释放。

聂有人之死竟然成了悬案。

表面上看，似乎聂有人被杀一案不了了之，而实际上，部分学生一天也未放弃调查工作。1943 年，不知他们从何处得知，聂有人之死系国民党军统特务所为，而且同东北大学的一位教授有关。有学生在壁报《合唱团》中刊登一幅漫画，揭露文学院院长萧一山参与了聂有人谋杀案，虽未指名道姓，但指向非常清楚。[2]

此说一出，霎时风靡全校，在东北大学引起不同寻常的反响。很快，萧一山被迫辞职了。事情并未就此了结。萧一山辞去文学院院长时，推荐历史系主任蓝孟博代理院长，而东大校方却看好高亨。蓝、高二人同为清华研究院毕业，且是东北老乡：蓝为吉林舒兰人，高为吉林双阳人。在这种情况下，二人都颇为难堪。

大病之后，蒋天枢到学校上班，面临这种乱局，不禁摇头慨叹：一所大学，居然闹成这个样子，成何体统？他虽置身事外，心中却常常一个"走"字萦怀：离开这块伤心之地，是非之地！

何去何从呢？蒋天枢与刘季洪去信，征求他的意见。这时，刘季洪已回教育部工作。——抗战初期，河南大学文、理、法三学院迁往豫南鸡公山，农、医二学院迁往豫西镇平县。1938 年夏，国民政府迁到重庆。河南大学出于安全考虑，建议迁校于四川万县。但新任河南省主席程潜和河南士绅张伯英等，坚持将河大迁往豫西山区。考虑豫西的河大校舍背依高山，面临平原，一旦敌寇来犯，师生无有退路，刘季洪不得已辞去河大校长一职，回到了教育部。[3]

刘季洪了解到蒋天枢夫妇在三台的不幸遭遇，也认为不宜在东北大学了，换个环境为好，便向复旦大学校长章益三作了推荐。[4]

1943 年夏天，蒋天枢辞去东北大学文学院国文系教授，走出三台，走向北碚——复旦大学新校。他希望，这一走，能就此摆脱不祥的阴影，告别六年的厄运。

关于这次离开东大，蒋天枢如是说：

> 一九四二年九月迁回三台县城，因大病住进教会医院，病愈后深感精神痛苦，便于一九四三年秋去北碚复旦大学任教。[5]
> 来三台已六年，连殇两儿，余又大病几死，亟思易地，友人介绍至北碚复旦任教。[6]
> 自一九四零年至一九四三年夏，余以连殇二子故，因而离开东大，转至迁川之复旦大学任教。[7]

从以上自述，我们不难窥见蒋天枢当时的心境。

蒋天枢走了。紧接着，高亨坚决不接受文学院院长之职，也离开东北大学，到成都大学去了；蓝孟博愤而辞去东大教授之职，到国立编译馆担任编纂去了。编译馆也在北碚，环境清幽，又与复旦近在咫尺，可与蒋天枢常常相聚，蓝孟博非常喜欢，不久又做了复旦兼职教授，便在这里沉下心来，从事著述。[8]

　　复旦大学原为复旦公学，由上海震旦学院部分师生 1905 年创办，1917 年改名复旦大学。这是一所文理综合大学，抗战爆发后先迁庐山，再迁贵阳，1940 年迁到重庆北碚，1942 年改为国立。[9]

　　北碚位于重庆的西北郊。复旦大学在北碚对面的夏坝，处于嘉陵江的右岸。这里是著名的风景名胜区。缙云峰九峰峻秀，林木茂密，登峰远眺，可见群山叠翠，大江碧流，素有小峨眉之称。北温泉清泉涌流，瀑布悬壁，溶岩古刹，依山傍水。此外，还有小三峡等景点。近代民生轮船公司卢姓资本家在此投资开发，建了一个小镇，一天天繁华起来。教育部设在青木关，距复旦大学几十里路。

　　离别三台时，蒋天枢手提一只装满生活用品的小箱子，又携带一部分书籍，一路搭乘汽车，经遂宁至青木关，在教育部程厚思表弟处稍事休息，然后到重庆乘船，来到复旦大学。

　　学校建在江边的一块平地上，校舍十分简陋：竹篾的墙壁，木头的房架，柳条箔笆的屋顶，覆之以瓦。虽然如此，外观却整洁漂亮，居住也颇舒适宜人。蒋天枢更为高兴的是，来到复旦，又结芳邻，隔壁住的是张默生教授，二人情趣相投。

　　秋高气爽，篱下菊黄，草木摇落，北雁南飞。1943 年 10 月下旬，在朱子方的护送下，刘青莲母女由三台租船，顺涪江而下，两天一夜，抵达北碚夏坝。[10]

　　一家人小别又团圆，进入一个新的天地。朱子方没有返回三台，经蒋天格介绍，11 月到教育部国立编译馆教育组工作。编译馆同复旦大学一江之隔。蒋天格、朱子方常常渡江而来，到复旦教工宿舍团聚。

　　不久，蒋天格接到国立同济大学的聘书。同济大学位于长江上游宜宾南溪李庄，离复旦较远。天格不想远离哥嫂，一时犹豫不决。蒋天枢劝他把目光放远些，认为做学术研究还是到大学好。天格这才去同济大学报到。

冬天，蒋天枢听说陈寅恪先生来到重庆，便同蓝孟博相约，前往看望。卢沟桥事变后，陈先生先后在昆明西南联合大学、香港大学、广西大学任教。1943 年夏，战火逼近湖南，陈先生携家北行数月，历经磨难，才来到重庆，住在表弟俞大维的寓所。对于这次先生此次逃难和师生相见，蒋天枢有一个简要的记述：

> 民国三十二年癸未（一九四三），先生五十四岁……秋八月，由桂林启程北行，途中备历艰辛。冬十一二月间始达重庆。是时，枢与蓝孟博兄同在夏坝复旦，闻先生至渝，寓观音岩俞宅，约同孟博兄往谒。孟博往购奶粉，仅得三罐。时先生及师母都在病中。虽稍愈，仅能在床上倚靠被子坐起。[11]

师生相见，一叙契阔，各有各的不幸，先生更是饱经忧患，艰辛困苦，难以言表。

原来，"七七事变"后，陈寅恪年已八十五岁的父亲散原老人出于忧愤，绝食而死。治丧满"七七"之数后，清华迁湖南，陈寅恪先生于 1937 年 11 月 3 日携家逃离北平，几经周折，方抵长沙。清华大学再迁往云南，全家又不得不迤逦南行。至香港时，因唐师母旅途劳顿，心脏病复发，陈先生不得不绕道海防，只身到云南蒙自西南联大任教，却不幸染上虐疾。1938 年，西南联大再迁昆明。1939 年春，先生离昆明赴英国讲学，抵达香港后，因第二次世界大战爆发，只得途中折返。1940 年暑期，陈先生再至香港，任教于香港大学。1941 年 12 月 8 日，日军侵占香港，先生即离校赋闲，躬自著述，次年 6 月抵桂林，任于广西大学。1943 年夏，战火逼进湖南，先生再携家逃难，经秋至冬，抵达重庆。途中颠沛流离，夫妇二人均染病，师母腹泻浓血，痢疾尤重。

多事之秋，苦不堪言。陈寅恪先生最心痛的还是丢失的书籍：先是离开北平南行时，寄存北平之书悉被盗去；寄往长沙之书，又焚于张治中所放的大火；赴英不成返滇途中，几大箱书籍又在越南被盗，其中有不少珍藏本，且有积年批校本多种……

战争使陈先生蒙受重大损失，也摧残了他的身体。由于基本生活得不到保障，就医条件极差，陈先生的视力大不如以往，右眼几近失明，仅凭左眼不停地从事学术研究和备课。陈先生在渝稍事休息，颐养病体，近日将赴迁于成都的燕京大学执教。

旷世学人，竟遭遇如此坎坷，能不令人扼腕浩叹！

乱世一晤非易事，面对沧桑共唏嘘。师生见面，心中既高兴，又难过。

1944年夏天，朱子方结婚了。新娘孟宪英，邳州人，江苏医学院毕业，现为医院护理人员。从上高中起，朱子方就跟随蒋天枢夫妇生活，早已把自己看作是舅父母的孩子了。同样，舅父母也早已把这位外甥视为己出，以长辈的身份为他操持了婚事。

1945年1月14日（旧历十二月初一），刘青莲于时在北碚的江苏医学院生下次女，初名二娃，又名次玉，后名钟埂。

妻子生产后，蒋天枢因为授课任务繁重，无暇顾及，在医院照顾产妇及护理婴幼之事，悉由甥媳孟宪英承担。刘青莲出院后，朱子方及孟宪英经常把小钟埂接去抚养，以减轻舅父母的负担。

在艰难的日子里，温暖的亲情，给人以心灵的慰藉。[12]

严冬过去，世界反法西斯战争也迎来了一派春光。

1945年5月，苏联攻克柏林，德国无条件投降。

中国抗日斗争度过了艰难的相持阶段，开始转入反攻，相继收复了福州、南宁、柳州、桂林等地，敌后游击战争更为活跃。

7月26日，中、英、美三国发表《波斯坦公告》，苏联也正式加入，促令日本无条件投降。日本政府竟公然拒绝。

美国于8月6日在日本广岛投下第一颗原子弹，8月9日又在日本长崎投下第二颗原子弹。两座城市顷刻化为灰烬，数万名正在操练的日军也无影无踪。

8月9日，苏联军队从东、西、北三面出兵我国东北，向日本关东军大举进攻……

8月10日，日本政府在东京通过英语国际广播，声称接受《波斯坦公告》，宣布无条件投降。

消息传到北碚复旦大学，学校立刻像炸营一般，沸腾起来了！"抗战胜利了！""日本投降了！""打倒日本帝国主义！"……口号声此起彼伏，响彻校园内外。

师生们欢呼着涌出住地，自发地点起火把游行，在校园里狂欢，尽情地唱呀，跳呀，笑呀，简直开心死了！

蒋天枢和刘青莲带上两个女儿也出了门，加入到狂欢者的行列中。刘青莲把小女儿高高举起，蒋天枢把大女儿架到脖子上。两个小女儿看到这热闹的场面，高兴得嘴里直叫，小胳膊直摇。大学生们狂欢到兴头上，看到孩子，争着抢着抱过去，发疯地往空中撂，接到后，再撂上去……

蒋天枢怕吓着孩子，硬是跑过去，把孩子从同学们手中抢过来，两眼笑出了泪花。⁽¹³⁾

夜深了，大家才渐渐散去，但是，谁能睡着觉啊？许多房间灯火通明，一直到东方发白……

一大早，蒋天枢和复旦大学的师生聚到一起，又拥向了重庆。

陪都重庆也沸腾起来了。大街小巷，贴满了"日本投降了"的大幅标语，流淌着扬眉吐气的人群，海涛般地口号声此起彼伏，连珠炮似的鞭炮声不绝于耳。人们共享胜利的喜悦，同庆这个有历史意义的日子。

这一天，蒋天枢感到从来没有过的疲劳，但心里也感到从来没有过的欢畅。

抗战胜利，普天同庆。天公好像善解人意似的，突然风云变色，雷鸣电闪，下起倾盆大雨。喜雨喜泪，雨泪交流。人们心里好畅快呀！让老天爷下吧，痛痛快快地下个够吧！

天人相通。老天也真邪门，还真较起劲来了，撒着泼儿下雨，一阵紧似一阵，一场好下！日复一日，风云际会，重庆一带，大雨下个不停。山洪暴发了，嘉陵江水飞速地上涨，奔腾着，咆哮着，滚滚东流。夏坝，这块江边平地，现在则成了天然的蓄水池，放眼望去，到处是水，有的深达数尺。校内水深及胸，处处皆可行船。

蒋天枢住的房子让水泡了，全家冒雨搬进附近山坡的民居。老百姓家家住满了人，还有人无处可去，则在山坡上搭个小棚子暂住，也有的露天住宿。

欢庆抗战胜利的锣鼓还响在耳边，喜悦的气氛还洋溢在心头，想不到，天公不作美，许多人却"以雨浇愁愁更愁"了。邻居、同事见面，只是相对苦笑。蒋天枢谈起这一段生活，说了八个字："虽庆胜利，难解愁颜。"[14]

注：

（1）据孙华旭主编《辽宁高等学校沿革》之《东北大学》部分。辽宁人民出版社，1983年12月。

（2）据三台县教育局编《三台县教育志》（四川人民出版社，1991年5月）之《高等教育·东北大学》部分："后学生得知聂被杀系军统特务所为，于是壁报《合唱团》以不指名漫画揭露文学院院长萧一山（军统特务）与聂案有关的丑行，迫使萧一山辞职离校。"萧一山《蓝孟博先生碑文》曰："民国三十二年，一山请准休假，坚辞院务。"

（3）据谭伯鲁《著名教育家刘季洪先生》，载《徐州文史资料》第15期。

（4）据刘青莲女士1990年3月讲述。

（5）据何佩刚1988年3月16日《蒋天枢先生的治学道路简述》（初稿）。

（6）引自蒋天枢《论学杂著序言》。

（7）引自蒋天枢《故友金静庵诞辰百周年纪念志感》，载《社会科学阵线》1987年第3期。

（8）据萧一山《蓝孟博先生碑文》："民国三十二年一山请准休假，坚辞院务，托孟博代理，而校方却属意晋生。高坚不肯就，即离校而去。孟博亦赴国立编译馆任编纂，甚爱北碚环境之美，欲事著述。"

（9）据朱仲华、陈于德《复旦校长李登辉事迹述要》，载《文史资料精选》第十三册。

（10）蒋天枢《论学杂著序言》："次年春，外甥朱子方护送妻女乘船来复旦。"文中"次年春"，应为"是年秋"。据朱子方回忆，他送刘青莲母女离北碚到夏坝的时间是1943年10月。

（11）见蒋天枢《陈寅恪先生编年事辑》，上海古籍出版社，1981年9月。

（12）据蒋天枢《论学杂著序言》："甲申夏，子方与肄业江苏医学院之孟宪英在北碚结婚。冬十二月初一日，次女生于北碚江苏医学院，初呼为二娃，后名之曰次玉，返沪后改名钟垣。时甥媳孟宪英在医学院即将毕业，育儿及护侍妻事，皆宪英任之，并接钟玉到他家暂住，以我须教课，无力照顾小儿也。"

（13）据刘青莲女士1990年3月讲述。

（14）据蒋天枢《论学杂著序言》："乙酉八月，日本投降。时值江水暴涨，院内可行船，所居水深没腰，迁居山坡民居，间有人露宿。与邻居同事等相对苦笑。虽庆胜利，难解愁颜。"

第十章　复旦复校

抗战胜利后，避乱西迁的单位纷纷筹备东归事宜。1946 年春，复旦大学也在积极地动议复校。

教育部建议，复旦大学可迁往江苏徐州或无锡，两地任选其一。

在无锡拥有大量资财的产业家荣德生和国民党元老吴稚晖早就想在无锡兴办一所综合性大学，并于 1937 年经最高当局蒋介石委员长首肯，将复旦大学迁到无锡，业已筹款在太湖边上购得建校用地一千余亩。抗战胜利后，荣德生、吴稚晖二人便为此多方奔走呼号，极力促成复旦迁锡之事。

然而，落花有意，流水无情。复旦大学的教职员工多系沪上迁来，对上海一往情深。所以，复旦大学迁无锡或徐州之议一出，便遭到复旦大学多数教职工的反对。他们唯愿回沪，不考虑其他地方。

众怒难犯。教育部了解到这种情况后，也不得不迁就多数人的意见，同意复旦大学仍回上海。[1]

搬家是一苦。蒋天枢这些年奔波流离，家破人亡，既无财力也无心劲置办家当。行将出川之日，夫妻二人将旧时衣裳和积年书籍整理一下，把零七八碎的东西归整一下，打点成几个包裹。一位当地农村的小姑娘常来家中帮助收拾东西，既热情又勤快。蒋天枢和刘青莲一商量，便把来复旦后置办的几件橱柜送给她。小姑娘高兴得跳起来，连连感谢说："家里穷，正为我出嫁发愁呢！这可好了，油漆一下就能当嫁妆了！"[2]

蒋天枢大病之后，身体一直虚弱。这次迁校需长途跋涉，他怕经受不住颠簸之苦，很想坐飞机走。但是，眼下机票抢手，无权无势又不会钻营的人很难买到。乘轮船从长江顺流而下也颇便当，但一是船只太少，二是国民党政府机构的官员们正大批回宁，船票也很吃紧。实在没有办法，蒋天枢只好跟随复旦大学的大队人马，乘汽车出川了。

六七月间，蒋天枢一家登上复旦大学包租的川陕公路联运汽车，离北碚，经遂宁、成都、绵阳、广元，北行出川。

途中食宿兼困。一路上，蒋天枢饱受旅途风霜之苦，多次病倒，但因是集体行动，也只得勉强兼程。多亏了刘青莲，每到一处，汽车一停，她总是想方设法，先把天枢和孩子安排停当，让他们吃好、睡好。细心的刘青莲担心天枢的身体，沿途处处留心，买点奶粉，每天冲一杯，为他补充营养。

抗战八年，家中累遭不幸，打击接二连三，多亏刘青莲身体好，经摔打，胸怀宽，能容事。不然，这个家早就散了。说起来也真可怜，由于家庭困难，刘青莲八年没添置一件新衣服。人常说，没有女人没有家。这些年来，蒋天枢这个家，全靠一个女人在支撑着啊！

川陕公路路况较差，加之汽车是"老牙货"，一路颠簸前行，车速自然快不了。到西安时，蒋天枢实在疲劳不堪了。为了喘口气儿，调理一下身体，蒋天枢离开复旦大学回沪的大队人马，住进西北大学刘季洪先生家中。[3]

刘季洪先生已于 1944 年 7 月被教育部任命为西北大学校长。这所大学由西北联合大学的文学院、理学院、法学院组成，永久校址为西安。西大的前身即国立北平大学和北平师范大学，历史悠久，名家荟萃。刘季洪上任不久，又请来萧一山主掌文学院，高晋生为国文系主任，蓝孟博为历史系主任。学校的学术研究气氛一下子浓厚起来。所以,西北大学迁往城固时,在人口不到两万、条件相当落后的偏僻山区,依然弦歌不辍,有声有色。

日本投降后,西北大学于1946年5月迁返西安。校本部及文、理、法三院迁往城外东北大学旧址,医学院设于城内医专旧址。这时的刘季洪,正为西北大学的崛起踌躇满志。⁽⁴⁾

学校恢复之际,正是用人之秋。看到蒋天枢,刘季洪校长心里就盘算开了:一定要想方设法,把秉南留下来!

不久前,国民政府举行制宪国民大会,刘季洪、萧一山、蓝孟博和高亨均为大会代表,萧一山被任命为国民参议员兼国民政府主席北平行辕秘书长;蓝孟博应萧一山邀请,至北平任参议,并主持《经世日报》笔政。二人均已辞去西北大学之职。⁽⁵⁾本来爱才若渴的刘季洪校长痛失萧、蓝,急于延揽人才,眼看蒋天枢送上门来,哪能轻意放过呢!

蒋天枢和家人在西大住了数日,感觉身体状况稍为好些,便计划离开了。想不到,很不凑巧,陇海铁路因故中断了,据说短期内还很难通车。一家人被困在古城长安,可急坏了蒋天枢。他总念着,学校已复员上海,学生要上课,自己还在西安算怎么回事呢?他天天要走,可天天走不成,有些坐立不安。

一日,刘季洪收到一封广州来信,打开一看,是中山大学给蒋天枢的聘书。原来,在中山大学任教的陈守实代为办妥了到中大任教的手续,得知他正滞留西大,把聘书寄给刘季洪校长了。陈守实师从历史学家吕思勉先生,是清华国学研究院一期的学生。刘季洪想,既然中山大学寄来聘书,说明秉南有意离开复旦。他既然能去中山大学,为什么不能留在西北大学呢?如此一想,刘校长一不做,二不休,索性自作主张,把中山大学的聘书退回,紧接着,把西北大学的聘书办好,送到蒋天枢手上。

说实在的,蒋天枢尽管有意离开复旦,但却并不属意于西北大学。然而，中山大学的聘书已被退回，很难挽回了；要去上海，铁路又不通。困守此地，一无薪水，二无住处，长期寄居在亲戚家里，毕竟不是长久之计啊！

思来想去，为生活考虑，蒋天枢还是有条件地接下了西北大学的聘书。条件是，一旦铁路恢复通车，自己还是回复旦大学。刘季洪校长嘴上答应："那没问题！"心里却在想：先把你稳在这里再说。接了西大的聘书，就是西大的人了，你还往哪里走！煮熟的鸭子，还飞了不成！

但是，刘季洪还是不了解蒋天枢。他哪里想得到，时隔不久，蒋天枢还真的飞了——

接了西北大学的聘书，蒋天枢承担了国文系的教学任务，家人也迁到学校分给的两间平房里。[6]

遗憾的是，刘季洪能留住蒋天枢的人，却留不住蒋天枢的心。能在刘季洪这样的亲戚手下干事，一般人当然求之不得，背靠大树好乘凉嘛！但是，蒋天枢却不愿在裙带关系的阴影下工作，权且留在西大，实在是出于万不得已，哪一天不是身在曹营心在汉啊！他是决意不留在西北大学的，暂时安身于此，不过是等待机会罢了。

在西安住得愈久，他心里愈是着急。

9 月的一天，蒋天枢接到复旦大学校长章益三从上海发来的电报，说复旦大学业已开学上课，敦促他尽快到沪。他手捧电报心如火燎，是返回上海，还是从此长做秦川人，必须决断了！要走，是时候了！

他跑到火车站打听，火车依然不通。

要走，只有"华山一条路"，飞往上海了！可坐飞机，多天的机票都已售出，一票难求啊！他心一横，再难，也要碰一碰运气，一有时间，就到售票处转悠。

也是好事多磨，蒋天枢悄悄的活动有了结果。他费尽周折，终于等来一张别人 10 月初飞往南京的退票。能到南京，上海就不远了。

机票在握，蒋天枢开始筹划"走"了。

到这时，蒋天枢不仅已经领取西北大学两个月的薪水，而且使用殆尽。既然去意已决，再领西大薪水或向西大借钱就没有必要了。为了筹足川资，且安排好妻儿的生活，他向复旦大学盛澄华先生发去一封航空快信，请求将自己八、九月份的工资代为领出，火速汇来。

蒋天枢收到汇款后，把一切安排停当，并嘱咐刘青莲："从今而后，不要再领西大的薪水了。"

10月1日，蒋天枢不动声色地离开西北大学，登上飞往南京的航班。为防刘季洪先生阻拦，他没有辞行，只留下一封辞职信，嘱咐刘青莲转交。[7]

是时，教育部已经迁回南京。在教育部国立编译馆工作的朱子方，到机场迎接二舅。他是随教育部机关乘江轮到南京的。

蒋天枢在宁逗留两日，看望了意欲在宁定居的陈寅恪先生。

此时，距重庆看望陈寅恪先生已过四载。

陈寅恪先生寓居南京萨家湾南祖师庵七号俞大纲处。

在朱子方的陪同下，蒋天枢来到萨家湾，第一印象是：陈先生苍老多了！先生1945年春天在成都大学授课时，生活艰苦，营养缺乏，且用目甚勤，导致左眼视网膜剥离加重，一个早晨，双目突然失明，虽经成都存仁医院施行手术，也未能奏效。日本投降后，先生应牛津大学之约，赴英国医治目疾，亦未见疗效；归国途中，绕道北美，本拟在美医眼，后在船中闻美国医生亦无良策，遂未登岸而返。

双目失明，五彩斑斓的世界顿成一片黑暗。这就意味着，从今以后，陈先生再也不能独立工作，而只能在别人的帮助下从事著述和讲学了。这种打击实在太大！陈先生无限悲苦，最大的愿望，就是有朝一日重见光明！

蒋天枢和陈先生的心是相通的。他悲先生之悲，苦先生之苦，为先生的难过而难过。[8]

两天后，蒋天枢乘火车离宁赴沪。

一个月后，陈寅恪先生放弃定居南京的打算，来到上海，取海道赴北平，回到清华大学，从而结束了长达一年的万里跋涉。

蒋天枢到沪后，住复旦大学第二宿舍四号（上海北郊国年路一弄一号）。屋里空空荡荡，只有一张床、一张桌子、一把木椅、一只皮箱、几摞书籍和几件随身衣服。四壁萧然，他自然也不担心梁上君子光顾，外出时，常常把房门一带，也不上锁。烧水时，他往往把水壶往炉子上一放，就忘得一干二净，经常把壶水烧干，不太长的时间里，水壶就烧坏了三四把……

蒋天枢虽已在复旦开课了，却心绪不宁，不断接到西北大学来信、来电，催他回去给学生上课；再说，由于铁路仍未通车，妻子女儿还困在西安……这一切，都要了结，可一时又没有好办法。他内心很是纠结。

一日，他得知刘季洪先生从西安到南京开会，便专程赶到南京，打算当面向他解释离开西大的缘由，并表示歉意。想不到，一见面，两人就接上火了——

刘季洪对蒋天枢十分不满，劈头便问："秉南，你怎么搞的？接了西大的聘书，大家都是知道的，为什么偷偷跑了？这像什么话呢？"

蒋天枢没想到他会如此大动肝火，心想，我去中大的聘书是你瞒着我退回去的，当时火车不通，回沪不能，接受西大的聘书实在出于不得已，况且接受聘书也是有条件的，怎么说我是偷跑了呢？我要事先告诉你，你会让我痛痛快快地走吗？于是，便顶了一句："四叔，我为什么跑，你应该知道！"

"你跑，我怎么会知道？"

"咱们是有言在先的嘛！"

"那也不能不辞而别呀！咱们还是亲戚，你叫我怎么向大家解释？"

蒋天枢坦言相告："正因为是亲戚，我不想跟着你干。再说，你手下的那些人也不行！"

刘季洪一听更火了，不等解释，大发雷霆："我手下的人不行，那我成什么人了？是混蛋？"

……

蒋天枢无从辩解，只好自我表白："四叔，不管如何，我不会白拿西北大学的薪水，欠西大学生多少课，会一堂不少地补上！"

话不投机。刘季洪满面怒容，不肯原谅；蒋天枢满腹委屈，悻悻而去。

南京一见不欢而散。

刘季洪回到西安，一见到刘青莲，就告了一状："这个秉南，真想不到他脾气这么'杠'！嗨，他能专程跑到南京，跟我吵一架，还都是他的理！你说这人怪不怪！"

蒋天枢赴宁，本欲和岳叔大人冰释前嫌，却落个专程吵架之名。他闻听后，不禁摇头慨叹：真是冤哉枉也！⁽⁹⁾

1947年春天，陇海铁路经过修复，临时通车。西北大学知道蒋天枢决意不回西大，便派专人护送刘青莲母女到沪。

夫妻见面，蒋天枢才得知：西北大学并未停发他的薪水。这使他感到无形的压力，日日如芒刺在背。此后，他专程返回西安，偿还了这笔债务。

对这段情况，蒋天枢后来这样记述道：

> 次年春间复旦开学后，陇海路又修复通车，西大知我决不回去，内人又急于要来，他们才派人将内人及小孩送回。她们到沪后才告诉我："再你离西大后，每月发薪，他们总将薪水送到家中，说是无论如何非让你回去不可，因而那边薪水已用到十二月份。来时因火车乍通，托人买到三张头等车票。加以付与护送人回程旅费，多领的钱已用得差不多了。"这，给我增加了很多苦恼：用人家两月薪水还好处理，现在我并未给人家教一天课，却用了五个月薪水，将如何办呢？目前物价飞涨，万元一张的法币已经不值什么，每月收入仅能果腹，将用什么来还人家五个月薪水呢？于是，我开始和

西大友人商函，说很对不起他们，所用这五个月薪水，使我昼夜若
有重负。现在只有两个办法：其一，是将西大款退还，但币值已有
变化，目前亦尚不能将款立即寄出；问他们对此有何意见。其二，
是我去西安一趟，给他们上满半年的课，但目前火车又不通。（这
次火车通期很短）后来，他们回信说："很盼望你能来一趟，你想
办法坐飞机来好了。"这件事如此决定后，于是我开始布置：一方
面将复旦的两门课另加钟点，在四月底前提前补授；一方面向中航
公司预订五月一日去西安的机票。临走时，将一学期考试题目送交
教务长，说明所任功课业已提前上完，现需请假离校。（实际上走
后即风潮停课，并未上课和考试）另外，临行前，曾向校长章益三
和外文系教授盛澄华兄说明这种情形。我于五月一日到了西大后，
西大这学期却因事延搁，甫于三月底才开课。因为我到的较晚，将
所任课每三小时之外另加了两小时。记得这学期西大到七月半才
放假。[10]

了却这笔债务，蒋天枢如释重负。

当年离开封来西安时，蒋天枢曾带来两大木箱书籍。东北大学再迁三台
时，他考虑长途运输的艰困，便将两箱书籍暂存在一位姓李的朋友处。这次
来西安，他很想将两箱书籍带回上海，无奈火车不通；继续存下去吧，以后
何时再来又难以预卜。适逢西大回迁不久，书籍缺乏，又向教育部申请了一
大笔图书资料经费，蒋天枢便将书籍稍作清理，能带的随身带走，其余卖与
西北大学。[11]

7月20日，蒋天枢乘中航飞机返回上海。

10月，刘季洪先生因建校操劳过度，胃病旧疾加重，遂辞去西北大学校
长职务，离开西安，回南京养病；次年，身体康复，担任中央政治大学教授、
教育研究所所长。[12]

注：

（1）蒋天枢1987年7月20日致朱浩熙信："回想当年抗战结束时，当局教育部建议：让复旦迁到徐州或者无锡（吴稚晖捐出地皮为校舍用。因复旦不去，后来荣家在无锡办了'江南大学'）。结果，上海人恋上海为乐土，仍迁还上海。实在说，当时复旦人即不乐迁北方徐州，迁无锡之议，未尝不可以接受。何至于今天时时受到污染的包围，环境恶浊，空气又坏，致衣食起居，感到不安宁。"

陈文源《荣氏家话和江南大学》："为了发展家乡的教育事业，培养更高一级的建设人才，荣德生决心在无锡办一所综合性大学。1916年，他就同国民党元老议论过此事。1937年初，经蒋介石同意，国民党政府教育部将复旦大学从上海迁到无锡扩建。荣德生欣然解囊，向江苏省教育款产管理处捐款1.5万元，通过吴稚晖、钮永建在太湖边大雷渚购得土地1200亩，作为复旦建校基地。不久抗战之事爆发，迁校之事搁浅。抗战胜利后，荣德生又积极奔走，在1945年10月设迁校筹备处于荣巷公益中学原址，但学校最终没有迁成，乃嘱其三儿荣一心主持筹建私立江南大学。"载《无锡文史资料》第29期。

（2）据刘青莲女士1990年3月讲述。

（3）据蒋天枢《论学杂著序言》和刘青莲女士讲述。

（4）据谭伯鲁《著名教育家刘季洪先生》，载《徐州文史资料》第15期。

（5）萧一山《蓝孟博先生碑文》："民国三十三年刘季洪任西北大学校长，又邀一山掌文学院，遂邀请晋生为国文系主任，孟博为历史系主任兼训导长……民国三十四年八月，日寇投降，抗战胜利，百废待举，国民政府首举行制宪国民大会，以奠定国父建民国之基础。一山与季洪、孟博、晋生均为代表，卸西北大学事，时一山已以国民参议员兼国民政府主席北平行辕秘书长，特邀孟博偕眷至北平任参议，主持经世日报笔政。"

（6）据刘青莲女士1990年3月讲述。

（7）蒋天枢1952年《三反学习书面交代》："1946年暑假中六七月间，随复旦大学专车经川陕公路回沪。沿途屡次生病。因西大有熟人，到西安后，始与大队分离，留西北大学友人处休养。时友人坚留西大中文系任教。其时，陇海铁路中断，飞机票亦难买到，一时已无法走。（是时余亦有离复旦意，但想回沪后去中山大学，时中大聘书由川转到，乃友人私自知我此意，竟代将中大教职辞去。）但心中不愿留此，一则以熟人多，应酬事烦；一则以西大待遇低，每月月薪仅二十八九万元，不够开销。九月间，辗转觅到一张预定十月初之飞机票，遂决定回复旦，将眷属留彼，只身回复旦。时西大已领用两月薪水，且将用尽，遂航函盛澄华兄，将复旦八、九两月薪水领出电汇去。余接得此款后，以一半作路费，一半留作眷属生活费用，只身飞沪。行前曾告内人：'此间所支两月薪水，将来再作处理，以后不要再领。'"

（8）据蒋天枢《陈寅恪先生编年事辑》。

（9）据刘青莲女士1990年3月讲述。

（10）见蒋天枢1952年《三反学习书面交代》（写本）。

（11）据蒋天枢1952年《三反学习书面交代》（写本）。

（12）据谭伯鲁《著名教育学家刘季洪先生》，载《徐州文史资料》第15期。

第十一章　浦江风云

大学历来是政治斗争的"晴雨表"，名校尤其如此。

一身书生意气的蒋天枢，于复旦大学复校之际，之所以想去中山大学，究其原因，还在于校园的空气比较污浊。

> 复旦渝校因国民党特务分子制造了"谷风事件"，民主教授及进步学生也遭受迫害，学生自治会被一批混在学生队伍中的职业特务所霸占。[1]

复校后的江湾复旦大学，政治空气一度也比较沉闷，至沈崇事件才渐渐活跃起来。

1946年底，北平发生了美国军人强奸北京大学女学生沈崇的事件。北平学生首先闹起学潮，要求严惩美军犯罪分子。复旦大学闻讯也立即沸腾起来，校园墙壁上贴满了抗议书；由女学生发起，召开了抗议美军暴行大会，号召全校师生罢课三天；元旦，复旦学生又参加了全市大专院校组织的示威游行。

春天，围绕学生自治会改选问题，两派大学生展开了激烈的斗争。结果，原来的头头被赶下了台，自治会上演了夺权的一幕。

蒋天枢五月初飞往西安后，复旦大学的政治斗争更加白热化了。

为呼应北平、天津、南京等十余座城市的斗争，复旦大学学生举行了声势浩大的反饥饿、反内战、反迫害大游行，并派出代表赴南京请愿。国民党政府对请愿学生血腥镇压，制造了震动中外的"五二〇"惨案，数百名学生受伤。青年学生的鲜血，染红了总统府外水门汀的路面。

在沪师生闻讯，当即成立"国立复旦大学五二〇血案后援会"，决定罢课三天。大批军警即包围学校，冲进会场，殴打群众，并逮捕了 5 名学生。军警与学生紧张对峙了一夜。

经过多方营救，在宁被捕学生终于获得释放。

5 月 26 日晚，学生自治会召开群众大会，欢迎被捕同学出狱，并声讨镇压学生的暴政。散会后，学生返回宿舍，途中路灯突然熄灭，黑影里窜出一伙歹徒，手持铁棍、木棒，疯狂袭击手无寸铁的学生，重伤三十余人，轻伤不计其数，造成"国权路血案"。

5 月 30 日深夜，大批军警再次包围复旦师生宿舍，由戴着口罩的特务学生指认，逮捕了 11 名学生。学生自治会遂宣布无限期罢课，教授们也积极支持学生们的正义行动。

将放暑假时，学校又根据当局的旨意，宣布开除 16 名学生，被迫离校者达百余人。[2]

……

蒋天枢从西安归来后，听师生们讲述学校发生的怪现状，感到不可思议。由于太爱学生，他迷茫了……

复旦啊复旦，旦旦如是，何时才能云开日出啊？

企盼中，一波未平，一波又起，一场更大的风暴席卷而至——

1947 年 10 月 29 日，浙江大学学生于子三被当局特工人员秘密杀害。浙大三千师生罢教罢课，集会抗议。复旦大学等高校学生游行示威，进行声援，逐渐酿成一场波及全国的政治运动。[3]

是时，国民党和共产党正进行一场关系中国前途命运的大决战。双方力量正发生此消彼长的大变化。一方面，人民解放军势如破竹，1947年底已解放一百三十多座城市；另一方面，蒋介石在元旦讲话中又宣称，一年内要消灭共产党主力。一场你死我活的较量，如火如荼，正在辽阔的中华大地上展开。

复旦大学处于政治斗争的旋涡中——

1948年初，复旦大学地下党总支响亮地提出反对美帝国主义的口号；

5月28日，学校成立了反对美帝扶持日本、抢救民族危机大会，学生走出校门，分赴市区街头，宣传群众；

6月5日下午，复旦学生一千多人，集中到新闻馆前的大草坪上，准备参加全市即将举行的反美扶日大游行。突然，大批马队、铁甲车和警备车封锁校门，美式汤姆生枪、机关枪从门栅伸了进来。为避免重大牺牲，同学们在相持两个小时后主动撤回……[4]

国事方殷，家事盈怀。一连数日，一个携带两个幼儿的中年妇女，经常出入复旦第二宿舍蒋天枢的家中。她是蒋天枢的表妹、考古学家胡厚宣的发妻朱俊英。

1935年1月30日，胡厚宣、朱俊英在北平结婚。

朱俊英，1906年11月8日生于江苏省沛县，1934年毕业于北平师范大学国文系。胡厚宣，1911年12月20日生于河北省望都县，1934年毕业于北京大学史学系。1935年1月30日，经李增堨、王蕙卿介绍，梁思永先生主持，胡厚宣和朱俊英在北平结婚。时胡在中央研究院历史语言研究所考古组工作，正在参加安阳殷墟侯家庄考古发掘工作；朱先后在天津、徐州任教，1936年3月生子振绥。

"七七事变"后，胡厚宣携家随中央研究院史语所内迁，经汉口、桂林、南宁、安南，1938年春抵昆明，1940年1月生次子振宁，10月应顾颉刚邀请，胡携家离滇赴渝，任齐鲁大学国学研究所研究员，兼大学部系主任，主要从事甲骨文研究。1941年秋，胡厚宣患肺病卧床不起，休养近两年，愈后着手撰写《甲骨学商史论丛》。朱俊英一肩扛起家计，携子到离家30公里外的彭县华英女中教书。1943年夏，金陵女子大学毕业生桂琼英来国学所工作。胡见异思迁，与桂发生恋情。1944年夏，朱俊英回到成都，家生变故，遂夫妻不和。顾颉刚先生曾劝胡厚宣"悬崖勒马"，胡却置之不理。

1945年抗战胜利后，人们正忙于复员，胡厚宣却不辞而别，从重庆飞到北平，滞留平津40余日，搜集甲骨、铜器等回渝展览、变卖，后弃家一走了之。朱俊英携带两个不满十岁的小儿，手推小车，到8里外的青羊宫摆地摊，卖杂物维持生计。1946年5月，母子随齐鲁大学包车，颠簸700公里，6月初到达宝鸡，却因线路检修，火车不通，7月才到达徐州。经顾颉刚夫人、徐州女师校长张静秋邀请，朱俊英到徐州女子师范教书。

齐鲁大学复员后，国学所撤销。1947年初，胡厚宣来到上海，以朱俊英名义，找到其表哥蒋天枢，说希望到复旦工作。蒋天枢遂向周谷城教授推荐，聘胡厚宣为复旦大学历史系教授。

朱俊英不忍心家庭就此解体，1947年春多次来沪。当时，胡厚宣尚住单身宿舍，朱俊英母子便寄居在蒋天枢家。朱俊英苦口婆心，劝说丈夫回心转意，夫妻重归于好。胡一心离异。蒋天枢夫妇从中斡旋，费尽口舌，依然难以奏效。

1947年5月，朱俊英看到婚姻无法挽回，借同事李得贤出差赴沪之便，将长子振绥带交胡厚宣。1948年8月，她携次子振宁赴沪，看望表哥蒋天枢和胡振绥，然后乘"海黔"号轮船，同挚友——燕京大学硕士、徐州女师教务主任景生然女士漂流到海岛台湾。

离开上海时，朱俊英深感对蒋天枢夫妇麻烦太多，从盘缠中抽出一叠钞票，悄悄塞到表哥的抽屉里。蒋天枢发现时，人已离沪，便把国币兑成美元，用朱俊英的名字存进银行，打算日后见面时还给她。后来，他看到人民币稳定，又把美元取出，换成人民币，仍然存入银行。

朱俊英负气远走，先后任台南女中、北投复兴高中教师及台南女中教务主任。[5] 想不到，这一去，再也没能回来。

1947年5月，朱俊英与长子胡振绥、次子朱振宁合影。

1948 年底至 1949 年春，中国政治形势发生了翻天覆地的变化。在辽阔的东北、华北和华东大地上，人民解放军同国民党军队先后进行了辽沈、淮海、平津三场战略性战役。国民党精锐部队损失殆尽，人民解放军的胜利已成定局。1949 年元旦，南京政府蒋介石发表"求和"声明，被迫于 1 月 21 日引退。

在国家政局动荡的形势下，国民党上层政要眼看大势已去，表面上虽然勉强应付战事，私下里却在考虑去向，积极撤退，着手把重要物资、人员和眷属从海上、空中运到台湾去。

一天，萧一山夫人彭玉华来到复旦，送蒋天枢一块布料，说因全家急于赶乘飞往台北的航班，来不及聚会了；刘季洪也要飞往台湾，送来两只箱子代为保管；不久，老友蓝孟博也飞往台湾了……

蒋天枢，遥望南天，站立移时，心中五味杂陈，默默地为他们送行，祈祷他们一路平安……

在乱云飞渡的形势下，蒋天枢不能不关心陈寅恪先生一家人的安危和去向。

一天，陈寅恪先生突然来到了上海。

原来，在抗战胜利返回清华时，一向料事如神的陈先生就断定"北归一梦原知短"，想不到才过了短短两年就应验了。1948 年 12 月中旬，解放军打到北平，清华园一带炮火密集。为避战事，陈先生携家入城，到陈师曾寡嫂处暂住。

11 月，胡适约陈寅恪同乘一架飞机飞往南京。南京政府处在风雨飘摇之中，正考虑着何去何从。

陈寅恪先生为避免纠缠，在南京仅住了一晚，就悄然搭乘火车来到上海，住进哥伦比亚路十一号俞大纲的家中。

这次来沪，陈寅恪先生观察形势，思考去向，住了将近一个月。

在陈先生决定去向的重要关头，蒋天枢常和老师聚在一起。蒋天枢后来回忆说：

> 先生去穗过沪时，我屡次见到先生和师母。其时胡适在沪，力
> 劝先生去台，先生和师母都说不去。[6]

话说得十分简略，深层的内容却秘而未宣，或是不便谈，给人们留下更多想象的空间。

陈寅恪先生夫妇对去向作出选择时，蒋天枢就在身边，不可能不听一听他的意见。再说，陈先生作出一生重大的决定，一定会向蒋天枢作出说明，蒋天枢也一定会向老师建言……

陈寅恪先生最终决定留在大陆。他后来回顾这段历史时，这样说："当广州尚未解放时，伪中央研究院历史研究所所长傅斯年多次来电催往台湾。我坚决不去。至于香港，是英帝国主义的殖民地。殖民地的生活是我平生所鄙视的，所以我也不去香港，愿留在国内。"[7]

陈寅恪先生不去台湾，不去香港，为什么留下来呢？陈先生没有说破，蒋天枢也没有明说。他们之所以没说，很可能是不便说，以防引起不必要的误解，带来不必要的麻烦。

对于这一节，师生二人多年守口如瓶，只是在改革开放以后，蒋天枢打破思想的禁区，才稍稍透露了一点。一次偶然的机会，一位学生追问他："蒋先生，你当年为什么不去台湾，留在大陆呢？"蒋天枢笑了笑，无意间，一语泄露天机："我一生无党无派，坦坦荡荡，生平没做任何对不起共产党的事情，不怕共产党跟我算账。"[8]

蒋天枢同陈寅恪先生的心是相通的。蒋天枢此言，或许可以作为陈寅恪先生不去台湾的注脚吧！

陈寅恪先生最终决定去广州岭南大学任教。陈先生说："我和唐筼都有心脏病，医生说宜住南方暖和之地。我因此想到岭南大学。抗战时期，南开、北大、清华迁往云南，并为西南联大，所以认识陈序经，遂写信与他，可否南来休养一个时期。1948年夏，他回信聘我来岭大教书。"[9]

1949年元月16日，陈寅恪先生和家人乘"秋瑾号"轮船离开上海码头，驶往人生的最后一站——广州珠江口。

离沪前，陈先生将北京的书籍运来上海，委托蒋天枢处理。陈先生后来也谈到这件事：

> 来岭大时，我自己先来，将书籍寄存北京寡嫂及亲戚家中。后某亲戚家所存之书被人盗光。不得已将所余书籍暂运上海托蒋天枢代管。卖书的钱陆续寄来贴补家用，并将书款在广州又买了一些书。[10]

对于陈先生的书籍，蒋天枢分门别类，细心保管，要卖哪些书，事先都征求陈先生的意见。为此，蒋天枢经常出入上海古旧书店，一旦售出，即开出清单，将书款汇往广州。

陈寅恪先生一家离开上海不久，国共两党开始谈判。1949年4月20日，谈判破裂，重开战事。

4月23日，解放军解放南京，并向上海逼近。

国民党汤恩伯残部十个军退据上海，军事统由京沪杭警备总司令汤恩伯指挥，其浦西兵团就驻守在江湾复旦大学一带。[11]

上海国民政府于败退之际，在全市进行大逮捕。

4月26日凌晨，军警突临复旦大学，逮捕了83名学生。

4月27日，当局借口战事接近上海，宣布紧急疏散，并限令学生两天内离校，否则强制执行。

4月30日，蒋介石乘"太康号"兵舰抵沪召开军事会议，部署淞沪防务，声言要死守上海，并称之为关系党国存亡的战役。

5月10日，蒋介石向军官训话时，扬言要留在上海，亲自指挥战事，同上海共存亡，并急调蒋纬国的装甲兵部队加强防御，用钢筋水泥筑成外围、主阵、核心三道阵地。复旦大学周围也挖掘了战壕，筑起了工事。[12]

国共争夺上海剑拔弩张，"山雨欲来风满楼"啊！复旦大学地处郊区，军队住防密集，空气中弥漫着硝烟的味道。学生们全部离校了，老师们也惶惶不安，自找门路，躲避战火。

然而，一般人很难想象到，在这种动荡的形势下，蒋天枢却心如止水，波澜不惊，还在潜心研究《尚书》呢！^{（13）}

《尚书》亦称《书》或《书经》，是上古历史文献和部分追述古代事迹著作的汇编。它保存了商周特别是西周初期的一些重要史料。王国维先生高度重视这部书的价值，并指出，古书文字确出于当时记录者，当推其中《尚书》中的《盘庚》三篇。而恰恰这三篇文字，由于文字缺讹，加之古今语不同，今人难以读懂。历来的文史学家，对这部书的研究都留下许多谜一样的问题。

蒋天枢把自己关进书斋，像蚂蚁啃骨头一样，默默地啃咬《尚书》。

这真是一部天书！也正因为难，啃起来才有价值。他知难而进，义无反顾，一定要啃出名堂。

借助历史考古的重要发现，吸收近现代专家学者的研究成果，蒋天枢踏上苦心求索的漫漫长路。《尚书》研究，费时耗力。他像一位淘金者，往往用力极大，收效甚微。蒋天枢是一个不轻言苦的人，也不得不承认研究《尚书》的苦情：

> 始事以来，冥冥穷索，疑难重重，不惮琐细，寻绎鳃理，虽毫发累积，一隙之明，久渐通贯，而迷行彷徨，仍有未达。^{（14）}

蒋天枢苦心力索，研究不断取得进展。点点收获，像一颗颗发光的珍珠；一颗颗珍珠，又连缀成一条闪亮的珠线；一条条珠线铺展开来，织成一片五色的云锦……

江湾的火药味越来越浓，战事迫在眉睫。蒋天格给哥嫂捎信来，说自己留在同济大学护校，劝哥嫂尽快带上孩子，进城躲一躲。

蒋天枢这才抬起头来，把笔搁下。

家中并无值钱之物，但真要丢了，他还真有些舍不得，心疼这些书啊……

丰县来沪帮助操持家务的蒋嫂心直口快，看到邻居纷纷进城，蒋天枢夫妇还不行动，频频催促道："仗眼看打起来了，赶快带上孩子走！家里有我，放心吧！"

刘青莲匆忙收拾一些衣物和生活用品，蒋天枢带上《尚书》研究书籍和文稿，找了一辆马车，准备住进徐家汇的一个朋友家中。临行，蒋天枢突然问："四叔的皮箱装上没有？"青莲说："没有呢！实在装不下了。我们还有一些东西，下次再拉吧！"蒋天枢坚决地说："不行！别人寄存在我们家的东西，必须保护好！"他强行把车上的东西卸下一些，把刘季洪的两个皮箱装上去。[15]

战争爆发了！

5月12日，解放军第七、第十兵团奉命向上海发动进攻，激战十余日，清除了上海外围的据点，并于24日完成对城区的合围，一步步向市中心逼近。

百年老城，处在方死方生的阵痛中。枪炮声由远而近，空气中弥漫着硝烟的味道，整个城市风雨飘摇……

蒋天枢的心异常的沉静，是对将去的无所留恋，还是对即将到来的早有预感呢？他从容不迫，仍在痴迷地进行一项学人本色的工作：

上海有战事期间，我蜷伏市内，于炮火声中为《尚书》作校笺，已成十分之六，新发现颇多，当时极为快慰，几忘一切艰危，惜刻下又无时力以竟其功，只有搁置之，且无暇清写，仅《盘庚》篇写成一清稿，亦无法印，不能寄高先生请正也。前数日偶得一影印静安先生遗墨两册（书札手稿之属，每部二册），拟寄与高先生一部，俟邮路稍畅，当附寄也。[16]

外界炮火连天，蒋天枢却心如古井，潜心埋头治学。上海之大，不知如蒋天枢者还有几人！

其所说《盘庚》篇清稿，是指《商书盘庚篇笺证》一文。文章写好后，因寄人篱下，缺纸少墨，他搜寻到德国医学院上海分院的一些雪青薄纸，遂画上边框和竖格，用铅笔复写起来。一位丰县老乡看到后，说要刊于《丰县文献》，索去一份。数年后，这份文稿传到台湾，在同乡中辗转传阅。1989年，蒋天枢堂弟蒋天机得到这份手稿，看到铅笔字已年久失色，复用细笔逐字描清，担心文稿丢失，2005年寄给大陆的亲友了。[17]

解放军 5 月 25 日占领苏州河以南，27 日占领上海。

战争期间，复旦宿舍遭到很大破坏。战后经过修缮，师生们才陆续搬了回去。

蒋天枢所写《商书盘庚篇笺证》原稿。

11月，蒋天枢一家才迁回复旦大学。

中国的历史掀开新的一页。蒋天枢也开始了新的人生。

注：

（1）据袁冬林、梅蒸棣《解放前夕复旦大学的学生运动》，载上海人民出版社，1979年《文史资料选辑》第六辑。

（2）据袁冬林、梅蒸棣《解放前夕复旦大学的学生运动》，载上海人民出版社，1979年《文史资料选辑》第六辑。

（3）参见黄美真、郝盛潮主编《中华民国史事件人物录》，上海人民出版社，1987年9月第1版。于子三被杀后，浙大师生三千多人悲愤集会，浙大教授罢教并发表宣言；接着，北平、天津、昆明、上海、西安、福州、厦门、武汉、长沙等十二城市的学生也相继举行罢课、示威，形成又一次大规模的政治运动。

（4）据袁冬林、梅蒸棣《解放前夕复旦大学的学生运动》，载上海人民出版社，1979年《文史资料选辑》第六辑。

（5）据胡振绥《深切的怀念》、朱振宁《我的父亲、我和我的家庭》及胡振宁2022年1月17日给朱浩熙的信。

（6）据《蒋天枢与汪荣祖书》（1983年7月8日）。转引自汪荣祖《陈寅恪评传》（台北联经出版事业公司，1984年第二次印行）第163页。

（7）据陈寅恪先生"文化大革命"中第七次交代底稿。转引自蒋天枢《陈寅恪先生编年事辑》。

（8）据1991年3月9日复旦大学古籍研究所座谈会上的发言。

（9）据陈寅恪先生"文化大革命"中第七次交代底稿。转引自蒋天枢《陈寅恪先生编年事辑》。

（10）据陈寅恪先生在"文化大革命"中的第一次交代底稿。转引自蒋天枢《陈寅恪先生编年事辑》。

（11）据知识出版社《中国近现代史大事记》，1982年编辑出版。

（12）参见黄美真、郝盛潮主编《中华民国史事件人物录》，上海人民出版社，1987年9月第1版。

（13）见蒋天机2005年《蒋天枢秉南著〈商书盘庚篇〉赠稿说明》（抄本）。

（14）引自蒋天枢《论学杂著》之《商书盘庚证释》。

（15）据罗璘1989年9月7日给朱子方的信《想起一件事》："……这虽是一件小事，可见教师品质的一斑。"

（16）引自蒋天枢1950年1月15日给朱子方的信。

（17）据蒋天机2005年《蒋天枢秉南著〈商书盘庚篇〉赠稿说明》："（民国）七十八年突得乡长王述之先生寄来此一书稿，称是另一同乡三十八年自沪携来，嘱即刊于本乡《丰县文献》，发行仅数百本。""笔者亦近暮年，近检视存物，复睹此稿，宁不动心！按此一书稿，是用硬铅笔复写于浅蓝纸上，手中所持是面页，笔力遒劲，每字皆凹下页面，字迹清淡，年久失色，不能迳付影印，排校付印更非力之所及，乃以细笔逐字描写，虽仍有部分逸出，似仍能见其端正之本色。"

第十二章　春寒料峭

在上海人民欢庆解放的锣鼓声中，复旦大学师生重返江湾校园。

上海，结束了一个旧时代，进入了一个新的纪元。

当时，国内战争正向长江以南发展。上海最大的政治任务是动员人力、物力，支援解放全国的战争。复旦大学 780 名学生响应号召，参加南下服务团和西南服务团；上海市和虹口区又从复旦大学抽调一批学生，送到青年干部训练班、华东革命大学和华东军政大学，经过短期培训，走上工作岗位。全校注册学生（含补习班学生）2000 人，仅 1949 年 6 月先后离校参加工作的就达 1200 多人，在校生已经不多了。

人民政权对教育有新的要求。复旦大学校委会提出，要对旧的教育制度和教育内容进行改造。"具体的做法，是动员全校师生员工加强政治理论学习，投入社会实际斗争，从而提高思想觉悟，自觉地清除各种旧思想，并促进学科的改造和建设。"[1]

"政治理论学习"是指学习时事政策和马克思列宁主义理论。说实在的，蒋天枢并没有成为一名马克思主义者的宏愿，就像陈寅恪先生早年读过《资本论》并不企求做一名马克思主义者一样。对于政治理论，他是作为一个未曾认识的领域涉猎的，很大程度上是为了适应新的环境。尽管如此，蒋天枢还是投入精力，下了一番力气。他不仅自己学，还指导回到重庆在私立相辉学校做历史教员的朱子方学：

> 川中公私立学校任教者，恐亦须加紧学习工作。历史方面各种学程方法与观点均多有改变，新出之侯外庐等中国社会史、思想史、中国史等，新华书店均有之，不妨请学校买几部参考一下。至个人学习，你是研究历史的，须从大地方整个文化方面入手。你可先读几种西洋哲学史及黑格尔之逻辑及哲学等（黑格尔历史哲学，商务有译本，你最好找一本英文原本读），然后再扩大至法国大革命史、英国近代史、苏俄革命发展史（有多种，亦有日人所著），附带再读一本社会主义发展史，此为第一步。第二步再读李季编的马克思传，德人梅尔林著马克思传（有译本），似须再读几种列宁传（有一本系托罗茨基所写）及列宁生平事业简史等。第三步再读几种马克思及恩格斯名著和列宁选集等（有十几本）。第四步再读联共党史简明教程和米丁辩证法唯物论及历史唯物论，和斯大林一些有关中国的著作，此后再读其他小本书，无不迎刃而解矣。[2]

蒋天枢平时赠送子方的书籍，自己都先读一遍，有的还要校阅。从这封信不难看出，蒋天枢确实读了不少马列主义著作。他在努力了解新社会，适应新情况，尽可能跟上时代前进的步伐。

但是，人的主观愿望和客观现实往往并不吻合，甚至会发生冲突。

时过不久，蒋天枢就痛切地感到，尽管主观上作了很大努力，积极参加思想改造运动，还是很难适应新的环境。因为知识分子思想改造的目的，并不在于让人学习点新东西，而是要彻底改造世界观，做一个革命化的人。"化"者，彻头彻尾、彻里彻外之谓也。而这种革命化，又是在激风暴雨般的阶级斗争中完成的。而这，蒋天枢却难以做到。说真的，他并不留恋那个旧时代，但对几千年的古老文明却情有独钟，思想上根深蒂固，无法同中国固有文化作"彻底的决裂"，以至内心常常感到无法排解的痛苦。

在大学工作，许多问题是无法回避的——

1949年10月16日，复旦大学虽然已经开学上课，但是，政治活动接连不断，学生精力牵扯过多，教学秩序难以正常，教学任务往往完成不了。针对这种现象，主持学校工作的陈望道大声疾呼：以正课学习为主，学生要克服困难，集中精力学习！但是，问题虽已提出，迟迟得不到解决，直到1950年5月，校园中才开始出现蓬蓬勃勃的新气象。

不久，抗美援朝、镇压反革命、土地改革"三大政治运动"接踵而至，刚刚恢复正常的教学秩序又受到严重影响。

1950年10月19日，为了"抗美援朝，保家卫国"，中国人民志愿军"雄赳赳、气昂昂"地跨过鸭绿江，赴朝作战。复旦大学三百多名学生踊跃参军参战，全校师生奋力支援前线，学生正课学习间歇近两个月。

1951年元月中旬，校内又开展镇压反革命运动，对国民党、三青团成员逐一登记。通过群众检举揭发，受害者血泪控诉，一些人被逮捕法办，但也出现错捕和逼供现象。

1951年9月，蒋天枢被抽调到皖北参加土地改革运动。土地改革是农村一场急风暴雨式的斗争，目的是剥夺地主的土地分给贫苦农民。

9月25日，复旦文科教师和二至四年级656名学生，组成土改工作大队。中文系蒋天枢、陈子展两位教授也参加了。

10月7日晚，工作队成员奔赴安徽北部农村。8日下午，火车到达临淮关，师生们从淮河舟行近百里，9日上午到达五河县。

他们先是参加全县土改大会，学习文件，然后下乡工作。农村条件比较艰苦，写东西没有桌子，只能把纸铺在膝盖上；吃的顿顿是高粱面、煮红薯和生拌萝卜丝。蒋天枢犯有胃病，一吃生拌萝卜丝就胃泛酸水，腹中胀气。

11 月中旬的一天，他下到濠城区检查工作，腹泻不止，不得不赶回县城，紧急就医；腹泻刚刚止住，又顶风冒雪又下乡了。

在三个半月的时间里，他除了在五河参加土改工作，还随工作队跑了盱眙县和灵璧县，直到 1952 年 1 月土改结束，才和大队人马一起返回上海。

蒋天枢是第一次参加这种急风暴雨式的群众斗争。斗争的激烈、残酷程度，实在惊心动魄！在斗争中，要么做革命动力，要么做革命对象，任何人都不能置身事外，而必须在斗争中经受锻炼，受到教育。他庆幸自己历史清白，没有污点，否则，当初走错一步，就会铸成大错，后果不堪设想。他苦恼的是，一搞政治斗争，很多精力都陷进去了，想沉下心来做学问根本不可能。每念及此，他精神上总是十分沉重。

世事难料，人心难测，胸中块垒又能向谁倾吐呢？他只能在同亲人的通信中流露一二：

> 近年来经历多艰，时常影响做学问工作，心绪烦恶，旧友音问多疏。[3]
>
> 我的情绪和处境都非你所知。[4]
>
> 此间月底可放假，时事学习正紧，（讲义须赶写，不知可能否）恐难有暇。近（二三月间）又将发动去革大学习事，此等事非我体力所能堪，缘自往年大病后，留下一精神脱离病，平时精神烦郁时即常发现。（我只能作个人对于理论之钻研，不能在群众斗争情形下学习也）设强迫我去学习，势将出于辞职之途也。[5]

话语虽然不多，从中仍可窥见蒋天枢的心境。

蒋天枢的这种心情，复旦大学未必有人知晓，即便是有人知晓，也未必能够理解。

现实是不以人的意志为转移的。蒋天枢参加土改运动归来，总结一过，没有喘息，又卷入另一场斗争了。

2月22日，蒋天枢在"精力时感来不及"的叹息声中，又被通知参加学校"三反"和思想改造运动。[6]

"三反"者，反贪污、反浪费、反官僚主义之谓也，主要还是反贪污。凡贪污一万元以上者为"老虎"，所以反贪污又称为"打老虎"。学校成立了"打虎"指挥部，下设六个中队，声势浩大，雷厉风行，确实查出了一些问题，但也存在"三反"队员作风粗暴的问题。

复旦的"三反"是同思想改造交叉进行的。运动要求：人人既当革命的动力，又当革命的对象，都要在运动中自觉对照检查，交代问题，接受帮助，受到教育。

蒋天枢被分在中文系第一小组。按照统一部署，小组先学习文件，明确意义，消除顾虑，然后人人触及灵魂，主动交代问题。运动要求每个人对自己的旧思想检查批判，写出书面材料，并拿到小组会上逐一"过堂"，接受帮助。

3月11日，小组通过了蒋天枢的书面交代材料。为了帮助人们了解那场运动，我们不妨把这份交代材料照录如下：

"三反"学习中关于贪污阶段中的书面交代

蒋天枢

3月11日小组会通过

甲、兼课兼职

一、1932年2月至同年11月，曾同时在北京市立第一中学、市立师范、私立平民中学、大同中学、春明女中等校任兼任教员。此时期各校均非专任。每月月薪合计一百三四十元。

二、1936年12月12日至1937年7月，任东北大学中文系专任教授。同时兼任河南省立开封高中专任国文教员。高中每月月薪一百六十元。

三、1946年5月初间，由上海至西安，兼任西北大学中文系教授。七月底回沪。此事经过情形，已在小组会详细报告。

四、解放前在复旦本校兼过先修班三点钟的课，另有钟点费。

乙、不劳而获的事项

一、1943年，有一项外国人援助中国大学教授的临时救济，复旦分得十几个名额，当时学校给我一份，领过两次款，数目已记不清。

二、（1943年或1944年借）复旦在夏坝时，舍弟在编译馆做事，有一次曾托他向编译馆借了一本商务出版的论语正义，复员前我方检出叫他带回归还。他说已忘记了代我借过这一本书，以为已被自己遗失，早经另买了一本归还他们。这本书直到现在仍在我处。

说实在的，蒋天枢"书面交代"的问题，不论当时还是现在看来，都很难称之为问题。然而，就是这样的问题，他也搜肠刮肚，苦思冥想了多日，一如他在3月30日所写的思想小结中说的："在一个多月的学习中，我们每一个人都将自己的生平重现在眼前，搜检到每一事件的思想角落，无论对自己对别人，我们都尽量地否定了'私'，才能走到'公'。"

本来并不是问题的问题，却要认认真真地写出像样的书面交代，并且要很不情愿地同"不劳而获"挂起钩来。这于一向追求香花芳草、企慕高行独步的蒋天枢教授来说，真是太难为他了！可以想象，其心灵深处一定是十分痛苦。

对于政治运动，蒋天枢如同许多高级知识分子一样，心存畏惧。然而，事物不以人的主观意志为转移，政治运动仍然一个接着一个——

1954年10月23日，《人民日报》批判俞平伯先生在《红楼梦》研究中的"资产阶级唯心论"观点，开启对复杂学术文化问题采取群众运动解决的先例。复旦大学是上海开展这场批判的重点单位之一，而中文系又是重点中的重点。此后，批判扩大到一切学术文化部门，重点批判胡适的唯心主义思想体系，把学术问题引向政治斗争。俞平伯先生既是清华大学的教师，又是陈寅恪先生的朋友。对这种批判，无论思想上还是感情上，蒋天枢都想不通，甚至有点扞格。沉默是金。他唯有选择无语。

1955年1月，中央批准，在全国范围内开展对胡风的批判，并指出，胡风的文艺思想是唯心主义的，是反党反人民的。这样，文艺界不同意见的学术争论变成了一场严肃的政治批判。复旦中文系的教授们作了难，有的不愿写批判文章，有的写了又抽回去，同胡风关系密切的贾植芳教授则表现出明显的抵触情绪。5月13日起，《人民日报》分三批刊登了胡风169封信件的摘编，宣布胡风等人是"一个暗藏在革命阵营内部的反革命派别，一个地下的独立王国"，并决定在全国党政机关开展肃反运动。贾植芳教授先是"停职检查，交代问题"，之后被公安机关关押起来。他的学生、中文系党支部书记章培恒等人因发表不同意见也受到牵连。此后，学校开展肃清暗藏反革命分子的斗争，历时一年有余，揭发出一些问题，也错抓、错斗了一些好人。[7]

对于这类政治斗争，蒋天枢实在感到恐惧，感到厌倦。他多年致力对古籍校勘工作，有许多新的突破，多么想争分夺秒，把研究成果整理出来啊！[8]然而，政治运动未有穷期，自己想做的事不能干，不情愿的事却又躲不掉，无谓地消磨大量时间，叫人心疼啊！

1956年秋天，反胡风斗争全面结束后，蒋天枢的身体十分虚弱，情绪也非常低落。他在做最坏的打算，为今后自己的出路预做准备了。在写给外甥朱子方的信中，他半是怨言，半是牢骚：

　　牢落懒惫，久未与你通信。你叫我少作运动，锻炼身体，现勉强日作散步，亦不能甚有补。你说叫我恢复健康，好做我一生自期的文化事业，奈何对此事业心情亦如秋风落叶了。你舅母在此地登记找工作，已经六年了，现已渺绝无望。你那里情形如何，职员或小学教员工作好找吗？我自己想想不得已时，将作首阳二老计，不得不预为之地也。⁽⁹⁾

百无聊赖是书生。走，毕竟是预为之计的下策。不到万不得已，他不会走到那一步。骑驴看唱书，还要走着瞧……

1957年4月27日，中共中央发出《关于整风运动的指示》，鼓励人们帮党整风。

春天尽管来得很晚，但春色还颇为惹人。一时间，校、系纷纷召开教授座谈会，征求批评意见。灿烂的阳光，也照进了教授之家。教授们的居住条件得致改善，蒋天枢调换到复旦二舍一处较大的住房。他的书籍勉强可以放下了。蒋天枢是一个容易满足的人。他很受鼓舞，跃跃欲试，想沉下心来，好好做学问了。

可叹这年的春天太短，才消几番风雨，匆匆春又归去。春夏之交，风云突变。"资产阶级右派分子"借整风之机向党发动进攻了。蛇已出洞，整风暂停，反右派斗争开始了。大鸣大放、大字报、大辩论轰轰烈烈，铺天盖地，对"右派分子"发起了围剿。其结果可想而知，全校80名教职工和255名学生被划成反党反社会主义的右派分子……

蒋天枢虽身在运动之中，却心游运动之外，平时寡言少语，静观默察，倒也平安无事。尽管如此，他总感到心气不顺，头胀心烦，刚刚鼓起来的劲头，一下子又像皮球似地泄了气。

郁闷生百病。蒋天枢胃病复发，又患痔疮，常痛苦不堪。四口之家，两个女儿上学，妻子没有工作，全靠他一人支撑着，经济负担不轻，思想负担更重。家乡的书籍被"无知之徒"搬走，多次索要不还；家乡水灾严重，侄子蒋显章生活难以为继；亲戚朱本湘两个孩子读大学，两个孩子读中学，来信索要接济……他手头虽不宽裕，也不能不施以援手。这一切，对蒋天枢造成无形的压力。

预期的学术研究工作不能进行，这使蒋天枢感到异常痛苦："精力已大不如前，时间又少，没能做成什么，未免怅然。"(10)

1957年后，蒋天枢接受了讲授《楚辞》的教学任务，遂专心致志地从事有关的研究、讲课和著述，原来的写作计划便被搁置起来。

注：

（1）引自《复旦大学志》（复旦大学出版社，1995年5月）之第二部分《历史沿革》。

（2）引自蒋天枢1950年2月15日给朱子方的信。

（3）引自蒋天枢1950年1月15日给朱子方的信。

（4）引自蒋天枢1952年1月23日给朱子方的信。

（5）引自蒋天枢1952年1月27日给朱子方的信。

（6）据蒋天格1952年4月12日给朱子方的信："你二舅参加土改已于一月底返沪，但回来后就接着总结土改工作，展开思想改造及三反运动，忙碌异常。"又据蒋天枢1952年4月12日给朱子方的信："回来后未得休息即又开始工作，忙无片刻暇，迄未与你写信。近又忙于学习（'三反'运动及思想改造），精力时感来不及。"

（7）引自《复旦大学志》之第二部分《历史沿革》。

（8）引自何佩刚《蒋天枢先生的治学道路简述》（初稿）。

（9）引自蒋天枢1953年9月22日给朱子方的信。

（10）引自蒋天枢1957年8月10日给朱子方的信。

第十三章　南海清秋

　　1952年思想改造运动过后，高等院校进行院系调整。当年八九月间，复旦大学陆续与浙江大学、交通大学、同济大学、大同大学、沪江大学、震旦大学、圣约翰大学、南京大学、金陵大学、安徽大学、上海学院等校的有关系科合并。复旦大学中文系则由本校与沪江大学、震旦大学、上海学院的中文系组成，除原来的蒋天枢、赵景深、陈子展、吴文祺、方令孺、吴剑岚等教授外，郭绍虞从同济大学调来，朱东润、余上沅从沪江大学调来，刘大杰、张世禄从暨南大学调来。如此，复旦大学中文系堪称是人才济济、群英荟萃了。只是经过思想改造运动之后，教师们人人自危，噤若寒蝉，少了一点生气。[1]

　　蒋天枢是一位极重亲情友情的人，但面对这种情况，也只有明哲保身，多一事不如少一事，极少与人通信，一般也不与人深谈……

　　但是，蒋天枢同陈寅恪先生却始终保持着热线联系。

　　蒋天枢敬重陈寅恪先生的学识和人品，把他看作是终身的老师，平时经常写信请教问题，对老师的研究、生活、身体等，自然诸事萦怀，经常写信问候。

　　陈寅恪先生也高看蒋天枢，每有学术新作，无论铅印本还是油印本，都随时寄给他。1950年，陈先生寄来《元白诗笺证稿》一书。这是他研究唐代元稹、白居易诗品的学术论文集子，直行线装本，为岭南大学文化研究丛书之一。次年，陈先生又寄来了新发表的论文《论唐高祖称臣于突厥事》……[2]而且，先生每次寄新作来，往往不止一份两份。

岭南大学校长陈序经深知陈寅恪先生，聘请他为中文、历史两系的教授。当陈寅恪先生一家乘坐的轮船到达黄埔江口时，陈序经校长早已派船来到港口恭候。寅恪先生下大船，上小船，荡着珠江口的清波柔浪，来到岭南大学的学府码头，然后下船入室，住进学校东南区康乐园52号房，以后又迁居东南区1号楼上。[3]

陈序经校长待陈寅恪先生不薄，陈寅恪先生也投桃报李，不断推出新的研究成果；精心教学，在师生中享有很高的声望。名师效应，使岭南大学在全国高等学府的知名度与日俱增。

中华人民共和国成立后，中国科学院院长郭沫若、副院长李四光写信，并派陈寅恪先生昔年的弟子汪篯专程赴粤，力邀陈寅恪北上，担任中国科学院中古史研究所所长。结果，由于陈寅恪先生要求在学术研究中坚持自由意志和独立精神，否则坚辞不就，造成两难的局面，原议只好作罢。

1953年夏秋，蒋天枢思想痛苦郁闷，无人可以诉说，自然而然地想起陈寅恪先生。他很想面见老师倾诉衷肠，而且同先生一别几年，发生太多的变故，先生正年逾花甲，他非常想念先生。

暑假期间，蒋天枢胃病稍愈，又用枯疗法治愈了痔疮，心情略感轻松一些。

9月11日，他安排好课程，便登上上海开往广州的列车。此行的目的，一是看望先生，二是求教问业，三是远游散心。

经过上年的院系调整，如今的岭南大学也不是昔日的岭南大学了。"岭南大学名义取消，原中山大学迁入岭南大学校舍，而原中大校舍则让与师范学院。"[4]

9 月 12 日，蒋天枢到达广州车站。由于初来乍到，不识路径，事先未通知陈先生及其家人，他便雇了辆黄包车，径直来到中山大学陈寅恪先生的寓所。

这位不速之客的到来，使陈寅恪先生全家喜出望外。师母唐筼沏好香茶，又张罗联系学校招待所，安排蒋天枢的住处。陈先生虽然视力很差，依稀还能认出学生的模样；听着蒋天枢凝重纯朴的徐州口音，依然是那么亲切。师生相识已 27 年，老师老了，学生也到了知天命之年，师生之情老而弥笃。每每想起这些，陈寅恪先生就唏嘘不已。尽管在蒋天枢看来，老师还是老师，学生还是学生，学生对老师仍然执弟子之礼，毕恭毕敬，但在陈寅恪先生眼中，秉南这位昔年的弟子，早已是和自己无话不谈的知心朋友了。

从教二十余年，陈先生"桃李满天下"。但是，人心不古，桃李与桃李不同，学生也分三六九等哩！眼下，陈先生还在为一个学生余怒未消呢！

前不久，陈先生一怒之下，辞去中文系教授的职务。说来事出有因，是为了一个昔日的学生。

先生初来广州时，成都燕京大学毕业的程某南来广州，通过陈先生推荐，当上了岭南大学中文系的助教，具体做陈先生的助手。1952 年，有人以中文系讲师一职为钓饵，引诱程某离开陈先生，否则不聘他为讲师。程某见利忘义，表示坚决不再协助陈先生工作。校长陈序经婉言相劝，亦未能使程某回心转意。中文系挖墙脚在先，陈先生遂报以颜色，辞去中文系教席了。

程某走后，陈先生助手先由师母唐晓莹担任，而后黄萱女士才来到康乐园，协助陈先生著述。

经过这场风波，陈寅恪先生更珍惜同蒋天枢的师友风谊，更何况蒋天枢谦谦君子，行若春风，了无俗气呢！

暑假，陈寅恪先生的长女流求从上海第一医学院（现上海医科大学）毕业，分到重庆卫生系统工作，眼下正在父母身边做入川的准备。

蒋天枢青年时期就喜爱摄影，来穗时随身携带相机，便和先生全家走出康乐园 1 号，在门前，在树下，在小路上，随时随地取景，留下一张张珍贵的合影。

与家人合影，左起：陈美延、唐篔、陈寅恪、陈小彭。蒋天枢摄。

1953年9月中旬蒋天枢与陈寅恪先生合影，左起：蒋天枢、陈寅恪、唐篔、黄萱的女儿、陈美延。

末了，蒋天枢余兴未尽，坐在先生门口的台阶上，自拍了一张，表示自己既是先生的弟子，又还未登堂入室，而且永远是先生的学生……

1953年9月中旬，蒋天枢于广州中山大学东南区1号陈寅恪先生寓所前自拍。

陈寅恪先生 1953 年 9 月在中山大学家中。蒋天枢摄。

　　蒋天枢把这次来粤看作向先生问业的极好机会，因而不失时机地向先生请教。

　　陈先生或着一袭长衫，或着一身便服，依然保持着清华教席时的作风和气派。早晚之间，蒋天枢常搀扶着陈先生在康乐园中散步。陈先生手持一根黄藤手杖，乃当处客居云南蒙自时所得，相伴多年，不离不弃，现在更是形影不离了。先生"登床始释手，重把天已晓"，笑称已是自己不离不弃的贴身朋友。[5]

楼前，有一条明晃晃的白水泥小道，是中共广东省委书记陶铸考虑先生视力不好，为方便陈先生散步所修的。如今，这条白色小道成为便成为特殊的课堂了。师生二人在小道上踱来踱去，上自天文，下至地理，人情世故，无所不谈。

在室内，师生晤对移时，聚首低声细语，不时发出会意的笑声。彼此互不设防，无拘无束，话题俯拾皆是，所言皆是学问，那么轻松，又那么愉快！

蒋天枢来粤前的压抑烦闷一扫而光，感到多年未曾有过的开心，真有点"乐不思沪"了。

师生聚首，聊起清华国学研究院的往事，话题自然而然地谈到了王国维先生。陈先生称王国维先生是"近世学术界最主要的人物"。蒋天枢早年熟读陈先生的长诗《王观堂先生挽词》，但对诗中涉及的一些晚清掌故知之不详，朝夕之间，便屡屡叩问，逐句请教。陈寅恪先生如数家珍，娓娓道来。一个谈得兴致勃勃，一个听得津津有味，仿佛又回到了二十多年前的清华园。蒋天枢将先生所讲悉心记下，回到住地，加以整理，写成《〈王观堂先生挽词并序〉笺注》。此文也便成了诠释陈先生这一长诗的第一手也是最为权威的文献了。学术界普遍把这一笺注看作是陈寅恪先生的自注。

陈寅恪先生关心蒋天枢的研究方向，很想力所能及地给以帮助。

陈先生问，最近在从事何项研究？蒋天枢答，在校读《周礼》，用董康的珂罗版影宋本，校阮刊注疏本。

陈先生微微点头，略事沉吟，说，《周礼》中可分为两类：一类为编纂时所保存之真旧材料，可取金文及《诗》《书》比证；另一类为编纂者之理想，可取其同时之文字比证。[6]

寥寥数语，如刀刻火烙，在蒋天枢心中留下清晰的印记。

……

广州十日，是两代学人在诗和史之间一次酣畅淋漓的神游。陈寅恪先生敞开心扉，诉说多年鲜为人所知的隐秘，也为后人解读陈氏诗文锻铸了一把钥匙。

广州十日，蒋天枢还担负着保存和流布陈先生著作的使命。

经陈寅恪先生同意，蒋天枢抄录了先生积年所写、从未发表的诗作，并整理了一份陈寅恪先生已发表和未发表论文的目录。(7)

陈寅恪《广州癸巳元夕用东坡韵》一诗，有"先生过岭诗为历，此是南来四上元"之句。先生之诗，名为诗，实为史也，岂止为史，又见先生之精神。其用字精确，用典绝妙，辛辣尖锐，入木三分，但由于"不合时宜"，平时绝不轻意示人。陈寅恪先生既然向蒋天枢毫无保留，和盘托出，可见对他是何等信任了。

蒋天枢整理陈寅恪先生著作目录时，将已发表和出版过的，注明发表或出版时间；尚未发表的，则注明写作时间，并按时间顺序，整理成编年目录。蒋天枢回到上海后，又根据过去积累的资料，加以补充修订，寄呈陈先生订正。以此为基础，蒋天枢不断把陈寅恪先生的著作佚文和新作目录补充进去，为日后陈寅恪文集的编辑，做了比较充分的前期准备。(8)

广州十日之行，蒋天枢还过录了陈寅恪先生《元白诗笺证稿》的校订之文。

陈寅恪先生很早就研究唐代诗人元稹和白居易。在清华中文系开设中国文学专家研究课程时，陈先生专题讲授过"元稹、白居易"。"《元白诗笺证稿》完成于战时之成都，初版直至1950年始由岭南大学文化研究室刊行，列为岭南学报丛书第一种。"(9)书出后，陈寅恪先生当即寄赠蒋天枢几册，并委托他分赠徐僧芋、柳贻谋及学生张公逸。此书开创"诗史互证""以诗证史"的先例，不仅涉及中国历史，也涉及中国文学史，对唐代文学和比较文学多有探讨，不愧是一部立论精到的扛鼎之作。

陈寅恪先生以其订补甚多的初校本相示，另送一册，嘱咐蒋天枢将初校本迻录其上。蒋天枢谨遵师嘱，花了整整一天的时间，完成了这项工作，初校本仍留广州，将迻录本携归上海，再将此本过录到先生赠送的初校本上。1954 年夏，北京古典文学出版社索要《元白诗笺证稿》底本，蒋天枢便将回沪所录之本寄上。后来，陈先生将再校本寄来，蒋天枢将再校本迻录于初校过录本上，又寄往北京。北京古典文学出版社就是依据蒋天枢的这个过录本，于 1958 年 4 月正式出版了《元白诗笺证稿》。

于此可见，陈寅恪先生把出版自己的著作一事，有意委托与蒋天枢。

相见苦短，一晃十天过去，蒋天枢要告辞北归了。

相见时难别亦难。陈寅恪先生执手相看，别情依依，赋诗二首相赠：

> 不比平原十日游，独来南海吊残秋。
> 瘴江收骨殊多事，骨化成灰恨未休。

> 孙盛阳秋海外传，所南心史井中全。
> 文章存佚关兴废，怀古伤今涕泗涟。

其时，陈寅恪先生正在写作《论韩愈》一文。韩愈当年因为谏迎佛骨，触犯龙颜，"一朝朝奏九重天，夕贬潮州路八千"，被流放岭南。比人喻事，陈寅恪先生亦以韩愈自况。韩愈担心客死岭南，嘱其侄儿南来收骨。陈先生却不以为然，认为那只会留下更多的遗憾。历史的经验证明，传承和弘扬民族固有文化关系国家的前途和命运，不能不令人忧患、为之流泪啊！

师母唐晓莹了解陈先生的用意，赓和一首，吟赠蒋天枢：

> 不远关山作此游，知非岭外赏新秋。
> 孙书郑史今传付，一扫乾坤万古愁。[10]

于此可见，蒋天枢在陈寅恪先生及其家人心目中的分量！蒋天枢的广州之行，担负着一项传承和流布先生著作的重大使命！

陈寅恪先生对自己的心血之作十分珍惜。据其女儿流求、美延回忆："父亲文稿都是用全家最好的的箱子装载，家人呼之为'文稿箱'。避日军空袭时，首先要带的就是文稿箱。"[10]

历史的教训值得借鉴。东晋史学家孙盛曾著《晋阳秋》三十二卷，身后散佚，仅存残篇。宋代郑所南晚年自集所著，名曰《心史》，为了流传，"锢以铁函，沉古井中"。陈先生把自己的著述比作孙书、郑史，现已传付于蒋天枢，希望能得以传承。

这实在是生命之托啊！

———————————

注：

（1）据贾植芳《在这个复杂的世界里》之第六节《乍暖乍寒时节（二）》。载《新文学史料》杂志1992年第4期。

（2）据陈正宏《蒋天枢先生与陈寅恪文集》，载《中国典籍与文化》杂志，1996年第1期。

（3）据陆键东《陈寅恪的最后二十年》一书。生活·读书·新知三联书店，1995年12月第1版。

（4）引自蒋天枢《陈寅恪先生编年事辑》。

（5）据陈寅恪《咏黄藤手杖》。见《陈寅恪集·诗集》，生活·读书·新知三联书店，2001年5月北京第一版。

（6）据蒋天枢《陈寅恪先生编年事辑》"癸巳 一九五三年 先生六十四岁"条。

（7）蒋天枢《陈寅恪先生编年事辑》"癸巳 一九五三年 先生六十四岁"条："（1953）22日拜辞师及师母北归。行前，先生赠以二诗。《南飞集》之最前部分，即此行所抄得。"

（8）蒋天枢《陈寅恪先生编年事辑》之《陈寅恪先生论著编年目录》："1953年10月22

日就所钞得者辑成此目。所注年月，曾载各期刊者注明出版时期，其知写作时间及未发表之作，注写成时间。所遗漏者俟续搜得补录。此目写成后之次日，接门生周荷珍代钞《东洋史研究》二卷二期中日本小野川秀美所编目录，除误收吴其昌一篇外并不能有所增补。编年目录写成后，曾寄广州，请师订正。1979年4月，又增补1954年以后所著论文篇目。"

（9）引自汪荣祖《史家陈寅恪传》之第八章，联经事业出版公司，1984年刊行。

（10）据陈寅恪《寒柳堂集》之《诗存》部分及蒋天枢《陈寅恪先生编年事辑》。

（11）见陈流求、陈美延1999年《陈寅恪后记》，载生活·读书·新知三联书店，2001年4月出版，《陈寅恪信·寒柳堂集》。

第十四章　可亲严师

在学生们眼里，蒋天枢是一位严厉而又可亲的教授。说他严厉，是因为他治学严谨，对学生要求严格；说他可亲，是说他富有人情味，对学生充满爱心。因此，对蒋先生，同学们既心存敬畏，又想接近他。

这是发生在二十世纪五十年代的事情——

暑假开学后，中文系迎来了一批新生。蒋天枢一看，嗬，一群满脸稚气的孩子嘛！

蒋天枢讲授中国文学史先秦部分。他走进教室，把皮夹包往讲台上一放，拿出新生名单，环视一下课堂，开始点名。他对每位同学都仔细端详一番，似乎要记在脑海里，然后才开始讲课。

同学们报考中文系，多数人对中文系并不了解，一个个自命不凡，还以为中文系就是作家的摇篮呢！要把他们引上路，可不是一件容易的事情。一位当年的学生回忆说：

> 很多同学是做着作家梦进入中文系的，因为能写几句文章，或者曾诌过几首小诗，个个才子才女自居，很以为了不起。入学之后，方知大学中文系不培养作家，而是培养教学、研究人才的，本来就

觉得闷气，再加以一上来就读《盘庚篇》，读"关关雎鸠，在河之洲"，实在提不起兴趣来。蒋先生知道这情况，就花了两节课时间务虚，给我们做思想工作。蒋先生在两节课内讲了很多话，我大都已经忘却，但有两点，因为课后同学们经常议论，所以，至今还记得很清楚：一是要我们扎扎实实做学问，首先要把基础打好，以后才能搞研究，不能凭着兴趣读书；二是不要急于写文章，特别是不要去写"报屁股"文章。蒋先生调侃道："你们急于在报屁股上发一些豆腐干文章，无非是想买花生米吃，把时间都浪费了。"(1)

说来有趣，有人报考中文系竟出于不愿吃苦，错误地认为"学文容易"。蒋天枢很不以为然，毫不客气地教训他们：说学文容易的人，实则并不懂文。文科和理科一样，都是科学，科学拒绝懒人，不下苦功夫无论如何是学不好的。比如说，学中国文学，必须学好中国古典文学，那就必须培养自己对古典文学的阅读、理解和写作能力。要读原文，读未加标点的原著，并连同各家的注解一起读。多读书，读原著，下精密功夫，一个字一个字地读，做到真正理解，千万不要囫囵吞枣，不要急于求成。要相信，坚持不懈，积累知识，才会对今后的治学和写作有很大用处。以我的看法，读古典文学作品，千万不可看标点本，标点好了，光溜溜地滑下去了。用不标点的书，非思考不可，思考才是人智慧的源泉。古今大作家都是善于思考的，而又善于积累材料，如《水浒传》《红楼梦》之类，不但有丰富的知识，而且用思入微。(2)

身为古典文学教授，他时时处处注意提高学生的文学素养，努力营造一种小环境，使学生耳濡目染，潜移默化，受到熏陶。蒋天枢认为，身为老师，要对学生负责，把学生教好，而要教好学生，就必须了解学生，才能有的放矢，因材施教，帮助学生成才。每学年，他给新生的见面礼，就是布置一项特别作业：作文——每人结合经历和兴趣，用文言文写一篇几百字的自传。(3)

"作文就作文吧，为什么要用文言文写呢？"有的学生问。

蒋天枢解释说："因为你是学中文的，一定要学好民族的传统文化。学外语的不说外语，一定学不好；学中文的不会写文言文，那也学不好。"

写就写吧，不就一篇作文吗？同学们自负得很：能考上全国重点大学文科，舞文弄墨，小菜一碟，还能写不好吗？刷、刷、刷，不过几天功夫，自传交上来了。

蒋天枢一看乐了：咳，那么多人写错别字，几乎每篇都有语病，至于文言文……也难怪，都是些孩子嘛！

课余时间，蒋天枢把学生一个一个请到家中，面对面地批改作业。他耐心地指出学生自传写作中的问题，并谆谆告诫应该如何如何。

响鼓无须重锤敲。同学们这才认识到什么叫学问，脸上热辣辣地发烫，原来翘着的"尾巴"开始夹紧了。

通过这道作业，蒋天枢不仅认识了学生，而且对学生有了大致的了解，特别是知道几位学生家境贫寒，师生距离一下子拉近了。一次，刘青莲洗衣时，在蒋先生的衣袋里发现了一个小本子，上面写了不少家庭困难需要接济的学生名字，还有一些在学生食堂买饭菜票的收据。

蒋天枢总认为帮助学生是老师的本分，是老师应该做的，向来不图报答。但学生却忘不了这些，一想起老师雪中送炭的行为，就增添了战胜困难的勇气，并且铭记终生，对老师充满敬意。

一篇自传，让蒋天枢和学生们结下不解之缘。若干年后，蒋天枢再见到他们时，不仅能叫出张三李四的名字，而且还能说出每个人在大学时的不少往事和他们家庭、家乡情况。

后来，经过几次运动，"师道尊严"受到批判，蒋天枢再布置这道作业时，有的学生便不以为然了。蒋天枢用苍老的声音告诉同学们："在我的箱子里，至今保存着我教过的历届学生的履历。我一直记得他们，他们也记得我……"同学被感动了，才动手做这道作业。

業精於勤荒於嬉
行成於思毀於隨
秉南試書

蒋天枢为勉励学生所书韩愈名句。

　　说来很有意思，有一位性格比较倔强的学生，对蒋教授布置的这道作业很不理解，赌气便没有写。在校时，他虽同蒋教授多次接触，却始终未给老师留下深刻的印象。时间一久，他非常敬佩蒋天枢的人品和学识，私下也为入学时的负气感到内疚。毕业数年后，一次校庆，师生又相聚了。蒋天枢对一个个学生如数家珍，但面到这位学生时却茫然了。经过解释，蒋教授虽然口中唯唯，却怎么也回忆不起来。这位学生真正伤感了，很痛心地说，当年年轻气盛，任性负气，对蒋先生布置写自传的作业没有交卷，想不到如今老师竟不认我这个学生了！早知今日，悔不当初啊！

　　蒋天枢主讲先秦文学第一段。他的课给同学们留下极为深刻的印象。1957年考进复旦大学中文系的周思源回忆说：

蒋先生当时已六十岁左右，但精神矍铄，两眼炯炯，上课总是西装笔挺，头发梳得非常熨贴；一口山东话。古代文学史最难讲的就是第一段，也相对乏味一些。但是，蒋先生讲起来神彩飞扬，旁证博引，尤其是用他那山东话一吟诵，那才叫有味。我至今还清楚得记得，他拉着长声自我陶醉，也使我们陶醉地讲解并反复吟诵《周易·屯六二》"屯如邅如／乘马班如／匪寇，婚媾……"的情形。他讲《诗经·小雅·采薇》充满了感情："昔我往矣，杨柳依依……"那种上课真是一种艺术享受。"今我来思，雨雪霏霏"的"思"，究竟应当怎么读，他从音韵学、方言学等几个方面作了简要的说明。讲《楚辞》时，他总是将"兮"读成"e"，而不是通常的"xi"。他又举出一些例证，从不同角度证明上古时楚地的"兮"音就接近今天的"啊、呵"，应当读成"e"。具体知识我都忘了，但是，这种不苟同成见的独立思考精神和做学问的方法记住了。(4)

讲先秦文学课，蒋天枢中气十足，常用丰沛乡音的腔调，慢声细气地吟诵《易经》屯卦记载的古歌。同学们形容说："那姿态似乎有点冬烘，却也富有个性。他的吟诵，近似歌唱，别有风味。唱完即为我们讲解古代抢婚的故事，之后，逐字逐句疏解。"(5)从而，一堂原本枯燥的古文课却乐趣横生。

蒋天枢授课极为严谨。对每一堂课，他都认真准备，倾注大量心血，力求给学生新的知识，新的启迪。对学生提出的问题，他总是有问必答，一丝不苟，耐心讲解，讲真知灼见，而不是人云亦云。他要求学生注意锻炼思维能力，提高学习效果。指出学问是由点到面，再由面而加深，逐步循环往复而不断加深的过程。人一生的进步和发展，都是这样一个逐渐反复又逐步深入的发展过程。在一般水平的基础上，起初，大都是"集中力量，突破一点，然后扩大缺口，向纵深发展的方法。是从知之不多，到知之较多，到知之甚多，认识达到系统的过程"。认识既经过实践而逐步洽熟、深化、透彻，知识才能是自己的。以故，同学们都很爱听他的课。

蒋天枢被公认为治学"很严谨"的教授，复旦大学中文系，流传着不少蒋教授的故事。

> 我觉得最能唤起记忆的，就是他(蒋先生)讲《诗经》的那个部分，有关背景介绍比较简单，大部分时间在讲作品本身。他平时很严肃，但讲诗歌一类作品时也会感情流露。他讲《诗经》都要吟诵的，据说用的是唐文治先生的"唐调"，有时还会插上一句"教我如何不想她"云云，引得学生哄堂大笑。蒋先生讲课条理特别清晰，这对初学文学史的学生来说很重要。[6]

> 蒋天枢长于《诗经》《楚辞》等先秦文学的研究，据说蒋天枢在五十年代讲授《诗经》，一首诗可以讲授两个月，一句诗可以旁征博引地解释两个星期。其实，蒋氏授业方式有出处：陈寅恪早年讲授唐诗，据说解释《长恨歌》第一句"汉皇重色思倾国"，便要花费数星期。若再往前溯，这似乎是清代朴学重材料整理与分析，长于考据、讲究实事求是的一个传统。但是，1958年"拔资产阶级白旗"时，这类教学方法遭到无情的讽刺和批判。[7]

> 大学生们求知欲强烈，出言无忌，对老师也往往挑剔，甚至评头论足，但听了蒋先生的课以后，却从心里折服了，不仅感佩老师知识的渊博，也认识到自己的浅薄，同时为一生遇到这样的好老师而庆幸，而知足。毕竟好老师可遇不可求啊！这给同学们留下极为深刻的印象。以致多年之后，他们耳畔还能经常响起蒋先生用山东话吟诵的声音："路漫漫其修远兮，吾将上下而求索！"[8]

同学们学习劲头上来了，专业兴趣也渐渐浓了，但听蒋先生的课，消化起来并不是一件易事，思想上仍有压力。蒋天枢理解同学们的困难，把讲课内容印成讲义，发给大家。同学们轻松了吗？不，蒋先生还布置一些参考书呐！同学们经常背着书包，跑图书馆、阅览室……

为让同学们把讲课内容消化好，每个星期，蒋天枢都要抽一两个晚上到学生宿舍解答问题。每当同学们提出问题，他总是热情耐心地讲解，直到快熄灯时才离开。

蒋天枢要求，学习古典文学，要尝试用文言文写作，而且必须认识繁体字，会写繁体字，竖写，写好毛笔字。他说，只有读通读懂古文，又能写好文言文，搞起研究工作才得心应手，运用自如。写毛笔字是中华民族几千年的传统，写好了，会大有用处。

作为古典文学教授，蒋天枢对简化汉字也持有看法，他说："已简化的字数有限，省力有限，而对于截断中国文化的力量则很大，如要再进一步简化，所谓得者一而丧者百也。要知，纵横亿万里，上下几千年，无文字上隔阂者，世界上只中国耳。"[9] 他平时写东西也是用繁体字，不写简化字。

对学有余力的同学，蒋天枢往往给他们压担子，"吃小灶"。

王传典 1952 年考入复旦中文系，文学基础较好。一次，他到老师家中请教问题，临离开时，蒋先生说了声"等一下"，便走进书房，抱出四函线装本《史记》，嘱咐王传典一字一句地通读一遍。王传典有点望而生畏，但是，不认真读一遍，怎么向老师还书呢？遂牺牲寒暑假和星期天，把这部《史记》读完，深感受益良多。[10]

蒋天枢对同学们的课余爱好热情鼓励。林东海专业课学得好，对绘画也很感兴趣。蒋天枢告诉他，家中有些美术资料，可以借给他看。若干年前，蒋先生就订阅天津《大公报》的《艺术周刊》，每周一期，每期一张报纸，内容有绘画、书法、篆刻以及其他美术图版和评论文章，图文并茂。半年的周刊合订成一本，蒋先生攒了一大摞。林东海每次只借一本，看完再换一本，直到把一大摞看完。频繁地搬进搬出，林东海都感到不胜其烦，可蒋先生对他每次都是笑着迎进门来，又笑着送出门去，还经常问长问短，关心他的学习和生活，使他感到在家一样的温暖。林东海提高了审美情趣，平时爱画上几笔，因此在中文系有了点小名气。[11]

蒋天枢对学生从不居高临下，摆教授架子，而总是平等待人，客客气气。他给学生写信，总是称"您"而不称"你"。按北方人习惯，称"您"表示尊敬对方。一般说来，老师对学生是可以不用敬称的。蒋天枢之所以这样做，不仅出于对学生人格的尊重，表达人与人之间的平等关系，也反映师生之间的亲情。

很多同学走出校门，仍然向老师请教问题。蒋天枢总是每信必复，力所能及地给以帮助。

李振杰读完本科，进出国预备班培训，后到北京外国语大学任教。为了提高教学质量，做合格的大学教师，他很想多读些古籍，便写信向蒋先生请教读书问题。蒋天枢复信说："《易》《书》确当浏览一下。您在京，如能觅到近人（已故）杨筠如所著《尚书核诂》读之，当可较收益。您想读《战国策》，很好，不知读什么本子？此书有宋鲍彪注本（四部丛刊所印本），有汉高诱《战国策注》，清黄丕烈仿宋剡川姚氏刊本。此本为最好，远胜鲍彪注本。《士礼居丛书》中有此书，另外也有单行本。读时，最好能校一下。前些年文物出版社有《战国纵横家书》一册，是马王堆出土的汉人写本，有些可以校《战国策》。如读名人集，最好先读《韩昌黎集》，再读《杜工部集》。韩集，可找民国间影印的宋世綵堂韩柳文集本子来读；杜集，可找《钱笺杜工部集》来读，此书原有木刊本，听说近排成铅印本了。清人文集，可读《顾亭林诗文集》《梅村家藏稿》《钱大昕潜研堂诗文集》《抱经堂集》（上四书，四部丛刊里都有）等，都是内容丰富，可以开拓知识面的著作。陈（寅恪）先生集，盼时浏览，当时有收益处。新出版书，我所见甚少，似印有几种历史书，可看。已故陈垣著《元代西域人华化考》两薄册，最当看。你校如有《励耘书屋丛书》，内有此书。"[12]

李振杰读《韩昌黎集》遇到困难，又写信向蒋先生请教。蒋天枢告诉他："您既已读了《韩昌黎集》，可以暇时翻翻目录书，看看韩集到底有多少注本，需要的时候，可以拿来作参考。目前读时，虽有些茫然，不管它，慢慢其他大家集子看得多了，就会感到天天有变化。譬如韩集里《进学解》《师说》等，应反复熟读，熟读深思，能透彻理解时，自会怡然理得，心情开朗。"(13)

李振杰读过《战国策》和《元代西域人华化考》后，向蒋先生汇报。蒋天枢又指导他："您读过《战国策》和《元代西域人华化考》两书，盼在思想上分别对待：《战国策》作为上古时期思想界比较发达时期，其最大特色是百家争鸣，学术辉煌地发展。而这部书却较多地叙写了各国间策士的钩心斗角，而较少地叙述当时的学术发展。基此，应当流览一下《国语》《左传》，以完成一套对春秋间较全面的理解。至于《元代西域人华化考》，则是阐扬这一时代'中国文化'表现出了它突出的特色。应当注意那一时期许多外族舍弃了他们固有的文化宗教，而倾心于中国文化，终于成了中国的诗人、学者、艺术家等。这一点应当特别注意：因为中国有长期的兼容并包的学术和文化，所以能有今日的广土、众民。毛主席异想天开地发动文化大革命，而不知没有中国的悠久的文化，即无有他所能治理的广土众民也。"(14)

李振杰需要一部《辞源》。蒋天枢知道后，乐于将家藏的一部赠送，便说："你所需要的《辞源》四大册，我有此书，放在那里无用。你如能从上海走，即交你带去，就算送你的了。"为怕李振杰不好意思接受，又说："我不会查四角号码，买了几年，从没用过，对我毫无用场。"(15)

师心可鉴！蒋天枢对每个学生都是这样。难怪一提起蒋先生，学生们都肃然起敬，骄傲地说："那是恩师啊！"

能做蒋先生的学生，真是一种福气！

————————

注：

（1）引自吴中杰《蒋天枢：不肯跟风的独行者》一文，载中国著名学府逸事文丛《复旦逸事》，辽海出版社，1998年8月。

（2）据蒋天枢1980年10月18日给朱浩熙的信。

（3）据林东海《师德风规——记蒋天枢先生》(《师友风谊》，人民文学出版社，2010年9月）及复旦大学中文系毕业生的回忆。

（4）见周思源《蒋天枢先生二三事》，光明网，2008年10月27日。

（5）据林东海《师德风规——记蒋天枢先生》（《师友风谊》，人民文学出版社，2010年9月）。

（6）据《陈允吉谈复旦中文系名师》，载2014年1月26日《东方早报·上海书评》。

（7）引自陆键东《陈寅恪的最后二十年》之第五章《磨难终于启幕》，生活·读书·新知三联书店，1995年12月第1版。

（8）见周思源《蒋天枢先生二三事》，光明网，2008年10月27日。

（9）据蒋天枢1980年12月22日给朱浩熙的信。

（10）据王传典1970年对笔者的讲述。

（11）据林东海《师德风规——记蒋天枢先生》（《师友风谊》，人民文学出版社，2010年9月）。

（12）据蒋天枢1983年5月30日给李振杰的信。

（13）据蒋天枢1983年6月2日晨给李振杰的信。

（14）据蒋天枢1963年11月12日给李振杰的信。

（15）据蒋天枢1986年9月30日给李振杰的信。

第十五章　薪火相传

蒋天枢经常告诫学生，要做刚正不阿、有真才实学的人，并常常引用政治运动中无耻文人趋炎附势、投机取巧的事例，教育学生不论在政治上还是在学术上，都要老老实实，而不要投机取巧，不要随风起舞。他是这样说的，也是这样做的。

在师生们眼中，蒋天枢教授有点与众不同，是一位"怪"教授。政治运动一个接着一个，风云变幻无常，每次政治运动总有人落伍。对于他们，一般人避之唯恐不及，而蒋教授却不以政治划线，不仅不歧视他们，仍然一如既往，一视同仁，甚至还会倾注更多的精力，指导他们振作起来，好好做学问。

章培恒的沉浮就是一个典型的例子。

章培恒，1934年生，浙江绍兴人，15岁加入中国共产党，1954年毕业于复旦大学，留校任中文系党支部书记，被认为是一个前途不可限量的"好苗子"。

天有不测风云。1955年1月，中共中央批准在全国范围内开展对胡风文艺思想的批判。复旦大学中文系现代文学教研组与外文系英国文学教研组联合开展批判活动。中文系的贾植芳教授一向同胡风关系密切，对于批判胡风表现出强烈的抵触情绪。年仅21岁的章培恒，曾是贾教授的学生，对批判中涉及的学术性问题，表现出不同意见，并以初生牛犊不怕虎的勇气，写了一篇文章，寄给《人民日报》。文章引用胡风在《文艺笔谈》一文中关于《西游记》《红楼梦》的论述，证明胡风并没有反对祖国优秀的文化遗产。这篇文章不仅没有被采用，反而由此惹来了大麻烦。(1)

5月13日，《人民日报》公布了舒芜提供的第一批材料，指胡风等人为反革命集团。于是，问题的性质起了变化。仅隔两天，上海市高教局局长就宣布贾植芳"停职检查，交代问题"，并随即将贾教授送公安局关押起来。章培恒受到了牵连，不仅被撤销系党支部书记职务，而且受到开除党籍的处分。(2)

就这样，青春年少、前途无量的章培恒，政治生命突然窒息了！

他先是被调进图书馆，搞图书目录工作。不久，中文系党总支又把他调回，让他做蒋天枢的助教。

1956年秋季的一天，章培恒去找蒋天枢教授报到。这位严厉的教授不仅没有白眼，没有冷淡和歧视他，反而很和气地关照他说："你去年虽然受了些委屈，但不要背包袱。要好好地读书！"良言一句三冬暖。章培恒听了大受感动："先生对一个素无交往的青年第一次见面时所说的话就是这样。在这里所显示出来的，不仅是对人的负责和对学术的负责，而且，结合那个特定的背景，这也反映了先生的正直和无畏。"(3)

蒋天枢要求章培恒好好读书，如何读呢？自然要听蒋先生的。蒋先生的要求十分严格，讲起话来不留情面，而且在治学上没有商量的余地，必须按照他所讲的办法和路子去做。他这种教风，给章培恒留下了极为深刻的印象。

回忆同蒋先生第一次见面的情景，章培恒这样说：

> 我第一次去先生家，是谈我的进修计划。我认为光学先秦两汉文学是学不好的，想先用五年时间把从《诗经》《楚辞》直到《儒林外史》《红楼梦》等名著研读一遍，再回过头来系统钻研先秦、

两汉文学。我自己觉得这已算是踏实了，但先生听了我的打算却久久不语，然后很严肃地说："你这种学法，一辈子都学不出东西来。"接着谆谆地教导我：研究古代文学必须有历史和语言文字方面的基础，并具备目录、版本、校勘学方面的知识。所以，先生为我制订的三年计划是：第一年读《说文》段注和《通鉴》，第二年读《尔雅注疏》，校点《史记》，第三年读《尔雅义疏》，校点《汉书》；同时泛览目录、版本、校勘学方面的书，从《书林清话》直到《汉书·艺文志》。先生并要我读上述语言文字和历史方面的书时必须做笔记，但不是复述书中内容，而是谈自己的心得。笔记要按时交给先生检查。[4]

章培恒在蒋天枢教授悉心指导下，由源而下，顺着历史的变迁，涉猎各个时期的作家和作品，并在每一个时期选择一些作家作为重点研究对象，从而在文学的长河里扬帆远航。

教学和学术研究，离不开参考书。蒋天枢对于助手和学生所用的参考书总是精心挑选，往往买来珍本相赠。这已经成为蒋天枢的传统。他带过的学生，人人都有蒋先生赠送的书。

蒋天枢认为，有些书是必备的。搞文学研究工作，手头不能缺少几部大书。当时是低工资年代，大学教师的收入也不高。蒋天枢总是伺机为他们置办几件"家当"。章培恒讲了这样一件事：

大概是一九五八年，先生有一次忽然对我说："中华书局上海编辑所约我点《诗义会通》，你跟我一起点吧！"我当然遵从。但先生只要我做了两件事：一是到学校图书馆去借了一部《诗义会通》；二是在先生点完后我从头到底读了一遍。过了几个月，先生把我找去，交给我一张出版社所开的叁佰贰拾元的支票，并告诉我："《诗义会通》的稿费来了。你取出来后，自己先到书店去买部书；我已经代你到书店去看过，局刻本《二十四史》和缩印本《四部丛刊》都不错，价钱也合适，你随自己喜欢买一部。多下来的钱给我好了。"……于是我懂得了，先生知道我穷，无力买这样的大书；如果买了送我，又怕我心里不安，所以用了合作点书的名义，让我不致太为难。其实，先生自己在经济上并不宽裕，因为不愿曲学阿世，五六十年代只发表了两篇考证文章和校点了这部《诗义会通》，稿费收入之少可以想见；但《诗义会通》的稿费的大部分却都给我买书用去了。(5)

章培恒心知肚明：书籍是蒋先生送给学生最好的礼物；认真读书即是对蒋先生最好的报偿。

章培恒在蒋天枢教授指导下，刻苦读书，学业精进，开阔了视野，站稳了脚跟，一步步走上治学的轨道，增强了攀登文学高峰的实力。

他被推上教学岗位，协助蒋先生讲授先秦、两汉文学课。

"文革"后，章培恒的错案得到纠正，1980 年晋升为教授，1983 年担任中文系主任，1984 年被国家人事部授予"中青年有突出贡献专家"称号，1985 年任复旦古籍整理研究所所长、博士生导师，担任国务院学位评议组成员和国务院古籍出版规划小组成员，并主持编纂了《全明诗》《中国文学史》，成为全国文史界的卓然大家。

章培恒对于取得的成绩无暇多说，却对在最困难的时候给予极大帮助的蒋天枢教授，言谈话语之间，常流露出永志不忘的深情。他说："跟蒋先生的那几年，可以说是我做学问的准备期。蒋先生不仅教我治学，还教我做人。他自己不重名利，也一直要求我不要追名逐利，不要去写那种骗钱的东西。"(6)

从二十世纪五十年代起，蒋天枢除了为本科生授课、带青年教师外，还是研究生导师。

当时，研究生很少，一般是本科学习的尖子生。

蒋天枢很看重这些学生，把他们视为老师学术生命的延续，乐得在他们身上投入更多的心血。正因为如此，他对研究生的要求也特别高。

研究生们都不会忘记第一次面见蒋先生的印象——

1977 年恢复高考时，邵毅平考上上海师范大学；1979 年即以"同等学力"的名义，考上了复旦大学蒋天枢先生的研究生。他回忆道：

> 我初见蒋先生的时候，他问我："你知道当代的史学家有谁？"我说："郭沫若，范文澜，翦伯赞。"他问："你知道陈援庵（垣）先生吗？"我说："不知道。"他又问："陈寅恪先生，你知道吗？"我说："也不知道。"惹得他大为生气，差点把我赶走。[7]

陈正宏是蒋天枢招收的最后一名研究生，回忆同蒋先生的初次见面时说：

> 我师从蒋天枢先生，始于两年之前。第一次拜见先生的情形，至今历历在目。那天邵毅平师兄带我去先生家，坐在楼下会客室里等了不一会儿，就听楼梯上响起缓慢的脚步声，接着看见一位面目清瘦、精神矍铄的老人走下楼来，那便是我的导师蒋天枢先生。没有什么寒暄，更没有什么客套，先生坐定后便给了我一通"教训"，从所学专业的性质到整个学术的发展，从做学问的方法到做人的品德，一口气讲了半小时，临了还正色告诫道："以后来我这儿带个笔记本来，我说的话，你不要一只耳朵进，一只耳朵出！"以后每次进先生家，我都不忘带一本硬面抄。在那间面积不大、布置朴素的会客室里，年逾八旬的先生坐在一张旧藤椅上，我坐在先生的对面，像小学生一样恭恭敬敬地记着笔记，遇到听不懂的话就让先生复述一遍，碰上不会写的字便请先生在硬面抄上写一下。那令人感到紧张而又充实的一次次课，至今依然难以忘怀。[8]

指导研究生学习，蒋天枢也有自己独特的方法。他不是给研究生讲课，而是指定一些基本的原典，要求必须读什么书。文字、音韵、训诂类有《尔雅》《说文》《方言》《释名》《广韵》等，文史类有《诗经》《楚辞》《左传》《国语》《战国策》《史记》《汉书》《后汉书》《三国志》《资治通鉴》等，诸子类有《荀子》《墨子》《庄子》《韩非子》等。指导方式则为"阅读与辅导"。

蒋天枢上了年纪，体力渐衰，便在家中带研究生。学生每周去老师家里一次，每次面见老师，都要汇报什么书读到什么地方，遇到什么问题，向老师请教，由老师解答。这样，学生感到压力，一直战战兢兢，读书不敢偷懒。这种请教问益，经常时间很长，学生也常在老师家里喝茶、吃饭。邵毅平过意不去，第一次去蒋先生家拜年时，为表示敬意，带了一个小小的水果篮，想不到，惹得老师生了气。蒋先生坚决不收，说，你们现在花爹娘的钱，我怎么能收你们的东西呢？[9]

蒋先生十分强调读原典，做校勘。他不仅自己一生乐此不倦，而且也要求学生这样做。他主张，学习古典文学，很重要的一点，就是处理好博与专的关系，一方面要多读书，多事涉猎；一方面要精读书，下精密功夫。何谓精密功夫？即校勘功夫也。他说："校勘书于治史最有益，能增进精密力也。"[10]

蒋天枢的这种教学方法，实得自无锡国专和清华国学研究院老师的真传。唐文治先生一直提倡博览专精，清华国学研究院几位导师皆"具正确精密之科学的治学方法"。[11]在蒋天枢看来，研究生经过本科学习，应该进入精密读书阶段了。

蒋天枢一生勤苦治学，直到晚年，不仅身体力行，而且把这种精神传给学生。

蒋天枢偏重汉学，更注重疏证，因而尤其注重章句训诂。他认定了这条道路，也严格要求研究生。他说："毛主席说过，你要知道梨子的滋味，就要亲口尝一下。那么，你要读懂这部书，就要亲手标点一遍。"他让周镇吴标点《汉书》。师命难违。周镇吴便天天抱着《汉书》，从句读开始，用朱笔一句一句地圈点，一个学期下来，似乎也未点完。为了完成老师布置的作业，他耐着心，坐得住，终于不辱师命，完成任务。

小周治《汉书》，其师兄韩兆奇治《史记》，许德政治《诗经》。从蒋先生为学生指定的研究课题看，都在经史范围之内，其方法又偏于疏证，似乎在接续乾嘉统绪。蒋先生在学术领域从师辈所处之前沿，退回后方港湾，从事于经史疏证，是有其历史原因的。陈寅恪先生在《赠蒋秉南序》中，慨叹自己身经"神州沸腾，寰宇纷扰"，"遭逢世界大战二，内战更不胜计"，因而"奔走东西洋数万里，终无所成"。这无疑给蒋先生一个提示，政治环境对一代学术影响太大了。于是，他便有意避开政治的风险。考据疏证也就成了他的避风港。[12]

研究生贺圣遂十分敬佩蒋先生，向往有一天能达到蒋先生那样的水平，但又感到自己同老师的差距太大，可望而不可即，很难达到，因而信心不足。他把这种想法向蒋先生一讲，蒋先生笑了，批评他说，年轻人可不能讲这种没志气的话！长江后浪推前浪，后代人应该比前代人做得更好，也能够比前人做得更好。一定要有这种信念。学生应该立志超过老师。我希望你们超过我。[13]

对于蒋天枢的这种教学方法，研究生们起初并不理解。但是，久而久之，他们发现，从做学问的角度，读原典是最重要的，上课反而不是很重要。因为这是一种非常好的打基础的方法。

研究生从入学开始，就要确定研究方向，为写作毕业论文做准备。作为研究生导师，对研究生的论文选题，蒋天枢要求选题一定要选好，要选那些高雅的题目，对身心、学识、品德修养有提高、有帮助的题目。不能趋时，不能迎合世俗趣味，万不能为了名利写乱七八糟的东西。

对于研究生论文的选题，蒋天枢总是严格把关，亲自审定：

周明：《论〈春秋〉〈左传〉战争叙写的特征》

许德政：《〈诗经〉的四体》

束景南：《扬雄研究》

邵毅平：《论蔡邕及其史学与文学》

陈麦青：《祝允明年谱》

陈正宏：《沈周年谱》

……

为了指导研究生写好论文，蒋天枢除指定标点古籍之外，对每人都列了很多种参考书。有的书，学校图书馆中没有，上海图书馆也没有。蒋天枢精心校勘过的藏书，只要研究生需要，便欣然相借，而且一借就是几年。邵毅平回忆当年做研究生的经历时说：

> 跟蒋先生读书，首先要有一个好的版本。蒋先生自己的藏书上，都是用蝇头小楷做的校勘记，一丝不苟。蒋先生的字特别漂亮。他只是为了自己方便，而不是为了出版的。还不是一个版本的校对，而是用各种版本校对，每一种版本的校勘记，都用不同颜色的蝇头小楷写，有黑的，红的，绿的，蓝的，我都忘了有几种颜色了。现在蒋先生的书都保存在古籍研究所里。我开始做《论衡》研究的时候，手头没有什么好的版本，就用"文革"期间上海人民出版社出的白文本。蒋先生把他的那个线装书借给我，上面有各种色笔的校勘记。我就把它们全部过录到我的白文本上。我的这个白文本虽然买来时才几毛钱，但是现在应该是"善本"了，因为上面过录了蒋先生的校勘记，以及蒋先生过录的刘盼遂先生的校勘记。这是蒋先生对研究生最基本的学术训练。虽然读原典又是要讲究目录，又是要讲究版本，讲究校勘，看起来好像很慢很没有"效率"，但只有经过了这样的训练，你的研究才靠得住。[14]

蒋天枢极力倡导学术独立自主，但从不抱门户之见，他常年订阅《文物》《考古》和《光明日报》，关注考古新发现和海内外学者新的研究成果，并向研究生推荐。一次，中国社会科学院历史研究所所长李学勤来复旦大学作学术报告。李学勤致力于先秦历史文化研究，注重将传世文献与考古学、出土文献研究成果相结合，在甲骨学、青铜器、战国文字、简帛学以及与其相关的历史文化研究众多领域，均有卓越建树。蒋天枢对研究生陈麦青说，我看过李学勤的文章，这个人有真实学问，出了不少成果，听说人品也很好。他来学校作报告，你们要去听。他还让陈麦青把这个话记下来，让大家传看一下，让更多的人都能去听一听。[15]

蒋天枢要求研究生不仅学好中文，而且要学好外语，眼界要开阔一些，不要仅从业务上着眼，而要树立"踏踏实实学好外语，为自己走上学术道路做好准备"的思想，全面掌握一种到几种外语。这样，才能处于主动而不致于被动，学得充实而不致于虚弱贫乏。[16]

青年教师和研究生都想早出成果，爱写文章。有的人爱写容易发表的，不愿写虽有价值但不好发表的文章。蒋天枢告诫说，这大可不必。写文章，眼光要放远一些。对有价值的文章，要坚持做下去，认认真真地把文章做好。好文章不愁没有地方发表。历史上有许多好文章，并不是写出来就发表了，而是作者死后多年才发表的，但丝毫不影响文章的价值。无论如何，不要为了钱写文章。有些文章没有内容，却拉得很长，像烂草棒子，但可以多拿稿费，万不可去写。蒋天枢目睹文化界的怪现象和人心的险恶，不主张与人合作。他说："对研究工作，万不可和别人合作。世风日下，人心不可测也。又，只顾自己写文章，莫愁无出版处。""写好后，缓缓修改，自有出处。"[17]

蒋天枢强调厚积薄发，首先要多读书，把基础夯实，不要随便发表论文，尤其是不成熟的东西，不要拿出去发表。对于学生的论文，蒋天枢总是像对待自己的文章一样，一字一句地进行修改，从题目、论点、论据、文字表述甚至标点符号等，都一一过目，字斟句酌，尽可能做到不留瑕疵。

1987年下半年，研究生陈正宏撰写了一篇文字音韵训诂学方面的考试报告《释京》，先送任课教师黄敏批改，后送蒋先生过目。陈正宏花了不少力气，自我感觉良好。哪知经蒋先生一批，很多观点却站不住脚了。蒋天枢郑重其事地叮嘱他："这篇文章不要拿出去发表。"十年之后，陈正宏感慨地说："到现在为止，我都没敢拿出来'示众'；我想也永远不会拿出去发表。先生的教诲，对我来说终生难忘，因为他让我第一次明白了，在学术上什么叫严谨。"[18]

蒋天枢这样做，不仅是对学术负责，也是对学生的关爱。

蒋天枢的严是出名的。开始做他的学生，不少人心里还有些怕，时间一久，反倒觉得蒋先生最富人情味了。平时，蒋天枢带学生逛书城，不仅破费给学生买书，还请他们下馆子，点不少好菜，吃过中餐还要吃西餐。有的酒量很大，蒋先生就捎话说："酒不要喝得太多，喝多影响健康。"有的抽烟厉害，蒋先生又规劝道："抽烟没好处。我过去抽了四十年，还是下决心戒了。你最好也不要抽了。"寒暑假，学生回家，向老师辞行。蒋天枢总是把手一挥："走吧，回家看爹娘去吧！"一句话，说得他们心里热乎乎、甜丝丝的。[19]

每送走一位研究生，蒋先生总是语重心长地送去寄语：学习没有止境，不要浅尝辄止，正像一个人，读完了《史记》，还要读《汉书》；读完了《汉书》，还要读《后汉书》一样。

学生们一个个有出息了，有的进入全国重点大学任教，有的成了社科院研究员，还有的在文化部门和新闻单位崭露头角。这使蒋天枢很感欣慰。

师生结缘，不是三年五载，而是一辈子的事。研究生走上工作岗位后，蒋天枢还为他们操心。他们遇到困难，不时请教问业。蒋先生一般很快作复。学生们出差来上海，也往往到蒋先生家看望，喝杯茶，叙叙旧。蒋天枢见了他们，总是问长问短，知道哪一位没有成家，便关照别的同学帮助帮助。哪位学生结婚时，蒋先生往往还要送上一份贺礼。

研究生林东海回忆说，在及门弟子中，许德政是最让蒋先生操心的一位。许德政1963年毕业后，被分配到社科院文学研究所工作。当时，知识分子还被看成"臭老九"，政治待遇低下，工资收入也不高。1979年，许德政移居澳大利亚，经钱钟书等前辈介绍，原拟赴堪培拉中文大学执教，由于英语不到位，未能如愿，只好随便找个工作糊口，研究工作不成，平日里只能写点杂文。蒋天枢深为这位学生惋惜，感慨道："德政出国，人才外流，至为可惜！"他得知许德政所写杂文曾用笔名在《光明日报》发表，便翻出过去的报纸，找出文章细看，祈盼许德政早一天找到能发挥业务专长的工作，生活过得好起来。这成了蒋先生的一桩心事。[20]

蒋天枢和学生之间的感情，已远远超出一般的师生关系。教师待学生如子弟，学生视老师如尊长。在传统道德式微的今天，这种师生之间的融融亲情实属罕见。

注：

（1）据贾植芳《在这个复杂的世界里》一文，载《新文学史料杂志》1992年至1995年。

（2）据《复旦大学志》（复旦大学出版社，1995年5月）第二卷之《第一编 历史沿革》部分。

（3）引自章培恒《〈陈寅恪先生编年事辑〉（增订本）后记》，上海古籍出版社，1997年。

（4）引自章培恒《〈陈寅恪先生编年事辑〉（增订本）后记》，上海古籍出版社，1997年。

（5）引自章培恒《〈陈寅恪先生编年事辑〉（增订本）后记》，上海古籍出版社，1997年。

（6）见查志华《一个品格高尚的学者——记复旦大学中文系蒋天枢教授》，载1982年3月5日《解放日报》第二版。

（7）邵毅平《跟蒋天枢先生读书》，见复旦大学关心下一代工作委员会等编《复旦名师剪影》，复旦大学出版社，2013年10月。

（8）陈正宏《怀念蒋天枢先生》，见《复旦》校刊新编1988年7月5日第218期。

（9）据邵毅平《跟蒋天枢先生读书》，见复旦大学关心下一代工作委员会等编《复旦名师剪影》，复旦大学出版社，2013年10月。

（10）蒋天枢1951年5月15日给朱子方的信："倘目前有功夫，如李焘通鉴长编之类，你可下一番校勘功夫。校勘书于治史最有益，能增进精密力也。"1952年1月27日致朱子方信："中国历史有需于考古工作者甚多，前途至有发展。你对此既有兴趣，正可作研究上之一切准备。过去读书尚少，目前宜一方面多事涉猎，一方面作精密功夫。"

（11）吴宓《清华开办研究院之旨趣及经过》，见《清华大学史料选编》（一），清华大学出版社，1991年3月。

（12）据林东海《师德风规——记蒋天枢先生》（《师友风谊》，人民文学出版社，2010年9月）。

（13）据1991年3月9日复旦大学古籍研究所座谈会上贺圣遂的发言。与会者有章培恒、郑利华、陈麦青、钱振民、邵毅平、陈正宏、贺圣遂等。

（14）据邵毅平《跟蒋天枢先生读书》，见复旦大学关心下一代工作委员会等编《复旦名师剪影》，复旦大学出版社，2013年10月。

（15）据1991年3月9日复旦大学古籍研究所座谈会上陈麦青的发言。

（16）据蒋天枢1961年10月20日给蒋钟埵的信。

（17）据蒋天枢1982年3月给朱子方的信。

（18）引自陈正宏1997年9月15日给朱浩熙的信。

（19）据1991年3月9日复旦大学古籍研究所座谈会上陈正宏的发言。

（20）据林东海《师德风规——记蒋天枢先生》（《师友风谊》，人民文学出版社，2010年9月）。

第十六章　沪粤之间

学人相知，贵在知心。陈寅恪先生高度信任蒋天枢，把联系自己著作出版的一应事宜，放心地委托他做。受人之托，忠人之事。蒋天枢自然心甘情愿地为老师奔走，竭尽全力。事实证明，蒋天枢所做的一切，正是陈寅恪先生的心许和期待。

陈寅恪先生早年喜读小说，但并不喜欢繁复冗长的七字弹词，后来留学欧洲，读了希腊的史诗名著，感到与我国的七字弹词无甚差异，遂改变了厌恶七字弹词的陈见。在陈先生"衰年病目，废书不观，唯听读小说消日"之时，蒋天枢从上海寄来了《再生缘》弹词道光刊本、申报馆排印本各一部，供先生听读。陈寅恪先生饶有兴致地听完《再生缘》全本，有感于此书作者陈端生的身世，遂激起研究热情，广泛搜集资料，写起《论再生缘》来。

《论再生缘》一文于1953年9月动笔，1954年2月完成，约六七万字。

文章写成后，陈寅恪先生写信告诉蒋天枢，打算先用简便的办法，油印若干册，并嘱咐蒋天枢购置些油印物品。蒋天枢即上街购买卷筒蜡纸等，寄往广州中山大学。陈先生遂请人代为刻写油印文章。[1]

《论再生缘》一文油印好后，陈先生先分送一些朋友和学生。想不到，文章不胫而走，流传到海内外，在学术界引起很大的反响。陈寅恪先生更增加了兴致，颓龄戏笔，锦上添花，又续写了一万多字的《论再生缘校补记》和《论再生缘校补记后序》，[2]在学术界的影响持续扩大。

寻根溯源，陈寅恪先生同《再生缘》结缘，还是师生友情引出的一段佳话哩！

1959 年，香港友联出版社出版了陈寅恪先生《论再生缘》一书，在海外引起轰动，也引起广东和北京方面的关注。有关方面同郭沫若、周扬、齐燕铭等人交换意见后，为回应海外舆论，决定在内地出版郭沫若亲自校订的《再生缘》和陈寅恪的《论再生缘》。后因乾隆年间写作的这部话本语涉"征东"，在当时特殊的国际环境下，周恩来、康生出面，中止了关于《再生缘》的讨论，陈著和郭氏校订本也被搁置起来，迟迟不能出版。[3]

写书不易，出版亦难。陈寅恪先生颇有感触，心中忿忿不平。

1962 年早春，昔日清华学子、时任中共中央书记处候补书记的胡乔木来到广州，在广东省委书记陶铸陪同下，驱车康乐园看望陈寅恪先生。见面时，谈到旧作出版遭遇的尴尬，陈先生半是气愤，半是伤感，委婉地发了一句牢骚："盖棺有日，出版无期！"胡乔木半是歉意、半是劝慰地回应道："出版有期，盖棺尚远！"[4]牢骚过后，问题依然没有解决。

陈寅恪先生耗费十年时光完成的巨著《柳如是别传》，更是凝聚着蒋天枢的诸多心血。

蒋天枢嗜书成癖，又长于版本学，家中藏有多种古籍珍本，其中有一部钱牧斋的《初学集》抄本，十几分册，非常难得，也非常精美。1954 年，为方便陈寅恪先生的研究工作，他将《初学集》抄本寄往广州。陈先生得书十分高兴，喜赋《题初学集并序》一诗：

> 余少时见《初学集》，深赏其"埋没英雄芳草地，耗磨岁序夕阳天。
> 洞房清夜秋灯里，共简庄周说剑篇"之句。今重读此诗，感赋
> 一律：

早岁偷窥禁锢编，白头重读倍凄然。

夕阳芳草要离冢，东海南山下漠田。

谁使英雄休入彀，转悲遗逸得加年。

枯兰衰柳终无负，莫咏柴桑拟古篇。^{（5）}

正因为这部《初学集》手抄本在侧，陈先生常听诵读，才有意撰述《钱柳因缘诗释证》（后更名为《柳如是别传》）。

一位目盲足膑之人，写作大部头著作谈何容易！所幸的是，他虽然手不能写，要写时，身边有助手黄萱代笔；他虽然足不出户，需要资料和查证，千里之外有蒋天枢代劳！

为了帮助陈先生完成这部著述，蒋天枢有求必应，参与了搜集、考辨有关史料的基础性工作。在相当长的一段时间内，沪粤两地书信往还，主要围绕钱谦益与柳如是相关的问题。蒋先生将多方搜集到的有关史料查找整理，抄录下来，有时还用多种版本加以校勘，作一番考订附上简要的说明，提供给陈寅恪先生。陈先生听到诵读后，口述其中应当继续查证的问题，再反馈给蒋天枢。蒋天枢再继续查寻考证，如此往复不已。有时在上海无法寻找到需要的资料，蒋天枢便托在京友人去北京图书馆查验，查验结果，再转寄广州。^{（6）}

> 在漫长的十年时间里，蒋天枢为恩师献出了许许多多！他曾先后到过钱谦益与柳如是当年主要的活动地点苏州吴江、嘉兴等地查访，为陈寅恪找了不少有关"钱柳因缘"的材料。蒋天枢于陈先生晚年的意义，不仅是他给了陈寅恪一份浓浓的师生之情，而且他还使陈寅恪在坚守"独立之精神"的士人气节上，无限欣慰地感到"吾道不孤"！^{（7）}

二十世纪五十年代后期，陈寅恪先生或是出于助力蒋天枢的研究工作，从广州寄来一大批书籍，装了一二十个木箱，赠送给蒋天枢。多赖学生们帮忙，用了很大力气，用起钉锤拔下铁钉，扒掉铁皮，打开木箱，才把书籍取出。因书籍太多，蒋天枢半面楼梯放满了书，还是放不下，不得不借中文系的房子保存。[8]

陈寅恪先生记忆力惊人，写作旁征博引，需查阅某部书时，想到已经寄给蒋天枢。蒋天枢便翻检出来，再寄给陈先生。

十年内乱中，陈先生的全部书籍被中山大学图书馆拿走，那部《初学集》抄本自然也没有逃脱厄运。后来，蒋天枢很想要回引发陈先生写作《柳如是别传》的《初学集》抄本，作为对老师最好的纪念，然而，有关方面没有理睬他的要求。这部珍贵的抄本，再也没有回到蒋天枢手中。[9]

写作《柳如是别传》，陈寅恪先生搜罗宏富，用思绵密，阐幽发微，文史互证，刻意追求尽善尽美。

明末书画家顾苓所书《河东君传》。

三百年来，记载河东君的文章甚多。陈寅恪先生一一检视，认为"就所见文籍中记载河东君事迹者言之，要推顾云美所撰河东君传为最佳"。顾云美者，顾苓（1609—1682年后）也，字云美，一字员美，号塔影园客、荆蛮、浊斋居士，苏州人，明末遗老。于明清鼎革之际，他不仅以文学见称，而且书法、篆刻、绘画多有时誉，人品高逸。

陈寅恪先生读罗振玉《顾云美书河东君传册跋》，留意文中有"顾云美撰柳蘼芜传并画像真迹，乙巳中得之吴中"之语。柳蘼芜者，河东君也。[10] 既然研究柳如是，陈先生当然极想得到这幅柳如是的画像，因为顾苓与柳如是为同代人，并且极有可能见过柳如是，其所绘小像应该比较逼真，如果能看到这幅画像，也可说如见其人了！

陈寅恪先生太想得到这幅画像了！

为此，陈先生颇费周章，苦苦寻觅罗振玉的踪迹。

罗振玉（1866—1940），清末浙江上虞人，后迁居淮安，晚清学部参事，辛亥革命后逃往日本，后参与制造伪满洲国的汉奸活动，曾搜集和整理甲骨、铜器、简牍、明器、佚书等考古资料，有《殷墟书契》《三代吉金文存》等著作，晚年死于东北。陈寅恪先生判断，罗振玉死后，其收藏珍品，极有可能流落东北沈阳一带。

考虑蒋天枢曾在沈阳中学教书，抗战期间任教于东北大学，现在仍有亲友在东北工作，1956年下半年，陈先生便写信给蒋天枢，请他托人寻找一下顾苓所绘的河东君画像。

事有凑巧，朱子方其时就在沈阳博物馆工作。蒋天枢立即写信给这位外甥，要他想方设法，寻找到罗振玉所藏、顾苓所绘的柳如是画像。

事情又巧，罗振玉1940年病死后，其收藏保存完好。东北解放战争后，罗氏藏品由东北人民政府接收，东北人民政府又把这些藏品移交给东北博物馆，就是现在的沈阳博物馆。朱子方同管理这批文物的同事一通融，很快找到一幅《河东君初访半野堂小景》。这是一件单幅画，裱为一本册页，12开，末页有顾苓之印。馆里规定，一切文物尤其是珍贵文物不能拿出馆外，也不得让外人进馆拍照。朱子方便恳请馆内照相室人员翻拍，洗印出来，寄给蒋天枢。[11]

　　蒋天枢收到朱子方来信及照片后，再转寄陈寅恪先生。此幅确为柳如是画像，而且来自罗氏收藏，但从画像右下的印章看，并非顾苓所绘，而出自余集之手。

　　余集（1738—1823）字蓉堂，号秋室，浙江钱塘人，乾隆年间进士，工画美人，有余美人之雅号。河东君，柳如是也。半野堂，钱谦益牧斋之居所也。据顾苓《河东君传》，明崇祯庚辰年，河东君乘一叶扁舟，造访一代文学宗师钱谦益，"幅巾弓鞋，著男子服。口便给，神情洒落，有林下风"。

　　小像落落几笔，以简洁的构图和明快的线条，勾勒出女扮男装而又集美色、才气于一身的柳如是楚楚动人的清丽风貌。

清初余集所绘《河东君初访半野堂小景》。

陈寅恪先生手持画像，虽然视力不好，但用放大镜近看，仍然绰约可见河东君的大致形象。陈先生展玩再三，激动不已，爱不释手。

遥想钱谦益这位万历三十八年廷试的探花郎，五十九岁时，见到如此装束的河东君登门造访，一见钟情，遂喜结连理，实在是戏剧性的一幕。陈寅恪先生久览小照，浮想联翩，一时来了诗兴，咏了一首七律：

戏题余秋室绘河东君初访半野堂小景

弓鞋逢掖访江潭，奇服何妨戏作男。
咏柳风流人第一，画眉时候月初三。
东山小草今休比，南国名花老再探。
好影育长终脉脉，兴亡遗恨向谁谈。[12]

所谓"戏题"者，不过同钱柳这对老夫少妻开个玩笑罢了。陈寅恪先生著文时，不时拾起小像端详，想起改朝换代时，河东君奉劝钱谦益投水自尽，一殉大明，而钱谦益却贪生怕死，终于失节降清，真真辜负了河东君的一番美意！河东君于鼎革之际，深明大义，不愧是一位烈性奇女子！想到此处，陈寅恪先生不禁端身危坐，抚案三叹，感到还未尽兴，于是再赋诗二首：

前题余秋室绘河东君访半野堂小景

意犹未尽更赋二律　　丁酉

岱岳鸿毛说死生，当年悲愤未能平。
佳人谁惜人难得，故国还怜国早倾。
柳絮有情还自媚，桃花无气欲何成。
杨妃评泊然脂夜，流恨师涓枕上声。

佛土文殊亦化尘，如何犹写散花身。
白杨几换坟前树，红豆长留世上春。

天壤茫茫原负汝，海桑渺渺更愁人。

衰残敢议千秋事，剩咏崔徽画里真。[13]

画如其人。诗如其人。陈寅恪先生的喜悦心情跃然纸上！毫无疑问，河东君画像为陈寅恪先生写作《柳如是别传》增添了助力。

既然罗振玉在《顾云美书河东君传册跋》中说"顾云美撰柳蘼芜传并画像真迹"，那么，柳如是画像为什么却是余秋室所绘呢？莫非罗振玉所记有误吗？当时，陈寅恪先生未予深究，或许认为，既然费尽周折，将《河东君初访半野堂小景》找到，已是大喜过望，又何求焉！

事实上，罗振玉所记并没有错，顾苓当年确曾撰写《河东君传》，并绘有《河东君初访半野堂小影》，而且被罗振玉收藏，就藏在沈阳博物馆。册页共 12 开，余画一开，顾画一开，顾隶书《河东君传》10 开。只是由于工作人员查找不细，当时没有发现罢了。直至 1995 年，朱子方再次走进博物馆访查时才真相大白。

顾苓擅常隶书，笔画工整，字体秀美，《河东君传》全文 900 字，风格如一，堪称精心之作，文末钤顾苓印章四枚。其所绘《河东君初访半野堂小影》，与文章一体，相得益彰，并钤有顾苓之印。顾画同余画相比，虽构图相似，却神韵不同。顾苓笔下的河东君结束俏丽，神情淡雅，安娴中稍露机警，更显林下高士之致，远在余画之上。

顾苓字画中为何有余秋室之作呢？从收藏印章看，册页后有"唐凤楼藏"朱文印、罗振玉白文印。[14] 顾苓字画应先为唐凤楼收藏，后才为罗振玉所得。唐凤楼，云南鹤庆人，光绪年间著名书法家。唐凤楼或因余集所绘与顾苓所绘画像相类，而顾苓文章、书画 11 幅浑然一体，遂持余画置顾苓字画之前，裱褙一册了。余集晚顾苓百余年，二人所绘体裁、构图相同，甚至题画字体也相似，可见余画为临摹顾画之作，然得其形而失其神也。

假如陈寅恪先生当年得到顾苓所绘《河东君初访半野堂小影》，神驰三百年前，不知作何感想，笔下或生出更多华章！

　　陈先生的初衷，是想借钱柳因缘写一长文《钱柳因缘诗证释》，后因材料涌流，文思大发，终耗十年心血，完成一部八十万字的巨著——《柳如是别传》。

　　陈寅恪先生从事著述时，需要什么，便写信给蒋天枢。蒋天枢总是尽心竭力，不负所望，实际上已成为老师的得力助手了。

　　《元白诗笺证稿》1958 年 4 月由古典文学出版社刊行后，陈先生又续有订补，及时将订补内容函告蒋天枢。蒋天枢再将订补过录，粘贴到 1958 年 4 月出版的本子上，且将该本的误字一一改正，以备第三次修订刊行之用。(15)

1958 年 4 月古典文学出版社出版的
《元白诗笺证稿》，陈寅恪先生赠蒋天枢本。

1958 年 9 月初，中华书局上海编辑所致信陈寅恪先生，按之前所约"尊撰有关古典文学论著编集"，催报交稿日期，以便"编制出版规划"。陈先生 9 月 6 日回复："拙著拟名为《金明馆丛稿初编》，若无特别事故，大约可在 1959 年 2 月以后 8 月之前交稿。"双方业已议定，本应顺利进行，无奈半路上杀出程咬金，计划发生了变化。此后不久，《光明日报》《史学月刊》《历史研究》《理论与实践》《新建设》等报刊连篇累牍地发表文章，对陈寅恪先生发起批判。陈先生心情不好，加之疾病缠绵，整理旧稿的工作便完全停顿，到了承诺交稿的日期，并未能交付出版社，以致不得不致函表示歉意。[16]

1960 年 8 月，中山大学历史系主任杨荣国因公赴京，建议中华书局"考虑印陈寅恪的文集（包括解放前后的论文）"。中华书局总编辑金灿然向部里请示。文化部常组书记、副部长齐燕铭批示："应请广东省委文教部门考虑。"对此，周扬、郭沫若都同意，广东应该也不会有不同意见。杨荣国曾向陈先生透露这一情况，陈先生也可能向他谈到中华书局上编所的约稿。

此后，中华书局搜集了陈寅恪先生 69 篇文章，像似准备编辑刊行了，但忙活了一阵，此后再无下文。究其原因，或许是因为齐燕铭规定"文中如有涉及兄弟国家和东南亚国家的（因中国古代史常有把这些国家作为藩属和文中带有污辱话的情形，今天发表容易引起对方不快），请其慎重处理"，而陈先生坚持"一要不改，二要印快，三要稿酬高"；或许是中华书局因其分支机构上编所已向陈先生约稿，北京方面不再进行，而陈先生却对在京出书更为期待，因而迟迟没有向上编所交稿。[17]

至于说陈寅恪先生《天师道与滨海地域之关系》一文有"黄巾米贼"诸语，有关编辑认为有伤农民起义形象，要求改动或删除，而陈寅恪先生拒绝修改，坚持按原作刊行，文责自负，否则宁可不出，或确有其事。陈寅恪先生生前也没有看到《金明馆丛稿初编》一书的出版，以致他谢世之后，蒋天枢还在为这部书的出版苦苦奔波。

1970 年初，山东大学教授高亨奉调到国务院文化组出版组工作。蒋天枢闻讯后，仿佛看到了一线希望，立即驰信高亨先生，请他关照陈先生《金明馆丛稿初编》的出版一事。想不到，延宕数日，高亨先生才回了这样一封信：

> 陈先生博通各国文字，精通祖国历史，弟深知之，亦最敬之。解放后，党和政府百般照顾，特为之修居宅，筑花园，以利养疴。新中国对陈先生可谓至厚矣。至于所著《金明馆丛稿初编》，中华书局搁置之不予出版，当有其故。弟尝闻之，书局要改书中必须改之某某文句，而陈先生坚持不肯，吾兄参与其事，亦不敢代为改正。不知是否如此？如果然，则无怪其不为之出版也。[18]

高亨先生尚未帮忙，先派了陈先生和蒋天枢的不是。这使一心为陈寅恪先生著作出版效力的蒋天枢，也只好替陈先生受过了。

在政治舞台的风云变幻中，出现了一种奇怪的现象：有的人比较热衷政治，运动一来，勇立船头，敢于在大风大浪中弄潮，谁知风云突变，反而中箭落马了；而有的人像是对政治漠不关心，无所作为，却在水落石出后、秋后算账时，顺顺当当地过了政治关，没有栽大的跟斗。

学界泰斗陈寅恪先生，这位在外界看来最有资格成为资产阶级大右派的人，却因为不反对现政权，不奢谈政治，在别人热衷于大鸣大放时保持缄默，不发一言，结果竟然高枕无忧，坐看右派分子帽子旁落他家。任人去说什么"吞舟之鱼漏网"吧，陈先生听后，不过莞尔一笑。细思想，漏网一次，或出于侥幸，而如果一次又一次漏网，若非哲人，谁能如此呢？苍天会如此厚爱陈某人吗？怎么可能！

无情岁月不耐流年消磨。经过大风大浪，人们不能不感佩陈寅恪先生：高人啊！

中共南方局书记陶铸十分敬重陈先生的学行，不时驱车康乐园登门看望，并亲自过问陈先生助手的配备和眼病治疗问题，还为方便陈先生散步时防摔，指示有关方面在陈先生寓所前修筑了一条白水泥甬道。这使人们对陶铸书记大加赞扬，重视高级知识分子的美名传扬，也使人们对陈寅恪先生更加敬重。

一向对世事心如明镜、洞若观火的陈寅恪先生，能于别人不敢发声时一语惊人，在众口嚣嚣时却又噤声不语，不管政治风云怎么变幻，恰如驾一叶扁舟，在崇山峻岭的急流险滩中轻进疾行，两岸有看不尽的风景。尽管如此，身在上海的蒋天枢深知陈先生的秉性，唯恐他出现什么闪失，还是着实为先生捏了一把汗，所幸一切安然，真是令人高兴。

陈先生夫妇心情不错，入眼万事万物也欣欣然若有生意。入夏，中山大学校园里的印度象鼻竹结果了，果实硕大如梨，令人啧啧称奇。师母唐晓莹一时兴来，巧泼丹青，精心绘制了一幅印度象鼻竹实图。陈寅恪先生触景生情，凑趣吟诗二首，题于画上：

丁酉首夏校园印度象鼻竹结实大如梨

晓莹学写其状寅恪戏题二绝

西天不恨移根远，南国微怜结实迟。

多少柔条摇落后，平安报与故人知。

青葱能保岁寒姿，画里连昌忆旧枝。

留得春风应有意，莫教绿鬓负年时。[19]

陈先生夫妇将此图寄与蒋天枢。这并不一般的赠与，而是巧借印度象鼻竹结实图，向千里之外的朋友报送平安信息，表达对故人的无限怀念和殷切勉励之情。[20]

陈寅恪先生虽然不热衷政治，但在那种政治运动像走马灯的年月里，又有谁能超然于政治之外？即便你不关心政治，政治还要主动来敲你的门哩！

1958 年，反右斗争的惊魂未散，全国范围内批判"厚古薄今"的运动又开始了。陈寅恪先生由于研究和讲授的全是传统历史文化，运动中不可避免

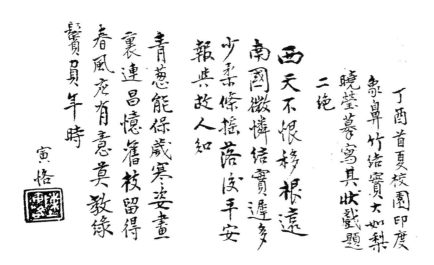

唐篔画印度象鼻竹实，陈寅恪先生题诗，赠蒋天枢报平安信息。

地受到批判，并被剥夺了讲课的权利。眼看届古稀之年，不能舌耕也罢，但被剥夺讲课的权利，先生还是有所不快，心情不能不受到影响。从此，陈寅恪先生便默默不语，心无旁骛，唯以著述钱柳因缘为事了。

但是，默默不语，绝不是无话可说，只是有话不说而已。陈寅恪先生犀利的思维，犹如庖丁的利刃，暗中已把一切解剖得清清楚楚。真正到了应该说的时候，他也决不隐忍。

1959 年的一天，中宣部副部长周扬来到广州，登门拜访陈寅恪先生。陈先生毫不客气，对周扬来了一个突然袭击。周扬事后回忆说：

> 我与陈寅恪谈过话，历史家，有点怪，国民党把他当国宝，曾用飞机接他走。记忆力惊人，书熟悉得不得了，随便讲哪知道哪地方。英法梵文都好……一九五九年我去拜访他，他问，周先生，新华社你管不管，我说有点关系。他说一九五八年几月几日，新华社广播了新闻，大学生教学比老师还好，只隔了半年，为什么又说学生要向老师学习，何前后矛盾如此。我被突然袭击了一下，我说新事物

要实验，总要实验几次，革命，社会主义也是个实验。买双鞋，要
实验那么几次。他不大满意，说实验是可以，但是尺寸不要差得太远，
但差一点是可能的。[21]

在这方面，蒋天枢表现出与老师不同的风格。

1958年"大跃进"，人人唱赞歌。在某次会议上，轮到蒋天枢发言，他
只说了"你们说的都是吹牛皮的话"这么一句，便拂袖而去，结果弄到中文
系众老师要保他，蒋天枢才过了这一关。[22]

从陈寅恪、蒋天枢师生身上，人们不难看出自古以来不惧威权、仗义执
言的独立人格和人间正气。

三十余年的交往，师生愈加相知，心也贴得愈近。蒋天枢视陈寅恪
为终生的老师，始终对老师怀有无比崇敬的心理；陈寅恪先生则把蒋天枢
看作是一生一世的朋友，对他无比信任。二人自然而然地把彼此的命运连
在一起，无意中，也为后人破译师生关系的密码留下了极为难得的第一手
资料：

　　在1956年5月21日陈寅恪填写的《干部经历表》上，在主要
社会关系一栏里，陈寅恪谈到蒋天枢，"1928年在清华是师生关系，
最近数年因托他在上海图书馆查资料，故常有书信来往。"无独有偶。
1958年蒋天枢在其《履历表》中"主要社会关系"一栏这样写道：
"陈寅恪，六十九岁，师生关系，无党派。生平最敬重之师长，常
通信问业。此外，无重大社会关系，多久不通信。"[23]

在那种拿着放大镜找阶级斗争的年月，像这种只会惹来麻烦的师生关系，
一般人回避犹恐不及，谁还没事找事地去填写呢？而陈寅恪、蒋天枢这样做
了。从表中所填来看，蒋天枢丝毫不掩饰对老师的极端敬重之情。

———————————

注：

（1）据汪荣祖《史家陈寅恪传》之《后记》："《论再生缘》之油印本所引起的蠡测，亦有违实情之处。油印本予人有不能正式出版的印象。事实上，此文撰写之近因乃是蒋天枢寄赠《再生缘》道光刊本及申报排印本各一册，陈氏即据之撰文。文成即告蒋氏欲用简便方法先印，蒋氏遂购卷筒蜡纸寄穗，遂请人书写油印，并非因政治问题和压力而油印。"

（2）蒋天枢《陈寅恪先生编年事辑》之《陈寅恪先生论著编年目录·论再生缘》注云："本年九月开始，明年二月写讫。完成后自出资印若干册。继又作校补记。六四年又作后序。"陈寅恪《论再生缘校补记后序》："论再生缘一文乃颓龄戏笔，疏误可笑。然传播中外，议论纷纷。"

（3）据徐庆全《陈寅恪〈论再生缘〉出版风波》，载《南方周末报》，2008年8月28日。

（4）据蒋天枢《陈寅恪先生编年事辑》，上海古籍出版社，1981年9月。

（5）见清华文丛之二《陈寅恪诗集》，清华大学出版社，1993年4月。

（6）据陈正宏《蒋天枢先生与陈寅恪文集》一文，载《中国典籍与文化》，1996年第1期。

（7）引自陆键东《陈寅恪的最后二十年》之第十七章《今生所剩无几日》，生活·读书·新知三联书店，1995年12月第1版。

（8）林东海《师德风范——记蒋天枢先生》，见林东海《师友风谊》，人民文学出版社，2010年9月。

（9）蒋天枢1978年元月24日给朱子方的信："陈先生的书，当陈先生被迫害致死之后，书完全由他们图书馆拿走。我的一部难得的抄本钱牧斋集，和其他一些书在陈先生那里，也都被他们拿去。后来还了我几种普通书，那部十几本的抄本被没收。陈先生在时，经我手买过不少书。"

（10）据陈寅恪《柳如是别传》之第二章。

（11）蒋天枢1979年1月12日给朱子方的信："顷忆起，昔年寅恪先生似曾托你代向沈阳博物馆拍摄清顾苓河东君初访半野堂小影。很想在书前印入这幅画像。"又据朱子方1997年8月21日致朱浩熙信："两次拍照都是博物馆照像室的同志给照的。因博特馆有规定，文物，尤其珍贵文物，不能拿出馆（特许者上级批准除外），也不愿让外人进馆拍照文物。"

（12）见清华文丛之二《陈寅恪诗集》，清华大学出版社，1993年4月。

（13）见清华文丛之二《陈寅恪诗集》，清华大学出版社，1993年4月。

（14）朱子方1997年8月31日致朱浩熙信："现查明，《河东君初访半野堂小景》之后，为顾苓所书《河东君传》。其前亦有《河东君初访半野堂小影》一幅，与前《小景》稍有不同，如不对照看，不易看出，传10开，小影1开，共11开。"

（15）据陈正宏《蒋天枢先生与陈寅恪文集》一文，载《中国典籍与文化》，1996年第1期。

（16）据卞慧新《陈寅恪先生年谱长编》（中华书局，2010年4月）之"一九五八年""一九五九年"条。

（17）据徐庆全《陈寅恪〈论再生缘〉出版风波》，载《南方周末报》，2008年8月28日。

（18）引自高亨1971年1月24日给蒋天枢的信。

（19）见清华文丛之二《陈寅恪诗集》，清华大学出版社，1993年4月。

（20）蒋天枢《楚辞论文集》之《弁语》云："昔年陈师有咏《印度象鼻竹实》诗，师母绘竹实图并书诗其上以寄枢，'莫教绿鬓负年时'，所以勉枢也。"

（21）周扬1962年8月10日《在大连创作座谈会上的讲话》，转引自蒋天枢《陈寅恪先生编年事辑》，上海古籍出版社，1981年9月。

（22）据陆键东《陈寅恪的最后二十年》，生活·读书·新知三联书店，1995年12月。

（23）引自陆键东《陈寅恪的最后二十年》，生活·读书·新知三联书店，1995年12月。

第十七章　魂系《楚辞》

蒋天枢所住的复旦一舍十一号，屋后有个小花园。冬去春来，园中青枝绿叶，芳草鲜美。草木不是无情物。这也是主人心灵的园地。

爱美之心，人皆有之。蒋天枢爱花，却别有一番情愫。古代大诗人屈原高行独步，常以香花芳草自喻。这对蒋天枢感染至深。

1957年，按照复旦大学中文系安排，蒋天枢为学生讲授专业课《楚辞》。此后，蒋天枢的研究工作也就围绕《楚辞》进行。

《楚辞》是战国时期以爱国诗人屈原为代表的楚人创作的诗歌总称，是继中国第一部诗歌总集《诗经》之后，中国文学史上又一光辉灿烂的不朽篇章。蒋天枢早年就仰慕屈原，喜读《楚辞》，认为屈赋洋溢着爱国主义热情，飘散着浓郁的芳草气息，可以陶冶高洁的品德和文明的气质，荡涤尘世间的污浊俗气。早在无锡国专读书时，蒋天枢曾写作《拟屈原橘颂》，以磨砺自己的志向，如今讲授《楚辞》，也可说偿了夙愿，有利于自己的身心修养。[1]

然而，《楚辞》研究却是一块烫手的山芋——

关于《楚辞》，汉代人已出现分歧。两千年来，研究者代不乏人，研究文章浩如烟海，仁者见仁，智者见智，公说公有理，婆说婆有理。到了近代，甚至有人根本就否认屈原其人的存在。在这种情况下，进行《楚辞》研究，

无异于是"捅马蜂窝"的行为。(2)

蒋天枢之所以敢于明知不易为而为之，一是因为这是教学任务，职责所在；二是因为景慕屈原，喜欢《楚辞》，在先秦文史上下过功夫，坚信自己的实力。

各种版本的《楚辞》林林总总，丛集案头，其中有明正德黄省曾刊本《楚辞章句》、明嘉靖豫章夫容馆刊《楚辞章句》、覆汲古阁合刊《楚辞章句补注本》等等。蒋天枢一向重视心力耕耘，务求得真精神。他先是花费大量时间，对各种版本认真校勘，从源头上下精密功夫，寻觅屈原之历史踪迹，探求屈赋之真正价值。

校勘疏证，是蒋天枢的长项，虽然是笨功夫，既费时又费力，但这是基础性工作，不可或缺。他长于文字训诂，广征博引，阐幽发微，精心苦索，然后用文史融会、诗文互证、考据与义理兼备的方法，联系诗人所处的环境，探求诗人的心境，从而作出合乎事实的判断，得出迥异时流的结论。

文献是历史真实的记录。而文献记载确实又存在缺略和错讹之处。蒋天枢走进历史的深处，走进诗人的心灵世界，对历来研究《楚辞》的疑点一一辩析，做一番去伪存真、淘沙见金的工夫，从混沌的迷雾中理出脉络，把零星的历史碎片精心拼接起来，连贯思索，从而作出实事求是、合乎常理、令人信服的解释，还原伟大的爱国主义诗人屈原发声为诗的本意。

点点滴滴的心血，汇成涓涓细流，使蒋天枢在《楚辞》研究中不断有新的斩获。

出于研究和教学的需要，蒋天枢先选取《楚辞》中的若干诗篇进行注释，一则记录、整理自己的心得成果，为今后撰写论文做准备工作；再则帮助学生理解《楚辞》的真正含义，为今后从事文史工作打下基础。

蒋天枢注释《楚辞》的零星篇章，原本以活页的形式发给学生，后来活页多了，便装订成册，名之曰《楚辞新注》。蒋天枢本想在此基础上加以修改，补所未备，公开出版，后由于教学任务繁重，政治运动不断，又身患几场大病，几乎性命未保，此事便延搁下来。

　　一位年轻的朋友读过《楚辞新注》，深感受益匪浅，很为此书没有正式出版而着急，便提出用白话整理，送蒋先生定稿，被蒋天枢婉言谢绝了。在学术研究上，蒋天枢一向不主张同别人合作，更不用白话文写作；再说，他数年沉浸在《楚辞》中寻寻觅觅，有很多甘苦，也有很多心得。文章千古事，得失寸心知，别人是很难理解的。"文化大革命"结束后，他又忙于《陈寅恪文集》的编校工作，无暇着手整理自己的论著。直到晚年。他才将《楚辞新注》整理好，易名《楚辞章句校释》，送交上海古籍出版社。

1959 年，蒋天枢集多年讲授《楚辞》心血，辑成《楚辞新注》。

几千年来，《楚辞》研究者代不乏人，人头攒动，众说纷纭，莫衷一是。有的人脱离作品产生的时代，望文生义；有的人因袭前人的成果，陈陈相因，又间出异说；又有的人凭空想象，肆意作出自己的解释……

蒋天枢没有跟着前人亦步亦趋，人云亦云，而是独树一帜，决心在荆棘和泥泞中，蹚出一条自己的路子。他历数前贤，仔细辨别他们的声音，细心地比较异同，然后苦心孤诣地求索，发表自己独到的见解。

"路漫漫其修远兮，吾将上下而求索。"蒋天枢每读一遍《楚辞》，都有新的感受，同时也思考一些新的问题。读的次数愈多，收获也愈大，他对自己原来的看法又提出一些新的疑问，一如他后来所说：

> 年既长，读书稍多，则又感对屈原文不能理解处实多，始知往日所谓理解者多非是。即对于《橘颂》亦尚未得正解。又如《离骚》，如按"作于怀王时代"的旧说来通读它，以古代第一篇长诗，竟找不到哪些是作者命意所在，哪些是涉及作者身世和有关时代、环境的地方，实古诗中所少见。其后读之既久，渐有领会，初步体会到：在研究屈原文章时，第一，需把作品摆在它应该摆的时期里，才能认识作品中所反映的问题。第二，需从全部作品来研究局部；从和作者时代接近的著作中来研究作者身世。[3]

蒋天枢的研究工作并不是一帆风顺的。在政治运动频繁的岁月，研究工作不断受到冲击。1958 年 7 月，复旦大学党委提出把复旦建成"教育为政治服务、教育与生产劳动相结合的新型共产主义大学"的规划，党委书记杨西光提出"对旧的教学制度、计划、大纲、方式等大大进行改革"，"要继续以运动的方式来进行"。此后是"大跃进""跃进再跃进""拔白旗，插红旗"、批判资产阶级学术思想、免试招收工农出身学生入学、文科下乡办学、大炼钢铁运动、除"四害"运动、全校皆兵，等等。无休无止的运动，严重冲击了学校的教学、科研和生活秩序。

1959 年，新的一轮"大跃进"掀起。校党委提出，社科各系要以办党校的精神来办。在文科革命中，学生对每一门课都进行彻底检查，认为是错误的东西就揭发批判。多数教师有不同意见，但也不敢进行争辩。此后，就是专门小组与群众相结合，厚今薄古，搞课程改革……[4]

在这种情况下，要静下心来，从事科学研究，谈何容易啊！

蒋天枢研究《楚辞》，有百折不挠的毅力和锲而不舍的韧劲。他曾经深情地回顾这一时期的研究，深有感触地说："既陷足泥淖，不能自拔，徜所谓'衣带渐宽终不悔，为伊消得人憔悴'。'众里寻他千百度，蓦回首，那人正在灯火阑珊处'者，是邪非邪？"[5]

这是一项采铜于山的工作。他翻阅了大量资料，长时间苦苦思索，他身体只要能勉强支撑住，就坐在案前，整理研究成果，向科学研究的高地发起冲击。

1960 年，他为出版《楚辞新注》，撰写了一篇三万多字的《〈楚辞新注〉导论》，以严谨、规范、科学的态度，简明扼要地阐述了自己的一些重要观点，力破陈言，独辟蹊径，向传统的《楚辞》研究发出挑战。论文写成后，他用毛笔小楷，工工整整，抄写成册，寄给《中华文史论丛》。

对这篇论文，《中华文史论丛》编辑部高度重视，于当年第一期便予以刊发。这像一块石头，投入《楚辞》研究平静的水面，迅速激起层层浪花。一位署名谭优学的学者，站在传统《楚辞》研究卫道士的角度，对蒋先生之文加以曲解，写了一篇题为《〈楚辞新注导论〉质疑》的文章，寄到《中华文史论丛》。编辑将谭优学的文章转寄给蒋天枢，希望他作出回复。蒋天枢过目后，精神为之一振：有反响是好事啊！反倒证明自己的论文没落俗套，有独到的见解。

蒋天枢坚持有疑必答。他在写作《〈楚辞新注〉导论》时，因牵涉十四个问题，担心文章过长，有些论述并没有充分展开，索性借这次答疑的机会，针对谭优学《质疑》提出的问题，进一步亮明观点，深入地系统地阐发独到的见解。如此，谭优学一篇文字不多的《质疑》，引出蒋天枢一篇四万多字的《〈楚辞新注〉导论二》。这篇文章，消磨掉他两个月的宝贵时光。

蒋天枢仍然用蝇头小楷，一笔一画，八开宣纸对折，工工整整地抄写了85 页。于此，亦可见蒋天枢认真的治学精神和严谨作风。手捧文稿，未究文理，先嗅墨香，便是一种唯美的享受。

蒋天枢《〈楚辞新注〉导论二》手稿。

此后，在《楚辞》研究方面，蒋天枢欲罢不能，又撰写出一系列文章：《汉人论述屈原事迹中的一些问题》《〈后汉书王逸传〉考释》《论〈楚辞章句〉》《屈原年表初稿》等。1981年，在昔年东北大学研究生、西北大学同仁单演义的极力撺掇下，蒋天枢将《〈楚辞新注〉导论》《〈楚辞新注〉导论二》等五篇论文和《屈原年表初稿》结集，题曰《楚辞论文集》，交陕西人民出版社，1982年7月出版。

蒋天枢殚精竭虑，把《楚辞》研究成果公诸于世，拨开了几千年来围绕屈原及其《楚辞》问题的团团迷雾，完整地清晰地勾勒出在当时动荡复杂、变化多端的历史环境中，屈原的事迹、功业、才华以及屈赋的幽深意义，从而使《楚辞》研究上升到一个新的高度。蒋天枢解开了长期困绕心头的情结，作出了一项历史性的交代，心中也稍微释怀了。

但是，人们对《楚辞》研究新的成果，总有一个认识的过程。蒋天枢的研究新说，一开始并不太被人们接受。流俗观念根深蒂固，要打破不是易事啊！但是，真金不怕火炼，正确的东西能够经得起敲打，经得起历史的检验。一位颇有名气的《楚辞》研究工作者先是表示，对蒋先生的观点不敢苟同，但在经过一段时间的深思熟虑之后，又诚恳地表示：蒋天枢先生的观点是对的，蒋先生的研究成果是很有价值的，也是很有特色的。

那么，蒋天枢的《楚辞》研究究竟有哪些特色呢？

脱枝落叶，正本清源，是蒋天枢《楚辞》研究的第一个特色。

蒋天枢认为，"作者时世与作品写出之时期，为注释者解说作品之最为重要之依据，亦作篇义者不容忽视之问题"。"文章合为时而著，歌诗合为事而作。"解析作品，必须顾及作者所处的时代和作者的身世。历数两千年来的《楚辞》研究工作者，以汉代人距离屈原生活的年代最为接近。因此，汉人论述屈原及其诗歌的作品，大抵以当时所传屈原的事迹为基础，比后世诸家之说应较为可信。

基于这种思想，蒋天枢十分重视汉代人关于屈原的记载和论述。他把司马迁、刘向、班固、王充、王逸、应劭等人的有关记载，认真地进行爬剔梳理，仔细地对比异同，运用析疑究同之法，析其所以异，究其所以同，并参以各种片段文句，印证以屈原本人所言，提出汉人论述屈原之事、与屈原身世关系极大的五个问题，逐一加以解决。他认为，屈原作品问世之后，其流传大致有两大系统：一个是通过民间的世传手记，一个是统治阶级上层社会的笔录。东汉王逸的《楚辞章句》出自民间系统，却又采纳了上层社会各家研究《楚辞》的学说，"不托空言，说有所本"。蒋天枢认为，王逸之书应是现存《楚辞》注释中时间最早、注释最好的版本。"所以，蒋先生在阐发屈赋意义时，极重视《楚辞章句》之价值，而于后人之疏释，一般不予置辩。"(6)

求解今典，诠释兴托，是蒋天枢研究《楚辞》的第二个特点。

屈原的作品多用兴托手法，长歌短吟，感情沛沛，绚彩斑斓，辞章闪烁，然而幽隐未显，不易明了。比如屈原的《天问》，素以"奇特难解"著称，世人多注意诗中所提的问题，欲寻求答案，而到头终不得其解，使《天问》形同一部难以破译的天书。蒋天枢按照陈寅恪先生的治学方法，以古典与今典互相发明，尤重今典之阐发，遂使作品之意旨脉络，渐露端倪。"屈原曾遭诬陷事，此人所共知，但'诽谤屈原者果何语与何事'？《天问》有'荆勋作师，夫何长先，悟过改更，我又何言'之语，先生认为'四句当有极关重要之今典存于其间'，遂以此四句为线索，以'古典今典'法，提出一崭新假说：'疑屈原在免职前，有人劝原以兵谏阻和秦事，屈原考虑顷襄王为人与其条件之不具，谢绝而不从之。事或稍露。其后倒原者仍诬原欲以兵力夺取顷襄王之位，从而制造类似公将不利于孺子之流言欤？'"(7)此类创获，蒋天枢研究成果中不乏其例。

蒋天枢又以此精神求解《离骚》。他认为："《离骚》者，创千古之奇葩奥采，兴托而言事之文也。"(8)"蒋先生在研究屈赋时，则'唯求其兴托之意，阐明其所托之境界'。本此精神，求解'屈文中使用最多、说最分歧之草木'及'昆仑阆风'之神话，诠释其草木、神话外衣下所含之命意，遂使历来认为'羌无故实'之草木、神话，显示屈原之真实情感与具体之历史内容。"(9)从而，蒋天枢打破了那种认为中国先秦时代叙事诗不发达而抒情诗则较为发达的传统说法，认定《离骚》乃至《楚辞》是一种"抒情和叙事交织着的""乐人代言体的"特异文体。

同传统的《楚辞》研究相比，蒋天枢的新论确实给人以柳暗花明、耳目一新的感觉。

屈文互证，以诗补史，是蒋天枢研究《楚辞》的第三个特色。

蒋天枢认为，同一作家的不同作品，必有其内在联系，倘能把握这一点，"从全部作品来研究局部"，必能理解诗人之本意，并能补充和纠正史、传之阙误。司马迁、刘向关于屈原的记载，涉及在怀王时代的事迹比较可信，也是屈原早期生活的真实经历，但没有涉及屈原诗中所反映的作者的后期情况。而屈原后期的经历却至关重要，不仅关系到作者生平的大事，而且关系到楚国兴亡的大事。要研究《楚辞》，很有必要另辟蹊径。

为了探求屈原的后期活动、屈赋写作背景和社会历史意义，蒋天枢"于历史零残断阙处、屈子笔触涉及处，互相参证，以屈文来证明屈文"。他"以《哀郢》《卜居》与《离骚》互相参证，推定《离骚》作于楚顷襄王三十年前后；以《卜居》与《离骚》互相参证，索解《离骚》托言灵氛巫咸之语之意义；以《抽思》与《离骚》互相参证，诠释《离骚》中'行媒'之意义；以《九辩》《渔父》与《离骚》互相参证，推论屈原之放逐之出于自请；以《抽思》《九辩》《涉江》与《离骚》互相参证，确定屈原放逐之时间、地域、行程；以《九歌》《九章》各篇互相参证，探求屈原'南行之前与涉江之后'之经历；以《怀沙》《惜往日》《渔父》互相参证，考定屈原沉江之时间与原因。蒋先生还以《抽思》《河伯》《悲回风》与《九辩》互相参证，阐发《九辩》中最隐晦的'悲秋'之含义。用此法不仅可补往史之阙文，亦可纠正往史之歧误"。(10)于此，可见蒋天枢屈文互证的方法之一斑。

　　古往今来的《楚辞》研究者，往往局限于屈原在世之年大都在楚怀王时代的说法，而蒋天枢对司马迁、刘向之说进行了若干补充和纠正，超越了历代研究者，打破了古来旧说，在《楚辞》研究中标新立异，独树一帜。

　　蒋天枢研究《楚辞》的第四个特色，是阐微发覆，以史证诗。

　　以史证诗，诗史互证，是陈寅恪先生学术研究的一个重要特色。这一方法，也体现在蒋天枢的《楚辞》研究中。蒋天枢注重从屈原生活时代接近的有关著作中研究屈原的身世，阐发屈赋的意义。历来的研究者很少言及屈原之所以自沉汨罗江的原因。司马迁将屈原之死，归之于"被谗放逐"，班固又说成是"莫我知"。蒋天枢认为，屈原沉江之故，作者《怀沙》诗中实自言之："限之以大故。"大故究为何故？他引《史记》之《楚世家》中的有关记载，认为屈原南行的目的，是为了收复被秦占领的十五邑而进行活动，因秦国窥见了屈原的用意，遂发生突然占领楚州这一意想不到的重大事变，使他原定归陈与顷襄王会晤的计划变成泡影，且自己亦有生命之危。"屈原殆多方寻求无复脱身北返之望，终乃于考烈王元年自沉汨罗江以死。"这样，蒋天枢不仅回答了屈原何以沉江之故，而且破译了屈原卒年的千古之谜。

　　蒋天枢又以《荀子》之《成相》、《韩非子》之《奸杀弑臣》、《国策》之《楚策四》、《韩诗外传四》等有关史料互相参证，推知屈原在《离骚》中所痛斥的政敌，即是司马迁在《史记》中所说的春申君黄歇。黄歇本为屈原所培植，后又站到屈原的对立面，成为和秦倒屈的始作俑者。春申君黄歇赞助考烈王纳州与秦以平，这便置屈原于死地了。"此说发荀卿、屈原、春申君关系千年之覆，为楚辞研究之重大创获，实不容忽视。"[11]

　　蒋天枢通过自己多年的艰辛劳动，在千百年来关于屈原和《楚辞》众说纷纭的一系列重大问题上，都取得了重大突破。这种研究成果，在《楚辞》研究历史上并不多见。他的研究，改变了屈原在人们心目中披发行吟泽畔的"癫汉"形象，还历史上屈原作为大政治家、大文学家的本来面目。勿容置疑，这是一项了不起的成就！

师生的心是相通的。蒋天枢"文革"后招收的研究生、毕业后留校担任先生助手的邵毅平深知先生之心。他说："蒋先生治《楚辞》，其核心尤在探求屈原之精神、屈赋之真价值，并进而探求中华民族之文化精萃真谛，亦期达到人生之更高境界。"(12) 蒋天枢的《楚辞》研究虽属学术范畴，但并不囿于单纯的学术疆域，而是学术与修身并重，并上升到弘扬和传承民族固有文化的高度。这才是一位学人的思想境界！

二十世纪六十年代初期，是中国历史上少有的生活困难时期。在袋中少米、碗中缺食的拮据日子里，蒋天枢神驰两千年前，追随屈原的足迹，或大义凛然地活跃在楚国政坛，或仗剑披发行吟于汨罗泽畔，或高行独步倾诉衷肠，或满腹怨言怒问苍天……每有收获，便怡然快然。在物质生活最为困顿的岁月，他精神上却得到最美的享受，灵魂也受到圣洁的洗礼。

蒋天枢本有追求美的天性。开展《楚辞》研究后，他更加热爱人生，热爱自然。屋后的花园虽小，但却赏心悦目。主人殷勤浇灌，园中芳草鲜美。蒋天枢伏案一久，便掩上书卷，来园中小站。眼前虽非岸芷汀兰，然青枝绿叶，花香袭人，身心为之一爽。

蒋天枢会心一笑：虽不能与屈子相比，然心向往之！

注：

（1）蒋天枢《楚辞校释叙》："余少喜读楚辞，爱之不能释。尝试作《拟屈原橘颂》。"见蒋天枢著《楚辞校释》，上海古籍出版社，1989年11月。

（2）蒋天枢《楚辞论文集》之《弁语》："在历史上，环绕屈原诸问题，公婆争辩是非。不量力而为之，世俗所谓'捅马蜂窝'之举也。"陕西人民出版社，1982年7月第1版。

（3）引自蒋天枢《楚辞校释叙》，《楚辞校释》，上海古籍出版社，1989年12

月出版。

（4）据《复旦大学志》（复旦大学出版社，1995年5月）第二卷之《探索前进》部分。

（5）引自蒋天枢《楚辞论文集》（陕西人民出版社，1982年7月第1版）之《弁语》。

（6）见邵毅平《蒋天枢先生的楚辞论文集》，载1987年第一期复旦大学学报（社会科学版）。

（7）见邵毅平《蒋天枢先生的楚辞论文集》，载1987年第一期复旦大学学报（社会科学版）。

（8）引自蒋天枢《楚辞导论新注》，见《楚辞论文集》，陕西人民出版社，1982年7月。

（9）见邵毅平《蒋天枢先生的楚辞论文集》，载1987年第一期《复旦大学学报》（社会科学版）。

（10）见邵毅平《蒋天枢先生的楚辞论文集》，载1987年第一期《复旦大学学报》（社会科学版）。

（11）见邵毅平《蒋天枢先生的楚辞论文集》，载1987年第一期《复旦大学学报》（社会科学版）。

（12）见邵毅平《蒋天枢先生的楚辞论文集》，载1987年第一期《复旦大学学报》（社会科学版）。

第十八章　藏山事业

身在东海之滨，心常飞往岭南，蒋天枢牵挂着千里之外的陈寅恪先生。

人生八苦，老是一苦。陈先生年逾古稀，双目失明，也确实叫人放心不下。

1962年初夏，陈先生雪上加霜，又遭遇到一场飞来之灾——

6月10日，陈寅恪先生，洗漱时不慎滑倒，跌在浴缸里，右腿股骨，胫骨骨折，住进广州中山医学院第二附属医院。

医生本欲施行手术，怎奈陈先生患有心脏病，却不宜全身麻醉，如此，便只有采取"物理功能治疗方案"，用药物治疗，慢慢愈合骨伤。

蒋天枢跑遍上海街巷，到处寻求名医。他找到上海中医骨科著名专家王子平、魏指薪两先生，请教关于陈先生骨伤的治疗办法。魏大夫说，自己常到外地为首长治病，一般说来，像陈先生这样的骨伤，治愈还是很有希望的。蒋天枢立即写信告诉陈先生，意欲从上海请大夫赴广州为陈先生治疗。怎奈陈先生素信西医，不信中医，又认为广州各方对自己的治疗很重视，不少名医曾是昔日岭南大学的同事，救治尽心尽力，且从千里之外求医来穗，毕竟多有不便，于是，便坚执不肯请上海中医来广州。陈先生认定的事情难以改变。蒋天枢从上海求医赴穗之事便只好作罢。[1]

结果出乎陈先生的预料，也是蒋天枢最担心的事情。半年之后，陈寅恪先生被抬回家中。原本虽然目盲，但仍可由人陪同在庭中散步，现在却再也不能像往常一样，被人搀扶着走下台阶，到白水泥甬道上散步了。目盲又加足膑，不幸中之不幸！一向关心老师的蒋天枢，能不牵肠挂肚吗？

悲哉，陈寅恪先生！

尽管如此，陈先生非常顽强，不管多么艰难，仍然著述不辍。

1964 年，对于陈寅恪先生来说，是一个极为重要的年头。夏天，他行将完成长达八十万字、耗尽十年心血的《钱柳因缘诗证释》（后易名为《柳如是别传》）书稿。这将是他有生以来的长篇巨著，也是他晚年的一部得意之作。

"留命任教加白眼，著书唯剩颂红妆。"陈寅恪先生一方面，是借钱柳因缘，演绎明清嬗变之际复杂而深刻的社会历史；另一方面，是用卓越的史识和可及的史料，完成一项重要的文化工程。尽管有人对堂堂史学大家考证区区钱柳细事表示不解，陈寅恪先生却始终不悔，而且争分惜阴，志在必成。尤其是目盲足膑之后，陈先生克服常人想象不到的种种艰困，我行我素，坚持写作，感人至深。无怪乎亲眼目睹陈先生悲惨处境、帮助先生完成《柳如是别传》的黄萱女士无限感慨地说："寅师以失明的晚年，不惮辛苦，经之营之，钩稽沉隐，以成此稿。其坚毅之精神，真有惊天地泣鬼神的气慨。"(2)

一部《柳如是别传》，字字看来皆是心血啊！

壮哉，陈寅恪先生！

十年磨一剑。陈寅恪先生 1954 年动笔写钱柳因缘时，年仅六十五岁；1964 年完稿时，却已是七十五岁的老人了。生命无常。在人生行将灯枯油尽之前，他在默默地和时间赛跑。文稿盈案，不啻是一项浩大工程啊！掩卷遐想，老人在卷末写下痛彻心扉、刻骨铭心的偈语："失明膑足，尚未聋哑。得成此书，用天所假。卧榻沉思，然脂暝写。痛苦古人，留赠来者。"(3)

掩卷仰天长啸，陈先生心中无比舒畅，一块巨石落了地，有说不出的轻松和快意。

十年功夫不寻常。陈先生神游中国历史文化的宝库，用超人的智慧韧性锻打，用微弱的生命之焰一遍遍淬火，铸造出中华民族文化史上的"干将、莫邪"神剑。

将《柳如是别传》称为陈寅恪先生用生命写成的书，并不为过。

陈寅恪先生多么想在有生之年看到自己的新作刊行啊！但是，写书不易，出版更难。想起《论再生缘》《金明馆丛稿初编》的遭遇，他就身上发冷，不怒自气。旧稿问世尚且艰难，刚刚脱手的新稿能够交上好运吗？怕未必。人生七十古来稀。一个七十五岁的人还有多少黄昏时光呢？生年日蹙，奈何奈何！

痛哉，陈寅恪先生！

来日无多。一向深谋远虑的陈寅恪先生，不能不为自己毕生心血早为之计了。

先生三个女儿：长女流求，1953 年毕业于上海医学院，到四川重庆纺织厂工作，1961 年调成都第二人民医院；次女小彭，1953 年毕业于岭南大学农学院园艺系，在海南岛海口工作；三女美延，1961 年毕业于复旦大学化学系，被分到广东省英德县。[4] 她们都已长大成人，各从其业，不在父母身边，难以继承父业。

说起学生，陈寅恪先生一生从教，堪称桃李满天下了。学生们一个个在学术领域崭露头角，灿若星辰，朗如皓月，不少人事业很有成就啊！每念及此，陈寅恪先生都兴奋不已。

然而，学生们毕竟远走高飞了，随着岁月的流逝，深厚的师生之情大多变成遥远的祝福和迟来的问候。虽说同出师门，多数学生讲究师友风谊，但也不尽然，竟有个别人投政治之机，操笔作刀，写起批判老师的文章来。人心不古，也是世情，也只好听之任之……

"文章存佚关兴废。"文化同一个民族的命运紧紧相联，同国家的命运息息相关，不是儿戏。作为中国学人，理所当然为弘扬民族文化呕心沥血，怎么忍看心血之作闲掷闲抛、付诸东流呢？他不能不深深忧虑。

陈寅恪先生僵卧病榻之上，虽然目不能视，足不出户，但其思想触角却异常灵敏，于事物有超乎寻常的洞察力和判断力。他闭目凝神，细数家珍，该找一位能托付藏山事业之人了。

陈寅恪先生心中虽然没有明确的遴选标准，但总有个大致的尺度：此人必须学殖深厚，人品可靠，值得信赖，了解并接受自己的学术思想，能心甘情愿地作出奉献……

陈寅恪先生虽然躺在床上，却犹如置身岭南的峰巅；虽然紧闭双眼，却能够望得很远很远。他用犀利、睿智的心目之光，在向大千世界扫描。

天地何其大，又何其小；世人何其多，又何其少？

一直为自己著作出版风尘奔走的蒋天枢，很自然地进入到他的视野——

自师生结缘，已三十七度春秋。在清华国学院读书时，蒋天枢年纪轻，用力勤，能吃苦，多年来走的是一条扎扎实实、精密治学的路子；做梁先生弟子仅一年，却长年不忘师恩，那份真挚之情令人感动；平时淡泊名利，远离纷争，不谋晋身之阶，甘做一介书生；师生二人若朋友，若手足，肝胆相照，推心置腹，尤其对自己每次所托总是不辞劳苦，不遗余力……

蒋天枢不是亲人，胜似亲人。想到蒋天枢，陈寅恪先生就感受到一种亲情，有一种说不出的快感。

身后藏山付托，非蒋天枢莫属！早在1953年蒋天枢来粤时，陈先生就当面表达了这个意愿，只因当时身体尚可，不是那么紧迫，这一次无非是进一步地确认罢了。

陈寅恪先生坚信自己的眼力。

农历五月十七日（公元6月26日），是陈寅恪先生的七十五岁寿辰。陈先生曾经向蒋天枢谈起自己的生日。⁽⁵⁾"人生不相见，动如参与商。"蒋天枢自上次谒师，又十年过去了，尽管沪粤之间书信往来不断，但先生摔断右腿，受尽人生之苦，他实在放心不下啊！

蒋天枢决定南下广州，为陈寅恪先生祝寿。

先生最爱是书卷。想起民国二十七年（1938）春节后，先生自长沙经滇越铁路去云南时，所托运的两大箱书籍被盗，其中有先生批注和校勘的《世说新语》多部。留长沙的书籍，又毁于一场大火。这些书籍保存先生积年的很多批注，正是先生日后撰述的基础。书籍丢失，陈先生至为痛心，不知度过多少不眠之夜啊！⁽⁶⁾每每想到这里，蒋天枢总想为先生做点什么，以弥补先生缺憾于万一。

思来想去，蒋天枢挑选了家中珍藏的奉明袁褧刊本《世说新语》一部，作为祝寿的贺礼，先期寄往广州。⁽⁷⁾

陈寅恪先生接读来信，几分感慨，几分苍凉。老友吴雨僧1961年来粤时，两人执手，热泪交流，陈先生曾赋四首绝句相赠，中有"暮年一晤非容易，应作生离死别看"之句，实在是真实心境的写照。年愈古稀之人，生也有年，见一面少一面啊！同蒋天枢的这次相见，又何尝不是如此呢！何况，他有事相托，正期待着同蒋天枢相见呢！于是立即复信，嘱告来粤日期和车次，并向学校招待所预订了房间。

1964年5月29日下午，蒋天枢乘坐的火车抵达广州。

令蒋天枢想不到的是，师母唐晓莹携次女陈小彭租了专车，在出站口已等候多时。

这是陈寅恪先生的精心安排，也是全家能够出动的迎接贵宾的最强阵容。

面对着这种高规格的接待，蒋天枢隐隐感到，自己虽为祝寿而来，却像是履行一项重要的使命。

小车直驶中山大学东南区康乐园一号楼。陈先生正在楼上等候蒋天枢的到来。

十年后，蒋天枢重又踏上康乐园一号楼的台阶，心中涌动一种难以名状的高兴和悲哀。

听到楼梯上响起杂沓的脚步声，陈寅恪先生情不自禁地在护士的扶持下，从床上坐了起来。

"秉南！"

"陈先生！"蒋天枢一步跨到先生面前，一把握住那枯瘦如柴的双手，看到先生嶙峋的身体和龙钟的老态，心头止不住一阵酸楚。

坐定后，蒋天枢打开行李，取出一个锦盒，双手捧给师母，说："师母的珍贵之物，放在我处多年，唯恐出现闪失，还是完璧归赵，交师母保存吧！请师母清点一下。"

原来这是唐晓莹的珠宝首饰盒，内中全是其祖上家传之物。几十年的战乱生活，颠沛流离，唐师母不管走到哪里，总把锦盒带在身边。五十年代，政治运动频繁，陈寅恪夫妇常为这只锦盒所累，在陈美延 1958 年到复旦大学就读时，便嘱小女带来上海，委托蒋天枢代为保管。

一往一返，陈寅恪夫妇再一次感受到蒋天枢人品的厚重。

哪料到，仅仅过了两年，史无前例的"文化大革命"爆发了。内乱骤起，人民遭殃，陈寅恪先生屡被抄家，书籍和一切可用之物荡然无存，这个珠宝首饰盒竟然不翼而飞了。[8] 家人因对抢物之人并不认识，以致无从追索。这使全家伤透了心。

陈寅恪先生和蒋天枢都十分珍视十年后的一晤。闲话家常，畅叙契阔，二人海阔天空，无话不谈。

陈先生过岭以来，虽说前来探望的人不少，但很多是因公来粤出差顺便造访的。真正怀念旧情的师友屈指可数，而蒋天枢千里迢迢专程前来，已经是第二次了。天各一方，见一面固然不易，面对面地倾心谈吐更为难得。多年来，陈寅恪先生总叹息可与相谈之人寥寥，能够长谈之人更是少之又少。

因此，平素许多话压在心底，表面上风平浪静，殊不知内心却十分痛苦。现在好了，蒋天枢来了，陈寅恪先生可以打开心中的闸门，无拘无束，让禁锢许久不愿为外人道的深层话语，滔滔地奔泄出来了……

陈寅恪先生询问蒋天枢目前从事的研究，蒋天枢回答说，结合教学，先是研究《诗经》，现在则研究屈原和《楚辞》。陈先生一向推崇温公司马光的《资治通鉴》，很自然又聊到这部书，盛赞这部书的非凡价值。蒋天枢这样回忆当时谈话的情景：

> 其后，再游羊城，师询所业，以《楚辞》对。语次，言及温公《通鉴》，师有"温公书不载屈原事"语，实以砭枢，不敢自明其衷曲也。[9]

对于蒋天枢独辟蹊径的研究工作，陈寅恪先生又说：

> 君于诗经、楚辞皆有论著，惜寅恪于此未尝深研，故不能有所补益也。[10]

师生二人谈到当时学术界人云亦云、俗学阿时的不良风气，不由得表现出气愤和伤感，认为学术研究必须具有中华学人应该具有的风骨和操守：坚持独立之精神、自由之思想。

蒋天枢认识到，陈寅恪先生多年所倡导的，正是历史上优秀知识分子的传统美德，正是中国学术界应当大力弘扬的人间正气。学人学人，先要学习做人，方可以言学术，才能称为学人。如若为人不端，妄坐象牙塔中，谈何学术？学人也就妄称了。

朝夕相处之时，蒋天枢很想了解陈先生的家世和早年的经历，以便为日后研究积累点资料。

陈先生悠然一笑，如数家珍，津津乐道。他说话声音不高，语速较缓，却能字字入耳——

光绪九年春，祖父离河南省河北道治所武陟，赴杭州就任浙江按察使，时仅数月，因前在河南任内弄狱事遭诬劾免职，回到长沙，赁居通泰街周达武提督的旧宅——周氏蜕园。

何谓蜕园？本唐时刘蜕之故宅也。刘蜕是唐懿宗咸通时人。之前，荆南岁解举人多不成名，唯独刘蜕于大中四年进士及第，堪称是"破天荒"的一个。刘蜕官至中书舍人、左拾遗，后因论令狐高恃权纳货之罪，外谪华阴令。蜕为文有奇诡岸杰之称，传世有《文泉子集》十卷。

光绪十六年庚寅夏历五月十七日乙酉，寅恪即生于是宅。时为虎年，同辈排行为恪，因名寅恪。

蒋天枢问先生之字。陈先生说，寅恪生时，适逢熊鹤村老人来，先祖父即以鹤寿为寅恪之字，然未曾使用。

说到蒙师，陈先生说，先祖父于光绪二十一年八月任湖南巡抚，家人即为聘请湖南人周先生为塾师……[11]

事隔多年，陈先生不仅于亲历往事，即便是听家人所讲旧事，都记得清清楚楚。蒋天枢事先准备了一个记事本，耳听手记，忙个不停，偶尔记不下来的，再问一遍。

陈先生就是一座宝库，奇珍异宝难以尽数。蒋天枢还要再问，请先生细述。陈先生长嘘一口气，往事历历，说来话长，于是便收住话题，说关于家世和生平，日后打算写成文章，定稿后寄给你。

老师既然这样说了，蒋天枢便只没再深追细问。

1965年至1966年上半年，陈寅恪先生为了兑现自己的诺言，确实撰写了一篇长文——《寒柳堂记梦》，记述自己的家世和生平。因未定稿，便没有寄给蒋天枢。不幸的是，"文化大革命"中，这篇未定稿被造反派抄家时拿去批判，后经家人苦苦索要，费尽周折，仅找回残稿。这使蒋天枢后悔不迭。[12]

师生之间闲谈，比较随便，不拘古典今典，也不管巨事细事。说到尽兴处，二人不免哈哈大笑起来。一向平静的金明馆，不时腾起欢乐的浪花。陈寅恪先生许久没有这么开心了!

一天,二人谈及时下流行的称谓,说到"爱人"一词。蒋天枢说,目前"爱人"一词用得太滥,提起"爱人"不知是男是女,称"爱人"却未必是所爱之人,真正所爱之人又不见得是"爱人",实不如中国传统中"先生、太太""丈夫、妻子"的称谓好。

陈先生笑道,"爱人"一词,并非中国土产,而是舶来品,来自于中欧之意大利,二三十年代才传入中国。意大利人所说的"爱人",本意指同居者,并非通常所说的配偶,当然更不是夫妻。刚传入中国时,这一词的使用也还不错,只是到了后来,有的领导人竟带头称自己的女人为爱人。上有所好,下必甚焉。于是,"爱人"之风便大炽了……[13]

"莫放春秋佳日过,最难风雨故人来。"(清孙星衍联语)陈寅恪先生七十五岁生日,和亦师亦友的蒋天枢一起度过,且作竟日长谈,无比适意,心情也格外的好。

乘蒋天枢来粤之际,陈寅恪先生将为自己编辑一套文集的工作,郑重地托付给蒋天枢——

一天上午,蒋天枢走进康乐园。陈先生沉吟片刻,背诵起李密的《陈情表》:"但以刘日薄西山,气息奄奄,人危命浅,朝不虑夕……"然后叹了口气,说:"这也是为师当前的自状了!"他转向蒋天枢,声音低沉,几分悲凉:"寅恪一读书人,目盲足膑,已卧床数年,正不知哪天归去。多年教书治学,自问未尝偷懒,写下百余万言,很想编一文集行世,让后人品评月旦。寅恪已届风烛残年,此事便拜托秉南兄了!非秉南莫属啊!"

多年来,蒋天枢甘当先生的助手,认为帮助先生做点工作,是一个学生应该做的,未曾想到接受如此的重任。他一方面感到先生的高度信任,一方面也感到责任重大,深恐有负先生之托,不免面露难色。

陈寅恪先生深知蒋天枢,便解释道,自己一生心血,都在此数百万言。托付与你,实在是多日深思熟虑后的决定。如是,蒋天枢便不好再说什么了。这是师生事业的对接，心灵的契合。

陈寅恪先生赋诗三首：

甲辰四月赠蒋秉南教授

音候殷勤念及门，远来问疾感相存。
郑王自有千秋在，尊酒惭难与共论。

草间偷活欲何为，圣籍神皋寄所思。
拟就罪言盈百万，藏山付托不须辞。

俗学阿时似楚咻，可怜无力障东流。
河汾洛社同邱貉，此恨绵绵死未休。（14）

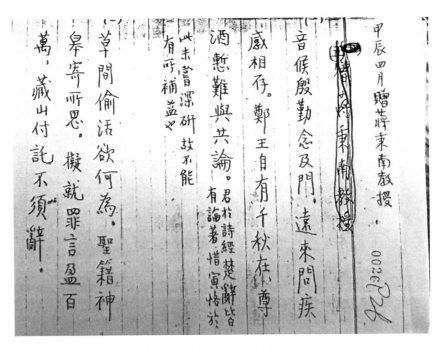

1964 年，陈寅恪先生《甲辰四月赠蒋天枢教授》诗三首手稿。

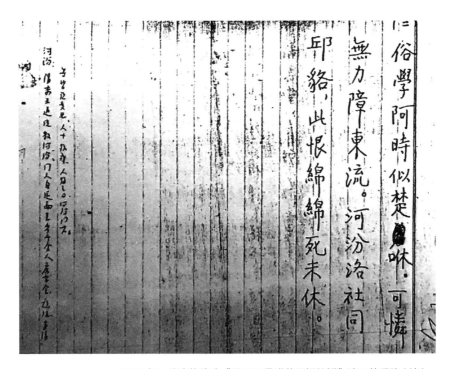

1964 年，陈寅恪先生《甲辰四月赠蒋天枢教授》诗三首手稿（续）。

诗中，陈先生既表达了对蒋天枢的友好感情和郑重托付，又表现出反对世俗文风的鲜明态度，以及绝不同流合污的凛然气节。

蒋天枢白天和陈寅恪先生长谈，晚上一回到住地，就伏首灯前，抄录先生十一年来创作的诗篇。这是陈寅恪先生轻易不向外人展示的内心世界。蒋天枢一边抄，一边欣赏，深感先生之诗不仅是时代风云的记录，而且是先生道德风骨的写照。诗如其人。他不由得从心底里赞叹："写得好，实在好啊！"

在广州的日子，陈寅恪先生还安排次女小彭陪同蒋天枢游览市区、黄花岗七十二烈士墓和佛山市。

6 月 10 日，蒋天枢同陈寅恪先生一家依依惜别，登上广州飞往上海的班机。握别时，陈寅恪先生颇有生离死别之叹，但又为行将就木之前完成一项重要的交代而感到欣慰。他像一盏灯，行将耗尽最后一滴油。他对生前身后事已牵挂无多，十二天只是同秉南叙谈，还是感到意犹未尽。于学生，于挚友，于同道，于后人，陈先生还有很多话说，遂将胸中绵绵不尽之意，凝诸笔端，写成一篇文章：

赠蒋秉南序

清光绪之季年，寅恪家居白下，一日偶检架上旧书，见有易堂九子集，取而读之，不甚喜其文，唯深美其事。以为魏丘诸子值明清嬗蜕之际，犹能兄弟戚友保聚一地，相与从容论文讲学于乾撼坤岌之际，不谓为天下之至乐大幸，不可也。当读是集时，朝野尚称苟安，寅恪独怀辛有索靖之忧，果未及十稔，神州沸腾，寰宇纷扰。寅恪亦以求学之故，奔走东西洋数万里，终无所成。凡历数十年，遭逢世界大战者二，内战更不胜计。其后失明膑足，栖身岭表，已奄奄垂死，将就木矣。默念平生固未尝侮食自矜，曲学阿世，似可告慰友朋。至若追踪昔贤，幽居疏属之南，汾水之曲，守先哲之遗范，托末契于后生者，则犹如方丈蓬莱，渺不可即，徒寄之梦寐，存乎遐想而已。呜呼！此岂寅恪少时所自待及异日他人所望于寅恪者哉？虽然，欧阳永叔少学韩昌黎之文，晚撰五代史记，作义儿冯道诸传，贬斥势利，尊崇气节，遂一匡五代之浇漓，返之淳正。故天水一朝之文化，竟为我民族遗留之瑰宝。孰谓空文于治道学术无裨益耶？蒋子秉南远来问疾，聊师古人朋友赠言之意，草此奉贻，庶可共相策勉云尔。

甲辰夏七十五叟陈寅恪书于广州金明馆。[15]

这是陈寅恪先生一息尚存的心迹告白，是一代学人关于民族文化的人格宣言，也是寄希望于师友、于后人负责任的慎重交代。

————————————

注：

（1）蒋天枢《陈寅恪先生传》（载《纪念陈寅恪先生百年学术论文集》，北京大学出版社，1989年12月）："1962年夏六月初十日，右腿骨跌折，住进中山二医院。因年老未动手术。当时，枢曾建议请上海中医骨科专家治疗（时王子平、魏指薪最有名。曾亲闻其言，常到外地为首长疗疾）。先生不肯，致断腿终未能复原。先生生平不信中医，在成都视网膜剥离时，如不动手术，倘获名医，服中药亦可奏效。一时手术之疏，致终身无复明之道，重可伤也。"

（2）转引自蒋天枢《陈寅恪先生编年事辑》，上海古籍出版社，1981年9月。

（3）陈寅恪《柳如是别传》，上海古籍出版社，1980年8月。

（4）据蒋天枢《陈寅恪先生编年事辑》，上海古籍出版社，1981年9月。

（5）蒋天枢《陈寅恪先生编年事辑》："光绪十六年庚寅（1890）旧历五月十七日（乙酉）先生生于湖南长沙周南女中唐刘蜕故宅（此师昔年面告）。"

（6）蒋天枢《〈陈寅恪先生读书札记〉弁言》，见《陈寅恪读书札记》，上海古籍出版社，1989年4月。

（7）据蒋天枢《陈寅恪先生编的事辑》（上海人民出版社，1981年9月）"一九六四年"条。

（8）据蒋天枢《陈寅恪先生编的事辑》（上海人民出版社，1981年9月）"一九六七年"条。

（9）引自蒋天枢《楚辞论文集》（陕西人民出版社，1982年7月）之《弁语》。

（10）引自《陈寅恪诗集》（清华大学出版社，1993年4月）之《甲辰四月赠蒋秉南教授》一诗之自注。

（11）据蒋天枢《陈寅恪先生传》，载上海古籍出版社。1997年出版增订本《陈寅恪先生编年事辑》。

（12）蒋天枢《陈寅恪先生编年事辑》（上海古籍出版社，1981年9月）"一九六九年"条后云："今兹所辑录《事辑》，仅限于见闻，阙略特甚。忆及昔年去广州时，曾请师追述往事，从旁记录。师谓，将来拟自撰文，因而未敢再请。追悔曷及。"

（13）二十世纪七十年代，蒋天枢先生曾向作者谈及此事。

（14）引自《陈寅恪诗集》，清华大学出版社，1993年4月。

（15）引自陈寅恪《寒柳堂集》，上海古籍出版社，1980年6月。

第十九章　"文革"劫难

令人心悸的春夏之交，蒋天枢回到上海，复旦大学政治斗争的火药味一天天浓了。

7月下旬，学校开展"学术批判斗争"。8月18日，复旦大学校党委召开扩大会议，提出"高举毛泽东思想伟大旗帜，以阶级斗争为纲，深入开展社会主义教育运动，为争取教育革命、文化革命胜利而奋斗"的口号，安排大批师生下乡参加社会主义教育运动（即四清运动）和生产劳动。"学校的正常秩序再一次被打乱，1964年全校组织三批共359名师生员工下乡参加'社教'，整个学校空空荡荡、冷冷清清，在政治运动压倒一切的思想指导下，教学和科研几乎成为一种点缀。"[1]

任外界风声鹤唳，蒋天枢不管不问，躲进斗室之中，埋头写作《楚辞新注导论二》。

三年前，他的一篇《楚辞新注导论》在《中华文史论丛》杂志发表，引来了一场笔墨官司，对蒋天枢的论文提出商榷，却很大程度上歪曲了《导论》的观点。蒋天枢借力发力，索性系统地整理自己的研究成果，用两个月时间，赶写了一篇四万多字的论文。

蒋天枢一边进行《楚辞》研究，一边着手陈寅恪先生论著的整理工作。

他按照经过陈先生订正过的《陈寅恪先生论著目录》，逐篇搜集，不使遗漏。陈先生早期的论著，大多发表在清华、燕大当时的期刊上。陈先生手头业已不全，新图书馆也难以找到，只有从老图书馆和博物馆想办法。陈先生的后期文章多数是在其助手的帮助下完成的，整理校勘还有相当的工作量。蒋天枢有时敦请上海博物馆的弟弟蒋天格协助，帮助查找和誊抄有关资料。

尽管查找困难，要做的工作很多，蒋天枢还是把能做的工作先做起来。

那年头，中国的气候很怪。自然气候和政治气候好像也有了某种关系。尤其是春夏之交，季节的交替，往往也成为政治舞台乱云飞渡的多事之秋。

1966 年的春天就很不平常。继批判吴晗的新编历史剧《海瑞罢官》后，4 月中旬之后，《北京日报》《文汇报》等报刊刊登大块文章，批判《三家村札记》和《燕山夜话》。5 月 16 日，中共中央政治局扩大会议通过了毛泽东主持起草的指导"文化大革命"的纲领性文件《中国共产党中央委员会通知》。气候渐渐变暖，进入 6 月，一场史无前例的大浩劫紧锣密鼓地拉开了幕布。

6 月 1 日，毛泽东批准，向全国广播北京大学聂元梓等七人所谓"第一张马列主义大字报"，《人民日报》发表了《横扫一切牛鬼蛇神》的社论。

6 月 3 日，复旦大学党委闻风而动，召开全校师生员工大会，组织游行，宣布"停课闹革命"。

6 月 4 日，复旦大学历史系贴出揭批周予同教授的大字报。接着，校园里出现有组织批判周谷城等著名教授的大字报。

7 月 21 日，复旦大学召开干部会议，揭批党委副书记、副校长陈传纲等一批领导干部。后来，陈传纲被迫害致死。

8 月 5 日，复旦校园内刮起一股所谓"斗鬼风"。三天之内，几十名专家、教授和干部遭到残酷的揪斗和迫害，两人致死。

8月1日至12日，中共中央在京召开八届十一中全会，以"左"倾错误的个人领导取代了党中央的集体领导，通过了《关于无产阶级文化大革命的决定》，规定"在当前，我们的目的是斗垮走资本主义道路的当权派，批判资产阶级和一切剥削阶级的意识形态"，"运动的重点，是整那些走资本主义道路的当权派"。

8月11日，复旦大学成立起上海第一个以红卫兵命名的造反组织——红卫兵战斗组。校党委内部造反，学生"踢开党委闹革命"。学生中分成两派，成立了造反组织。

8月18日，毛泽东在天安门上接见红卫兵。从此红卫兵开始在全国造反，揪斗所谓"走资派""反动学术权威"。复旦大学很多学生走出校门"大串连"，留在学校的则大打派仗。

10月19日，复旦大学党委接上级通知，停止对运动的领导。大学党委处于瘫痪状态。

11月上旬，林彪、江青授意张春桥、姚文元煽动上海造反派造中共上海市委的反。

11月22日，上海市红卫兵造反司令部成立。张春桥、姚文元策划从复旦大学历史系打开缺口，进而最后搞垮中共上海市委的方案。

12月3日，复旦大学造反派召开"声讨反革命修正主义分子杨西光大会"，通令校党委停止一切活动，开了上海市在一个单位全面夺权的先声……[2]

短短数月，形势急转直下，天下大乱，学校大乱。

学生停课，教师停教。高音喇叭震耳欲聋，日夜吼叫；大字报铺天盖地，上纲上线；红卫兵臂挎红袖章，进家入户"破四旧"，揪斗牛鬼蛇神，并给戴高帽子游街……

复旦大学校园内寒流滚滚。

蒋天枢静坐在复旦大学第一宿舍的小屋里，冷眼打量着万花筒般瞬息万变的世界。积多年之经验，他认为，社会发生如此动荡，必有其政治上的背景。这场运动名曰"文化大革命"，只不过从文化破题罢了。究竟是何原因，非要采取这种形式，搞得天下不宁，闹得神州动荡呢？他百思不得其解。当时，流行着一句很时髦的话，叫作"理解的要执行，不理解的也要执行"。那么，理解不理解也就无所谓了。

尽管如此，一向对政治运动比较敏感的蒋天枢，还是有点提心吊胆。运动初起时，风声吃紧，红卫兵到处抄家，将所谓"四旧"当场焚烧，把学术权威肆意挂牌、揪斗、游街。蒋天枢想，复旦大学乱成这个样子，中山大学能好得了吗？他不能不担心陈先生的安全了。陈先生是全国著名的文史学家，是学术权威，树大招风，毫无疑问是造反派冲击的对象。为了保护陈先生，也避免遭致不必要的麻烦，他暂时不得不中断同陈先生的联系，并且把陈先生的手稿转移到比较安全的地方去。

但是，"红色风暴"像铁扫帚一般，还是无处不到。处在运动前沿的复旦大学，从来不是也不可能是一个宁静的港湾。就在 1966 年 9 月的一天，红卫兵在复旦大学教工宿舍进行一次拉网式的"破四旧"运动，也"光顾"了蒋天枢的门庭。

> 1966 年，史无前例的"文化大革命"开始，蒋先生在复旦大学受到红卫兵的冲击，与陈先生的联系暂时中断。该年 9 月初，红卫兵以取缔"四旧"为名，逼迫蒋先生交出书籍文稿。在万般无奈的情况下，先生交出了一批"四旧"书籍以及数十张心爱的唱片。但是，对于陈先生托付的著作文稿，则护若生命，妥为收藏。[3]

蒋天枢一生爱书，特别是古籍线装书。书，成了他生命的一部分。他的职业是讲授古典文学，还能离开古典文学书籍吗？而古典书籍，在造反派们眼中就是"四旧"，在"横扫"之列。红卫兵们登门之时，他交出哪一卷都心有不忍，但一本不交也难以过关，最后只得忍痛割爱，象征性地交出一部分书籍，把红卫兵应付过去。否则，不仅不能过关，而且同造反派对立起来，损失还会更大。即便是交出的一部分书籍，蒋天枢多年还是念念不忘、耿耿于怀哩！

当年就读于在清华国学研究院的时候，受陈寅恪、赵元任诸先生的影响，蒋天枢喜欢上京剧和昆曲，每当工作疲劳时，击节地听上一曲，真是一种难得的艺术享受。但是，不行啊，古戏演的全是帝王将相、才子佳人，是标准的"四旧"，不交出几张唱片怎么过关呢？

那是越"左"越革命的年头。人们的造反精神一个比一个强。红卫兵嫌破得太少了，在蒋天枢家中翻出一摞信札，也作为"四旧"，当街焚烧起来。蒋天枢作为革命的对象，也只有认着挨宰了。他后来才发现，那摞信札中，有陈寅恪先生南行后的全部来信。十七年来，这些信件和信封都保存完好。陈先生到广州后，同蒋天枢通信很多，有的信写得很长。这些信件，无疑是研究陈寅恪先生生平和思想的重要史料。这些信件的被毁，是蒋天枢最为痛心的事情之一，对他后来编撰《陈寅恪先生编年事辑》造成了极大的困扰和不便。[4]

然而，在当时，蒋天枢心心在念的还是陈寅恪先生人身安全。陈先生有没有受到冲击？是否被抄家？是否遭到批斗？如果被抄家，损失大不大？一旦受到批斗，陈先生的身体能吃得消吗……这些，蒋天枢不能不想，不能不担心。

蒋天枢的担心不是多余的。此时的陈寅恪先生确实在饱受炼狱之苦——

运动开始不久，黄萱被红卫兵赶走，不准再协助先生做工作。9月，又将公家所派护士三人赶走。仅自出资所请护士（原供轮班代替者）一人得留。以后缺乏人扶持，折磨亦日多。方风声紧时，师母让保姆将阳台上外门关闭。旋即有多人从阳台上爬进来，无法拦阻。他们又去开了大门，大量人涌进楼上，挤满一屋子人。大字报贴到床头上、门上。先生心脏病病情开始恶化。[5]

据陈先生的小女儿陈美延回忆说："有一天晚上，革命学生来抄家，将母亲打了，后来我们为她擦跌打油，休息了一段时间才好转，没看医生。当时是谁想抄家，随时可去。目的是在于经济，并非政治原因。根本不认识这些人，就是我能见到，大概也不会认得。"(6)

陈寅恪先生的诗稿、文稿被洗劫一空。先生从未发表过的诗稿被作为反动"黑诗"批判。红卫兵勒令陈寅恪检查交代问题。检查写好后，红卫兵又说不深、不透、不彻底，要再"补充交代"，动不动就说态度不老实。陈先生检查了一次又一次，被折磨得简直痛苦死了，无奈叹曰："譬如在死囚牢中！"

陈寅恪先生的绝笔之作——《寒柳堂记梦未定稿》，是先生早就构思的自述家世和生平之作，被学生拿去批判，下落不明。

更有甚者，师母唐晓莹的贵重之物——家中祖传珠宝首饰盒，竟然在"革命小将"的"革命行动"中不翼而飞……

陈寅恪夫妇怒不可遏，但在当时，也只能怒火高万丈，无言对苍天！有什么办法呢？

所幸，蒋天枢的名气不像陈先生那样大。"蒋先生是一个不求闻达、不计利益、一生埋首书斋、扎扎实实做学问的人"。(7)即便如此，他严谨治学的态度和方法，在当时也受到严肃的批判，被认为是少、慢、差、费，只是因为历史清白，才没有被揪住不放，受到太大的冲击。

复旦大学还传诵着蒋天枢脍炙人口的一些轶事——

"文革"开始不久，系里一次召开会议。临散会时，主持人宣布说："老先生留下打扫卫生，其他人散会！"

当时，多数人都能"理解"。还用说吗？在知识愈多愈反动的畸型年代，老先生知识最多，自然成了革命的对象，被当成"牛鬼蛇神"了！许多人口头上说"劳动光荣"，实际上言不由衷，这时候，劳动就变成惩罚人的一种手段了。正因为如此，大多数老先生接受惩罚，默默服从了，唯独蒋天枢气不过，不愿忍受这种屈辱。他义正词严地质问道："打扫卫生，为什么只是老先生的责任呢？"说罢，扬长而去，头也不回。

可想而知，为了这件事，蒋天枢后来受到了严厉的批判。[8]

有识之士认识到"文化大革命"对教育的破坏，经国务院批准，出台了《关于高等学校 1973 年招生工作意见》，强调在政治合格的基础上，进行文化考试。但是，江青一伙出于篡党夺权的需要，在全国煽动所谓"反潮流"，并别出心裁地炮制出一个白卷英雄——张铁生，继续推行无知整有知的错误路线。

"四人帮"们为了整倒搞臭知识分子，在上海别有用心地策划了一场"考教授"的闹剧。胳膊虽拧不过大腿，许多教授虽然心中不忿，还是默默服从了。

蒋天枢也被赶进考场。但他早已看透，深恶痛绝：荀子曰："国之兴，必贵师而重傅。"这不是明摆着是羞辱教授吗？士可杀而不可辱。他拿定主意，也要反一下潮流。在教授们被赶进考场后，他一不做，二不休，索性交了一张白卷，然后扬长而去，临走时还扔下一句话："路线决定一切。但路线不是我等人能制定的。"

他的表现令始作俑者啼笑皆非，颇为尴尬。[9]

为了在教育系统拨乱反正，周恩来总理启用周荣鑫担任教育部部长。周荣鑫上任后，搞了很多调查研究，深入到知识分子中听取意见，在提高教育教学质量方面出台一些文件，教育系统反响很好。但是，"四人帮"们却认为这是"右倾翻案风"在教育上的反映，由张春桥的亲信亲自布置，在复旦大学开展"彻底批判教育部主要负责人反对教育革命的谬论"的运动。

蒋天枢并不认识周荣鑫，但听杭州高校的朋友介绍，周荣鑫常到教授中谈心，并且尖锐地指出教育存在的主要问题。蒋天枢不理睬上海对周荣鑫的批判，逢人便讲：现在的教育质量究竟怎么样？难道不该抓一抓吗？周部长的讲话有错吗？批判他什么？我看周荣鑫是个好部长！这样的部长上哪里找去！[10]

不管外部世界如何波谲云诡。蒋天枢很少出户看大字报，更无兴趣听各种辩论会、批判会，有时听孩子们讲讲见闻就够了。

闲来无事看落花，他把运动初期受到的委屈丢到脑后，翻出一篇研究《楚辞》的旧稿——《〈后汉书·王逸传〉考释》，字斟句酌地修改起来。在他心中，这才是正事。

前几年，蒋天枢曾和刘盼遂相约，同时写这篇文章。他要践行与老友的这个约定。

刘盼遂，河南息县（今淮滨县）人，清华国学研究院第一届学生，蒋天枢在开封工作时的老友，时任北京师范大学中文系教授。刘盼遂学识渊博，藏书充栋，治学的主要方面是版本、目录、校勘、辨伪、辑佚等，写了很多著作。二十世纪五十年代，刘盼遂也讲授《诗经》《楚辞》，同蒋天枢常常互相切磋。

修改旧稿的工作刚刚开始，噩耗传来：刘盼遂死了！

蒋天枢不禁愕然：盼遂兄一向身体健壮，怎么突然死了？不会是误传吧？

北师大的消息又陆续传来：刘盼遂之死千真万确。他死在运动初期。那是北师大中文系召开揪斗牛鬼蛇神的次日，一向淡泊名利、笃于治学的刘盼遂被街道红卫兵抓去，关押起来，私设公堂，严刑拷打。人们发现时，只见刘盼遂倒着头插在水缸里……[11]

盼遂兄之死，究竟是自杀，还是他杀？如果是自杀，一定是受不了严刑拷打，才走上这条绝路；如果是他杀，莫不是造反派把人折磨致死，却伪造自杀的现场……

一连数日，蒋天枢忧愤盈怀，修改旧稿几乎无法进行。不久，他身罹一场大病，病中时时刻刻不能释怀的，仍然是践行昔日同老友之约。稍能离开病榻，他就挣扎着起床，点点滴滴地修改旧稿，以便向亡友作一个交代。

1968年夏天，《〈后汉书·王逸传〉考释》一文终于完成了。极重旧情的蒋天枢，掩卷感慨万端，又禁不住缅怀起盼遂老友来，提起笔，在文末"立此存照"，不无伤感地写下铅泪一般沉重的文字，以寄托哀思：

　　1968 年 8 月，修改旧稿讫。余昔与老友刘盼遂约：为此文。不谓文成时盼遂已遭难死，伤哉！⁽¹²⁾

　　在那种史无前例的乱世，在那种根本不是做学问的年月，蒋天枢依然在做着别人不愿为、不敢为的学问。

　　注：

　　（1）据《复旦大学志》（复旦大学出版社，1995年5月）第二卷之《历史沿革》部分。

　　（2）据《复旦大学志》（复旦大学出版社，1995年5月）第二卷之《历史沿革》部分。

　　（3）引自陈正宏《蒋天枢先生与陈寅恪文集》，载《中国典籍与文化》杂志，1996年第1期。

　　（4）蒋天枢《陈寅恪先生编年事辑》文末记："先生到广州后，多年给我的信，都在文革期间荡然无存。"又，蒋天枢1987年2月给朱子方的信道："我处本来存有陈先生信及失明后到广州以后的信若干封，连同信封都保存着。在文化大革命中皆被红卫兵拿去烧掉了。如其能保存下来，我写的《陈寅恪先生编年事辑》，何至到广州后一段生活，一无材料凭藉？每想及，辄痛恨万分！"

　　（5）引自蒋天枢《陈寅恪先生编年事辑》之"丙午　一九六六年"条。

　　（6）据蒋天枢《陈寅恪先生编年事辑》"丙午　一九六六年"条所引陈美延1977年12月给蒋天枢的信。

　　（7）引自吴中杰《蒋天枢》一文，载《中国著名学府逸事文丛·复旦逸事》。

　　（8）据1991年3月复旦大学古籍研究所座谈会上的发言。

　　（9）据陆键东《陈寅恪的最后二十年》（生活·读书·新知三联书店，1995年12月）

之第十七章。

（10）蒋天枢先生1975年6月曾向笔者谈及。

（11）据刘恕铭《家兄刘盼遂先生遗事》一文及聂石樵、邓魁英《怀念刘盼遂先生》一文，均载《河南文史资料》1994年第4期。

（12）引自蒋天枢《〈后汉书·王逸传〉考释》，见《楚辞论文集》，陕西人民出版社，1982年7月。

第二十章　棠棣之悲

"文化大革命"中，乱象丛生，上海可谓出尽了风头。

1967年元月，全面夺权的"一月风暴"从上海刮起。复旦大学的造反派一举夺了上海市委、市政府的权。想不到，1月22日，张春桥从幕后走上前台，宣布："毛主席已派张春桥、姚文元任上海市负责人。"复旦大学的造反派头头自恃有功，心中不平，指斥张春桥下山"抢桃子"，发动了"炮打张春桥"的运动，一次炮打、二次炮打、三次炮打……把上海滩搅得天翻地覆。[1]

城头失火，殃及池鱼。

上海滩的乱局，也祸及百姓之家——

2月9日，春节，"炮打张春桥"的战斗仍未停歇。

每年正月初二，在上海博物馆工作的蒋天格照例要来复旦大学与哥嫂一家团聚。这年，蒋天格已五十六岁，仍然孤身一人。

往年初二，天格一大早就来了。可今天到了吃午饭的时候，还不见天格的影子。家人都很纳闷儿。

初三，依然如此。蒋天枢心中犯了嘀咕：不会出什么事儿吧？

初四，"咚咚"的敲门声响了。蒋天枢把门打开，看到并不是天格，而是肩挎红袖章的造反派，一时怔住了。

来人一副盛气凌人的样子，开口问："你是蒋天枢？"蒋天枢点点头。"蒋天格是你弟弟？"蒋天枢又点点头。"红袖章"随即提高了嗓门："我代表上海博物馆夺权小组正式通知你：蒋天格畏罪自杀了！"

蒋天枢十分惊诧，既悲痛，又气愤，盯着来人，厉声喝问："蒋天格究竟有何罪之畏！"

"红袖章"张口结舌，马上态度放软，推说是奉命通知家属料理后事的，抽身溜之大吉了。

蒋天枢夫妇匆匆走出家门，赶往蒋天格的住处。[2]

蒋天格生于民国元年（1912）12月12日。因其皮肤白皙，念洛公以"白鹅"呼之；又因"初唐四杰"之一的骆宾王《咏鹅》诗有"曲项向天歌"之句，以"天歌"谐音命名为天格。[3]

父母去世后，蒋天格随兄到北平读书，后考入辅仁大学中文系，"七七"事变后到河南大学文史系借读，后到重庆国立编译馆教育组担任副编审、图书馆主任，再调同济大学副教授，长于文字学和书画鉴定。[4]

上海解放后，陈毅市长提出建设上海图书馆和博物馆。1952年10月，市文化部门为充实图书馆、博物馆力量，从社会上招收了100多名学员，并请来杨宽、蒋大沂、蒋天格、郑为等专家，对他们进行历史文化以及文物知识方面的培训。蒋天格还同蒋大沂、郑为、郭若愚、沈觐安一起，编著了《上海博物馆改建陈列室陈列计划初稿》，九章全一册，印成蜡刻大开本，从而奠定了博物馆的陈列基础。蒋天格遂调上海博物馆工作，任群工部主任，到南京西路325号跑马总会上班。[4]

蒋天格住在乍浦路一栋楼房的六楼上。蒋天枢夫妇匆匆赶到时，门外已有博物馆人守候，屋门大开，室内一片狼藉。

他们轻轻走进卧室，只见天格神色安详，面色如常，就像熟睡一样。床前有个安眠药瓶，瓶中已空空如也。药瓶下，压着精心折叠的一张纸。

蒋天枢轻轻移开药瓶，抖抖地打开那张纸，原来是天格写给哥嫂的一封遗书，上面寥寥几句话："二哥二嫂：我去了，很对不起你们。附上四百元，请寄给老毛姐，人有德于我，忘之不义……"

望着天格的遗容，蒋天枢夫妇泣不成声："天格啊天格，这究竟是为什么呀？有什么事情想不开，非要走这条路……"可是，蒋天格再也不能回答了。

环顾斗室，蒋天枢疑窦顿生：室内一向整洁，为什么乱成这个样子？人死后，是谁第一个进来的？为什么不保持现场……他隐隐感到：这里面有名堂！

走访邻居得知，春节后，孩子们几天没见蒋伯伯，敲门不开，便打电话给上海博物馆。馆里来了人，从摇头窗翻进屋里……

蒋天枢遵照天格的嘱托，把400元寄给老毛姐。

老毛姐原是蒋母周氏的保姆，因其夫家姓毛，人们便称之为老毛。她为人善良，长于女红，21岁守寡，无儿无女，长住在蒋寨门村，也就以蒋家为家了。蒋母去世时，天格年仅5岁，一直由老毛姐照看。后天格外出求学，小妹出嫁后，老毛姐才离开蒋家。蒋天枢兄弟长年给老毛姐寄生活费。蒋天格还专程回乡，探望过老毛姐呢！⁽⁵⁾

心地善良的蒋天格徘徊奈何桥上，还不忘老毛姐的抚育之恩，对老毛姐尽最后一次奉养义务。

一连数日，蒋天枢夫妇来乍浦路清理天格的遗物。细心的蒋天枢发现，天格保存的很多珍贵字画和古籍善本已不见了！

平时，兄弟二人都酷爱文房四宝和名家字画，经常一起欣赏。蒋天格调博物馆后，把哥嫂家的一些藏品也取了来，邀名家鉴赏。他还常与书画大家沈尹默、褚保权、潘伯鹰、谢稚柳等人茶叙论艺，互致作品。1963年春，谢稚柳和李可染、容庚、张珩、刘九庵组成旅行团，赴广东北部丹霞山写生三个月。回沪后，谢稚柳完成了一套十二开的山水册页《丹霞游屐》，并专为蒋天格创作了一幅染色松灵、水墨贲张的扇面，将南游七言绝句题诗画端，落款为"癸卯四月为天格吾兄写《丹霞山色图》"。扇的背面，是沈尹默夫人、著名书法家褚保权所书沈尹默游大湖创作的《定风波》，书法透逸清润。此扇深得蒋天格宝爱，一直呵护珍藏。[6] 类似价值不菲的藏品都不翼而飞了。

显然，这些东西被内行人偷走了！蒋天枢怒不可遏：蒋天格究竟犯有何罪，落得个抄家的下场？抄家之物到底哪里去了？这不明明是乘人之危巧取豪夺吗？

知弟莫若兄。蒋天枢对天格了如指掌，坚信天格无罪，一定要为弟弟之死讨个说法，绝不能人死了还背个黑锅。

此后，每天一早，蒋天枢匆匆吃过早饭，就提个小包出门了。

从上海博物馆筹建起，蒋天格已在此工作十五年，算是元老级人物了。他身为群工部主任，不仅做了大量社会宣传、人员培训工作，在学术研究方面也颇有建树。1955年，他在《文物参考资料》上发文，介绍举办的"台湾高山族文物展览"；1962年，他在《文物》发表长篇论文《论赵孟坚与赵孟頫的关系》，以无可辩驳的确凿史料，厘清了学术界多年莫衷一是的难题；1966年，蒋天格还在《文物》杂志发表《〈司马光宁州帖〉小识》一文，对文物界长期争执不下的问题，给以肯定的令人信服的说法。对于文博事业，蒋天格功不可没。

1962年，蒋天格与家人合影，左起：刘青莲、蒋钟垣、蒋天枢、蒋钟埙、蒋天格。

所谓"蒋天格畏罪自杀"，不过是造反派们装腔作势的率意之言，哪有什么证据呢？蒋天枢一较起真来，造反派无言以对，降低了嗓门，却说"要调查调查"了。蒋天枢质问道："毛主席说，没有调查，就没有发言权。结论应在调查之后。既然没有调查清楚，为什么说蒋天格'畏罪自杀'呢？"

造反派动不动以"最高指示"装扮自己，但在蒋天枢依据毛主席语录的质问下，也只有装聋作哑、不理不睬了。

为了弄清弟弟的死因，蒋天枢迈开双脚，开始了长达半年多的民间私访。他打听上博很多工作人员的住处，一一登门拜访。小女钟垣在复旦大学生物系读书，眼下正停课闹革命，也经常陪着父亲外出。

那时，很多人已不上班，有的在社会上造反，有的在家中逍遥。上海那么大，找个人有那么容易吗？父女出门后，换乘几次公交车，好不容易找到地方，却扑了个空；好不容易找到人，人家一句"忙着呐"，就打发了，白跑一趟。有的人明明知晓内情，因人事关系复杂，不愿招惹是非，便摇头三不知，有的吞吞吐吐，还卖关子，经一再追问，才像挤牙膏似地道出实情……

蒋天枢连日奔波，倍感辛苦，回到家中时，腰酸背痛，便一动也不想动了。然而，第二天一早，他还是叫上女儿，拎个小包又出了门。手足之情，无时能忘，他不能让弟弟冤沉海底，一定要把问题搞个水落石出！

就这样，从春到夏，又从夏到秋……

蒋天枢的真诚和韧性终于感动了上帝，终于，有人开口说话了……

真相大白。蒋天枢弄清了：蒋天格无罪！他的自杀，纯粹是因为失恋。

说到蒋天格的个人感情，有一个解不开的死结。他早年在北平读书时，曾与一回族姑娘相爱，感情弥深，而女方父母却坚决反对，迫使一对有情人劳燕分飞。虽已过去了多年，蒋天格仍然不忘旧情，拒绝恋爱。

1952 年 10 月，上海博物馆招收一批新学员。蒋天格为他们上培训课，讲授文史和字画文物鉴定知识。"上博建馆后，他任宣教部主任，负责对上博员工进行基础知识辅导。陈佩芬（后来的青铜器鉴定大家）、钟银兰（后来的书

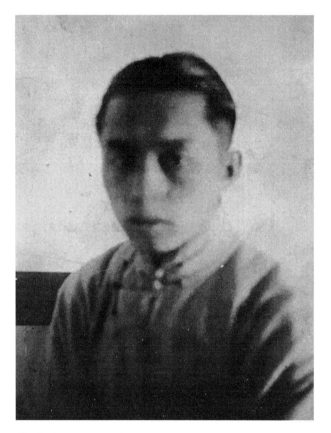

蒋天格（1911—1967）。

画鉴定大家）等当年就是蒋天格辅导后才走上专业道路的。"[7]

　　1959 年 10 月，上海市政府决定，市博物馆迁河南路 16 号中汇大厦，文物保管委员会和博物馆合署办公，相关职能部门合并，要求每个人要有专业，为了培养年轻的业务骨干，实行老师带学生"一对一"的教学方式。结果，全馆遴选出三名有培养前途的年轻人。书画部的 ××× 就是其中之一，其指导老师正是蒋天格。[8]

　　师生朝夕相处，一个风度翩翩，学识渊博；一个年轻漂亮，聪明好学。相处日久，单身男女之间擦出爱情的火花。是年，蒋天格 48 岁，小 ×27 岁。初期，他们人前是相敬如宾的师生，人后却是如胶似漆的恋人。

有了初恋那场挫折，蒋天格守身如玉，早已对爱情心灰意冷。现在，爱情突然来袭。犹豫再三，他还是打开心灵的大门，欣然接受了。

爱火在地下燃烧，渐渐烧到了台面。在博物馆里，师生恋逐渐已成为公开的秘密。蒋天格带着恋人，也走进复旦一舍十一号，向哥嫂公开了恋情。哥嫂一则以喜，一则以忧，喜的是天格到底脑筋开窍，谈起恋爱来了；忧的是二人年龄悬殊，姑娘如此年轻，靠得住吗？姑娘是明白人，大大方方地表示：只要相爱，年龄不是问题！看到二人相偎相依，亲密无间，蒋天枢夫妇便不好再说什么了。一次，陈寅恪先生从广州寄来许多古籍书，蒋天格还带着恋人帮助整理呢！二人带着小侄女钟垣游公园，逛商场，俨然成了一家人。钟垣回家后说，叔叔和阿姨关系可好了，阿姨要啥，叔叔买啥，花了很多钱。

兄弟再见面时，蒋天枢询问了那位姑娘的情况，催天格道，你们年龄都不小了，既然确定了恋爱关系，也该考虑结婚的大事了！天格说，对方姊妹多，家庭困难，还不想马上结婚……

时光在不知不觉中流逝。一年过去了，两年过去了，蒋天格经常来复旦宿舍，但结婚的事却不长不短。蒋天枢夫妇忍不住又催："你眼看到知天命之年，还不该谈婚论嫁吗？小心夜长梦多啊！"天格听了，淡然一笑，还是那句话："不急。"

一场马拉松式的师生恋，一拖就是六七年。

1965 年春节，蒋天格照例来哥嫂家团聚。饭后，话题自然又聊到天格与恋人的关系上。天格说："没问题，放心好了！"蒋天枢听了，面色凝重，神情严肃，厉声告诫说："天格！你不要糊涂！以我的观察，这个姑娘是不会和你结婚的！与其拖，勿宁赶快决断！"天格一愣，仍信心满满："二哥，我不以为然！"

此后，因为该说的话已经说到，为免兄弟失和，蒋天枢便懒得再说，毕竟这是弟弟的终身大事，大主意还是他自己拿嘛！

1966 年 6 月，一场史无前例、急风暴雨般的"文化大革命"开始了！当权派、学术权威一个个被揪斗、被批判。在上海博物馆，蒋天格是中层干部，不属当权派，但却是学术权威，自然也受到冲击。恋人与他的关系遂渐行渐远，由亲变疏。蒋天格天真地认为，运动中保持距离很正常，运动一过，还会好起来的。

哪知道，那位姑娘已暗中移情别恋。思想单纯的蒋天格还蒙在鼓里呢！

惩罚尽管来得太晚，但是毕竟还是来了！

一天，单位组织劳动。大家一边拔草，一边闲谈。有位工人师傅无意中说到，那位姑娘在外边找了个男人，就要结婚了。蒋天格听后，心中虽然不快，但认为不过是传言而已。然而，他很快从恋人口中得到证实，这才大梦初醒：自己被抛弃了！

对于蒋天格，这不啻是雷霆一击！七八年火热的恋情，到头来，竟是一场残酷的游戏！

蒋天格懵了，深深感受到了欺骗和愚弄，一路跌跌撞撞，不知是怎么走回住处的。

他病倒了，无心看书，也无心写字，更不愿与人见面，只是把自己关在屋里，心乱如麻——

他想起儿时的家乡，想起多灾多难的家庭，想起死去的奶奶和爹娘，想起抚育自己的老毛姐，想起培养自己成才的二哥，心中无限愧疚；想起恩师沈兼士、陈垣先生，想起书画界的很多同道和朋友，心中无限悔恨；想起大学时的初恋情人，想起这场师生恋沸沸扬扬却尴尬收场，感叹陷得太深太深，实在难以自拔……

二哥一年前的严词告诫又在耳边响起："天格，你不要糊涂！以我的观察，这个女人不会和你结婚的！"多么振聋发聩的声音啊！可自己当时硬是听不进去，结果却不幸被二哥言中！太残酷，也太惭愧啊……

蒋天格悔恨交加，无限感慨：早知今日，何苦当初啊……

1967 年春节到了。北风呼啸，寒凝大地，家家张灯结彩，过年的气氛一天天浓了。

楼下里弄里，鞭炮"噼里啪啦"地响起，炸得蒋天格心惊肉跳。房间清冷，他无心生火，一味扃闭房门，感到无颜再见亲朋好友，同人世间的烟火已经绝缘。走到这步田地，他懊恼不已，心情抑郁，深感已无生的意义。

除夕之晚，夜色渐浓。在午夜爆燃的鞭炮声中，蒋天格写好遗书，将一瓶安眠药全部吞下，向这个冷酷的世界作最后的告别……

天格死后，那位女子最先得到消息，迅速带人赶到乍浦路，撬开门上摇头窗，翻入室内，把蒋天格的珍爱之物席卷而去……

蒋天枢了解到这一切，既痛惜天格轻生，又恨他洁身自好：天格啊天格，你为一个不忠的女人轻生，值吗？你想到哥嫂的感受吗？糊涂，糊涂啊！

什么蒋天格畏罪自杀，无非是不法之徒为公开劫掠天格的财物寻找借口！难道私自抄家的暴徒不应该得到严惩吗？

从此，蒋天枢上访了。可找谁上访呢？老馆长沈之瑜已经靠边站，夺权的造反派会理这个茬吗？他们会把一个"臭老九"教授放在眼里吗？

上访还没有结果，蒋天枢却因一场大病，几乎被夺去生命。

1978 年下半年，上海博物馆老馆长沈之瑜重新走上领导岗位。这使蒋天枢看到了希望。11 月中旬，唐兰先生给沈馆长写信："介绍友人蒋天枢教授前往拜访，询问有关落实政策方面情况，请惠予会晤为荷。蒋天枢教授系复旦大学教授，其弟蒋天格曾在贵馆任群工部主任，在林彪、四人帮时期被迫害致死。"[9]蒋天枢持信找上门去。沈之瑜表示要认真研究处理。可拖了一年多，仍无下文，蒋天枢也懒得再跑了。[10]直到 1980 年，上海博物馆才对蒋天格自杀作出结论：蒋天格自杀是死于资产阶级爱情观……

趁火打劫者，尽管捞到了好处，最后还是受到处分，被迫将大部分洗劫之物交到馆里。

1982 年下半年，博物馆退还抄家物品。细心的蒋天枢检查发现，被抄之物尤其珍贵的东西并没有如数退回。1982 年 11 月，他写给大女儿的信说：
"你叔的书，已退还了一部《四部丛刊初编》两千多册，但书柜没了，取回
的只是扎好的三十多捆。另外还有一部百衲本二十二史。两部书共约三千
册。只是四部丛刊中，有一部分书缺了第三十二、三十三、三十四三本，重
复了二十二、二十三、二十四三本，因为抄家书很多混在一起，整理的人
把它拼起来，所以搞得很乱。我们取回的一部编号为'戊'，已是拼成的第
五部了。"(11) 1983 年 5 月，又退还了一些杂书（大多平装小册子），一千
多册。

蒋天枢看尽管心中不平，也无如之何！能为天格一洗不白之冤，心中还
是稍稍欣慰些。(12)

被抄的珍品究竟哪里去了？蒋天枢怀疑，不法之徒迫不得已，才把吃进
去的东西吐出来，绝不会吐个干净！

事实证明了蒋天枢的预见——

一次，博物馆举办文物展览。蒋天枢前往参观，发现一方端石古砚正
是家传的那方。乾隆年间，奶奶的曾祖父朱尊霖在广州做官，购置六方精
致的端砚，每个儿子一方，称六砚斋。此砚正是其中之一，是奶奶当年为
激励子孙学习，从娘家拿到蒋家来的。遗憾的是，既已如此，却已无法索
回了。(13)

蒋天枢去世二十多年后，谢稚柳、褚保权合作赠给蒋天格的一把成扇，
堂而皇之地登上雅昌网拍卖。一篇推介写道："当年谢稚柳也在上博工作，他
们是极好的朋友。""画为蒋天格作，谢稚柳已得一份好心情，能随意便是上
乘禅，故而把这把扇面画得松灵，把水墨的张力和层次表现出来了，视觉效
果比染色更丰富。显然，此扇深得蒋天格宝爱，一直呵护珍藏。此次献拍，
正是其后人提供。"

想来"其后人提供"之说，应出自持扇者之口。但不知他是蒋天格的
什么后人？蒋天格一生未婚，其被抄之物早已退给其兄蒋天枢。所谓"其

后人",无非是借蒋天格后人之名,掩盖其当年强取豪夺蒋天格珍爱之物的行径罢了!⁽¹⁴⁾

蒋天格九泉之下若知此事,能不一怒!

———————

注:

(1)据《复旦大学志》(复旦大学出版社,1995年5月)第二卷之《历史沿革》部分。

(2)据1990年3月刘青莲女士口述。

(3)据蒋天枢表弟朱启昌、朱永昌1962年口述。

(4)据朱子方1997年2月3日致朱浩熙信以及胡西林《青铜研究一甲子——解佩芬女士访谈》(见2012年10月18日东方网)。

(5)据胡西林《青铜研究一甲子——解佩芬女士访谈》(见2012年10月18日东方网)。

(6)据胡西林《青铜研究一甲子——解佩芬女士访谈》(见2012年10月18日东方网)。

(7)据胡西林《青铜研究一甲子——解佩芬女士访谈》(见2012年10月18日东方网)。

(8)据胡西林《青铜研究一甲子——解佩芬女士访谈》(见2012年10月18日东方网)。

(9)唐兰1978年11月6日给沈之瑜的信:"之瑜馆长:兹介绍友人蒋天枢教授前往拜访,询问有关落实政策方面情况,请惠予会晤为荷。蒋天枢教授系复旦大学教授,其弟蒋天格曾在贵馆任群工部主任,在林彪、四人帮时期被迫害致死。专此介绍。致敬礼唐兰11月6日。"

(10)据蒋天枢1979年1月12日(除夕)给朱子方的信:"为你三舅的事,去年曾去博物馆找他们沈之瑜馆长。至今也无下文。我也懒得再去了。"

(11)蒋天枢1982年11月21日给蒋钟埔的信。

（12）据刘青莲女士1990年3月接受采访讲述。

（13）据蒋天枢1985年5月向笔者讲述。

（14）据胡西林《青铜研究一甲子——解佩芬女士访谈》（见2012年10月18日东方网）。

第二十一章　病榻噩耗

蒋天枢为胞弟蒋天格受诬事东奔西走，风尘仆仆，奔波在上海的里弄和郊区。

1967年10月的一天，蒋天枢像往常一样，带着小女儿又出了门。

由于这天所寻之人居住较远，父女乘坐公交车，途中等车、换乘，辗转赶到地方，太阳已过正南。父女肌肠辘辘，看到路边一个小饭店，便走了进去，随便坐下，要了饭菜。

饭店脏兮兮、空落落的。说话间，一大群人拥进店门，呼酒唤菜，大吃大喝起来。霎时，小店里人声嘈杂，酒气冲天。从他们粗声大嗓的谈吐中，蒋天枢知道，这些人刚送葬归来，来此是喝丧汤的。

蒋天枢本有洁癖，又素喜清静，面临这种场面，便难以下咽，草了吃了几口，即推碗离去。

当晚回到家中，蒋天枢十分疲惫，发热畏寒。他想洗个热水澡，早点休息，洗浴时，不慎将大腿上的小疙瘩搓破，血流不止……

夜里，蒋天枢便被送进就近的长海医院。

长海医院是军队医院。复旦大学的教职工常来此就医。当时，军队医院也在打派仗，只有少数人上班。

医生诊断后，认为蒋天枢因病菌感染，血小板减少，应立即住院治疗。

蒋钟垣急切地说："那就住院！"

当时，人们普遍"左"得可爱，阶级斗争的弦绷得很紧。值班医生问："患者是什么人？"

"复旦大学中文系教授。"女儿回答。

医生略一沉吟，摇摇头，说："不收！"

钟垣急了，连连追问："为什么，为什么呀？"

医生据实相告："部队医院嘛，政治第一，收了牛鬼蛇神，我们这一派要倒霉的！"

蒋钟垣大声争辩道："我爸爸不是牛鬼蛇神！"

接诊医生两手一摊："如果是革命群众，请学校开证明来！"

钟垣还想争辩，但也意识到，派仗正酣，互相揪小辫子，人家同你无亲无故，谁愿意冒这个风险，跟自己过不去呢？古语说："秀才碰到兵，有理讲不清。"现在，部队医院又拉起红卫兵，兵郎中成了双料的兵，这理还怎么能讲清呢？只有照军医说的办了。

眼下深更半夜，到哪儿开证明去？家人只好把病人先搀回家去。

蒋天枢身上，殷红殷红的鲜血，从创面流出，尽管流量不大，却一刻不停。

全家在焦躁和不安中度过了一个不眠的夜晚。

次日一大早，钟垣就跑到中文系办公室开证明，然后跑到校办公室换信。为救爸爸一命，她像着了魔一样，走到哪里都说："我爸爸不是牛鬼蛇神……"

为了爸爸能住院治疗，蒋钟垣像红卫兵小将一样横冲直撞。幸好运动以来，蒋天枢远离派系斗争，没有对立面。女儿费尽周折，终于把学校的证明信开到手。

这样，蒋天枢才以"革命群众"的身份，幸运地住进长海医院。

血液攸关性命。当务之急，是把血止住！

医生用云南白药止血，内服、外敷并用！

云南白药产于我国云南省，是适用于各种出血病症特效药。一般药到病除。可是，蒋天枢的病情比较特殊，用云南白药数日，竟然无有疗效。

血液约占人体重量的十三分之一，是生命之水。蒋天枢的体重不过百斤，血液总量不过十斤，这样昼夜不停地流，怎么得了呢！

蒋天枢头晕眼花，四肢无力，走起路来摇摇晃晃，须扶着墙挪步。一次，上厕所回来，他猛感天旋地转，眼前漆黑一片，两腿发软打晃，“嗯咚”一声，栽倒在地。

家人连忙扶起，不好，身上又有几处流血了。

医院一化验，糟糕！血小板急剧下降，每立方毫米只有六千个。

血小板是血液中没有细胞核的小体，专司人体中的血液凝固和收缩。正常人血液中，每立方毫米含有十万到三十万个。

蒋天枢的血小板，已经到了生命的临界值！

医生惊呼：“太危险了！”于是，立即下达了病危通知书，并在病房门口挂上比较醒目的警示牌。

家人一方面恳求医生竭力抢救，一方面也不得不准备后事。大女儿蒋钟埙也从北京赶回来了。母女三人心急如焚，但在病人面前还要装作没事一样。

一次，蒋钟埙用小车推爸爸去化验室验血。一路上，她尽量把车子推得慢一点，稳一点，但回来时，一看到门口挂着的那块病危牌，怕爸爸受刺激，便三步并作两步，把车子推了过去。

医生看到临床用云南白药“此路不通”，就注射激素针，并改用理疗——红外线照射。

一天，两天，三天……

神奇出现了，病人身上多处创面的血流止住了！

至此，医生和蒋天枢一家才露出久违的笑容。

春节期间，多数病人回家过年了，医护人员只留下少数人值班。病房里冷冷清清。蒋天枢全家就在医院病房里过年。人毕竟从死亡线上挣扎过来了，全家人高兴啊！

病魔缠身，蒋天枢不仅肉体上十分痛苦，精神上也非常苦恼：有那么多事情要做，可现在生命难保，什么都做不了……

1968 年，365 个日日夜夜，蒋天枢就是在医院中度过的。

1969 年 4 月，春暖花开，蒋天枢的病情基本得到控制，血小板稳定在五六万。经医生许可，他拖着孱弱的身体，回到复旦一舍十一号家中，还很庆幸：毕竟活着回来了！

此后，他谨遵医嘱，家居养病，改服中成药左归丸、复方胎盘片，托北京、辽宁、江苏的亲友购买阿胶、鸡内金等，辅以中草药煎服，定期到医院验血。事实证明，中草药确有疗效，但疗效较慢，过了很长时间，血小板才仅及正常人的十分之一。不过，上了岁数的人，能一天天好起来，已经谢天谢地了。[1]

这场病，使蒋天枢痛失了两年极其宝贵的光阴。他本来计划中的许多事情，都被耽搁下来，好惋惜呀！每念及此，蒋天枢就万分痛惜，长吁短叹。他给外甥朱子方写信说："我曾对《尚书》《诗经》两书下过很长时期功夫，以目前精力论，看来已不能再写什么了。现在时恨你三舅（天格）害我不浅，把我精力还好的几年都病中度过了。"[2]同亲友谈话时，他也常流露："天格真是害人不浅！若不是这场大病，我能做多少事情啊！现在虽说活着回来了，可精力不济了，很多事情都不能做了啊！"[3]

蒋天枢患病中，自身难保，却已在怀念陈寅恪先生：两年多音讯不通，在这种史无前例的岁月，不知陈先生过得怎么样啊？

在"红色恐怖"的年代，"亲不亲，阶级分"。这使很多原本亲近的人不敢亲近，只有在相思中受尽煎熬，该是多么的可悲！

1969 年 12 月 5 日，复旦中文系转来一封中山大学的来信，是陈先生的小女美延 10 月 11 写来的。蒋天枢览信，不觉大惊。陈美延信中写道：

> 父亲于本月七日晨五时病逝。校革委会和省革委会都有同志前
> 来慰问母亲。母亲现重病卧床，嘱我写这封信给你。我自己因小孩病，
> 由英德茶场干校回广州，恰好遇上此事。二姐小彭也在英德干校，
> 已由校革委会通知其返广州，十号回来。在四川的大姐流求，也打
> 电报去了，但他们干校在西昌，不知能否收到电报。我们希望等大
> 姐能赶到才安葬。留尸至十六号，大姐赶不到，也将于十月十六日
> 火葬。我们现在的住址是西南区五十号。
>
> 1969 年 10 月 11 日。[4]

10 月 11 日的信件，为何过了近两个月才收到？原来两年多不通音讯，师母唐晓莹考虑到，不能不把陈先生逝世的消息通知蒋天枢，才让美延写信来的；又考虑到，自家已离开康乐园，蒋天枢可能也会搬家，才让小女儿把信寄给了复旦大学中文系；系里收到信后，又没有及时送达。

蒋天枢震惊、悲痛之余，也为中文系没有及时送达这么重要的信件而叫苦不迭。他想，如果及时接到美延的来信，或许自己可以赶去参加陈先生的遗体告别仪式；即便身体不允许前往，起码可以立即与师母取得联系。而如今，陈先生的遗体已经火化，师母的病情又不知怎样，真是误了大事啊！

蒋天枢立即修书一封，寄往中山大学。

他为未见陈寅恪先生最后一面极为惋惜，又为师母的病情而忧虑，一天一天，急切地盼望着陈美延的信来。

年底最后一天，他终于接到陈美延 12 月 28 日的来信，再一次受到震动：

> 今天收到你 12 月 5 日的来信。由于一直没有收到您的回信，所以没再写信给您。这两个月来，对我们家来说，变故实在太大。10

月7日早五时半，父亲由于心力衰竭，又突然暴发肠梗阻，肠麻痹，不能救治，病逝。（事后，曾登南方日报，报纸另附邮上）母亲自父亲去世后，病不能起，日渐沉重。流求姐和小彭姐回来探亲，相继返回干校。不久，母亲即因脑出血、高血压、心脏病等，抢救无效，于11月21日（旧历十月十二日庚子）晚八时半病逝。组织照顾我便于给小孩治病，留在化学系工作。回广州不不久，父母相继去世。两位老人去世时，我都在跟前。母亲去世时，小彭姐又请假返广州料理几天，即又返英德干校了。流求姐则因刚返四川干校，不能再请假回来。现在父母皆已火葬，并将两个骨灰箱安放在一起，寄存广州火葬场。[5]

前痛未消，噩耗又到，蒋天枢读信，唏嘘不已，顿足叹曰：一代学人之家，祸不单行，何不幸若此！他又想，师母逝前病中，命美延写信来，或许师母想和自己见上一面，结果面没见成，连书信也未收到，师母九泉之下怎能瞑目呢？师母病中一定还在为自己的处境和安危担忧吧？如果师母想见面有所嘱咐，岂不成了永久的遗憾……

痛苦和思念交织一起，使病中的蒋天枢寝食难安。

陈先生夫妇接踵去世，对蒋天枢是一个无比沉重的打击。此后，陈先生晚年的悲惨遭遇陆续传来，更使蒋天枢难以承受了——

"文化大革命"开始不久，陈寅恪先生即被列为头号斗争对象，不但工资停发，少量存款亦被冻结，日常生活捉襟见肘，以致不得不向校方写下《申请书》求救：

一、因心脏病需吃流汁，恳求允许每日能得牛奶四支（每支约四块八角）以维持生命，不胜感激之至；

二、唐篔现担任三个半护士的护理工作和清洁工、杂工工作，还要读报给病人听，常到深夜，精神极差。申请暂时保留这位老工友，协助厨房工作，协助扶持断腿人坐椅上大便。唐筼力小头晕，有时扶不住，几乎两人都跌倒在地。一位工友工资二十五元，饭费十五元，可否每月在唐筼活期存款折中取四十元为老工友开支。又，如唐筼病在床上，无人可请医生，死了也无人知道。[6]

表面看来，这是陈寅恪先生迫于生存向组织上的恳求，实际上，这是他对遭受非人待遇的顽强抗争，是对"文化大革命"的愤怒控诉。声音尽管非常微弱，但却可以令人想见其面对困境时，顽强不屈的抗争精神！

运动中，陈先生寓所对面的办公楼被造反派占领，打派仗的高音喇叭震耳欲聋，日夜不休，吵得两位老人难以入眠。这还不算，他们进而从精神上折磨老人。1968 年，"秋八月，工宣队军宣队进驻中山大学。于是有'专案组'之设置，从各方面调查先生之'罪行'。"先生被迫没完没了地写书面交代材料。1969 年春节后，学校又命令先生把家搬到西南区五十号。3 月至 7 月，师母唐晓莹被街道妇联叫去学习，使先生失去照顾。陈先生患有心力衰竭症，5 月 5 日仍然被迫作口头交代，直至不能讲话为止……[7]

这，就是一代史学大家的凄惨晚景！

先生咽气时，门庭冷落，只有夫人、小女及清华国学研究院时的学生、中山大学历史系主任刘节在侧。陈寅恪先生"生前受到最大的诬蔑、迫害，给戴特号牛鬼蛇神帽子，家被抄到难以次数计算"。[8]死后又如此凄凉，桃李满天下，却只有一个学生为其送行……

陈先生逝世十一天后，广东省报纸才刊登消息。由于"四人帮"横行天下，报上竟看不到一篇悼念先生的文章。蒋天枢一生最崇拜的人，就这样受尽折磨，在冷落寂寞中，孤独地走了。

更使蒋天枢痛心的是，陈先生的最后一篇文章——《寒柳堂记梦未定稿》，曾请助手黄萱誊清两份，一份被历史系学生王某拿去批判，下落不明；另一份保存在师母手中，现在竟不知去向。蒋天枢后悔不迭：

如我能及时收到先生来信，虽病体不能去广州，师母尚可将《寒柳堂记梦未定稿》寄来，或不至终于佚失。[9]

此后，蒋天枢为寻找先生的遗稿费尽周折。

一想到陈寅恪先生生前的惨状和死后的凄凉，蒋天枢就心如刀绞，长吁短叹。他白天往往怔怔地坐在桌前，魂不守舍，常提笔忘字；晚上躺在床上，神疲身倦，却不能入眠。因心情不好，他往往连定时服用的药丸也忘吃了，有时还自言自语："人生，究竟是怎么回事呢？"

老伴问他说的是什么。他叹口气，什么都不说了。

小女儿钟垣发现他经常忘了吃药，找来一张白纸，用钢笔在上面写了几个空心大字："你吃药了吗？"贴在小桌对面墙上。蒋天枢每天往桌前一坐，这几个大字就跳入眼帘。特别是那个问号，画得那么大，就像女儿的两只大眼睛，在眨巴眨巴地盯着自己。

唉，难得女儿这一片孝心啊！

蒋天枢的身体在恢复中，情况时好时坏。自从得知陈先生夫妇不幸的消息后，他情绪波动较大，休息不好，服药不正常，血小板数量又有所下降。他时时在想，先生所托之事没有完成，自己的身体又不争气，万一先生的文稿散失，文集不能出版，怎么向先生交代呢？想到这里，蒋天枢又急切起来：一定要养好身体，完成先生的重托。

除服用中草药外，蒋天枢听说有位中医善用针刺疗法治疗血小板减少病，便拖着病体，上门求医，一个疗程下来，果然有效，坚持做了几个月，病情大大好转了。

1971年初，他刚能离开病榻，就写信给昔日老友、山东大学教授、时在国务院文化组出版组工作的高亨，请他向中华书局询问，为何长期搁置陈寅恪先生的《金明馆丛稿初编》而不予出版，并请他从中做些工作。

1972年上半年，他血液中的血小板上升到每立方毫米六七万，虽然还未脱离危险，但已经为编校陈先生文集开始忙活了。

这一年，蒋天枢六十九岁。他想，身体这个样子，时间不等人，还是要抓紧啊！陈先生的托付，是难得的信任，更是自己的责任，如若不能完成，不仅愧对先生，而且要承担历史的责任！

他深知，这是一项并不轻松的使命。

1974 年初，全国开展"批林批孔""评法批儒"运动。因为涉及古典文学，复旦大学给蒋天枢派了很多任务。既是任务，当然要认认真真地完成好。浪费时间，浪费精力，这使他非常无奈："回想几年来，学校送来许多稿件让看，大都是'四人帮'安排的什么有关法家著作的文章，时间已白白浪费了，悔恨有何用？既须吃饭，总要给人做点活呀！"[10]

在中国这个特殊的年代，蒋天枢在夹缝中生存，既要为生活而工作，又要承担陈先生的重托，唯有刻苦自励了。已经留下许多遗憾，但愿不要留下更多的遗憾！

注：

（1）据刘青莲女士1990年3月讲述。

（2）引自蒋天枢1977年6月24日给朱子方的信。

（3）据蒋天枢1971年同笔者见面时的谈话。

（4）引自蒋天枢《陈寅恪先生编年事辑》（上海古籍出版社，1981年6月）"一九六九年"条。

（5）引自蒋天枢《陈寅恪先生编年事辑》（上海古籍出版社，1981年6月）"一九六九年"条。

（6）引自蒋天枢《陈寅恪先生编年事辑》（上海古籍出版社，1981年6月）"一九六八年"条。

（7）引自蒋天枢《陈寅恪先生编年事辑》（上海古籍出版社，1981年6月）"一九六八年"条。

（8）引自蒋天枢1978年1月24日给朱子方的信。

（9）引自蒋天枢《陈寅恪先生编年事辑》（上海古籍出版社，1981年6月）"一九六九年"条。

（10）见蒋天枢1977年6月20日给朱子方的信。

第二十二章　挚友唐兰

　　蒋天枢一生重友，也确实结交了一些朋友。如无锡国专的同学唐兰、王蘧常、吴其昌、钱仲联，清华国学院的同学刘盼遂、高亨、蓝孟博、姜亮夫、蒙文通、谢国桢，大学同事萧一山、金毓黻、金景芳等，都是蒋天枢非常要好的朋友。其中，唐兰和高亨是蒋天枢一生的挚友，又称"清华三兄弟"。

1973 年秋，唐兰陪同蒋天枢游览故宫留影。

朋友皆是学人，遇到好书，互相代买；写了文章，互相寄赠；学术见解，互相探讨；批评竟见，直抒胸臆；至于生活和身体，更是互相关心，有时还千里迢迢地登门看望呐！

唐兰，字立庵，1901 年生于浙江嘉兴，无锡国专首期学生，清华国学研究院二期附读生，年长蒋天枢两岁，在三兄弟中年龄居中。

蒋天枢在沈阳教高中时，唐兰在辽宁省教育厅编辑《辽海丛书》，并任东北大学讲师。"七七"事变后，唐兰先后任北京大学、清华大学、中国大学、辅仁大学讲师，西南联合大学、北京大学教授，1952 年调入故宫博物院，担任研究员、副院长。他对文字、音韵、诗词、绘画、书法、篆刻、古代历史和青铜器的起源及铭文的研究，都有很深的造诣。

五十年代，蒋天枢因联系陈寅恪先生文稿出版事进京，就看望过唐兰。

1973 年 10 月，蒋天枢夫妇在京游览颐和园留影，
左起：朱子方、刘青莲、蒋天枢、朱洪军（朱子方之子）。

1973 年 9 月，蒋天枢夫妇赴京看望老友和生病的长女时，唐兰和夫人张晶筠几乎全程陪同，并一起游览了故宫和颐和园等处，最后把蒋天枢送上返回上海的列车，看着火车走得看不见了才离开，可见他们的感情之深。

"文化大革命"中，"四人帮"横行霸道，对文化的摧残尤其酷烈。唐兰和蒋天枢深恶痛绝，但在当时情况下，不便对外发泄，便只能在老友交往中一吐为快了。

"批林批孔""评法批儒"运动开始后，"四人帮"为篡党夺权大造舆论，附庸风雅，装模作样地抬出几位文化老者招摇过世。岂不知，北京文史学界是藏龙卧虎之地。学者们把那几位老先生比作"商山四皓"，背地里吟诗作赋，进行冷嘲热讽。

何谓"商山四皓"？本是指秦朝末年的四位白发老人：东园公、用里先生、绮里寄和夏黄公。四人皆八十余岁，隐于商山。汉高祖刘邦多次敦聘不至。吕后为阻止高祖以庶子如意更换太子刘盈，便用张良的计谋，让太子刘盈卑词安车，将四位老人请出山来，从而造成羽翼丰满的假象，保住了皇太子的位子。"商山四皓"，实际上是为未来皇上保驾护航的四位白发老者。

唐兰对"四人帮"极度不满，对为"四人帮"吹喇叭、抬轿子的四位老先生也颇有微词，便写信给老朋友蒋天枢，抄录北京新近流传的《四皓新咏》，佐餐一笑：

> 贞元三策记当年，又见西宫侍讲筵。
> 莫信批儒反戈击，栖栖南子是口传。
>
> 诗人盲目亦盲心，白首终惭鲁迅笺。
> 一卷《离骚》进天后，翻成一曲《雨霖铃》。
>
> 射影含沙骂孔丘，谤书管钥护奸谋。

先生熟读隋唐史，本纪何曾纪武周？

进讲唐诗侍黛螺，北京重唱老情歌。
义山未脱挦扯厄，拉入申韩更奈何。

蒋天枢看了，一来痛恨"四人帮"的倒行逆施和胡作非为，二来也为四位御用文人感到脸红和羞耻，止不住开心一笑。对知识界的怪现象，文人学士们打趣一下，原是常事，无可厚非。唐兰先生既有雅兴抄来，蒋天枢当然也有兴致拜读。

再往下看，是唐兰自己的奉和新作：

读《商山四皓》戏和

贞元盛世阐三书，元老丘明学谴儒。
耳畔璆然环佩响，招摇过市女同车。

盲目诗人辱爱罗，少年轻薄记曾呵。
濯缨濯足须重论，山鬼能知事几多。

司寇重新论孔丘，尚须含蓄隐机谋。
捉刀尽乐翻云雨，学舌鹦鹉岂识羞？

獭祭虫鱼老玉溪，巫山源海总无题。
郑笺昨日翻新样，前度刘郎漫比齐。[1]

唐兰在信中还诙谐地反问《楚辞》研究者蒋天枢："某某已青盲，行动须人扶掖。据云屈原是哲学家，兄谓然否？"

唐兰写文章喜欢用圆珠笔，下水流利，方便耐用，可是，须经常更换笔芯，一段时间，北京市场上很难买到。为此，他颇为苦恼，写信向蒋天枢求救，拜托他在上海想想办法。

文人写文章，怎么能离开笔呢？蒋天枢接信，立即上街购买。考虑这种笔芯不能灌水，是一次性的，而唐兰用笔很勤，蒋天枢便多买一些，邮寄过去。

此后，每隔一段时间，蒋天枢给老友写信时，就附寄几支圆珠笔芯。一次，唐兰又接到蒋天枢寄来的笔芯，喜不自胜，复信说："承又寄来笔尖十枚，贫儿暴富矣！"[2]

在学术研究上，蒋天枢同唐兰一直互通信息，征求意见，切磋琢磨，开诚相见。

蒋天枢读杨宽的《战国史》一书，认为其中的观点大可商榷。比如，作者书中写道："在公元前 306 年（楚怀王二十三年），楚国乘越国内乱，把楚国灭亡了，把江东改建为郡。"蒋天枢认为这种说法与历史不符，就在与唐兰的信中谈了自己的观点。二人看法不谋而合。唐兰回信说："杨宽论法家的文章确有可批之处。"

蒋天枢打算写一篇楚灭越的文章，结合批驳了杨宽的观点。唐兰信中极表赞同和支持，说："你要写一篇楚灭越的文章，好极了，复旦是否出刊物，如需找地方发表，我这里也可以想办法。"[3]

1978 年元月，蒋天枢写好《"楚灭越在怀王二十三年"平议》一文，寄唐兰老友征求意见。唐兰很赞成摆事实，明是非，但从百家争鸣角度，提出口气似可略微缓和；从读者角度，小的校勘字句则宜能省即省，减少枝蔓，让读者可以一口气读下去。[4]蒋天枢吸收老友的意见，将文章再加修改。不久，这篇文章在西北师范大学《文史学林》杂志上发表，后收入《论学杂著》一书。

其实，蒋天枢同杨宽也是朋友。之所以写这篇文章，主要是学术观点上的论争。蒋天枢看不惯曲学阿世的不良文风，有不同意见就要讲出来。但是，这并不一定能够为对方所理解。一次，谈到这篇文章时，蒋天枢不无遗憾说："想不到，这篇文章得罪了一个朋友！"然而，秉持正见，正误指谬，是学人的本色。真理不让于师，何况是朋友呢！对此，他并不后悔。⁽⁵⁾

同样，唐兰对蒋天枢也非常尊重。

当时，唐兰正致力一项历史工程——撰写一篇题为《中国古代的奴隶制社会》的大块文章。他认为，中国拥有五六千年有文字可查的历史，奴隶制社会比封建社会还要长。这样，就把中国古代史前推了两千多年，中国的历史就要重写了。

初稿写出后，唐兰寄给蒋天枢征求意见。蒋天枢认真阅读，不捐巨细，提出自己的看法。唐兰认为老友的意见非常中肯，深表感谢，诚恳地表示："承详读指疵，甚感。您提的意见，将一一检查改正，有些须加注。"⁽⁶⁾

唐兰将这篇文章再经修改，寄给《考古学报》杂志。遗憾的是，文章因为没有引用一条毛主席语录，发表时遇到困难。刊物的编辑甚感为难，一方面，考虑此文确有价值；另一方面，又担心发表这种纯学术的文章不合时宜，几经反复，文章已经排出清样，发送作者校过，并已印出装订，最后，又莫名其妙撤掉了。

一度，唐兰和蒋天枢的通信，就围绕着这篇文章的命运进行。他们时而为文章的不幸遭遇而气愤，时而为遇到九方皋式的人物而称庆，时而又为文章发表出现一线曙光而欣喜。

不过，老友之间也有意见相左的时候。

1976年9月9日，毛泽东主席逝世。11日晚，唐兰得以走进人民大会堂，瞻仰伟大领袖的遗容。归来后，他"忧思抑郁"，"悲痛不已"，突发灵感，打算以史诗的形式，写作毛泽东悼词，并将题目定为《主席活在我心中》，计划要写一百首。

唐兰非常勤奋，说干就干，到10月4日，已写六十多首，时间才写到1942年。

唐兰自认为这是一个创举，十分得意，将第一部分诗稿抄寄蒋天枢先睹为快，让老友与他分享，并殷殷嘱咐他："请您看看，这样写是否合适，您有啥意见，请您赶快告诉我。"(7)

10月6日，以华国锋为首的党中央一举粉碎"四人帮"，唐兰吟诗的兴致更高了。10月12日，蒋天枢的复信还未到，唐兰的史诗已经写了一百二十首，时间却才写到平津战役，看来总量要超过二百首了。他又给老友写信，述说雄伟抱负："我的目的，想尽量把毛主席的丰功伟绩和伟大思想，把我认为最重要的全记下来，也可以说学习札记吧。明知写得不太好，但还是硬写下去，这是比较大胆的。这是过去从来没有过的，只是一种尝试，如果有机会，还是想发表的。"

唐兰激动不已，情不自禁地又把墨迹未干的新诗抄给蒋天枢：

不愧英雄在战场，未曾征服被拿枪。

可能糖弹来攻击，败仗难禁受重创。

剧才序幕未高潮，万里长征路尚遥。

革命向前更艰苦，要能胜利不能骄……

接到老友的新作，蒋天枢开始很高兴，但一首一首读下来，就不禁摇头了。他的看法和唐兰相反，认为这种以史诗写作的方法殊不足取。在给唐兰复信中，他一针见血地指出，从诗来看，老友对毛泽东的认识并不深刻，并且文字上存在诸多障碍。蒋天枢诚恳地告诫唐兰，你已经七十五岁了，写诗并不是你的专长。来日无多，你还是应该集中精力，完成自己的论文写作计划，而这，才是别人无法替代的。

原来，唐兰向他谈过自己庞大的写作计划，一是打算写一部十多万字的《中国的奴隶制国家》的著作，更为详尽地阐述自己的观点；二是把所释的甲骨文汇集起来，用十年时间，出八大本合集；三是总结致力于中国文字革命四十年的经验，提出文字改革的大胆设想，拟定民族新文字方案。

蒋天枢担心，如果老友陷在诗中不能自拔，其论文写作计划就有可能泡汤了，那岂不太可惜了吗？

对毛泽东主席的去世，蒋天枢劝唐兰不要过于伤心，停止写诗，抓紧时间，在有生之年，把自己想干而还没来得及干的事情干好。这才是正事！

唐兰接读来信，一方面认为老友言之有理，不能总是沉湎于悲痛之中不能自拔；另一方面，又感觉诗如潮涌，欲罢不能，就回信说："您要我放下写诗，您的关心我很感激，所指对主席的认识不深和文字障碍仍然存在两点，确是要害。争奈已经上马，很难再下何！目前已写了二百多首，还只写完人民内部矛盾……""你也许要笑我，也许跟某些人所说的是不务正业吧。但由于我心情激动，不能自已，所以总想写完它。"[8]

蒋天枢为唐兰这种痴迷的行为殊深叹惋，甚至有些生气了。

在蒋天枢的规劝下，唐兰终于回归学术研究了。1977年春天，他写出《奴隶制国家》第一稿，即寄给蒋天枢，还准备再写十几万字。但是，文章写出，未必能够发表。唐兰的《中国奴隶制社会的开始》一文，《考古学报》声称要发，却遥遥无期。《光明日报》原拟4月1日刊登，结果被抽掉了，理由是大事多，版面紧。《中国古代的奴隶制国家》已写出4稿，连注释一万三千多字，未引一条毛主席语录。一位编辑说，如此文章，他们不敢发表。唐兰虽然痛恨这种"黄袍加套"的拙劣文风，但时下风气如此，感到无能为力。即便如此，他还勉励蒋天枢："你要重理旧业，还要抓紧，转眼又将炎热，更难动笔。"[9]

7月初，唐兰冒着高温酷暑，亲临宝鸡、凤翔、西安、洛阳、郑州、新乡等地考察。7月14日，《光明日报》拖了三个多月，终于发表了他的关于大汶口文化的文章。蒋天枢为老朋友在学术研究上取得的成绩而高兴，并热情推荐唐先生的研究成果，同时又担心，唐兰先生工作起来像拼命三郎，因而不断提醒他，尽管身体尚好，毕竟年事已高，还是要注意节劳。[10]

蒋天枢的担心不是多余的——

1977 年下半年，唐兰感到左腿略有不适，行走间会突然失去控制，但因活动较多，一时未能引起足够重视。

1978 年 5 月，唐兰因事赴香港，连日劳累过度，脑血管硬化，引起供血不足，身体左侧出现偏瘫症状，医生嘱咐停止一切活动和工作。

知唐兰如此，蒋天枢不时写信问候，并嘱不必亲自回信，让孩子报个平安即可。但是，强烈的事业心怎么能使唐兰卧在病榻上静养呢？他不服老，仍然"老骥伏枥，志在千里，烈士暮年，壮心不已"。不久，蒋天枢又收到了他的病中吟：

病榻默占

生与老病死相俱，妄我虚夸读五车。

槁木死灰谈似易，心猿意马几能拘。

刑天志在将干戚，仓颉独传善作书。

华族终当迈现代，食芹常欲献区区。[11]

沉疴在身的唐兰，依然老当益壮啊！

经过一个多月的治疗，唐兰的病情有所好转，唯手指功能尚未恢复。他想到："我已将近大耋，死亦何憾！可惜还有许多事情要做，总有一些不甘心罢了。"[12] 他一再恳求医生，准许他提前出院。医生善意地安慰他，不要着急，能否出院，要看治疗情况，如果恢复好的话，国庆节后便可工作。

唐兰非常高兴，立即写信，将这一好消息告诉蒋天枢。蒋天枢回信鼓励他：似你身体这么好，还可工作二三十年！唐兰受到莫大鼓舞，更增加了战胜疾病的勇气，当即复信："来函说我还可做二三十年事业，足可鼓舞。昨看刘海粟画册，渠于 1957 年中风，1962 年以后又复作画，今已八十三矣，使我更增信心。余致力中国文字革命四十余年，顷方制定中华民族新文字方案……"（13）还在病中，就又跃跃欲试了。

8月10日，唐兰先生还躺在病床上，就着手制定中华民族新文字方案，勾画文字改革的蓝图了："全部文字不足三千，小学生只须一年多一些时间可学完。"（14）

8月28日，他给蒋天枢写信说："我目前恢复得还好，只是左手不很听使唤。前几日，去301医院检查一次，定为偏瘫后遗症。"（15）

9月2日，唐兰又写信给蒋天枢："我的情形已较好，可以不用杖，随意步行了，但为了慎重，出去还是拿杖的。明日翦伯赞追悼会，虽颇想去，但怕太累，只得作罢。"（16）

蒋天枢读信，很是高兴，并期待着老友进一步康复的好消息。

11月6日，唐兰想到蒋天格落实政策的事情，还给上海博物馆馆长沈之瑜写信，介绍蒋天枢前往拜访。岂料，1979年1月12日上午，蒋天枢就接到唐兰四子唐益年发来的电报，说他父亲已于11日上午去世了！

蒋天枢要家人立即订飞机票，打算亲自赶赴北京，为一生最敬重、最知心、最亲近的老朋友送上一程。

夫人刘青莲和女婿杨国琛一再劝他说，你已是七十五岁的老人了，刚得了一场大病，现在身体还很虚弱，心情不好，再加劳累，天气寒冷，到那里站着开追悼会能吃得消吗？万一有个好歹，岂不是给唐先生家人增加麻烦……

听家人这样说，蒋天枢虽然心有不甘，也只好从命。唐先生的追悼会，他只有委托在京的女儿、女婿参加了。他打电话一再叮嘱女儿，一定要代自己给唐先生送个花圈。

腊月天气，复旦大学宿舍没有煤炭生火，室内凄清冰冷。蒋天枢身裹棉衣，时时怅望北方，思绪茫茫，要写几首挽诗，给老友唐兰送行：

五十年来旧交深，沈阳津沽过从亲。

春明冬夜城南路，踏雪寻歌记尚新……

他还要再写，可心里甚为难过，实在写不下去了。

蒋天枢为唐兰惋惜："唐先生的逝世，对于我真是太大的震动，悲哀久久不能去怀。世上一些坏蛋……偏偏老而不死，天却夺去了唐先生这样有大用的人才。他有好多有关古史的著作都没有完成！"

蒋天枢无限遗憾："去年夏天，本想到北京去过些天，看看老朋友。"可夫人拖腿，却说今年夏天再去，她可陪同一道去。哪知这一拖延，竟与唐先生永别呢！

不久前，唐兰看到学界老友去世，曾感叹："旧学商量，欲耕无耦，悲从中来，欲哭无泪。"[17]

唐兰一走，蒋天枢深有同感，不禁发自肺腑地仰天大呼："天乎，痛哉！"[18]

注：

（1）引自唐兰1976年2月13日给蒋天枢的信。

（2）引自唐兰1976年1月24日给蒋天枢的信。

（3）引自唐兰1977年12月27日给蒋天枢的信。

（4）据唐兰1978年2月2日给蒋天枢的信。

（5）据蒋天枢1986年与笔者的谈话。

（6）引自唐兰1977年4月10日给蒋天枢的信。

（7）引自唐兰1976年10月4日给蒋天枢的信。

（8）引自唐兰1976年10月22日给蒋天枢的信。

（9）据唐兰1977年5月23日给蒋天枢的信。

（10）据蒋天枢1977年6月20日、8月14日给朱子方的信。

（11）据唐益年1978年5月21日给蒋天枢的信："我父亲因连日劳累，自香港回京后即病倒，不能及时复信。前数月，我父亲已感到左腿略有不适。行走间会突然发觉失去控制，但因活动紧张，一直未引起重视，致使过度劳累。回京后，即发现左侧出现轻瘫症状，经医院诊断，系由于脑血管硬化引起的供血不足，中医则认为是半身不遂初起。目前，我父亲正在积极进行治疗和静养。治疗是在中医研究院进行针灸，同时服用中药。遵照医嘱，我父亲已停止一切活动和工作，保证休养。"

（12）引自唐兰1978年6月30日给蒋天枢的信。

（13）引自唐兰1978年7月20日给蒋天枢的信。

（14）引自唐兰1978年8月10日给蒋天枢的信。

（15）引自唐兰1978年8月27日给蒋天枢的信。

（16）引自唐兰1978年9月2日给蒋天枢的信。

（17）引自唐兰1978年7月20日给蒋天枢的信。

（18）引自蒋天枢1979年1月12日（除夕）给朱子方的信。

第二十三章　诤友高亨

高亨长蒋天枢三岁，在清华三兄弟中年龄最长。

高亨，字晋生，1900 年 7 月生于吉林双阳县一个农民之家，1925 年秋考入清华国学研究院，运用《说文解字》写作《韩非子集解补正》，变化会通，匡谬补缺，深得梁启超先生赞许。梁先生曾题赠一联策勉："读书务要识家法，行事不须同俗人。"高亨遵循清代高邮王氏父子的家法，从文字、声韵、训诂入手，以读书、教学、写书为职志，走上人生之路，数十年一以贯之。

蒋天枢与高亨同为梁启超先生的及门弟子，关系融洽。1929 年，高亨任教于东北大学教育学院国文系，即介绍蒋天枢到辽宁北陵第三中学任教。

1936 年，高亨随东北大学迁河南开封，同蒋天枢再次相聚。不久，高亨同蓝文征一起，引荐蒋天枢到东北大学工作，直到三人几乎同时离开东大。

在东大期间，经蒋天枢做媒，高、罗两家结为秦晋之好。

抗战胜利后，蒋天枢随复旦大学复员上海，高亨一度在重庆相辉学院任教，后调山东大学工作。

在做学问方面，蒋天枢和高亨有很多共同语言，长年联系不断，学术上互相探讨，相得益彰；生活上互相关心，情同手足。从四川来到上海后，蒋天枢一天在街头看到《王静安先生遗墨影印本》两册，就全部买了下来，一册自用，一册寄给老友高亨。高亨对蒋天枢也是如此。⁽¹⁾毕竟是多年朋友，年纪越老，越容易怀旧，越想念老友。

两位老友在学术上意见经常相左。蒋天枢埋头于纯学术，而高亨先生一向对政治感兴趣，分歧也往往由此产生。"文化大革命"中，这种分歧便凸显出来了。

1966 年春夏之交，刮起"文化大革命"的"红色风暴"，不仅把神州大地闹得天翻地覆，也把某些人一忽儿卷入深渊，一忽儿又推向浪尖。在这个光怪陆离的世界里，人们的地位、人与人之间的关系，难免不发生一些微妙的变化。

1970 年早春，北京的迎春花向着高亨先生绽放出一片金黄。他时来运转，从山东泉城调到了北京，受到颇为优厚的待遇。高亨压抑不住喜悦的心情，给老友蒋天枢写信说：

> 我于春节前迁到和平里，一切均平安。在毛主席与中央文革首长的殷切关怀下，在北京市革委会的特别照顾下，我家于六月底把户口迁来北京，将长住首都，长在毛主席身边，感到莫大的幸福。国务院成立一个文化组，由吴德、刘贤权同志领导，文化组成立一个出版组，设在人民出版社。中央文革派我到出版组工作，又特别照顾，不叫去上班，只是在家里搞研究工作。工资仍在山东大学发。
>
> ……
>
> 中央文革、文化部、出版组、北京市革委会常有同志前来探望，他们多坐汽车来，引起邻家的惊讶。⁽²⁾

这种待遇，使一生青灯黄卷、皓首穷经而又身患高血压、心脏病的古稀老人倍感风光，简直受宠若惊了。

高亨原住一层楼，因儿童吵闹，上级又给调到三层楼，四居室，有暖气、煤气等设施，生活非常方便。文化部留守处还特意派人送来了钢丝床和沙发之类。工作需要书籍，"连北京市工委会均代为借书"。[3]

相比之下，上海复旦大学的蒋天枢却是另一番处境，住房也发生了不小的变化，不过不是变好，而是变糟了——

原来住的两层小楼：一楼的一大间房子，被一名党员工人占领；一楼小厨房和一楼半卫生间，由两家共用；家庭住房面积减少近半，只剩楼上一大间一小间了，总计不过三十多平方米。书籍无处存放，只好楼梯一半走人，一半摆书；床下铺张报纸，便成了书库。二楼楼梯拐角处，只有巴掌大的地方，也码了一摞摞的书。教授之家成了名副其实的"斗室"。家藏宋、明、清善本书四箱，实在无处可放，只好托运到北京，交大女儿保存。过去专门照顾教授的取火煤也停止供应了，教授之家成了真正的"寒舍"。常年在家中看书、写作的蒋天枢，平时讲话不多，现在更是噤若寒蝉，有话也不愿讲了……

同是大学教授，待遇为何有天壤之别呢？原来事出有因——

二十世纪六十年代初期，全国掀起学习毛主席诗词热，高亨先生才气过人，不甘寂寞，写了一首文采飞扬的《水调歌头》：

　　掌上千秋史，胸中百万兵。眼底六洲风云，笔下有雷声。唤起巨龙飞舞，扫灭魔炎魅火，挥剑斩长鲸。春满人间世，日照大旗红。抒慷慨，写鏖战，记长征。天章云锦，织出革命之豪情。细检诗坛李杜，词苑苏辛佳什，未有此奇雄。携卷登山唱，流韵壮东风。

高先生很希望毛泽东主席能看到这首词，于是乘着诗兴，将这首词连同自己过去发表的著作，一并寄北京毛主席，后来收到毛泽东 1964 年 3 月 18 日的复信：

　　寄书寄词，还有两信，均已收到，极为感谢。高文典册，我很
爱读。^{（4）}

　　1963 年，高亨来京开会，接受一项为《周易》作注的任务。"文化大革命"前夕，他拿出初稿，寄给康生。高亨迁京后，康生对书稿只改正几个错字，将书稿退回，写信嘱加以修改，修改后再送他看。高亨自是遵命，又下功夫修改一番，如他本人所说："经过文化大革命的深刻教育，思想认识有些提高，原稿改动不少，通论部分有的则重写。"^{（5）}

　　如此看来，高亨这次调京不无背景。

　　高亨把为《周易》作注的工作写信告蒋天枢。

　　过去，蒋天枢对《易经》作过认真的校勘。读过高亨 1947 年由开明书店出版的《周易古经今注》后，他认为高亨因不重视校勘，致使书中出现不少错误。得知老友又要为《周易》作注，蒋天枢坦陈自己的意见，并将自己校勘《周易》的札记寄去，供老友参考。

　　高亨对蒋天枢的做法"极为欢迎，极为欢迎"，并检讨自己"对于校书素无耐心，以'勘而不校'自许，此极大之短处也。今吾兄以校勘成果相示，有助于此工作，有所采录，又增入一家之说，岂不快哉！"并认为蒋天枢的校勘工作很有价值，说："从您寄来的书和札记来看，您对于《周易》下过很多功夫，不知是抱什么目的？如写一本《周易校记》，也很好。"^{（6）}

　　高亨写好《周易新注》初稿，自认为有许多创见，便寄给蒋天枢征求意见。

　　蒋天枢对于老朋友，友谊归友谊，但对学术问题从不含糊，有一说一，有二说二，从不留情面。他读了这部《周易新注》，认为注者主观上想古为今用，适应政治上的某种需要，但对前人的研究成果轻易否定，不够慎重，致使一些新注"言之无据"。他立即写信给高亨，坦率地提出批评，有的意见还比较尖锐，以期引起老友的重视。

想不到，高亨读信，却不以为然，一方面千万百计为自己辩解，一方面从政治角度进行激烈的反驳：

> 你对我敢于抛弃旧说，颇不谓然。我本不想为自己辩解，但转而一想，这是一个学术路线问题，不能不和你谈谈。……（我）决不迷信古人的注释。自知作得不好是有的；言之无据，是没有的。
>
> 我是偏于创新，你是偏于保守……是不是您偏于保守呢？是不是因为您没有完全跳出封建迷信学术的窠臼呢？你虽年老多病，一定还要为人民多提供力量，想撰写什么呢？以我在千里之外的观察，您不要再搞《诗经》《楚辞》了，做一个封建学术的卫道者，是不合时代需要的。（恕我直而言。我只有你，才肯直言。）(7)

本来是学术之争，高亨却扯到路线问题，上纲上线，拉开论战的架势。对此，蒋天当然难以接受，便又写信与老友商榷。北京上海之间，书信一来一往，虽然还是称兄道弟，但言辞却并不客气。高亨先生一次又一次地给蒋天枢上课：

> 研究古代学术最重要的是路线问题，有社会主义的研究路线，有封建主义的研究路线。我们研究一种学术，或一种古书，或写一篇论文，都要辨清走什么路线。
>
> 您又谈到《关雎》篇。毛诗序只是说"关雎，后妃之德是也"，朱熹才说到文王之妃如人氏。您却想执笔写成论文，证明朱说的正确，这不是为封建社会学者张目吗？如果您的说法有充分的证据，也是好的……这篇文章，您不要写了，写了也是浪费笔墨。您果真发现新材料吗？那么，是可以写的。

大作楚辞新注，我看过一遍。书中内容，我记不得了。我的印象是有维护旧说之处，有无这种倾向？这本新注，有可能出吗？如无可能，写它有何益处？

老秉，我看您走上保守复古的道路了。我深知您的个性，固执而不善变。固执也要一分为二，固执地走正确路线，是极好的；固执地走错误路线是极坏的。您客观地想一想，究竟走的是什么路线？

陈寅恪先生的那句诗真好！对您来说，是有惋惜的意味，也有鼓励的意味。我这些年来也觉得奇怪，您的学力那么坚强，而竟无所表现，岂非奇怪！现在我认为您就是走错了研究路线……您年岁已老，身体又病弱，不能再走老路了，不要再固执了。不多写了，写了一些刺耳的话，主观之见，您不要生气！有则改之，无则加勉。(8)

这些话，若非出自相知多年的老朋友之口，个性倔强的蒋天枢说不定会怒目相向。但对于老友高晋生，几十年旧交深深，他只不过摇摇头，一笑置之。在他看来，高亨先生才高八斗，虽然也是学人，但身上缺乏清淳的书卷之气和宁静淡泊的超然心态，俗累终牵，终究难以抵挡政治上的诱惑力，唉，多么不自由啊！

高亨先生晚年患青光眼，视力低下，很少到户外活动，多在书房和卧室中度日。蒋天枢常怀念老友，嘱咐女儿钟埕每逢五一节、国庆节、元旦和春节，都要去高伯伯家看望。1973 年 9 月，蒋天枢夫妇来京时，登门拜访老友，被高亨夫妇盛情挽留了三天，作了一次尽兴长谈。蒋天枢说到夫妇年迈，住房紧张，生活十分困难。高亨主动提出，要设法把其小女儿钟垣从湖南调到上海，否则想办法把蒋天枢调到北京的大女儿身边，好有个照应。(9)

1974 年，江青一伙出于不可告人的目的，大搞"评法批儒"运动，含沙射影地攻击周恩来总理，露骨地颂扬吕后、武则天，为改朝换代做舆论准备，把高亨先生也裹挟进去了。

这年 6 月中旬，江青带着一批人马赶到天津，并于 19 日夜、20 日晨，召开了有一千多人参加的儒法斗争报告会。与会者不仅有"梁效"及迟群、刘庆棠、浩亮等，还有高亨等北京六教授。

蒋天枢身在上海，却非常关注高亨的行动，有时不得不奉劝几句了。反正是老朋友，不管你爱听不爱听，接受不接受，他心里怎么想，口里就怎么说，不绕弯子，直言相告，往往一针见血，戳到你的疼处。信发出后，蒋天枢反倒惴惴不安起来，老友时下正是炙手可热的"红人"，会不会忠言逆耳，"得罪"他呢？他有点坐立不安，甚至让大女儿抽空到高家去一趟，看看老友的反应呢！

对于蒋天枢的忠告，高亨当然感到刺耳，难以接受，但是冷静下来，还是极为感动：

> 吾兄所告，皆金石之言，恰中弟之短处，但积习难返，有时勉为之，而不能持久。^{（10）}

是啊，不是多年知己，谁会给你这种忠告呢！

蒋天枢没有说错。历史的辩证法是无情的——

1975 年 12 月 16 日，中央文革顾问、中共中央副主席康生去世。康生一生利用职权，整人无数，声名狼藉。他一向附庸风雅，对高亨先生比较赏识。高亨先生投桃报李，对康生也表现出仰慕之情，曾真诚地发出"康老学识的渊博，精力的强敏，真非我辈所能企及"的感叹。对于康生之死，高亨先生不能不怅然若失。

更大的打击还在后面———

1976 年 9 月，毛泽东主席逝世。以华国锋为首的党中央顺应民心，一举粉碎祸国殃民的"四人帮"。"四人帮"网罗的一批文人也自然如鸟兽散。可以想象，几位跟着"四人帮"跑的老先生处境也颇为尴尬。

前几年，高亨对老朋友的话听不进去，但在这时，他多么想听听老朋友的声音啊！

患难见真情。蒋天枢没有忘记他。

1976 年 10 月上旬，蒋天枢刚听到"四人帮"倒台的消息，高兴之余，就为高亨老友的处境而担忧了。他很想给高亨写信，但提起笔来，却不知怎样安慰他，只是劝他多多保重身体。

高亨感到了友情的温暖，也道一道自己的心里话：

> 弟两年以来，常在病中，而又忙于编写古字通，真是天天不下楼，我绝不出去看望别人，别人也极少来看望我，除读毛主席书外，看报、听广播外，简直是脱离政治了。积习难改，岂不然哉！ [11]

蒋天枢自然相信老朋友的表白，但看到信上不是高亨的笔迹，还是担心他受到"帮累"。高亨让老朋友放心，可蒋天枢怎么能放心呢？他给女儿钟埁去信，让她看看高伯伯："前几天接你高伯伯来信，信是别人替写的。难道他又生病，或是病又加重了？我也不便问他看电视没有，目前这大快人心的事件，如他也看到，可能会有感触。人生总是人生，很不易和外界绝缘，何况他又是一个无权无势的人，也无力拒绝与那些人接触。但是目前我实在没法安慰他。儿将来哪天有机会去看他时，须多方安慰他，并道我无时不在怀念在京的最老的朋友。" [12]

蒋钟埁是第四机械工业部第十设计院工程师，上班忙工作，下班忙孩子，少有闲时。蒋天枢又给老朋友唐兰写信，请他多去看望晋生，并把看到的情况写给他。

唐兰看望高亨后，即写信给蒋天枢：

> 今日去看晋生，看来身体很不好，每餐只吃一两，血压时高时低……文章也不写，几乎不工作了。 [13]

唐兰过几天就看望高亨一次，看一次便给蒋天枢写一封信。他的信像一面镜子，使蒋天枢千里之外，能够看到高亨生活的折光：

> 昨日去看晋生，十时许尚拥被高卧（上次亦如此，但是下午），屋中已生火，起来即拥皮袄，但精神较前略好，首说：你替我耽心了吧？又说接秉南一信，大概也替我耽心，又辩白说与他们没关系，没有政治联系，与她（江青）已两年未见，王（洪文）、张（春桥）未见过。说他们只是利用一下而已。[14]

> 前天去看晋生，颓唐如故，对于怕受帮累，忧心忡忡，反复向弟辩白。但语气中可以看到，过去他对他们是寄予无限期望的。他申说两年来什么都没有他的份，如人大主席团啊，人大常委会啊，治丧委员会啊等等，并说按理他是和主席见过面并通过信的，是应该有他的。我想塞翁失马，未为非福吧！[15]

> 政协开会前曾去看晋生，憔悴如昨，为之惨然。[16]

蒋天枢和唐兰的心是相通的，认为"他只是热中而已，还不是以趋炎附势而作威作福者，与四皓之流固不同也"。[17]"晋生看来名利心很切，此次打击确不小。杨荣国、冯友兰、杨宽等俱已挨批，身厕六教授中，曾随行天津，提心吊胆固其宜也。"[18]在高亨受到政治风波影响之际，很需要老朋友的理解和问候。

正当蒋天枢和唐兰等老朋友还在担心他"山重水复疑无路"的时候，高亨本人却已走出阴影，"柳暗花明又一村"了。

粉碎"四人帮"后，《毛泽东选集》第五卷出版，全国一片欢腾。高亨先生抓住时机，放开歌喉，又在引吭高歌了：

欣读《毛选》第五卷

四人帮碎妖人散，霞彩神州晓日红。
捧读宝书第五卷，篇篇页页起东风。

抓纲治国颂

四害阴云万里寒，欲冯鬼计戴皇冠。

揭其祸国殃民罪，臭史千篇过眼帘。[19]

发表这两首诗的真正意义，并不在诗的本身，而在于粉碎"四人帮"后，高亨先生在政治舞台上的第一次亮相。这标志着他已经走出了政治上的阴影，向着新的生活重新出发了。

果然，高亨打开思路，给蒋天枢写信，开始商讨学术问题，并谋求南北合作了。

弟认为，吾兄先把《楚辞新注》及序写毕，那些没有多大意义的杂文就不要写了。然后与弟合注《太玄经》，不知吾兄同意否？

拟请吾兄先把《楚辞新注序》寄来，弟先拜读，提点意见，今天著书，不能闭关自守。

高亨先生并以自己新诗一首见示：

记七十八岁生日

七十八年一瞬间，今看巨手造河山。

我生百岁重张望，四化奇峰插碧天。[20]

心情一好，友情也回归了。高亨先生经常对老友问寒问暖。1981年春天，蒋天枢教授患病毒性感冒，病情较重。高亨先生从蒋钟垲处得知后，连发两信问候，信中说："得悉你患了一场大病，使我惊惧不安，后知已告痊，但尚未恢复健康，衷心少慰。遥望沪滨，系念萦于寤寐。切盼吾兄加意休养，谨于外出，您已是八十高龄的老人了。"[21]

1982年，蒋天枢的《楚辞论文集》在陕西人民出版社出版。遵作者所嘱，出版社寄高亨先生一册。高亨读后，不禁为之欢呼雀跃：

> 昨日上午，陕西人民出版社同志寄来大著《楚辞论文集》一册，
> 我非常高兴，马上展读，见到您的卓识特见，为之拍掌，此大可贺也。
> 希望老兄早日写出《楚辞新注》，使双美具、二难并也。[22]

赞赏之余，也有褒有贬，高亨对蒋天枢"喜欢写繁体字，反对简化字，喜欢直写，反对横写"，甚至"反对夫妻称爱人"提出尖锐批评，说"我们应该从众、从俗"。[23]

对此，蒋天枢不敢苟同，遂写信反唇相讥。这使高亨颇为不满。五一节期间，蒋钟垍登门看望高伯伯。高亨言谈之间，说到蒋天枢来信，流露出不悦之色。钟垍不解内情，写信询问爸爸。蒋天枢不得不向女儿解释："你高伯伯信嫌我让西安印书用繁体字直行排。他讲我不称'爱人'为不能'从俗'。我讲'爱人'从外文译进来的，它的含义是'姘头'，如有人称夫人为'姘头'，岂不是笑话？决不是从俗不从俗的问题。信里只谈此两事而已。"[24]

唐兰逝世后，蒋天枢仰天痛呼："天呼，痛哉！"高亨却很超然，立即写信严厉批评，认为这未免太过分了。

直到暮年，蒋天枢和高亨之间的争论一直没有停止过。不过，两位老友不再进行两条路线的论战了。

1986年2月2日，高亨先生病逝于北京。蒋天枢专嘱在北京工作的女婿吕开盛率外孙海川、外孙女海春灵前吊唁，并代他送一个大花圈。

注：

（1）据蒋天枢1950年1月15日给朱子方的信："（《尚书校笺》）仅《盘庚篇》写成

一清稿，亦无法印，不能寄高先生请正也。前数日偶得一影印静安先生遗墨两册（书札手稿之属，每部两册），拟寄高先生一部，俟邮路稍通畅当付寄也。"

（2）引自高亨1970年11月12日给蒋天枢的信。

（3）据高亨1970年11月12日、1971年1月24日给蒋天枢的信。

（4）据华钟彦《高亨先生传略》，朱子方复印寄赠。

（5）引自高亨1970年11月12日给蒋天枢的信。

（6）引自高亨1971年11月24日给蒋天枢的信。

（7）引自高亨1973年1月30日给蒋天枢的信。

（8）引自高亨1973年2月13日给蒋天枢的信。

（9）据吕开盛1997年3月16日给朱浩熙的信："蒋先生1973年来京时，曾在他（高亨）家住三天。"又据蒋天枢1975年3月2日给朱子方的信："高先生主动要代为设法尽先去调钟垣，办不到再作第二步打算。他这样也只得由他。看样子要拖下去了。目前尚没有再得你大妹（钟垍）信，不知晋生进行得怎样？我已一个多月没给晋生信，都是垍儿写信告诉我的。能否迁，何时才能迁，都要看晋生接洽得怎样。"

（10）引自高亨1975年6月27日给蒋天枢的信。

（11）引自高亨1976年10月23日给蒋天枢的信。

（12）据蒋天枢1976年11月30日给蒋钟垍的信。

（13）引自唐兰1976年10月12日给蒋天枢的信。

（14）引自唐兰1976年11月6日给蒋天枢的信。

（15）引自唐兰1977年8月中旬给蒋天枢的信。

（16）引自唐兰1978年3月9日给蒋天枢的信。

（17）唐兰1977年10月2日给蒋天枢的信。又唐兰1976年2月13日给蒋天枢信："四皓者：冯友兰、魏建功、周一良、林庚。"

（18）据唐兰1977年9月18日给蒋天枢的信。

（19）引自高亨1977年5月26日给蒋天枢的信。

（20）引自高亨1978年8月21日给蒋天枢的信。高亨生日为8月7日（农历七月四日）。

（21）引自高亨1981年5月12日给蒋天枢的信。

（22）引自高亨1982年7月给蒋天枢的信。

（23）引自高亨1981年6月1日给蒋天枢的信。

（24）据蒋天枢1981年7月17日给蒋钟垍的信。

第二十四章　寒柳春光

"文化大革命"中，早在 1973 年，蒋天枢就已拖着病体，着手陈寅恪先生论著的整理工作了。

刚刚静下心来，学校却找上门来，送来一堆材料，其中就有中文系、历史系集体合作的《天问天对注》书稿，请他校订。为什么现在要编这么一本书呢？原来毛泽东主席不久前写了两首《呈郭老》的诗，其中有"郭老从韩退，不及柳宗元"和"熟读唐人《封建论》，莫从子厚返文王"的诗句。上海市消息灵通，嗅觉灵敏，复旦大学便闻风而动，赶写这本书作为呼应。学校交给的任务，蒋天枢只能接受下来，虽然有人做了前期工作，但到了蒋天枢手上，一切还得重头来过。

这一年，蒋天枢已年届古稀，时时在虑的是生年日蹙，不时鞭策自己抓紧时间，整理出版陈寅恪先生的著作。蒋天枢的一位弟子这样表述老师的襟怀：

> 人们常习惯于从"师生之谊"的角度，用"高风亮节"等道德评价用语去肯定蒋天枢先生为编校《陈寅恪文集》所作出的牺牲。但事实上，蒋先生本人之所以在长达三十年的时间里心甘情愿地愿地为老师而费心费力，是怀有一种超越了狭隘师生之谊的远大大襟怀的。

1982 年在接受解放日报记者查志华的专访时，蒋先生就曾道出心迹："编辑出版陈先生的文集，不仅是从师生之谊、身后所托考虑的。老师的学术成就，是一笔优秀的文化遗产，不能让其自生自灭。"(1)

编辑出版文集，首要的任务是不遗余力地搜集陈先生的遗稿。

陈寅恪先生早在 1953 年 10 月，即蒋天枢第一次赴穗的次月，就已辑成著述目录寄到上海；1964 年以前的诗文稿，在蒋天枢第二次去广州又已传付给他，一些零星篇章也陆续寄来。其余的文稿，或于"文化大革命"中被人抄家时劫走，或于陈先生逝世后被有心人拿去，至今下落不明。尤其是陈寅恪先生"文化大革命"初期所写的《寒柳堂记梦未定稿》，唐师母手写的三册诗稿，至今不知流落何方。(2)

蒋天枢思之心痛，念念不能释怀。

蒋天枢一次又一次地写信给陈先生的小女儿美延，殷殷嘱咐她按照当时的抄家清单，向中山大学有关部门索要。被抄文稿原存红卫兵私人手中，后来移交给中山大学历史系。其中如些文章，譬如《赠蒋秉南序》，蒋天枢只知其有，却并未见过。因为陈先生对自己的文字一向慎之又慎，若不定稿，并不轻易示人。陈先生的女儿遵蒋天枢所嘱，一次又一次索讨，不知是什么缘故，有关方面总是推三阻四。

蒋天枢想，文稿即使一时不能归还，如果能先把文章抄出也好。于是，他又写信让陈美延，请她向有关人员通融。但是，就连这个起码的要求，也遭到了拒绝。

蒋天枢只好另想门路，通过上海人民出版社，以编辑出版陈寅恪文集的名义，向中山大学索要陈寅恪先生的文稿。结果，对方不予响应，此举也没有获得成功。

看来，似乎有人把陈寅恪著述作为可居的奇货，有意无意地阻挠陈先生著作的出版……

蒋天枢尝试着同北京、上海的有关出版社联系，探讨文集出版的有关问题。

这时，海外正连篇累牍地发表回忆陈寅恪先生的文章，甚至编辑出版陈先生的有关著作。陈寅恪先生生活在广州，大陆新闻号、出版界为什么没有声音呢？文史学界的有识之士意识到这个问题，负责意识形态的高层领导便开了点口子。有眼光的出版社开始关注到陈寅恪其人。

1976 年，蒋天枢写信给中华书局上海编辑所的老朋友吕贞白，提出出版陈寅恪先生遗著的建议。吕贞白征询负责人李俊民的意见。李俊民即上报到上海出版局。负责终审的罗竹风认为，陈先生的著作非常值得出版，即由上海出版局同中山大学党委联系，得到中山大学党委的同意，将陈先生的一些文稿移交上海古籍出版社。出版社再将这部分文稿转给蒋天枢，请他整理、校勘。[3]

这使蒋天枢精神上感到振奋。时不我待。蒋天枢遂全身心地投入到编校陈先生文集的工作中去了。

蒋天枢初步打算，就手头所有的陈先生著述，以陈先生过目的《陈寅恪先生论著编年目录》为基础，编辑出版若干个分册。

但是，当时毕竟还是一个"突出政治"的年代。出版社在审稿时，首先关注的还是政治问题。这是一条红线。编辑在审阅陈寅恪先生《寒柳堂集》书稿时，就提出《论再生缘》一稿能否收入的疑问。理由是，《再生缘》一书是讲打朝鲜的事，怕编入此稿会影响中朝关系云云。[4]

蒋天枢则坚持原文照出，不容删削，因为陈先生在世时态度明确：他的文稿不得更易一字，文责自负，否则宁可不出。《再生缘》讲述的本是一个虚构的故事，陈先生一篇关于此书的论文，怎么能扯上政治问题呢？

话是这样说，但文章由人写，发表不由人，蒋天枢还是不免担心，陈先生文集会因此类问题而搁置呢？

值得庆幸的是，春暖时节，多年死气沉沉的中华大地，吹进来一股新鲜空气，意识形态领域开始冰化雪消，欣欣然有生意了——

1978年上半年，全国上下轰轰烈烈地开展起关于真理标准的大讨论，促进了思想大解放。满天的阴云逐渐消散，天空渐渐地晴朗起来了。出版社冲破极"左"思潮的禁锢，胆子大了一些。于是，关于《论再生缘》一文编入陈寅恪文集的问题，便不再成为问题了。

不仅如此，广州方面又有令人高兴的消息传来——

"文化大革命"中被打倒的一大批老干部被解放出来，重新走上领导岗位。曾经担任中宣部部长、国务院副总理的习仲勋同志，六十五岁落实政策，成了中共广东省党委、省政府、省军区的主要领导人。

蒋天枢竭力想把陈寅恪先生遗稿搜集齐全，尤其关心陈先生的封笔之作《寒柳堂记梦未定稿》的下落，犹豫再三，还是提起笔来，给习仲勋同志写了一封信。

> 广东省委会、习仲勋同志：
>
> 我是上海复旦大学的一位老师，现在为了有关陈寅恪先生遗著问题，冒昧地向您写这封信。
>
> 已故中山大学历史系教授陈寅恪，是我早年的老师。陈老师晚年著述中有篇《寒柳堂记梦未定稿》长文，是陈老师生平最后的一篇重要著作。当时本有清稿两份，并在（一九）六七年运动中失去。现在从陈师母的笔记册中查出，被历史系学生王健全拿走一份。册中并附贴王健全收据一纸，文如下：
>
> 历史系三年级学生王健全十二月十五日收到陈寅恪第七次交代材料同日收到《寒柳堂记梦未定稿》一份。王健全67.12.15。
>
> 王健全现在海口市人民广播电台工作。本想由私人去信索讨，深恐其不肯交还，为此呈请想法饬令王健全即将《寒柳堂记梦未定稿》用信挂号寄"广州中山大学西南区陈小彭收"，以便早日刊入集中。

琐琐奉渎，顺致敬礼

上海复旦大学蒋天枢敬呈（5）

这封信想必引起习仲勋同志的重视，指示有关人员找到了王健全。王健全写了一封长信，说明陈寅恪的《寒柳堂记梦未定稿》不在他手上，而在历史系。

问题仍然没有得到解决。

一天，蒋天枢遇到王元化。1952 年，王元化曾在复旦大学做过教授，后来被打成"胡风反革命集团"分子，这时虽未平反，却已在中国大百科全书出版社上海分社工作了。交谈中，蒋天枢陈述了追讨陈先生遗稿的坎坷遭遇，神情十分焦急。王元化慨然表示："我们一起来呼吁！"他当即向蒋天枢索要了写给习仲勋同志的信，加写说明，在分社 1979 年元月 6 日的《简报》第 5 期刊登出来，以期引起有关领导的重视。

得道多助！蒋天枢感到十分欣慰。

王元化深知陈寅恪先生著作的价值，一心想帮助蒋先生，遂把追讨陈先生遗稿之事当作自己的事来办。他想到，要解决问题，一份《简报》的分量或许不够，最好还是请中央有关领导出面。他想起，抗战时期的老战友梅益现在是中国社会科学院副院长，而院长就是陈先生的学生胡乔木，便给梅益和胡乔木各写一信，附上那份《简报》，一起寄给梅益，请他们关注此事。过了一段时间，没有接到回音，王元化元月下旬又来复旦大学，找到蒋天枢，请他给周扬写信。周扬长期担任中宣部副部长，"文革"中被打成"阎王殿二阎王""十七年文艺黑线总头目"，现在恢复了名誉，已重新走上领导岗位。王元化认为，如果周扬能讲句话，问题当可迎刃而解。蒋天枢表示，陈先生的遗稿，除了《寒柳堂记梦未定稿》外，还有历年诗作，放在中山大学历史系，没有收据，不知可不可以写。王元化鼓励他："你不要有顾虑，只管写就是了。"（6）

蒋天枢顿觉胆子壮了，遂给周扬写了一封长信。

周扬同志：

文化大革命前，曾在上海市泰兴路文化俱乐部晋谒聆教，不识周老还能忆及否？此后在运动期间备受"四人帮"迫害，往事真不堪回首。

现在将有关已故陈寅恪师生前被迫害情况奉陈如下：

陈师自一九六七年起即遭受"四人帮"种种迫害，先生被迫交代本人罪行，责令检查；甚至陶铸同志、胡乔木同志到中大去看他，都要做详细检查交代。有时气竭声嘶，仍被迫不已。甚至诬陷老人为外国特务。不分日夜，到住宅中抄掠，陈师母的首饰珠宝等被抄去后，至今渺无下落。继又逼迫迁居小的住宅，书籍无法存放，由图书馆全部运走。即陈师所借我的《钞本牧斋外集》十二册（中箱本，二十五卷），亦放在师书中，被拿走，函索，称"无有"，作罢。在种种迫害情况下，两位老人饮恨吞声。终于，陈师在六九年十月七日，陈师母在十一月廿一日，相继抱恨逝世。

在两位老人逝世半年之后，"四人帮"党羽所谓专案组者，借口"审查特务案件"，把家中所存的新旧著作稿件，从陈先生小女儿陈美延手中，以威胁劫持方式全部拿走。后又辗转被历史系取去。中经家属多次索讨，迄不发还。陈师仅有三个女儿，大女儿陈流求，成都人民医院内科医生。二女儿陈小彭、三女儿陈美延，分别在中山大学生物、化学系工作。直到七八年，大女儿陈流求向广东省政府申诉，中大历史系才于当年四月间将稿件发还家属，但诗集三册和其他零碎稿件尚未发还。

一九六四年夏，我曾到广州看望陈师。师当面嘱咐我，他身后给他整理稿件。以故，家属把收回的稿件都寄给我，计有《寒柳堂集》《金明馆丛稿初编》《二编》及《柳如是别传》等等。此传清稿、初稿共三十余册，约五六十万言，是陈师花了近十年工力写成的，于明清间史事多有发明，将合成《陈寅恪文集》，由上海古籍出版社刊行。

陈先生在写成《柳如是别传》之后，继又写出《寒柳堂记梦未定稿》长文，是叙写自身家世和生平的。据黄萱先生（她是广东第二中山医学院院长的夫人，任陈先生助教近二十年）讲：此文草成后，她曾亲自缮写誊清稿两份。不久黄即被历史系造反派驱逐回家，"不准再给陈寅恪当助手"。现此文原稿及誊清稿两份，均散失不见。近在陈师母笔记簿中找到一份当时历史系三年级学生王健全拿此文誊清稿一份的亲笔收据。王健全现在海口市人民广播电台工作。已详给习仲勋同志信中。此外，陈师母亲自缮写的诗稿三册，也希望周老能函商中山大学校党委负责同志（据说诗稿三册存放在校长室保险柜里），将诗稿三册交还家属。其他一些零碎稿件，据说存放在档案室保险柜或历史系箱子里。至于另外一份《寒柳堂记梦未定稿》现在谁手，还无法查清。在未交还家属稿件之前，所有稿件都经过历史系主任胡守为手，不识该文是否在他手里？

现在本人整理陈师遗著工作，尚有许多未做。身边所存陈先生昔年给我的一些诗稿，正在整理清写中。自己的《楚辞新注》等旧稿，也要花许多精力整理。年已七十有六，仅有两个女儿，都在外地工作，我老夫妇俩都已年迈，身旁无一人照顾。现在正设法调回湖南省轻工研究所的小女儿蒋钟垣一人，复旦已代为上报市革委会组织，事已两年，迄未批复。不识周老能否代为从旁协助？年老力衰，目前即查找资料和缮写工作等，都需本人自做，时感心长力短之苦。琐琐奉陈，诸希鉴谅。致

敬礼

蒋天枢（印章）

住址：上海复旦大学第一宿舍十一号[7]

王元化又另给周扬写了一信，连同蒋天枢的这封信，附上那份《简报》，一并寄出。"周扬接到蒋天枢和王元化的信后，也十分重视。据有关材料，周扬考虑到，蒋天枢已有信给习仲勋，自己不便催问。而其时，中央正准备召开理论务虚会，广东方面要来人参加这次会议，届时'见到广东方面的同志再从旁提醒一下就行了'。"[8]

时间一天天过去。在等待的日子里，蒋天枢自忖，事情或可解决，但会有个过程，可自己业已到了扳手指头计算来日的时候，等，要等到猴年马月呢？他心里又着急了。

等待的日子，索讨陈寅恪先生遗稿出现了转机——

习仲勋同志对发还陈寅恪先生文稿的问题，表现出高度重视和关心，明确指示迅速落实政策。1978年4月，中山大学化学系党总支通知历史系党总支，说化学系有两包陈寅恪手稿。因陈寅恪是历史系的人，手稿便交到历史系。后经校党委出面，历史系才将陈先生的《柳如是别传》等文稿发还给陈先生的女儿。《寒柳堂记梦未定稿》则在校组织部档案中找到了。[9]

陈先生的女儿按照抄家清单一一核对，发现父亲心血所系的《寒柳堂记梦未定稿》虽在其中，却已残缺不全；另外，由母亲手抄的父亲的三册诗稿仍然没有追回……

文稿还家为什么这么难呢？想起一路走来的艰辛，陈氏姐妹唯恐珍贵的文稿得而复失，一方面，将发还的文稿迅即复印寄蒋先生；另一方面，再根据蒋先生的意见，进一步追讨《寒柳堂记梦未定稿》丢失部分和三册诗稿。

等待陈先生文稿的日子，上海古籍出版社拟出《全祖望集汇校集注》一书，知蒋天枢早年写作《全谢山先生年谱》，一生喜读全谢山先生文章，恭请蒋先生为此书作序；书的汇校集注者朱铸禹即是谢国桢的至友。蒋天枢自然不能推辞，遂翻检书稿，耗时一两个月，写了一篇近万字的长序。这些都需要时间。

广州寄来的陈先生文稿一到，蒋天枢便立即放下手中的工作，全力以赴地投入到陈寅恪先生文集的编校中去了。

蒋天枢早就着手的陈寅恪先生论著的整理工作出现新的局面。[10]

> 1973 年在那连陈寅恪的名字都不允许正面提及的年代，大病初愈的蒋天枢就悄悄地开始整理论著的工作了。家属考虑到他的身体和处境，劝他暂不要做此事，先生却执意不从。尽管由于外部环境的影响，整理工作只能断断续续地进行，但由于这项工作始终在进行中，所以到 1977 年，蒋先生便能很快将《元白诗笺证稿》的第三次修订本交给出版社付印；1978 年在得到陈先生家属送来的"文革"中被抄去的部分残稿后，又能在看似很短的时间内基本整理完全套《陈寅恪文集》，且于同年交至上海古籍出版社出版。……复旦大学图书馆特藏部的一些老同志至今还清晰地记得，"文革"结束后最初几年里，身材瘦削，拄着拐杖的蒋天枢教授频繁借阅该部所藏古籍，有时带着笔墨稿纸端坐在馆内抄录史料的情景。起初人们以为他只是在用功地做自己的学问，后来才知道这位白发苍苍的老教授，其实是为了整理校核自己已故老师的著作而如此辛劳。[11]

蒋天枢的身影不仅出现在复旦大学图书馆中，而且出现在南京西路的上海图书馆中。因为学术交往的缘故，他同上海图书馆的顾廷龙、潘景郑等人，已是多年的老朋友了。最近，他又认识了一位叫于为刚的老馆员。二人一叙，于为刚的弟弟于超是蒋天枢姐姐的东床。从此，于为刚对蒋天枢便格外关照。只要蒋天枢说出要查的内容，于为刚便能报出一连串书名。后来，蒋天枢每次来上图，为了节约时间，照例先给于为刚写信，告诉他到要查的书籍，请他将要借阅的书籍准备好。[12]

1979 年，蒋天枢编校《陈寅恪文集》工作中。

蒋天枢第次到图书馆，都是有备而来，一到就投入工作，一忙就是大半天。他每次照例随身携带着笔和硬面抄，一些零星资料，往往是手抄笔录；文字较长的，则花钱请图书馆代为复印。这样，他每次都忙个不停，虽然累了点，但是有所收获，也颇为欣慰。

有时，蒋天枢不能亲自前来，便开好借书单子，派助教来，把书借回去。

蒋天枢手中有一册《陈寅恪先生论文编年目录》。《论再生缘》以前的文章，都还保存着，其中也有修改过的稿子，如出版社同意，可以按编年分册，节省许多气力。[13]

编辑陈先生的诗稿就不那么容易了。

陈寅恪先生的诗稿，蒋天枢手头只有 1953 年手抄的《南飞集》。不久前，陈先生的女儿又零星寄来一些。另外，吴宓的女儿吴学昭在整理《吴宓日记》时，又发现陈寅恪先生的一些遗诗。蒋天枢想，如能寻回师母手抄的三册先生诗稿才好。但是，时至今日，三册诗稿还没有着落。等，要等到何年何月呢？时间不等人啊！现在，唯有凭借手中现有诗文稿，进行文集的整理编辑了。

整理陈寅恪诗文，蒋天枢对陈先生著作有了更加深切的认识。

> 先生学术面貌见于文，精神面貌则具于诗。他的感情、识趣、峻洁的情操、威武不能屈的信念皆在于诗。诗实具有史的性质，在旧社会、新社会所作同然。若想懂些艺术，先生的诗不可不读，不宜等闲视之也。如集中的《贫女》一首，杜牧的"取之尽锱铢，用之如如泥沙"二句可作此诗注解；又如《丁酉五日客广州》一诗，句句是端阳，句句有寄托，试反复读之即见。又如《题修史图》原本三首，我只刊出前后二首，中间一首未刊。原句如下："国魄消沈（指外蒙）史亦亡，简编桀犬滋雌黄。著书纵具阳秋笔，那有名山泪万行。"又如《迁叟》一诗，实感于旧文化之将就沦亡。先生目虽不见，其嗅觉、触角固异常灵敏也。[14]

如果陈先生的三册诗稿佚失，损失就太大了！1964年，蒋天枢去广州时，陈寅恪先生拿出近年所写诗作近百首，让蒋天枢誊录到一个本子上。蒋天枢回到上海后，却发现这个本子找不到了。这也是非常遗憾的事情。因现在手头陈先生诗作仅一百五十多首，蒋天枢命名为《寅恪先生诗存》，暂附于《寒柳堂集》后。他念念不忘地还是未找回的三册诗稿，便在诗前写道：

> 寅恪先生逝世前，唐晓莹师母曾手写先生诗集三册，一九六九年后因故遗失。现就本人手边所有丛残旧稿，按时间先后，录存若干篇。藉见先生诗之梗概云尔。一九七九年二月二日受业蒋天枢记。

陈寅恪文集之一的《寒柳堂集》1980年6月付梓时，陈先生的三册诗稿仍然没有找到。

整理陈寅恪先生文稿，既要搜集，又要校勘，殊非易事。上海的夏天酷热难耐，冬天又严寒奇冷，加之体弱多病，蒋天枢的工作时断时续。大量工作别人无法替代，他只有独自承担，辛苦可想而知。

苦是苦些，快乐亦在其中。在校阅陈先生的著作中，他更认识到陈先生著作的非凡价值。1978 年岁尾至 1979 年岁首，蒋天枢校阅完《柳如是别传》，深有感慨地说："全书五十余万字，写得实在好，实是部有关明清间的历史著作，对历史事件有不少创见，是陈先生花了十年功夫写成的。我想把它印入全集外，另外出单行本。"（15）

行将把《柳如是别传》送交出版社时，蒋天枢忽然忆起，五十年代中期，受陈先生之托，曾让在沈阳工作的朱子方在东北博物馆找到一幅罗振玉收藏的河东君小像，陈先生如获至宝，多次赋诗吟咏，表达喜悦之情。现在，如在《柳如是别传》正文前印入这张小影，不是会收到图文并茂之效吗？

他写信让陈美延寻找，陈先生家中已渺无所有。

他又写信给朱子方："顷忆起，昔年寅恪先生似曾托你代向沈阳故宫博物院拍摄清顾苓绘河东君初访半野堂小影。前曾向寅师后人索取此照像，据云已在多次抄家中遗失……很想在《柳如是别传》书前印入顾苓这幅画像。你还可以再托人借出照幅照片吗？需要多大才可清楚？是让照相馆照，还是等洪军能到沈时再照为好……"（16）

时间毕竟过去了二十多年，朱子方已不在辽宁博物馆工作，这幅图片还能找到吗？他不无担心。

朱子方早已调入辽宁省社会科学院历史研究所。他接信不敢怠慢，立即与辽宁博物馆的老同事联系，再次查阅了罗振玉得之吴中的顾苓之宝。由于属于馆藏珍品，不能外借，仍由博物馆人员拍照。（17）

就这样，当年陈寅恪先生看到的河东君小像，印入了《柳如是别传》书前。陈寅恪先生虽然早已作古，但是，这一定是老师所希望的。

蒋天枢在大量前期工作的基础上，从 1977 年 10 月可以公开整理陈寅恪先生的论著起，又集中精力，紧紧张张地工作了三个年头，共辑成陈寅恪先生诗文七集九册二百万字，并配以手稿和照片多幅，陆续交上海古籍出版社。1980年6月，文集之一的《寒柳堂集》问世，蒋天枢立即寄给亲友和陈先生的家人。他给朱子方的信中说："陈先生文集已出版第一册《寒柳堂集》，我已让出版社给你寄一部。此集本当名全集，以避免马列称全集之故，只能称文集。"《寒柳堂集》一册为第一批，"第二批为《金明馆丛稿初编》一册，第三批为《金明馆丛稿二编》一册，第四批为《隋唐制度渊源论》《唐代政治史论述》《元白诗笺证稿》三种，第五批为《柳如是别传》，此传可能要分订成两册或三册（全部约六七十万字，实际上是讲明末清初历史的）。"（18）

在蒋天枢的努力下，陈寅恪先生在去世十年之后，著作终于可以比较完整地公诸于世了！这是对陈寅恪先生最好的纪念。

———————————

注：

（1）引自陈正宏《蒋天枢先生与陈寅恪文集》一文，载《中国典籍与文化》杂志，1996年第1期。

（2）据蒋天枢《陈寅恪先生编年事辑》，上海古籍出版社，1981年9月。

（3）据上海古籍出版社社长高克勤2020年1月4日在复旦大学"纪念《陈寅恪文集》40周年暨纪念版发布会上的致辞"，见上海古籍出版社公众号，2020年1月8日。

（4）据蒋天枢1977年6月20日给朱子方的信："我从前曾写过陈先生论文编年目录一册，他的《论再生缘》以前的文章，我这里还存着，其中也有修改过的稿子，他们如愿印，即按编年分册。我用不着再花什么力气。只是，据闻《论再生缘》却不能印，因《再生缘》一书是讲打朝鲜事，牵涉对外云云。还有，陈先生有《赠蒋秉南序》一文，稿子没给我，我还没见过。惜所有稿子都在他们手中，无人代为抄出。"

（5）据徐庆全《追寻陈寅恪遗稿》，2004年11月25日中国人民政治协商会议全国委员会办公厅网。

（6）据徐庆全《追寻陈寅恪遗稿》，2004年11月25日中国人民政治协商会议全国委员会办公厅网。

（7）据徐庆全《追寻陈寅恪遗稿》，2004年11月25日中国人民政治协商会议全国委员会办公厅网。

（8）据徐庆全《追寻陈寅恪遗稿》，2004年11月25日中国人民政治协商会议全国委员会办公厅网。

（9）据查志华《一个品格高尚的学者——记复旦大学中文系蒋天枢教授》："粉碎'四人帮'以后，经习仲勋同志关心，陈先生的文稿才找回来不少，但未能找全。"（载1982年3月5日《解放日报》）又据陈正宏《蒋天枢先生与〈陈寅恪文集〉》："（蒋天枢）1978年在得到陈先生家属送来的原在'文革'中被抄去的部分残稿……"载《中国典籍与文化》1996年第1期。又据徐庆全2004的11月25日《追寻陈寅恪遗稿》："直到七八年，大女儿陈流求向广东省政府申诉，中大历史系才于当年四月间将稿件发还家属。但诗集三册和其他零碎稿什尚未发还。"见中国人民政治协商会议全国委员会办公厅网。

（10）据蒋天枢1977年6月20日给朱子方的信："我从前曾写过陈先生论文编年目录一册，他的《论再生缘》以前的文章，我这里还存着，其中也有修改过的稿子。他们如愿印，即按编年分册，我用不着再花什么气力。"

（11）引自陈正宏《蒋天枢先生与陈寅恪文集》一文，载《中国典籍与文化》杂志1996年第1期。

（12）据于为刚1997年9月16日给朱浩熙的信："以前和他并不相识，文化大革命后，他来我馆看书，偶然的机会认识的。""他很忙，不常来，来总是看书，有时教我查查书，或者借书，借书有时是请他的助教来。"

（13）据蒋天枢1982年3月9日给朱子方的信。

（14）据蒋天枢1982年3月9日给朱子方的信。

（15）引自蒋天枢1979年1月12日给朱子方的信。

（16）引自蒋天枢1979年1月12日给朱子方的信。

（17）据朱子方1997年8月12日给朱浩熙的信："关于拍摄河东君初访半野堂小景事，第一次在1956年。小景是一幅单幅画，裱为一本册页，后有顾苓题跋十二开。原为罗振玉收藏，在东北解放战争中，归东北人民政府，后移交东北博物馆收藏。两次拍摄都是照的原画。至于陈先生怎么知道此画在东北博物馆（舅父信原写沈阳故宫博物院，与东北博物馆是两个单位），我不清楚。我推测：罗家收藏甚富，甚为出名，陈先生可能知道其藏品在解放后的去向，陈先生也可能有所了解，当时我在东博工作，所以舅父命我在博物馆查找。两次拍摄都是博物馆照相室的同志给照的。因博物馆有规定，文物尤其珍贵文物不能拿出馆（特许者除外），也不愿外人进馆拍照文物。第二次拍照时，我虽然已经离开博物馆，但我是在博物馆工作了十七年的老职工，领导虽然换了，但业务人员都是老人，不少都跟着我学习过，把我不作外人看。"

（18）引自蒋天枢1980年9月给朱子方的信。

第二十五章　集腋成裘

整理编辑《陈寅恪文集》是一项工程。一看书名题字，笔画匀整，端庄蕴秀，就知是蒋天枢的笔迹。

《文集》陆续交出版社，蒋天枢感到欣慰，但工作还没有完。为让人们了解陈寅恪先生，他还要编写一本《陈寅恪先生编年事辑》。

《陈寅恪先生编年事辑》实则为陈先生年谱。蒋天枢之所以不称年谱，主要还是因为"所知粗疏缺略，不敢名曰年谱"，心存敬畏也。

过去，除了文史学界，社会上很少有人知道陈寅恪先生。即便是文史学人，真正了解陈寅恪先生的人并不多。要让人们不仅从文品而且从人品上认识先生其人，编写一部先生年谱，无疑具有重要的意义。

但是，这项工作谈何容易啊！

1964 年，蒋天枢去广州看望陈先生时，当时请先生口述家世和生平际遇，自己笔录，遗憾只讲了一部分，先生说日后整理成文后给他，便没有继续讲下去。而陈先生晚年所写的《寒柳堂记梦未定稿》，现在只找到残稿。他十分痛惜："我处本来存有陈先生信及失明后到广州以后的信若干封，连同信封都保存着。在文化大革命皆被红卫兵烧掉了。如其能全保存下来，我写的《陈寅恪先生编年事辑》，何至到广州后一段生活，一无材料凭藉？每想及，辄

痛恨万分！"⁽¹⁾

当务之急，是进行陈先生家世和生平的抢救和征集工作。

这项工作，如果是党和政府出面，或许相对容易些。但在当时，陈寅恪先生还没有平反，搜集陈先生生平资料，只能凭一己之力私下进行，这就难了。为了把陈先生的一生反映得更加准确，更加完整，蒋天枢只能辛苦自己，尽己所能了。他一方面，尽量汇集手头的资料；一方面，向社会进行广泛征集。

当时，人与人之间的联系主要靠信件，既费时，又费力。蒋天枢列出一串长长的名单，写出向什么人了解哪方面的问题，然后不厌其烦，一一写信。他给陈先生三位女儿陈流求、陈小彭、陈美延写信，给陈先生的侄女陈小从等人写信，请他们提供家族及陈先生的有关情况，写回忆文字；给陈先生生前的助手黄萱写信，请她提供十多年来协助陈先生工作的有关情况；给清华国学院老同学、曾任中山大学历史系主任的刘节写信，询问陈先生在"文化大革命"中的有关情况；他还写信给陈先生多年的同事、学生王永兴等人写信，请他们提供陈先生书信的复印件；给海外陈先生的师友蓝孟博等人写信，吁请他们提供帮助……

等待回信的日子，蒋天枢翻箱倒柜，细检多年的笔记和陈先生的赠书，仔细寻觅有关陈先生生平的蛛丝马迹，勾起许多往事的回忆，拉出一个框架，星星点点，不断充实内容。

受陈寅恪先生人格力量的感召，同时也为蒋天枢这种挚着的精神所感动，有关陈寅恪先生的生平材料，陆续汇聚到复旦大学一舍十一号。一时没有回音的，蒋天枢便再次写信去。

陈先生的女儿陈流求、陈美延生活在父母身边，耳濡目染，亲历许多往事。出于子女应尽的责任，也出于对蒋天枢的敬重，她们忍痛含悲，回忆父母生前的细枝末节，和着泪水，一次又一次地给蒋天枢写信。她们想不到的，蒋天枢就提出线索，请她们深度回忆。陈流求在三姊妹中年龄较长，回忆

1937 年"七七事变"全家离开北京至 1946 年抗日战争胜利后返回清华的逃难经历，写了篇《回忆我家逃难前后》的文章寄来。书信来往不断，陈流求保存的蒋天枢信件就有 60 多封。陈先生夫妇晚年，小女陈美延一直陪伴身边，对父母亲受到迫害的情况也最为了解，自然提供的情况也最为详细……

黄萱女士是蒋天枢联系较多的一位。陈先生晚期的研究和写作情况，她是比较熟悉的。黄萱本来不愿再提及那段不堪回首的岁月，不愿再忆及那一幕幕悲惨的场景。在那场史无前例的浩劫中，她的丈夫受到不公正待遇，被迫害致死。但是，有一件事，她总感到对不起陈寅恪先生：陈先生去世前，曾拜托她："我的研究方法，是你最熟识的。我死之后，你可为我写篇谈谈我是如何做科学研究的文章。"承担这样一项任务，黄萱自感没有能力，担心一旦做不到，对不起先生，难过地说："陈先生，真对不起，您的东西我实在没学到手。"陈先生深感失望，用低沉地声音说："没学到手，那就好了，免得中我的毒。"黄萱常为此事伤了陈先生的心而不安。接到蒋天枢的信后，她不仅含悲忍痛，写了回忆录，而且寄来了一些珍贵的资料，在写给蒋天枢的信中说："我所以敢于鼓起勇气，答应您为寅师写回忆录，也是为了要赎回前愆。"[2]

陈小从是陈寅恪次兄陈隆恪的独生女儿。蒋天枢本不认识她，为了编写《陈寅恪先生编年事辑》，也主动同陈小从联系。这使陈小从极为感动，认定蒋天枢就是陈先生的"传薪人"。

我与蒋先生原未识荆，在他编撰《陈寅恪先生编年事辑》一书时，为商榷有关家史资料，才与我建立联系。在此事进展过程中，蒋先生为我抄寄先父有关遗诗，以备选入书中，因之对同照阁诗大加赞尝，愿为出版作将伯之呼。我是 1980 年冬携父亲诗稿前往上海向蒋先生请益的。见面后，他的第一句话就是："师伯的诗及为人，我是钦佩之至。可惜未曾拜识，假如当时相识，我一定会推荐他来复旦任教。"后来，在他及汪荣祖、何广棪等先生的推动下，先父遗作《同照阁诗抄》

终于 1984 年在香港出版。我自己走上文史"研究"之路，引路人有
两位：一为李平世伯，一为蒋天枢先生。[3]

陈小从保存不少陈氏家族的史料，也不断地提供给蒋天枢。她至今还保
存着蒋先生的 64 封书信。从蒋天枢给陈小从的信札看，蒋天枢在编辑《陈寅
恪文集》、撰写《陈寅恪先生编年事辑》的过程中，还曾和陈小从商议过整理
《陈宝箴遗集》、汇刊《义宁陈氏五先生诗集》、邀请俞大维为《同照阁诗集》
作序等事。

发出的信件，很多都有了回音。蒋天枢细阅来信，既是一份喜悦，也是
一份享受。有的回信提供了很有价值的史料；有的回信不仅提供了相关情况，
还寄来陈先生通信的复印件；有的虽然没提供多少情况，但也提供了某方面
的线索，有利于继续查寻；有的信件虽然提供了某种情况，但语焉不详，蒋
天枢便不厌其烦，一而再再而三地写信讨教……

蒋天枢几乎每天写信，每天也盼望着信来。写信、读信成了他生活的一
部分。于此，也可见蒋天枢的一片苦心了。

写作《陈寅恪先生编年事辑》，蒋天枢遵照陈先生生前用的干支纪年法，
使用旧历，按年编序。某年某事，便写在某年条下。因接收的材料是一个动
态过程，陆续收到的某年材料，如后于现有材料，即按时间顺序接写；如早
于现有材料且文字不多的，就用用红笔写在纸眉或字里行间，字数多的则写
如另纸，粘贴于应放之处。稿纸上各色字体都有，纸张大小不一，时间一长，
粘贴很多纸条活像一件"百衲衣"。蒋天枢善于做粘贴本，虽然琐碎，但是省
力省时，粗看起来，好像有点零乱，仔细一看，有条有理，清清楚楚。

粒米聚成仓，细流汇成河。陈寅恪先生一生的零星碎片，经蒋天枢一点
点搜集一块，拼接起来，先生一生际遇的大致情况便由比较清晰地浮现出来。
先生的中年后的遭遇，令人十分感慨："中年以后，衰病流离，尤其流离昆明
后之数年中，生活既困顿，遭遇又艰辛，而由香港北归数年间，货币贬值，

生活艰困，有非常人所能喻解者。致丧两目之因，此其要者。"先生的晚年，更令人为之痛哭。一向文弱的蒋天枢怒不可遏："陈先生生前受到最大的诬蔑、迫害，给戴头号牛鬼蛇神帽子，家被抄到难以次数计算。身死之后，所有稿子还被那些坏蛋劫走……"（4）

写作之难，超出蒋天枢本人的预料："虽材料已搜得，本以为易易，做起来仍颇费力。""既无人帮助，写出来后，还要自己找人来抄写。但会写繁体字的人日少了。又可奈何！"（5）

写作之难，还难在顾忌较多，不好下笔。当时，"左"的影响阴魂未散。为一位成就卓著的历史学家撰写编年史，现实毕竟太残酷了。如果不尊重真实，昧着良心，粉饰现实，岂不是莫大的讽刺！如果实事求是，秉笔直书，又有所顾虑：书稿审查能过关吗？出版社敢出吗？会不会惹来麻烦呢？权衡利弊，他还是慎重选择"尊重事实、部分简写"的做法。

写作之难，还难在蒋天枢尚有教学任务。蒋天枢一直带青年教师，1979年，又招收了两位研究生，都是在家里上课。长春一位朋友约他去吉林师大讲学，他感到实在无此精力；复旦中文系想让他到学校教室给研究生讲课，他还没有答应。整理文稿刻不容缓，指导研究生又不能耽误，蒋天枢时感为难："学校让我带青年教师，又给招研究生，而目前情况，'退休'又不便开口，闹得我进退两难。"（6）

另外，蒋天枢的身体不佳，一直在经受着病痛的折磨，精力也大不如从前——

血小板减少症一直没有根本好转，血小板数虽然一度上升到五六万，但也仅为正常人最低值的二分之一，何况1976年再度复发，造成身体对疾病的抵抗力很差。（7）

1977年夏天，蒋天枢痔疮大发，经常要去医院看中医。（8）

1978年寒秋，蒋天枢心脏病发作，胆固醇也高，由夫人刘青莲陪同着到长海医院就医，"看病的人是那么多，挂了号后等了将近两个半小时才看到医生"。做了两次心电图，一方面打丹参注射液，一方面在自找中医吃中药。[9]

1980年2月，蒋天枢写完《陈寅恪先生编年事辑》，长嘘一口气，感触万端："《事辑》已全部写完，在倩人誉录。全书分三卷，上卷到清华之前，中卷到清华之后，下卷到广州之后。下卷最难写，陈先生到广州之后曾给我好多信，都在文化大革命中毁光了。只能就所知写出一二。文化大革命中被迫害情况，也略备一二。这一点，恐怕印时通不过，我是姑且写出来再说。"[10]

蒋天枢就是在这种情况下完成《陈寅恪先生编年事辑》一书写作的。

因为此书关系到一代国学大师的生平、道路、业绩和形象，不可不慎重。为了准确起见，初稿完成后，蒋天枢广泛征求意见，准备再进行修改，一有闲隙，还要顾及自己的旧稿。他给一位亲友写信说：

> 《陈寅恪先生编年事辑》倩人复写出后，已寄交家属（陈先生有三女、一侄、一侄女）和陈先生早年学生、朋看，等他们提出意见，作最后修改后，才能作为定稿，交给出版社。即附印在陈先生文集之最后。（将来希望能有单独抽印本）一俟他们看过寄回后，让你看看。你如有什么意见，也可寄给我。但，现在还不知何时才能寄给你。
>
> 我是在中断了我修改《楚辞新注》旧稿时，才把《事辑》写成的。现在仍在修改我的旧稿。由于系里不肯给我一位助手，给我作誉写工作，我只得找了位早年毕业的学生来给我抄写或复写（是位解放初毕业女学生，名叫周荷珍，已五十多岁，在退休在家）。有什么办法呢？不学无术而人"红"既可有大公寓房子住，又可给他专业助手，我这种无名下士，便只有受欺压了。即如你小妹，调回来没房子住，楼下被两位夫妇都是党员的人占住，直到过春节才搬走。目前正在修理房子，约须一两星期后才能完全修好，正式搬进来。[11]

蒋天枢就是在这种情况完成《陈寅恪先生编年事辑》写作的，劳累愤懑之余，偶尔发句牢骚，一抒不平之气，虽然有点矫情，却不免有几分可爱。

1980 年夏天，上海天气奇热，室内温度高达三十七度，日间汗流浃背，夜间也无法入睡，蒋天枢难耐酷暑，又生了一场大病，并且恢复很慢……[12]

《事辑》的复印本也寄给了陈先生的昔年学生钱默存（钟书）、张尊骝等先生。直到 1981 年初，蒋天枢才将《陈寅恪先生编年事辑》定稿，送交上海古籍出版社编辑王勉先生，作为《陈寅恪文集》的附录，于 1981 年 9 月出版。

值得庆幸的是，具有历史意义的中国共产党第十一次代表大会的第三次全会已经开过，之后又通过了《关于建国以来党的若干历史问题的决议》，由领导人错误发动、被"四人帮"利用的"无产阶级文化大革命"已被彻底否定。这样，蒋天枢在《编年事辑》中关于陈先生受迫害的史实，编辑在审稿时便得以保留。出版社一路绿灯。这样，蒋天枢曾经的顾虑便烟消云散了。

《事辑》送出版社后，风烛残年的蒋天枢除却了一桩心病。但是，身体却害了一场大病。蒋天枢患了病毒性感冒，而且病情很重。

1981 年 3 月 17 日，他"感到身体不舒服，早睡，半夜起床，鞋还没穿上，就摔倒在地上，待家里人扶起后，一量体温，高达四十度，18 日晨送到医院，医生认为需住院观察。之后，高烧达八九日不退，医生采取各种治疗措施，体温才渐趋正常，直到 5 月 7 日才出院。身体十分虚弱，行走十分不便，生活也不能完全自理，医生认为必须静养数月，不能工作和会客"。[13]

疾病迁延日久，从春到秋，直到 9 月，蒋天枢行走仍不方便，仅能在门外作短时间的散步，且走多了便感膝关节疼，写字也很不自然。为了尽快恢复健康，蒋天枢只能在室内适度锻炼，作甩手活动。

蒋天枢没有辜负老师的托付，把自己宝贵的衰年时光，毫无保留献给了一生最崇拜、最敬重的陈寅恪先生！

《陈寅恪文集》这套皇皇巨著，经过数年艰难的泥泞跋涉，终于问世了！

1982年2月，陈寅恪先生逝世十年之后，《陈寅恪文集》七种九册并附录《陈寅恪先生编年事辑》一册全部出齐了。尽管书的纸张、印刷质量还不能尽如人意，但是，能够出版已经是一个了不起的成就。

蒋天枢抚摸着散发墨香的《陈寅恪文集》，忆及陈先生在世时，曾对自己的著作迟迟不能出版，悲观地发出"盖棺有日，出版无期"之叹，心中说不出的欣慰：毕竟可以告慰陈先生的在天之灵了。这不仅是陈先生的幸事，学术界的幸事，也是民族文化的幸事啊！

这套文集一问世，就在海内外学术界引起较大的轰动。

尽管如此，蒋天枢心中还有遗憾和怅然，遗憾的是："其一，先生《寒柳堂记梦未定稿》黄萱誊清钞稿一份，曾经历史系二年级学生王健全拿去供批判用。王来信说当时放在历史系厨柜中。此文当日主系事者应能知其下落。其二，1978年历史系发还稿件时，独师母手写诗稿三册，未予发还。……现亦不知在中山大学何人手。此二事思之时为心痛。"[14]

怅然的是："我这本《事辑》，中心意旨是想写出'陈先生是中国历史文化所托命之人'这一主旨，但有些话不便讲，文不便引，这一意念模糊了。这是我对书虽出版，心中实怅然的一点感情。"[15]

蒋天枢把《陈寅恪文集》置诸案头，一字一句地细读，发现错字和不当的标点符号，即用红笔改正，以便再版时纠正过来，并建议出版社出勘误表，以后再版时一次出齐，以方便购书的读者。

蒋天枢倾听各方面的反映，尤其注意批评的声音。复旦大学陈允吉先生说起一件事：《陈寅恪文集》出版后，我没有钱全买，先买的是《金明馆丛稿》初编、二编和《寒柳堂集》，《陈寅恪先生编年事辑》是蒋先生送我的。当时，正在读《金明馆丛稿初编》，读到《书魏书萧衍传后》一篇，发现文中引《严氏家训》的一条材料，有处标点错了。某日，在学校里碰到章培恒先生，我讲到此事。他说："蒋先生不会弄错的，要错肯定是陈先生弄错了。"过了一个礼拜，蒋先生登上八舍二号四楼来敲我的门。当年，他已经七十多岁了，爬四楼很累的，还背个蓝布包。他问标点的事。我告诉他。他看了看说，的确是错了，然后做了个记号，并说，这本书里还有几处标点问题，他校出来的，让我把他改动的地方过录到书本上，大概有四五处。我不敢不照他说的做。蒋先生就是这么认真。蒋先生在我宿舍里小坐片刻，感慨地说，像这样的书，能看的人已经很少了。临走，还送我一本陈先生的《韩愈与唐代小说》一文的英文油印本，大概是奖励我的吧。[16]

现在有了点时间，蒋天枢又着手整理自己的旧稿了："我从前的《楚辞新注》早已改名为《楚辞章句校释》，多年以前（也只是'四人帮'倒后才有时间）已在修改重写。现已修改到最后一部分《九章》，刚在开始……感到精力已差。估计再有一两个月写完后，我将完全休息。我往年许多计划中想做的工作，只有完全抛弃。在'四人帮'倒台之前，我的有用时间，都被别人剥夺去了！生世如此，又可奈何！"[17]

人到了黄昏暮年，虽有壮心，已有心无力，可不一叹！

《陈寅恪文集》出版后，在上海学术界和出版界倒是引出了一段佳话，广为流传——

《陈寅恪文集》出版在国家稿费制度恢复不久，仅有两万多元人民币。出版社尊重蒋天枢的意见，将钱全部寄给了陈先生的女儿。在蒋天枢看来，陈先生和师母不在人世了，稿费如同遗产，把稿费寄给陈先生的后人，是理所当然的事情。

陈先生的三个女儿接到这笔稿费后，就稿费分配问题反复磋商，一致认为，尽管子女应该继承父亲的遗产，但是，蒋天枢先生是父亲生前指定的出版著作的托命之人，并为父亲著作的出版倾注了大量心血，付出了人所共知的艰辛劳动，理应得到一份合理报酬。她们很想能让蒋天枢多得一些，但又都知道蒋先生的耿直脾气，便费尽心思，想寻找一个让蒋天枢能够勉强接受的巧妙办法。商量来商量去，陈流求、陈小彭和陈美延一致同意，将上海古籍出版社所给的稿费一分为四，蒋先生和姊妹三人各得一份。否则，她们姊妹三人也不便接受。她们料想蒋天枢是会接受这个方案的。

想不到，没有任何商量的余地，蒋天枢坚决反对她们这种做法！他说："先生把出版《文集》的事托付给我，是对我的信任。我为先生著作出版做点事是应当的。《文集》是先生毕生心血所系，学生怎么能花先生的钱呢？无论如何不可！"[18]

蒋天枢就是这样特立独行！

陈氏三姐妹尽管过意不去，也只好如此。

上海古籍出版社按照刚刚恢复不久的稿费制度，汇给蒋天枢一千元编校费。蒋天枢坚决拒领此款。他写给出版社一位编辑的信中说：

> 曾奉一函，向您讲明，本人约对不能接受酬金。并请您转告贵社领导。兹再向您郑重声明，本人绝对、坚决不受此款。该项支票既然你社业已发出，仍须由你社支取注销。我绝对不领取此款。[19]

故事并未就此结束，还有下文。上海《解放日报》记者查志华记述了接下来发生的故事："说来有趣，蒋天枢拒不领取此款，支票在邮局里躺了好几天，税务局却根据个人所得八百元以上要纳税的规定，一张催税单接踵而至，要他即去交税。蒋教授在给出版社的信中诙谐地说：'我款既不收，何交税之有？贵社不是故意给我制造麻烦吗？'结果，只能由出版社注销了事。"

这位记者联系到时下的文坛风气，抒发一段感慨："我们这个文明古国历来讲究治学做人并重、人品文品如一的。十年内乱后的今天，人们对于文坛的道德水准予以深切的关心，出版社有时就像一面三棱镜，文坛的面面观在这里都得到了折射。正如出版社那位编辑所说：'像蒋教授这样不重名利、品德高尚的人，才是令人感佩的。'"[20]

一篇评论在谈到蒋天枢现象的社会意义时说："唯愿像蒋天枢教授这样的人品文品高洁的名家多一些，这对于影响、教育后辈，荡涤文坛的不正之风，显然是很有裨益的。"[21]

———————————

注：

（1）引自蒋天枢1987年2月16日给朱子方的信。

（2）摘自黄萱1973年写给蒋天枢的信。转引自蒋天枢《陈寅恪先生编年事辑》，上海古籍出版社，1981年9月。

（3）引自陈小从《图说义宁陈氏》，山东画报出版社2004年2月。

（4）引自蒋天枢1978年1月24日给朱子方的信。

（5）引自蒋天枢1979年6月28日给朱子方的信。

（6）引自蒋天枢1978年3月17日给朱子方的信。

（7）据高亨1976年10月23日给蒋天枢的信："你的血小板减少病复发，望积极治疗。"

（8）据蒋天枢1978年8月14日给朱子方的信："我的痔疮发得很厉害，日内要到第五门诊部那里去治疗。"

（9）据蒋天枢1978年11月4日给朱子方的信："我连日来忙于看病，今天到长海又跑了大半天。家里没人，只有你舅母陪我了。看病的人是那么多，挂了号后等了将近两个半小时才看到医生。近已做过两次心电图，心脏不太好，胆固醇也高，一方面打丹参注射液，一方面在自找中医吃中药。"

（10）引自蒋天枢1980年1月14日给朱子方的信。

（11）据蒋天枢1980年2月27日给朱子方的信。

（12）据蒋天枢1980年8月给朱子方的信："接来信多天了，前些时生了场病，病愈后体力未复，致复迟。"

（13）引自蒋天枢（由长女代笔）1981年5月14日给朱浩熙的信。

（14）引自蒋天枢1982年3月9日给朱子方的信。

（15）引自蒋天枢《陈寅恪先生编年事辑》1981年校毕补记。

（16）据2014年1月26日《东方早报·上海书评》载《陈允吉谈复旦中文系名师》，上海古籍出版社2020年1月8日公众号"纪念《陈寅恪文集》出版40周年暨纪念版发布会"之陈允吉发言《陈寅恪先生与复旦前辈学人》。

（17）蒋天枢1985年10月12日给朱子方的信。

（18）据1990年3月刘青莲女士口述。

（19）据查志华《一个高尚的学者——记复旦大学中文系蒋天枢教授》一文，载《解放日报》，1982年3月5日。

（20）据查志华《一个高尚的学者——记复旦大学中文系蒋天枢教授》一文，载《解放日报》，1982年3月5日。

（21）引自隽雷《"一稿多投"的另一种》一文，载《解放日报》，1982年4月12日。

第二十六章　尊师重道

世上没有完全相同的事物，否则便不成其为世界。一个人有一个人的性格，正如千人千面一样，否则便不成其为社会。蒋天枢是一个有个性的人。

蒋天枢清高耿介，颇傲俗流，唯敬重确有真才实学且品行端正之人。平时，他对胸中无物、沽名钓誉之人很是瞧不起，甚至连眼皮也不翻。如果同权贵人物顶头相遇，对方不招呼他，他决不先招呼对方。文人相见时，难免臧否人物，他向来不随波逐流，不发违心之论。谈到当代学术大家，蒋天枢丝毫不隐讳自己的观点：在当今文史学界，只钦佩陈寅恪先生一人！[1]

蒋天枢是最讲究"尊师重道"的。正因此如此，复旦大学的同人们，送他一个雅号——"尊师派"。对此，有人赞成，有人诟病，蒋天枢不管别人说是非，仍然我行我素，始终不渝。

蒋天枢一生追求名师。也正是这些"学正为师，德高为范"的名师，培植了他一生做人和治学的根基。他永远感戴这些恩师，其中最崇敬的当然是王国维、陈寅恪先生。

蒋天枢虽然只是王国维先生的私淑弟子，依然对王先生严执弟子之礼，从不直呼其名，仅称其字，而且不离"先生"二字；对陈寅恪先生也是如此。他不仅自己始终不渝，也要求同行和学生像他一样。"同行或学生'王国维长王国维短'，即便满贮崇敬之情，都有引起蒋先生侧目之虞。在他看来，说'王国维先生'已经大不敬了，何乃直呼其名也！至于他，当然恪守旧例，开口闭口是'静安先生'（王国维号静安）。当时朱东润算来是个高调人物，好发警言奇语，一次假工会礼堂开会，说到得意处，他老人家神采飞扬起来，大概随意说了陈寅恪什么什么，未见得有不敬之意。还没等在座老少反应过来，蒋天枢先生从人群中拔起，指着朱先生哼哼了几句，便拂袖而去。在平常的日子里，据说难得看到朱东润先生难堪，这回给他的倒是十足的难堪。朱先生唯有啧啧几声，并哭笑不得地摊摊手。"[2]

蒋天枢尊敬老师，也处处维护老师。有对老师言词不敬者，他从来不假辞色。"'文革'后第一届研究生毕业了。中文系召开了一个欢送会。蒋先生有个研究生要到苏州大学去，蒋先生勉励他要坚持用功。朱（东润）先生接着话头说：'人嘛是要用功的。'然后就说到陈登恪，别人在工作，他跑来聊天，因为不用功终究没有成就。继而又把话头转到陈寅恪身上：'如果写一个妓女要用八十万字，那么写一个正正经经的人要多少万字呢？'这样一来，蒋先生就坐不住了，他说不同意朱先生的看法，'考虑到今天要欢送同学，不与你争论，但我保留反驳的权利，登恪也不是你说的那样。'说完就离席了，大家都很尴尬。"[3]

蒋天枢对老师的这种尊敬，虽然令人钦佩，但也令有些人不可理解，认为有些怪。

1964 年 6 月，蒋天枢第二次专程赴广州看望陈寅恪先生。尽管经过几十年交往，陈寅恪先生早已视蒋天枢为朋友了，甚至与他称兄道弟，赠书皆题赠"秉南兄"，但蒋天枢并不因此而稍有懈怠，在陈先生面前仍然恭恭敬敬。

　　某日蒋天枢如约上门，刚好唐篔不在，没有人招呼蒋天枢，陈寅恪也不在意，就这样蒋天枢一直毕恭毕敬地站在陈寅恪的床边听陈寅恪谈话。听了很久，也站了很久，蒋天枢一直没有坐下。"程门立雪"，说的是古代贤人事；病床前恭立聆诲，蒋天枢的"尊师"，使刚好在另一间房间工作的黄萱极为感动。[4]

可见，蒋天枢对老师的敬重，完全发自内心，已成为一种素养。

蒋天枢敬重老师，更主要的是学习和传承他们的学术事业。他多年来心甘情愿地付出心血，搜集和整理陈寅恪先生的著作，编校《陈寅恪文集》，就不必说了，对王国维先生也是如此。

自从在无锡国专读书时，他就爱读王国维先生的文章，并一直注意搜集和学习。1951年底，蒋天枢在上海到坊间访书，偶遇《影印王静安先生遗黑》两部，每部两册，书中多为王先生的信件和手札，便全部买了下来，自己留一部，另一部寄给高亨先生。[5]

1987年初，蒋天枢读《金静庵传》，得知金静庵曾写《王观堂先生轶闻》一文，便写信给朱子方："还有一事，《金静庵传》记金生前曾写《王观堂先生轶闻》，此文见于静庵日记《静晤室日记》中。盼你能找到金景芳同志，请他找出《静晤室日记》，觅出此文所在，你为抄录一份，或者复写两份，或者将载此文一部分复制下来，还可看到金静庵手迹也。如何之处，盼能酌度办理如何？"[6]

金景芳是蒋天枢在东北大学时老友，知蒋天枢需要此文，不仅影印了一份，而且亲自手抄了一份，交给朱子方代寄。1987年5月初，蒋天枢收到《王观堂先生轶闻》的影印稿和抄稿，留下影印稿，并将抄稿寄给叶嘉莹。他写信给朱子方说："你写的抄稿的一份，我寄给了加拿大华籍学者叶嘉莹。她是北京辅仁出身，长于诗词，曾来复旦中文系讲过课，因而我多年来就认识她，她也多次到家来过。很长时期来研究有关静安先生的著作，出版过好几种关于静安先生的文章和专著，所以我把《王观堂先生轶闻》寄给她。"[7]

对于研究王国维先生的人，蒋天枢总是乐于分享有关王国维先生的资料，但也不能一概而论。

当时，上海也有学者研究王静安先生，蒋天枢却没有寄给他："此间华师大，有一吴某者，以表彰观堂先生自命。观堂先生的手校本《水经注校笺》（原书现藏吉林师大）一书，他已得到全部照片，而他不把全书影印，却将自己整理的书，把原文选几页作样品来刊行。这件事，是藉表彰王先生之名而表彰自己。实是可恶之极！而且，其中的文章，也写得似通非通，今世之'学人'，大抵如是！只应以'呜呼'二字对之而已！他多年前曾来家问我某些清华老同学事，因而我算认识他。吴某为人如此，故不将静庵文寄给他。"⁽⁸⁾

学行并重。蒋天枢更看重的是学者的人品。他认为行为不端者，决不苟合。

蒋天枢尊师，致力于传承老师的治学精神和治学方法。王国维、陈寅恪先生是重视疏证和考据的。蒋天枢长期致力校勘之学，不惜力气，一生不辍。这一点，令清华国学院的同窗老友也十分敬佩。

1971年下半年，蒋天枢得知高亨正撰写《周易大传今注》，因高先生过去的注本有不少错误，便把自己校勘过的《周易》三册和札记一并寄去，请他参考。

高亨接到书和札记，看过一遍，又多次细细玩味，不禁赞叹道："从您寄来的书和札记看来，您对于《周易》下过很多功夫。"并检讨自己说："弟对于校书素无耐心，以'勘而不校'自许，此极大之短处也。今吾兄以校勘成果相示，有助于此工作，有所采录，又增入一家之说，岂不快哉！"⁽⁹⁾

1977年初，清华国学研究院的老友谢国桢来到上海，到复旦大学拜访蒋天枢，看到令人感动的一幕：

> 丙辰仲冬，桢重来申江，下车之始，即往访之，则见君方据案危坐，执笔凝视，正校点古籍，严肃谨慎，丹黄殆遍。闻其一生致力校勘之学，校正《尚书》《尔雅》等书，不下数十种；而陈寿《三国志》用力尤勤；凡此数者，皆为人所不为之事……秉南蒋子生于当今唐虞盛世，

而恬淡自守，为人所不为之学，在此发潜彰幽之际，正所以明夷以俟用，其校雠之精，较诸劳、管诸君犹且过之，堪为吾党增色者也。

惜盼遂往矣，医余矜躁之气，不学之苦者，非子而谁欤？[10]

因为校勘很苦，既费精力，又花时间，又难以出成果，一般学者不愿为之。而蒋天枢却为了求真，精密治学，一直坚持。这是许多急功近利的学人做不到的。

正因为尊师，撰写有关王国维、陈寅恪先生的文章，蒋天枢总是慎之又慎。《陈寅恪文集》出版后，为了全面介绍陈寅恪先生，蒋天枢除撰写了《陈寅恪先生编年事辑》外，还写了一篇《陈寅恪先生传》。应该说，他对陈先生是比较了解的，但文章写好后，还是放了数年，几经修改，字字推敲，才拿出来发表。

蒋天枢不仅自己这样做，也这样要求身边的青年教师和学生。

1958年"大跃进"时，有关方面组织撰写学术论文，拟编著《近代学术论文集》一书。

章培恒写了一篇题为《王国维的文学思想》的文章，自认为还比较满意，便送蒋天枢先生过目，希望得到首肯后，再拿出去发表。蒋天枢认真看了几遍，严肃地指出："这篇文章写得不好，对王先生的文学思想没有真正理解，不要拿出去发表。"

过了几年，蒋天枢再次同章培恒谈到那篇文章，又叮嘱他说："不要拿出去发表。"

章培恒当然谨遵师命，一直把那篇文章压在箱底。[11]

蒋天枢尊师重道，自然讲究师道尊严和师道传承。他对青年教师和研究生学业上的要求不仅严格，甚至有点严厉；读什么书，怎样读，必须按他的要求去做，而且要定期汇报学习心得，逼得他们用心去读，不能马虎；写了文章，也须送老师过目，认为有瑕疵的则不能拿出去发表。如此，令青年教师和研究生都有些怕他。

也正因为责之严，蒋天枢对他们也爱之切。

这方面，章培恒有深切的体会。

1955年春天，全国范围内开展对胡风文艺思想的批判。年仅21岁的章培恒写文章讲了几句真话，结果受到严厉的处分，后来做了蒋天枢的助手。蒋天枢不仅不歧视他，反说他受了委屈，劝他不要背包袱，跟着自己好好做学问。

章培恒在政治上栽了跟斗，唯恐连累别人，便息交绝游，默默地安居在市区一个小巷里。一天黄昏，蒋天枢突然来到他的住处，邀请他一起到市政协的文化俱乐部用餐。

当时，国家正处在经济困难时期，市场食品奇缺，一切计划供应，有钱也买不到东西。上海市对十四级以上干部和三级以上教授每月多供应三斤猪肉，并发给十张文化俱乐部餐券。蒋教授夫妇如果一起去用餐，每月可以去五次；如果再带上两个女儿一起去，每月至少也可以去两次。但是，就是这么一点特殊待遇，蒋天枢也总是和学生们分享。

章培恒落难之际，做梦也想不到能成为蒋教授的座上宾。饭后，蒋天枢又送给他二斤肉票，让他增加营养。当时的肉类是定量供应的，每人每月只有一点，一般饭店也没有荤菜供应。蒋教授的馈赠，令章培恒感动不已。章培恒结婚后，蒋教授夫妇又约小夫妻到文化俱乐部用过几次餐。在那饥肠辘辘的年月，一顿美味，令章培恒回味终生，不仅大快朵颐，更重要的是让他体会到人世间的真情和温暖，激发起重新振作起来的力量。[12]

蒋天枢待章培恒如子弟，章培恒愈加恪守师礼。章培恒成名之后，依然一如既往地敬重蒋天枢先生，传承着蒋天枢与陈寅恪先生那样的师生关系。师生之情也愈加深厚。

> 一天章先生随蒋先生外出办事。晚间完事后，他照例陪送蒋先生归家。途中来了一场大雨，车到第一宿舍大门，遍地清湿，而蒋

先生脚上套的却是家常的布鞋。学生背老师，是章先生的最初提议，自然被蒋先生坚拒。那年，章先生的年岁好像也已直逼花甲，安全第一嘛，弄不好两个老头，一老一小跌成一团，终究不是好玩的。于是，老师蒋天枢跨出车门，松爽地进了大门直奔寓所，学生章培恒脱下皮鞋，一手拎着，在黑夜里穿着一双白袜跟在老师的身后。[13]

如此令人动容的师生之情，在复旦师生中已传为美谈。

教学生，做学问，离不开书。蒋天枢一生喜爱买书。为了买书，家中始终没有置办过一件像样的家具，很多衣物还是用包袱存放着。老伴刘青莲善解人意，夫唱妇随，什么也都依着他，经常开玩笑说："别人的工资都用来治家，咱家的钱都还给书店了！"

晚年的蒋天枢，家中已有很多藏书，还是经常买书，只是买的书多数是送给学生的。他的学生们几乎都有老师送给的书。学生毕业后，只要需要，蒋天枢依然给他们寄书。《陈寅恪文集》一出版，他就买了很多套，赠送给身边和外地的学生们。

1985年起，蒋天枢专门带古籍整理研究所的研究生。学生到家中请益问教时，时间长了，常留在老师家吃饭；学生需要什么书，老师也往往把家中的藏书相借。为了让学生集中精力学习，他的文稿一般不找学生抄写；而对学生文章，他不仅从立意、论点和论据上给以指导，而且一字一句批改，却从不在学生文章上署名。学生们过意不去，偶尔给老师送点礼物。蒋天枢不仅一概退回，还要批评教育一番。他认为，老师是学生学术上的引路人，学生是老师学术生命的延续，老师帮助学生是应该做的。学生学业有成，就是对老师最好的报答。

几位研究生毕业后，很感谢蒋先生。大家一合计，想安排一场谢师宴。此议一出，蒋天枢说啥也不同意："先生怎么能用学生的钱呢？"坚决拒绝，而且没有通融的余地。

1987 年 11 月，蒋天枢 85 岁了。他带的几届研究生也已毕业，而且在古籍研究所工作了。大家定制了一个蛋糕，要为蒋先生庆贺 85 岁大寿。可谁去请蒋先生呢？学生们为了难。大家都有这个心意，但又知道蒋先生的脾气，怕先生不给面子，一个个面面相觑。最后，还是公推章培恒先生出面，这才把蒋先生请到场。[14]

大家印象中，这是学生们请蒋先生吃饭唯一的一次。

蒋天枢尊师重道，对学术界的同人们也十分敬重。

1984 年 10 月 8 日，蒋天枢多年的老朋友吕贞白不幸猝逝。吕贞白在中华书局上海编辑所和上海古籍出版社工作，是复旦大学古籍整理研究所、华东师范大学兼职教授，熟经典，擅诗词，且长于版本和目录之学，学殖深厚，恃才傲物，好古敏求，耿介拔俗。蒋天枢视之为"很要好的朋友"，"古道可风人"。此后，他耗时一年，为吕贞白整理遗著，在老友逝世周年时编成，并撰写《吕伯子遗书序》《吕伯子诗词集弁言》，作为对老友最好的纪念。[15]

1986 年 10 月，蒋天枢接到朱子方寄来的《金静庵传记》，说东北金氏家族正在筹备金静庵诞辰百年纪念活动。金先生是他当年在东北大学工作的老友，二人在四川三台东北大学工作时交往甚厚。不写篇文章，他感到对不起老朋友。蒋天枢忆起东北大学在三台的苦难岁月，落笔如对故交，"感念老友，追怀往昔过从踪迹，不胜其感慨系之"，一边叹息，一边流泪，经冬至春，字字凝重地写成一篇千字的短文《故友金静庵诞辰百周年纪念志感》。[16]

研究生论文答辩时，需要邀请有关方面著名专家钱仲联等先生。蒋天枢出面，也是有请必到。章培恒赞叹道："蒋先生的人脉和声望之高，真是令人想不到！"

当然，蒋天枢交往的一般是学殖深厚、人品端正的学者。他对个别名气很大、为老不尊的学者也并非如此，甚至十分反感，深恶痛绝。

唐兰先生逝世后，蒋天枢极度悲痛，怪苍天不公，过早地夺去了这么一位很有作为的人，同时又大骂某人"老而不死"，在一封信中写道："我曾为某预写了一副挽联，并不怎样调协。文曰：'老而不死，不其然乎！多行不义，必自毙焉。'我认为对那老家伙的为人是贴切的。"⁽¹⁷⁾

蒋天枢对待大学的一般同事多是君子之交，平等相处，保持一定距离，但对于学术之争却不讲情面，对行为欠缺者嗤之以鼻。

复旦大学历史系教授杨宽主要从事中国古代史尤其是先秦史方面的研究，二十世纪五十年代，写作《战国史》，认为"在公元前 306 年（楚怀王二十三年），楚国乘越国内乱，把楚国灭亡了，把江东改建为郡"。蒋天枢认为说法与历史不符，1978 年元月，撰写了一篇《"楚灭越在怀王二十三年"平议》的文章，不久，在西北师范大学《文史学林》杂志上发表。对此，杨宽先生很有意见。蒋天枢认为这是学术之争，不应伤了和气，还是得不到谅解。他虽然不悔，还是叹道："真想不到，一篇文章得罪了一个朋友！"⁽¹⁸⁾

海内外的学者知蒋天枢学殖深厚，有时到复旦大学拜访他。蒋天枢都是热情接待，知无不言，因此颇受好评。复旦中文系的年轻教师遇到疑难，也时来叩门，蒋天枢更是相敬如宾。但是，蒋天枢也有个怪脾气。在政治运动频繁的年代，他从不招惹别人，也要求别人也不招惹他。否则，他虽不睚眦必报，但会对你冷淡，甚至不再理睬你。

五十年代后期，中文系一位姓王的讲师遇到问题，来家请教蒋先生。该老师专于中国古典文学和文学理论批评，研究很有成绩。蒋先生很看重他，对他提出的古典文学方面的问题，详细解答，兴致勃勃地谈了一上午，中午还留他在家中用餐，一边吃，一边继续谈。

当时，该老师正在要求入党，需要定期向党组织汇报思想。不知他在汇报中说了蒋先生什么，竟然传到蒋先生的耳朵里。

蒋天枢很是生气，径直找到党组织负责人辩白，并背后骂该老师是个"小坏蛋"，从此不答理他。但是，该老师对蒋先生还是非常尊敬。⁽¹⁹⁾

这很可能是场误会，但五十年代政治运动频繁，蒋先生对挨整有恐惧心理，也可以理解。

蒋天枢讲究师道尊严。但对乡亲却平易近人，从来不摆架子。

沛县的姑表弟朱启昌少年丧父，中年丧妻，一生务农，无儿无女，唯爱读传奇、杂剧之类的书籍。蒋天枢便陆续购买《唐宋传奇小说》《元人杂剧选》和《长生殿》《桃花扇》等书寄去。

表弟朱永昌（典君）是个木匠，大字不识。蒋天枢经常问他生活过得怎么样，有便人回乡时，也托人带去几包上海点心。

1960年春天，表弟朱运昌头戴毡帽，一身粗布衣裳，一身土气，到上海看望儿子。蒋天枢知道后，亲切地请他到国际饭店吃饭。但当时，物资极度匮乏，一顿饭才花了5块钱。蒋天枢非常惭愧，对他说："表弟，不是我不舍得花钱请你，实在是花不出去呀！"

注：

（1）据郑逸梅《艺林散叶》，北京出版社，1982年版第4154条。

（2）立华《章培恒与蒋天枢：一脉相承的特立独行》，载《大学时代》，2006年04期。关于朱东润先生讲陈寅恪先生事，王运熙在《复旦中文系老教授二三事》（载《文史知识》2003年第3、4期）一文中说："某次复旦中文系全体教师会上，朱东润先生以系主任身份勉励年轻教师做好学问，中间谈到传记文学，批评陈寅恪的《柳如是别传》，以数十万言的篇幅写这么一个女子，不值得。蒋先生听了很生气，说朱对陈先生的写作意图并不了解，说罢匆匆走出会场，以示抗议。"

（3）据《陈允吉谈复旦中文系名师》，载2014年1月26日《东方早报·上海书评》。

（4）引自陆键东《陈寅恪的最后二十年》（生活·读书·新知三联书店，1985年12月第1版）之第十七章《今日所剩无几日》。

（5）据蒋天枢1952年1月15日给朱子方的信："前数日偶得影印静安先生遗墨两部

（书札、手稿之属），每部两册。拟寄与高先生一部，俟邮路稍通当付寄也。"

（6）蒋天枢1987年3月14日给朱子方的信。

（7）蒋天枢1987年5月7日给朱子方的信。

（8）蒋天枢1987年5月19日给朱子方的信。

（9）高亨1971年12月11日、12月24日给蒋天枢的信。

（10）引自谢国桢《瓜蒂庵文集》之《新岁赠同学秉南蒋子》一文，辽宁教育出版社，1996年9月第1版。

（11）据1991年3月9日复旦大学古籍研究所座谈会上章培恒的发言。

（12）引自章培恒《〈陈寅恪先生编年事辑〉（增订本）后记》，上海古籍出版社，1997年出版。

（13）据立华《章培恒与蒋天枢：一脉相承的独立特行》，载《大学时代》2006年04期。

（14）据复旦大学古籍整理研究所1990年2月9日座谈会上发言。

（15）据蒋天枢1985年12月撰《吕伯子遗书序》。

（16）据蒋天枢1987年3月《故友金静庵诞辰百周年纪念志感》，1987年9月16日给朱子方的信："前接来信，告金家子姓纪念静庵事，酷热未即复。项又得9月3日函……《社会科学战线》第三期，早已寄来（并未寄稿费，或以文短故），并附抽印单篇。"

（17）蒋天枢1979年除夕给朱子方的信。

（18）蒋天枢1986年向朱浩熙赠送《论学杂著》一书时曾谈及此事。

（19）蒋天枢、刘青莲生前向笔者讲述。

第二十七章　上书陈云

蒋天枢身在大学，讲授并研究古典文学，但却有浓重的家国情结萦绕心头，常常为文化的传承而焦虑。

他的焦虑并不自今日始——

早在抗日战争时期，面对有人诬蔑中国文化"有惰性""低等"云云，蒋天枢就写出长篇文章《如何发扬中国固有文化》，严厉指斥："曾不知中国自有其立国之方，生存之要，乃根于中国民族所固有之特性，发扬于三千余年之历史；先民以之抟结凝聚亿万之民族，扩拓亿万之疆土。今也因一肢不能屈伸，乃自谓其曾无骨干焉，曾无生命焉，宁非自贱自诬之甚乎。"

他振臂高呼："中国既处此往史所未有之变局，又遭逢两千年所未有之危难，所以使国人动心忍性，艰苦奋斗，以锻炼其生存能力者，亦较任何时代为艰巨。将如何以适应环境，渡越艰险，必使全国青年不以享受为目的，而以有所建树为志愿，以能贡献于国家民族为前提。训练以艰苦之生活以锻炼其体魄；陶冶其远大器识以担负民族使命。"

他明确提出："教育事业，本在培养各方面健全人才：于以推进国家民族于光明坦荡之域。""所谓文化事业，虽属万端，而所以纲维机掖之者，实在于'无背于国家民族利益'一大前提之下。文化固无间于国籍，而文化之长成，皆有其民族之特性；言'改进文化'，固不必标'本位'之说，然要知系'以我吸收他人之长，非以他人而代我'。"[1]

眼下的情况亦不容乐观——

一场"文化大革命"实是一场文化大破坏。"四人帮"出于篡党夺权的罪恶目的，散布"知识越多越反动"的奇谈怪论，把知识分子打成"臭老九"，对文化的破坏无以复加。"批林批孔""评法批儒"运动更是助长了民族虚无主义。改革开放以后，自由化思潮泛滥，又有人主张"全盘西化"，哪里还有什么文化自信呢？而文化，才是自立于世界优秀民族之林的灵魂啊！

教育界的状况实在令人忧心。大学教师中，老教授行将退休，中年教师有能力的捞"外块"，"老实磨"忙于买菜、带孩子，哪有功夫进修？教育质量在滑坡啊！中等教育非西非东，学风不正，有的初中生便谈恋爱，家长对独生子女又溺爱成风，补课成风，怎能挽回教育的颓风呢？[2]

复旦大学培养了很多优秀人才，但也留下诸多遗憾。学校让蒋天枢带青年教师，因程度不同，时感很累；而有的研究生却很有培养前途，"看了个报考研究生寄来的几篇论文（师大毕业生，能写有关《吕氏春秋》和李后主论文，另外还写了多篇登在报上的小说），写得很好，但他却正做某中学的体育教师。如能培养出来，将比现在一些中年教师强得多。另外一个某名牌大学毕业的报考生，却程度平常。过去多年，我在复旦教出不少优秀的学生……但多被分配到外地，或做中学教师，或做不相干工作，而一些程度差的却身居高职，有谁扭转这情况？"[3]

学术界的情况也不甚乐观。文化古籍被破坏殆尽，还有几人在潜心研究、认真整理和负责传承民族优秀文化遗产？几千年的民族文化面临断层的危险！这绝不是危言耸听。一些学界名流居然也跟风抄作，追名逐利，丧失文化定力。这样会贻误一代青年，最终是误了国家啊！振兴中华，不能停留在口号上，而要体现在切切实实的行动上。

通过整理出版《陈寅恪文集》，蒋天枢更感到一种沉甸甸的责任。如何发扬中国固有文化？如何为振兴中华培养更多优秀人才？文化和教育事关国家的命脉。他想了很多，有很多话要说，但又不知该向谁倾吐，思绪萦绕心头，挥之不去，尽管时间一长，激情时强时弱，仍然不时在胸中涌动……

蒋天枢难释家国情怀，很想大声疾呼，一吐胸中的块垒。但是，即便喊出来，会有人重视吗？他在苦苦地等待。

1981 年 4 月，中共中央副主席陈云发表了一篇整理我国古籍问题的谈话。当年 9 月 10 日，经中共中央书记处会议讨论同意，以中共中央文件下发，题为《整理古籍是继承祖国文化遗产的一项重要工作》。

陈云的谈话，共讲了七个问题："第一，整理古籍，把祖国宝贵的文化遗产继承下来，是一项关系到子孙后代的重要工作。我们的学校教育，注意理工科比较多，这是发展国民经济的需要。但是，学理工的人也要有一定的中国文化传统的知识才行。今后，在继续办好理工科的同时，应该加强大学的文科教育。从小学开始，就要让学生读点古文。

我国的古籍，中华书局说有八万多种，北京大学图书馆反映约有十二万种。现已整理和出版的约有两千多种，还差得很远。

第二，整理古籍，为了让更多的人看得懂，仅作标点、注解、校勘、训诂还不够，要有今译，争取做到能读报纸的人多数都能看懂。有了今译，年轻人看得懂，觉得有意思，才会有兴趣去阅读。今译要经过选择，要列出一个精选的古籍今译的目录，不要贪多。

第三，整理古籍，需要有一个几十年连续不断的领导班子，保持稳定的核心力量。目前真正能够独立整理古籍的一般来说得六十岁左右的人才行。现在这个班子中，六十岁的人再干十年就是七十岁，不能坚持工作了；五十岁的人到那时可以接上去；四十岁的人，再干二十年，也可以成为骨干力量和领导力量了。

从事整理古籍的人，不但要知识基础好，而且要有兴趣。李一氓同志表示愿意做这项工作，可以考虑请他来主持这件事，并组成古籍整理出版规划小组，直属国务院。

第四，要由规划小组提出一个为期三十年的古籍整理出版计划。第一个十年，先把基础打好，把愿意搞古籍整理的人组织起来，以后再逐步壮大队伍，古籍整理出版规划，可以像国民经济计划那样，搞滚动计划，前十年分为两个五年规划，在第一个五年规划的基础上，经过充实，搞出第二个五年规划。

第五，现在有些古籍的孤本、善本，要采取保护和抢救的措施。图书馆的安全措施要解决。散佚在国外的古籍资料，也要通过各种办法争取弄回来，或复制回来。同时要有系统地翻印一批孤本、善本。

第六，古籍整理工作，可以依托于高等院校。有基础、有条件的某些大学，可以成立古籍研究所。有的大学文科中的古籍专业，如北京大学中文系的古典文献专业，要适当扩大规模。

目前，整理古籍工作的专业人才，有许多分配不对口，要尽可能收回来，安排到整理古籍的各专门机构。一些分散在各地的整理古籍的人才，有的可以调到中华书局或其他专业出版社，有的可以分配他们担任整理古籍的某些任务。

第七，为办好整理古籍这件事，尽管国家现在有困难，也要花点钱，并编制一个经费概算，以支持这项事业。这笔钱，用于整理古籍所需要的各种费用，主要是整理费用和印刷费用，也包括解决办公室、宿舍等费用。要为整理古籍的专门人才创造较好的工作条件和生活条件。

整理古籍是一件大事，得搞上百年。希望现在就认真抓一下，先把领导班子组织起来，把规划搞出来，把措施落实下来。"[4]

陈云的谈话，着重讲整理古籍的相关工作，并要求大学在加强理工科教学的同时加强文科教育。这在蒋天枢心中引起强烈的共鸣，点燃了胸中积郁已久的心火。他认为，看来中央领导同志已经觉察到文化和教育存在的问题了，这时提出自己的建议，或可引起中央领导同志的注意，比较有利于问题的解决呢！

关于古籍整理，他有许多话要说，时下古籍出版社太少，传统文化经典印得太少，出书太难，对传承民族文化非常不利；关于办好大学文科，他更有切身体会。当年的清华大学，教师队伍人才济济，文科理科相得益彰，一届又一届学生英姿勃发，出了多少国家栋梁之材！有的为国干城，有的是学术精英，在国家政治、经济、文化等不同岗位上大显身手，成为中华骄子。可是，我国 1953 年硬搬苏联的大学模式，进行大规模院系调整，清华大学变成了纯理工科大学，路子走偏了啊！办好清华，不仅是清华校友的愿望，也是一件于国家、于人民、于未来功德无量的大事啊！蒋天枢虽然研究中国古典文学，但思想并不守旧，视野也不宥于故纸堆。他每天清晨收听中央台的新闻，订有多种报刊，遇海外朋友来访，常询问海外大学的办学情况，对于如何办好国内的大学有很多思考。

当时，知识分子的地位低得可怜，人微言轻，国家领导人能重视一个大学教授的意见吗？蒋天枢想到，南宋大诗人陆游老病书怀，还"位卑未敢忘忧国"呢，自己作为一名共和国公民，为发展中华民族文化献计献策，还顾虑什么呢！

1982 年 1 月中旬，蒋天枢压抑不住内心的冲动，深思熟虑再三，郑重地向中共中央副主席陈云写了一封长信，提出自己富有建设性的意见。

陈云副主席：

我是在大学中文系工作了五十年的老教员，学习了您关于整理古籍的讲话，受到很大鼓舞，深信在党中央的领导下，我们的文化教育出版事业一定会更快地发展起来。因此，想就几个具体问题，谨贡刍荛之见如下：

一、古籍出版机构亟须增加，商务印书馆可否恢复其出版古籍工作。

由于我国文化遗产极其丰富，从国务院古籍整理出版规划小组初步拟出的供讨论用的规划来看，出版任务已极繁重。而目前以出版古籍为专业的出版社，只有上海古籍出版社和北京中华书局两家，要担负这样繁重的出版任务恐有困难。同时，由于专门的古籍出版机构在南方和北方都各成一家，实际上成为"垄断"局面，这对于迅速提高出版物的数量和质量都颇不利。再说，以我们这样一个大国而只有两家专门出古籍的出版社，似也不相称。所以，古籍出版机构亟须增加。

另一方面，商务印书馆在旧社会出版过许多古籍和文、史、哲学的学术著作，如其所出版的《丛书集成》《万有文库》《国学小丛书》，影印的《百衲本廿四史》《四部丛刊》初编、续编、三编等，不但在当时颇有影响，至今国内外仍在流通。这是一个在国际上有一定地位的出版社。而且，台湾现在也仍有商务印书馆，在继续出版这方面的书籍。利用商务原有的声望，迅速扩大影响。所出古书销行颇广，获利不少。我们的商务印书馆在继续出版科技等书籍的同时，可否恢复原来建制，兼出古籍和文、史、哲方面的书。其好处有三：甲、改变目前古籍出版机构不足的局面。乙、有利于加强我们所出古籍在国外及港澳的竞争力。丙、由于台湾也有商务，扩大后的商务印书馆也可作为对台湾进行统战工作的渠道之一。

二、综合性大学的学科亟须增加，可否以清华大学为基础创办一个具有各种学科的综合大学。

我国现有的综合性大学，一般只有文科（中文、外文、哲学、历史等）理科两种学科，有的综合性大学还有法商科的个别专业（如法律、经济等）。这种建制是一九五二年确定的，在当时是很适宜的。但在这三十年中，情况有了很大变化。首先，由于科学的发展，牵涉到两种或两种以上学科的所谓"边缘学科"越来越多，例如，需要文科和工科共同研究、理科和工科共同研究、理科和医科共同研究、工科和商科共同研究的项目日益增加，而我们的综合性大学却基本上只有文理两科，对迅速发展科学事业很不利。其次，在科学发展的这种新情况下，国外大学的学科越来越多。以日本来说，许多大学都同时具有文、理、工、医、法、商、农等学院。以我们这样一个大国，而综合性大学基本只有两个学科，似也不相称。所以，今后似宜迅速创办多种学科的综合性大学。作为试点，是否可以清华大学为基础来试办。

清华大学在旧社会原本有文、法、理、工、农五个学院，为全国大学之冠，尤其文学院的历史、语文、外文各系所培养出来的人才布及全国，为其他大学所不及。理法科亦均各有特色，所培育人才，多蜚声国际。目前的清华大学虽已成为工科大学，但一则它有以前的多科性综合大学的传统，再则从设备及人力等条件说，在工科大学的基础上增设文、理、法等科较为容易。在文理大学的基础上增设工科等则比较费事。所以，以清华大学为基础来创办，似可收事半功倍之效。

此外，我国现有的大学教学，在分科、分系、分组上都过细，文科尤为突出。这跟现在科学发展情况也有不相适应之处，主要是培养出来的人容易有知识面不广的缺点。可否在现有的基础上借鉴西方（包括日本）的大学教学经验和我国古代的书院制度，再作一些改进，以便做到在培养通才的基础上造就专才。

以上各项皆是我个人在工作中的一些感想。由于不可能从全局来考虑问题，片面和错误之处自必不少。但系经过反复思考，也许尚有可供采择之处。故敢贡其愚见如上。

敬礼

健康

蒋天枢敬上一月十六日[5]

工作单位及职务：复旦大学中文系教授

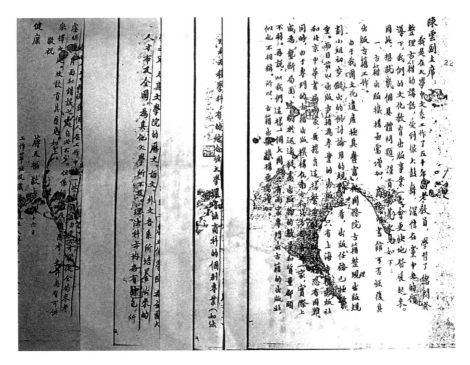

蒋天枢 1982 年 1 月 16 日致中共中央副主席陈云同志的信。

　　陈云同志接到蒋天枢的来信后，虽然未作批示，但却作了慎重处理。邓力群、王任重、郁文等人都作了批示，并由中共中央宣传部拟定公文，立即将蒋天枢的信件转给教育部，要求认真研究蒋天枢先生的建议。

　　教育部办公室将蒋天枢的信件呈送部领导张承先、周林、黄辛白阅示。张承先转给蒋南翔阅，并建议征求清华大学党委的意见，研究确定。蒋天枢的信很快转到清华大学。

　　蒋天枢的信在清华大学引起不同一般的反响。清华大学领导都在信上作了批示，意见各种各样。"校领导中的几位科技老专家似乎都不赞成，还有的明确表示，这是向老清华'倒退'。当时的校长刘达是辅仁大学中文系毕业的，对办文科有一定兴趣。最后意见似乎大体统一了。当时担任宣传部部长的罗征启同志起草了给教育部党组的报告，赞成清华向综合化方向发展，并拟先建经济管理系和在马列教研室的基础上组建社会科学系，在宣传部领导下成立文史教研室。"

清华大学报告呈上的时间为1982年1月，即是说，在蒋天枢信件发出的当月就作出了反应。信件办理得效率极高。

就在清华大学写出报告前后，教育部领导刘达、何东昌二人联合署名，在《人民日报》上发表关于提倡多办文科、加强文科教育的文章。此文虽未提及蒋天枢先生的信件，但写作的动因正是由蒋天枢信件引起。这篇文章也可以看作是官方对蒋天枢建议的公开回应。

清华大学正是在1982年建立了经济管理工程系，成立了文史教研室；1985年又建立了社会科学系、中国语言文学系和思想文化研究系。

清华大学徐葆耕先生对蒋天枢提出的建议有一个中肯的评价："蒋先生是清华复建文科的首倡者，而且实实在在地催生了清华的文科。""世上无名英雄不可计数，而在知识界，却大都喜欢想办法留个名。蒋先生对清华文科的复建起了'第一推动力'的作用，但我怀疑他自己并不知道。给中央领导写封信，未必都有回音，这是常事。"

蒋天枢被称为清华大学"重建文科的始作俑者"。[6]

清华大学率先变革，其他理工科大学也纷纷起而仿效，雪球从清华大学滚起，越滚越大，引起高等教育的一次轻量级地震。

蒋天枢可谓功不可没！

至于蒋天枢反映古籍出版社太少，也是学术界遇到的共同问题。眼下学术性文章或著述，想找地方出版很不容易，除非是名望高到陈寅恪、钱钟书那样。一般的学人写出书来不能出版，不也是挫伤积极性吗？[7]

这个难题也逐步得到了解决。

现在，全国著名的古籍出版社除上海古籍社、中华书局外，岳麓书社、齐鲁书社、中州古籍出版社、浙江古籍出版社、巴蜀书社、天津古籍出版社、江苏凤凰出版社等陆续成立或恢复，一些大学出版社也出版古典书籍，古籍和学术著作出书难的问题大大缓解了。

蒋天枢对老的商务印书馆很是怀念，因为当时他们愿意接受任何人的稿子，只要你能经过他们的审查。而且学术性文章又非用繁体字不可，"文革"后用繁体字出书的能有几家呢？⁽⁸⁾现在，商务印书馆虽不是古籍出版社，但是也出与古籍有关的书籍了。

古籍出版社少、古籍书出版难这一问题的解决，是否与蒋天枢的上书有关呢？人们不得而知。不管如何，蒋天枢至少是一位首倡者，对问题的解决给了一把原始的推动力。

至此，蒋天枢的一封上书，一炮两响，算是有了一个比较圆满的结局。

尽管特立独行的蒋天枢不求闻达，但人们不能不佩服蒋天枢的家国情怀和远见卓识。

蒋天枢不仅对母校清华大学一往情深，对无锡国学专修馆也有同样的感情。

无锡国专是一所很特别的学校，虽然规模不大，历史不长，却拥有堪比西南联大的教师阵容，培养出第一流的人才。抗日战争爆发后，学校曾迁校长沙，后再迁湘乡、桂林、山围、萝村，复迁桂林、蒙山、金秀傜区，1945年复迁山围，1946年复员回到无锡。1939年春，唐文治曾在沪设立补习部，并增设五年制，1947年五年制并回无锡，二三年制仍留在沪，可谓饱经忧患，弦歌不辍。1949年4月，无锡解放，学校更名为中国文学院，1950年并入苏南文化教育学院，1952年和东吴大学、江南大学数理学院合并，在东吴大学旧址建立苏南师范学院，定名为江苏师范学院，1982年改名苏州大学。⁽⁹⁾

1982年秋天，无锡国学专修馆的校友们在华东师范大学聚会。蒋天枢在研究生陈麦青的陪同下，欣然前往了。

在华东师大，蒋天枢见到王蘧常、钱仲联等多年不见的老校友，心里十分高兴。主持人提议，为表达对老馆长唐文治先生的怀念和崇敬，大家起立，为老校长默哀三分钟。蒋天枢在学生的搀扶下，颤颤巍巍地站起来。他对唐文治先生的敬意，令陪同前往的年轻人非常感动。

校友们回忆在无锡国专读书的生活，历数国专在培养人才方面的卓越贡献，对唐文治先生无比钦敬，也为母校感到骄傲和自豪，但是又为母校的遭遇而唏嘘不已。

王蘧常先生向校友们讲起唐文治先生的临终遗言。当年学校迁桂林时，唐先生因年事已高，水土不服，委托教务主任冯振心代理校长职务；1938 年在上海"孤岛"复校时，校务全委托王蘧常。1954 年，唐文治先生逝世，病危时，曾经语重心长地告诫王蘧常："将来条件允许，无锡国专应力求恢复。此乃关系到保存中国文化的长久大计，非一校之存废而已。"(10)

这使校友们感慨不已：无锡国专这么一所办学卓有特色、卓有成绩的学府，现在居然阒寂无闻，以致校友们的一腔情愫无所寄托。王蘧常先生提议，为纪念唐文治先生，宣传校史，呼吁无锡国专复校。校友们遂一致赞同，最后，根据大家的呼声，一致通过了致国家教育部门的公开信，要求恢复无锡国学专修馆。蒋天枢和校友们一一在公开信上签名。

1983 年，国家教委一位领导在古籍整理会上说，最好在上海或无锡开辟国专那样的学校，对整理古籍是有裨益的。

1984 年，王蘧常写信给无锡国专同学、时任全国人大常委会副委员长周谷城，谋求支持复校大业。

1987 年 4 月，《国专校友之声》创刊，登载了国专校友及学术界名流蔡尚思、张世禄、胡曲园、陈千钧、陈子展、朱东润、蒋天枢、顾廷龙、苏渊雷、梁漱溟、饶宗颐等 43 人共拟的《恢复中国文学院（原无锡国学专修学校）缘起》，向社会各界吁求支持。(11)

蒋天枢和校友们之所以要求恢复无锡国专，不仅是出于对母校的深厚感情，而是为了民族文化的复兴大计。但是，名校的恢复如同草创，谈何容易啊！当年的青青学子均已衰草暮年，有心无力，无非是振臂一呼，只能是寄望于来者了。

———————————————

注：

（1）引自蒋天枢《如何发扬中国固有文化》，载《中国文化》1989年创刊号。该刊编者按："已故复旦大学蒋天枢教授的《如何发扬中国固有文化》一文，撰写于1938年12月，1940年1月改定，从未发表过；现本刊特予披载，以飨读者。"

（2）蒋天枢1986年6月20日给李振杰的信。

（3）蒋天枢1978年3月17日给朱子方的信。

（4）引自《陈云文选》（人民出版社，1986年）第三卷第289—291页。

（5）蒋天枢写给陈云信件的原件现存清华大学档案馆。

（6）关于蒋天枢信件在清华大学的反响及有关引文，均据徐葆耕《蒋天枢：重建文科的始作俑者》一文，载《紫色清华》，民族出版社，2001年4月第1版。

（7）蒋天枢1986年4月3日给李振杰的信。

（8）蒋天枢1986年4月3日给李振杰的信。

（9）据《私立无锡国学专修学校校史》，载《无锡国专（民国）三十七年（1948）毕业生纪念刊》。

（10）据王兴孙《父亲王蘧常的老师和学生》，载2018年《文汇读书周报》，并见2018年《新华文摘》第24期。

（11）据王兴孙《父亲王蘧常的老师和学生》，载2018年《文汇读书周报》，并见2018年《新华文摘》第24期。

第二十八章　玉汝于成

　　蒋天枢一生从事教育工作，也是子女的第一老师。他爱学生，教学尽职尽责，尽心尽力；爱子女，也是爱之深，责之严，望之切。

　　蒋天枢认为，孩子们不管将来做什么，首先要打好做人的基础，说好中国话，写好中国字，懂得民族的历史和文化。他一生从事文史教学和研究，当然希望后代也走自己的道路，但只是引导，从不勉强，最后还是尊重他们自己的选择。子女有兴趣爱好，他着意培养。大女儿钟埱自幼喜欢书法、绘画，他就手把手地教女儿写字，还给女儿请来中国画、油画教师，开发其这方面的潜质。

　　1959年暑假，长女蒋钟埱考上了清华大学建筑系，离开上海，到北京读书去了，但家教一直伴随着她，须臾不离。

　　蒋天枢洁身自好，谨小慎微，也把这种品质传给孩子。钟埱接到录取通知书时，其干妈表示了一点心意。蒋天枢就告诫女儿："干妈给你的十块钱，可暂放起，将来在上海买点东西还她。"

　　钟埱入学后，对一切都感到新鲜，一时沉不下心来学习。蒋天枢告诫她："初到京，一切生活紧张兴奋，皆可鼓舞意志。此后课业渐忙，当可渐沉下心去学习。你既得一好的学习环境，当能锻炼身心，勤勉谦虚，求能有卓越成就，才可为国家社会主义事业贡献精力。"并劝女儿树立专业思想，扩大知识面："建筑和绘画都是一种空间观念的艺术。建筑能利用各种材料，在空间上结构成各种动人的形体。绘画则能在尺幅中显现出烟云浩阔的壮观。所以绘画、建筑和文学在艺术上都有相通的道理。现在上海博物馆正展览各种历代名画，尤其宋元人的一些画，其壮阔处实动人心魄。可惜你走了，不能带你去看。北京故宫及其所藏各名画，想来你们应有好好看看的机会。清代的圆明园，现在已划清华范围内。最近一期北京出版的《文物》杂志上有一篇北大陈庆华教授写的关于圆明园记述的文章，你如有闲空时可翻看一下。"[1]

1953年，长女蒋钟堉、次女蒋钟垣合影。

入学之初，钟堉俄语考试没有过关，思想有些压力。蒋天枢便开导她："俄文统考没通过，不要灰心。从两次考试中，你可总结一下，自己学习的缺陷在哪里？好从自己缺陷的方面努力。你所想到的很是，在一二年级基础上打得不够踏实，以后随时补救就比较困难了。我认为：现在一般学生对学习外文，仅从自己业务上着眼，而没有把'踏踏实实学好外语，为自己走上学术道路做好准备'来对待外文，因而对外语学习总处于被动，学得也就虚弱贫乏。望吾儿以后应从一种外语的全面掌握来看待，不要仅从建筑一门学科着眼……上学期间所学，一般说来，都是属于基础性质。只有一步步脚踏实地做去，久了自会心地日渐开朗的。"(2)

蒋天枢分析认为，钟堉的学习目的不够明确，就给女儿上了一课："人类学习文化，主要有一个正确的理想，一个不仅仅为自己生存而活着的理想。己身之外有祖国，祖国之外有人类，能对国家对人类做出一些贡献，才是精神上最大的快乐。学习，包括各种学习，本是人生中最快乐的事情。'快快乐乐学习'是对的，但如果有人认为'学得差不多就够了，何必这么苦自找罪受'，那就是甘居中游的思想，同时也可证明他还是个人主义，或者说，为个人生活而学习的态度。一个人光为吃饭而活，是多么庸俗呀！儿知识欲强，是件好事。将来好好学中文、外文，是很重要的途径。""为得把你的俄文提高和巩固，可买本俄文名著自看，不一定是属于专业的。""盼儿能计划好自己时间，第一，把身体锻炼得好上加好。第二，尽其在我地去做。做到哪里是哪里，不必时时考虑时间够不够问题。"学习要生动活泼，业务书要看，有水平的科学书、历史文学书也要看。(3)

蒋钟堉学习紧张起来。蒋天枢便关照女儿掌握学习方法，注意劳逸结合，提高学习效果："你平常用功，万不要令精神终日紧张，这样，只能觉得整日忙忙碌碌，反不易得到多大效果。应该让精神常常很饱满，用功时便能深入其中，等脑力感到疲乏时便到户外走走，或做些较轻的活动。平常最好能掌握礼拜天半天完全休息，或作其他活动。平常课外活动最好打打网球之类。

偶然大家闲谈谈很好，万不宜养成闲话送光阴的习惯。对功课基本的东西须要锻炼得很熟，如理论中的力学，工程中的制图，都要打下稳固的基础。至于设计制图，你所想的是，须要多看书，多看一切的材料（不但见了，须深深理解，才能进入自己的思想）。"[4]

学完基础课，课时相对减少了，蒋钟埁开始学习第二外语——英语。蒋天枢又引导女儿善于学习，提高思考能力："注意逐步提高思考能力，学习得才能有效果。学问，是由点到面，再由面而加深点，逐步循环往复的过程。人一生的进步和发展，都是这一逐渐反复，又逐步深入的发展过程。在一般水平的基础上，起初，大都'是集中力量，突破一点，然后扩大缺口，向纵深发展的方法。是从知之不多到知之较多，到知之甚多，认识达到系统化的过程'。认识经过实践而逐步洽熟、深入、透彻，知识才能是自己的。这时，才能理解活学活用的道理。同时，这样的知识才能够'过得硬'。"[5]

建筑系的学生往往要进入工地实习，风吹日晒，爬低上高。有的同学怕苦，思想动摇。蒋天枢便勉励女儿，坚定志向，持之以恒："人要希望一生能有些成就，没有什么秘诀，主要在有志，能持之以恒。假若一个人肯将一生精力贡献给国家和人民的事业，而没有什么名利思想掺杂其间，这不能算作个人主义。记得我十几岁时，碰到几位同学，年纪青青的，学业上已很有基础，我当时自愧远远落在人后。但后来有的人并没能有什么成就；有的人到现在也还是'依然故我'，思想上、知识上都不曾起大的变化。可见人的有无成就，主要依靠自己。"[6]

到高年级时，蒋钟埁既要上课，又要设计，有时手脚忙乱。蒋天枢又教她掌握学习主动权，增加阅历和见闻："你现在年级稍高，功课越来越重，但须自己心中有主，不宜整天价处在忙乱被动中。心中应作好安排：哪样应当多花些气力，哪样次之，心中有数，自然就不把它看作负担，循序渐进，日久兴趣自会增高。对设计课，你的知识面尚仄狭，实际的阅历和见闻都少，如果设计农民应当有怎样的住宅，或感困难。凡此等事，只能就自己能力所及，尽心去做就是了。总之，应当以从容不迫的态度对待繁忙。还有，应当尽量挪出一些时间自己读书……"[7]

1965 年 7 月，蒋钟埙毕业后，到第四机械工业部（后改为电子工业部）第十设计院工作；次女蒋钟垣 1963 年考取复旦大学生物系，1970 年到长沙轻工研究所工作。姊妹二人虽没有继承父业，但父爱、父教一路相随，从来没有缺失。

对于女儿的婚事，蒋天枢从不干涉，仅仅是建议她们把工作放在第一位，对个人问题冷静处理，不宜急急，并说自己不喜欢那种讨多数人欢喜的聪明外露者，认为结成伴侣最可靠的是坦白正直、忠诚可信托。

两个女儿相继成家立业、生儿育女了。蒋天枢情不自禁地又把心血倾注到第三代身上。

蒋天枢夫妇和长女钟埙、外孙海川合影。

蒋钟垧 1971 年 9 月 8 日在沪生子吕海川，1973 年 5 月在京生女吕海春；蒋钟垣 1973 年 5 月在沪生子杨荫华。海川一年后被送来上海，和小华都由外公外婆抚养。从孩子们能说话时起，蒋天枢就诱导他们认字，写毛笔字，并抄写古诗词让孩子们背。

海川上完幼儿园后，蒋天枢很想留他在上海读小学，却因其户口不在上海，不得不回京上学了。

孩子一入学就面临沉重的课业负担。海川学期考试，语文、数学没达双百。父母感到压力，并把压力转嫁给孩子。蒋天枢却不以为然，认为小学应该活络一点，让孩子有自尊心，知道主动用功："孩子大了，懂事了，能自知奋进，自然可成材。"[8]"两个孩子都考到九十几分，也就随它去了。不要定要求一百分。"[9]

蒋天枢认为，小孩的成绩不太理想，同小学的教法太机械有关，能启发儿童性灵的老师少了，社会风气也不健康，不能全怪孩子："大多是硬填硬塞的方法教学生，不能引起孩子的兴趣，便会养成学生读书是为了分数。"[10]"强迫灌输知识，实在不是教育之道。想一下子把程度提高到孩子力所难及，那会滋长什么乐趣！"[11]

海川、海春作文不好，蒋天枢便嘱咐两个孩子给自己写信，以便考察他们的语文现状，并劝钟垧不要着急："孩子任何东西都没有看过，海川又不是富于幻想的人，写不好东西，勿宁说是很自然的事。现在，从十月或从十一月份起，你家可订一份《北京晚报》，让孩子知道点时事，也可看到点小文章。另外，鼓励他看课外书，看有趣味的文章。"[12]

蒋天枢分析孩子作文不好的原因，在于沉重的课业束缚了孩生生动活泼的天性，便给外孙写信说："作为一个儿童，主要的事，应该思想天真、活泼，自由自在地生活着。我像你这么大时，已经能看《三国演义》《水浒传》，再大一两年，就会看《聊斋志异》了。表面上虽也循规蹈矩，但思想上却是天不怕地不怕。现在如其能知道思想上天真活泼的好处，便会思路开展，写文时自然不感到枯、窘、乏味。加以再能多看点书，词汇也就不会贫乏了……盼你健康的体魄之外，加上活泼的心灵。"他要求孩子们看《三国演义》，既可增长历史知识，也可增强文学素养，不主张把枯燥的孩子们不喜欢的小学范文等硬往头脑里塞，认为不但孩子不爱看，看了也是不起作用的。[13]

为了提高外孙、外孙女的小学作文能力，蒋天枢可谓煞费苦心，经常给两个小宝宝和他们的妈妈写信：

寒假快到了，放假后先给我写封信，不要拘束，不要小心，放心大胆地写，用愉快、坦率的心情来写，给外公写信，要像当面诉说家常一样来写！在公公面前，即令说错了，有什么关系呢？[14]

你对于作文，不要着急，要常常让心里活泼愉快，充满着欢乐快活的感情，自然写起来就便当。要知道，写文章不外两个方面：一是抒写感情；二是叙写事物，就是叙事物，也是带着自己感情的语调来叙写的。你所以感到没有什么好写，是因你知道的词汇太少，肚皮里的知识也少，需要多读点课外书来充实自己。我希望你慢慢地能多识一些繁体字，便于将来跟我读历史书。从前你妈给你买的《三国演义》，你已读过多些？即令读过一遍，还可以从头再读一遍。无论做任何事，熟些总有好处。[15]

有什么意思讲什么话，应当讲自己的感情，说自己心里要说的话。有人认为可以胡编乱诌一套，那是十分错误的。另外，词汇不够，用语知道的不多，也是一因。应当让他多读些课外书，如三国、水浒之类。海川看《三国演义》的情形，也可以向我汇报一下吗？是读着有困难，还是没困难？有困难，困难在哪里，有没有兴趣？有兴趣，兴趣在哪里？不都是可以讲的吗？海川，千万不可对写信有"畏难"的想法，在公公面前，有什么怕呢？写好写不好，公公都是不怪你的。至于快慢问题，任何事，熟了就会快起来的。[16]

你要向学校多借些课外读物看。总之,目的在于:其一,思想感情,异常活泼,无拘束。其二,让肚皮里一天天地充实起来。你妈不是给你买过《三国演义》吗?虽然里面有繁体字,要硬着头皮读下去,慢慢认得多了,自然就不感困难了。你要知道,我将来要教(你们)的,都是繁体字的书。(17)

孩子们的作文有了进步,蒋天枢便进行鼓励:"作文有了进步,更望你们都把毛笔字写好,课外诗、词,读得多,读得好熟,将来读给外公听,那就更好了。你俩考分都满好,可见平时能主动地好好用功,才有这样好成绩。盼继续努力。你俩写的字大都不错,只有一个'拜'字,右边少写一画。再写时加一画好了。你们老师教你们写的都是简体字,盼以后你俩慢慢能多认几个繁体字,能读也能写。"并且说:"中国的书都是直行的,所以我也用直行写法给你写信。盼你做功课时,仍用横行写。"(18)

1980 年夏,蒋天枢与家人合影,左起:蒋钟埭、吕海川、蒋天枢、蒋钟垣、杨荫华、刘青莲、杨国琛。

蒋天枢嘱咐孩子们要生动活泼地全面发展："做功课，是为自己和为祖国的前途而努力，要高高兴兴地、快快活活地去努力，才能有功效。好孩子！万莫要别人督催着才用功。"[19]要功课好，靠平时多努力，不能临时抱佛脚。在学好主课的前提下，多看课外读物和一些历史知识的书……要参加小学生智力测难，培养知识积累和反应能力。除写毛笔大字外，还要练习写毛笔小字。做事要勤快，注意清洁卫生，尽可能地帮助家庭做家务事。要坚决改掉晚上卧在床上看书的坏习惯，摘掉小眼镜。假期里，早晨起来，要找个地方，练习跑步，借以锻炼身体，使身体一天天地好起来。

1982年，长女蒋钟埇病情加重。为了减轻女儿的负担，也为了指导孩子成长，蒋天枢很想让海川到上海借读，跟着自己学习，把培养外孙的重任揽在自己身上。他认为："在今天，培养一个普普通通大学毕业生，并非难事；而培养一个有成就的学者，却并不那么容易了。如其到了考上大学时再来，那时，他的记忆力已差，而且大学是有许多可学可不学的课要装进脑袋，能接纳的容量就很少了……学过初中后，将来以同等学力，可以考大学历史系或中文系，读中文系也可自读历史，不一定非入历史系不可。可问问海川，有没有决心跟外公学习，如他没有这决心，可让海春来。"[20]"海川、海春，都想教他们学这行。趁我精力还好，实想把他们兄妹俩都培养成材……成两个伟大自立的中国人！"[21]

蒋天枢鼓励孩子们健康成长，对他们存在的毛病也并不姑息。1983年寒假，海川来到上海度假。蒋天枢了解外孙的学习状况，分析影响他学习的主要问题，讲了很多语重心长、激励孩子成长的话，并写了四条守则。海川回京后，蒋天枢又写信提醒他："你走以前，外公给你写的守则四条，你还记得吗？希望你用大些的字重写一遍，贴在家里读书的地方，时常看看它。其中尤其重要的两件事：一是不要贪玩；一是不要交不用功、不好好学习的朋友。这两条，外公盼望你能牢牢地记着。如你有进步，外公就最欢喜不过了。"[22]

"海川的聪明还可以，只是不知自己用心，他的磨蹭的习惯，可能是这样养成的。改起来，一时也不容易，只有看他大了，能否自己改正。"(23)"认繁体字，只有让他们硬着头皮看《三国志》，来改善一下……记得我替海川抄的诗，都是繁体字，盼以我的意思告诉海川：好好地学认繁体方块字。"(24)

蒋天枢想让外孙、外孙女学习文史，不仅考虑家学的传承，也出于文史人才短缺的现状。他说："我常想：现在不怕没有学自然科学的人，学那些方面的人多得很，而且都找机会出国。而是学中国历史、能领会中国文化的人越来越少，中年教师中像样的已如凤毛麟角了，有小小成就的尤其是少。再就我讲，我现在如开始培养一个幼小的苗，还可把他培养有点根基。晚几年我的精力日衰，如其等到海川中学毕业能考上大学时再来向我学习，那时，对海川，对我，都是有很大的困难了。我头脑里的东西，我积累起的这些书本，都是不容易得到的！因此，我想从海川小学毕业起，就让他来跟我学。你不要断掉给他补习外语。如能来，在可能的情况下，仍让他旁听一些考大学文科必需的课。"(25)

1983 年 5 月，蒋天枢得知钟埻病情的严重程度，命次女赴京看望，并把上四年级的海春带到上海借读。海春在外公的关心下，又有姨妈补课，学习成绩迅速提高。海川在京也已知道用功读书。蒋天枢这才心中稍安，还希望来年海川能考个较好的中学，尽量想办法转来上海借读。海川也给外公写信，报告参加区里的考试成绩，并说自己读了些繁体字的书。两个孩子都表示，将来跟外公学古代文学。蒋天枢非常高兴，立即写信夸奖："海川的信写得满好，讲话很自然，也无拖拉、累句。能这样努力下去，再多看点书，会一天天地好起来。"(26)

可是，蒋天枢一刻也未放下自己的责任。他深知，孩子跟自己学习中文，须经过一个漫长的过程，上大学后才能考虑终身学习中文的事。"目前，只能暑假来时，我指导他一下，作为准备。通讯学习，古今来无此良法。"(27)

　　长女钟埗 1984 年春天病逝后，蒋天枢感到教育外孙、外孙女的责任更重了，毅然表示："关于海川、海春，我是不会不管的。"(28) 他一心想让海川到复旦初中借读，原因有两点："其一，中学时代是孩子成长的关键时期，能否考上好的大学，主要在中学时代能打下好的基础。其二，海川能在上海，办理调进户口便顺理成章，如他身在北京，那就另有困难了。因而，借读可以为调进户口做准备。如其在北京上完高中，一则功课如有缺短，来不及补习，二则万一考不上好大学，就难办了。"(29) 遗憾的是，蒋天枢的这个愿望，虽经多方努力，依然没能实现。

　　海川在北京读中学后，蒋天枢远在上海，鞭长莫及，但依然尽心竭力。海川初中改学日文，蒋天枢关照他："我希望，你从前学的一点英文基础，千万不要丢掉。盼望你能另外自买课本，继续学习。万一能有机会转个较好的学校，再从头学英文。缺的部分，可以找人给你补习。因为你将来要上大学，非学英语不可。多学一种日语，对你也是有用的。现在很多人学好英语后再学日语，也有人日语学得很好了，又重读英文。对于一个大学生来说，多学种外语是有很大益处的。因此，我深切盼望你仍把英语捡起来，并随时再用些功夫。同时，时常在电视里随时学习。……盼你们兄妹都能好好地学习，为将来上大学打下笃实的基础。"(30)

　　后来，蒋天枢发现，小外孙沾染上贪吃、贪玩、缺乏上进心的坏习惯。蒋天枢心急如焚，提出严厉要求："第一，要用大力克服懒惰；第二，对英语，要把不喜欢的情感变为喜欢。我所说的两点，关系一生的命运，不能不努力改革，切勿等闲视之。深望能把我的话牢记在心。"(31) "人能从自己的缺点中追上去，便是最有勇气的人。"(32)

　　1985 年，海春也进入初中学习了。蒋天枢针对两个孩子知识面窄的弱点，鼓励他们："你们要想更上一层楼，非得多读些课外的书不可。你们知识面既窄，记忆中的词汇又少，想象又不强，所以难于突飞猛进。是不是可以从复习的时间中，少少抽出一些来，尽可能地看些力所能及的课外书。总之，非扩大知识面、增强想象力不可。进初中学习后，同学好的多了，竞争对象多了，这是大好事。对这样一些情况，要经常思考、分析，人家长处在哪里，缺点在哪里；自己长处在哪里，缺点在哪里。能做到学活、用活，那就好了。死记硬背，是好事，但不能完全靠着死记硬背。应当常让自己思想活泼泼地，来激发起自己的灵感。我的这些话，你理解吗？如能在刻苦学习中做到运用自如，那便是熟能生巧了。恐怕学英语、学数学，都是这样的道理吧。你对外公的话，如有哪些不以为然，你可以毫不顾忌地起来和外公辩论。这样，外公也可得到启发。海春，不要以为外公说的什么都对，能和外公争辩，才是我的有志气的好的外孙女儿。你哥哥也是如此。这就是外公对你们俩的'民主'看法。"（33）

1985 年下半年，海川那班换了个"管得严"的新班主任。蒋天枢知道后，大声叫好，给海川写信说："人在还没成年、没有自觉觉悟的时期，就是需要一个'管得严'的好老师。如果她是教英语，那就更好了！她可以逼着你非努力不可。下次写信可告诉我：这位女老师是教哪些功课的？你讲'我觉得我还是能学好的'。盼你用行动表现出来。""海川，你缺乏什么，需要外公帮助？你能自立、自新吗？"（34）

海川、海春虽然远在北京读书，蒋天枢对他们却无一时不牵肠挂肚。他给女婿吕开盛写信说："两个孩子事，我时时仍在念中。海春已知主动用功，很好！但我更盼望她心境能活络些，以便能应付变化多端的教程。海川，则盼他能持之以恒。慢慢地对各种功课逐渐发生感情，自然会进步更快些。我的这种对孩子关切的心情，实出于不能自己。内子也同有此心，望两个孩子不负外公外婆的愿望。"（35）

家长都希望孩子考个好成绩。蒋天枢则认为，孩子们确已尽到努力，就应坦然接受："对孩子，不宜要求他们太苛太严；他们年龄还不算大，只要他们自己知道努力，将来上进如何，就完全掌握在他们自己手中了。家长是不必主观要求他们符合己见的。这并不是什么放任自流，按照教育的道理和方

法，是只能这样的。"（36）

孩子们历尽坎坷，终于成才：海川 1990 年考入重庆建筑大学燃气专业，毕业后分配到中国建筑北京设计院工作；海春 1992 年考入复旦大学文物博物馆专业，毕业后考入复旦大学中文系古典文学研究生，后到商务印书馆工作。（37）

蒋天枢对两代人的培养，体现了一代学人传统、务实、科学的教育理念。

注：

（1）蒋天枢1959年9月给蒋钟埁的信。

（2）蒋天枢1959年10月20日给蒋钟埁的信。

（3）蒋天枢1961年4月17日给蒋钟埁的信。

（4）蒋天枢1961年3月12日给蒋钟埁的信。

（5）蒋天枢1963年3月27日给蒋钟埁的信。

（6）蒋天枢1964年5月30日给蒋钟埁的信。

（7）蒋天枢1964年10月20日给蒋钟埁的信。

（8）蒋天枢1980年11月14日给蒋钟埁的信。

（9）蒋天枢1980年12月1日给蒋钟埁的信。

（10）蒋天枢1981年2月1日给蒋钟埁的信。

（11）蒋天枢1983年3月25日给蒋钟埁的信。

（12）蒋天枢1980年10月4日给蒋钟埁的信。

（13）蒋天枢1981年7月17日给蒋钟埁的信及1984年2月20给海川的信。

（14）蒋天枢1983年2月12日给海川的信。

（15）蒋天枢1983年2月23日给海川的信。

（16）蒋天枢1983年3月9日给蒋钟埁的信。

（17）蒋天枢1983年7月26日给海川的信。

（18）蒋天枢、刘青莲1983年2月8日给海川、海春的信及蒋天枢1983年7月20日给海川的信。

（19）蒋天枢1983年9月15日给海川的信。

（20）蒋天枢1981年6月8日给蒋钟垆的信。

（21）蒋天枢1981年7月21日给蒋钟垆的信。

（22）蒋天枢1983年7月17日给海川的信。

（23）蒋天枢1982年4月20日给蒋钟垆的信。

（24）蒋天枢1982年5月6日给蒋钟垆的信。

（25）蒋天枢1982年5月22日给蒋钟垆的信。

（26）蒋天枢1983年12月1日给蒋钟垆的信。

（27）蒋天枢1984年7月24日给吕开盛的信。

（28）蒋天枢1984年7月24日给吕开盛的信。

（29）蒋天枢1984年12月31日给吕开盛的信。

（30）蒋天枢1984年9月8日给海川的信。

（31）蒋天枢1985年9月15日给吕开盛的信。

（32）蒋天枢1987年11月27日给海川的信。

（33）蒋天枢1985年12月7日给海春的信。

（34）蒋天枢1985年12月7日给海川的信。

（35）蒋天枢1987年3月6日给吕开盛的信

（36）蒋天枢1987年11月27日给吕开盛的信。

（37）据吕开盛1997年3月16日给朱浩熙的信。

第二十九章　欲休难休

岁月不饶人啊！《陈寅恪文集》和《陈寅恪先生编年事辑》出版后，蒋天枢由于多年劳累、生病，身心交瘁，很想就此长期休息，什么事也不干了。然而，一想到自己的很多旧稿还未及整理，《陈寅恪先生编年事辑》还要修订，就又坐不住了。

他常常是挣扎着起床，抖抖地操起笔来。人是一盏灯。只要没有油尽灯枯，他还要迸发出生命的火花。

蒋天枢下过功夫的古籍不少，著书的基础工作已经做就，只需集中一段时间，进行一番整理，便可大功告成。积年的心血，能不自珍吗？做学问，他是一个不图省事、不走捷径的人。想起下过的工夫，他往往心热动情，不忍轻易舍弃。

诸多旧稿中，蒋天枢最为萦怀的当然还是《楚辞》研究。论文早已写就，唯有那部《楚辞新注》，工作还没有做完。其实，就是在那十年内乱的岁月，他也没有间断，只是因为害病，几乎命都不保了，没有顾得上它。刚能勉强起床时，学校又送来评法批儒的文稿，要他校勘，直到1977年才能做点自己的学问。进入衰朽残年，他时时慨叹："改旧稿事虽仍在做，慢得很，只有尽力之所及了。年已老，力已衰，也是无可奈何的事。目前只有量力

为之了。"⁽¹⁾

1978 年 3 月中旬，蒋天枢心脏病发作，胆固醇也高，只能由老伴陪着，到长海医院就医，此后连日到医院打丹参注射液，也看中医，吃中药。蒋天枢主要忙于陈先生文稿的搜集和编校，虽然有时翻看《楚辞新注》的旧稿，也只能放在一边，无暇顾及。⁽²⁾

1980 年早春，《陈寅恪文集》已经交稿，他又集中精力，忙于《陈寅恪先生编年事辑》的工作了。一天，经西北大学的老朋友单演义介绍，陕西人民出版社的一位编辑慕名登门，说拜读了蒋先生在《中华文史论丛》上发表的《楚辞新注导论》和《楚辞新注导论之二》两篇大作，想必还有其他未发表的《楚辞》研究论文，很想为先生出一本《楚辞》研究论文的专集。

对此，蒋天枢"姑妄言之，姑妄听之"，认为不过说说罢了，心想，眼下学术著作并不吃香，出版社出这类书不仅赚不到钱，甚至还要倒贴，哪家出版社会做这种折本生意呢？

想不到，这家出版社盯住不放，一年三次登门，认真地讨要稿子，表现出极大的诚意。盛情难却。好在稿子是现成的，不须花太多力气，蒋天枢遂从集旧稿，约十五万言，过目一遍，略事修改，便已成集。1981 年春天，他写了一篇简短的引言，将书定名为《楚辞论文集》，就交稿了。⁽³⁾

蒋天枢要求此书务必使用繁体字、竖排。陕西人民出版社无此条件，直至 1982 年初才排出校样，当年 7 月出版了。

每言及此事，蒋天枢对陕西人民出版社都感到歉意，说："出版社出这种书，赚不到钱的！"

1981 年春天，蒋天枢不慎摔倒，生了一场大病，直到 9 月才出院。一回到家，他又重拾旧稿，勉力而为。毕竟精神、体力明显衰退了。这使他内心十分苦恼："这次病给我的身体造成很大的损伤，至今走路仍不大方便，仅能在门外作少时的散步，走多了便感膝骨痛，只好慢慢地锻炼。只恨十年动乱没能将我的旧稿修改好，仅将我的《楚辞新注》中的《离骚》《九辩》《九歌》

三篇写成,《天问》刚开了个头便生病了。不知什么时候才能恢复我的工作。自恨所学不过巴掌那么大,二三十年来终日忙碌,不但无作文时间,也无读书时间,今已年老,无精力再多读些书了。"[4]

1981 年 9 月,由《楚辞论文集》,蒋天枢想到其他旧稿。他一向写出文章,并不急于发表,这已然成为常态。现在已到暮年,时不我待,他感到紧迫:"想再辑一册《丁丑丙戌间论学杂著》,而将后来几篇文章附入其中。很想等身体再好一些,写一简短前言并目录。将来想付上海古籍出版社(因为他们能用繁体字,直行),还不知他们肯要否,姑作此想而已。年老精力差,学校又不肯给一助手教代抄写……生活困顿亦可慨。"[5]

此书之所以名为《丁丑丙戌间论学杂著》,主要是抗日战争期间所写,内容涉及学术研究的诸多方面。丁丑者,1937 年卢沟桥事变之年也;丙戌者,抗日战争胜利之年也。1949 年至 1951 年所写三篇,因属同一内容,也附编其后。虽曰旧稿,为慎重起见,他还是仔仔细细地审改一遍。《商书盘庚篇笺证》一文,将笺证、校释混而同之了,这次重辑,便拆分为《商书盘庚篇证释》和《商书盘庚篇校笺》两篇。

蒋天枢一边整理抗战期间的旧稿,一边还放不下《楚辞新注》的整理,两项工作往往交叉进行。

1982 年早春,蒋天枢大病初愈,走路不稳,写字受限,加之天气严寒,冷得伸不出手来,想做的事情实在无法进行。想写篇《论学杂著》序言,可一提起笔来,忆起那不堪回首的岁月,就不由自主,悲从中来,以致几度中辍。一篇两三千字的序言,写写停停,停停写写,直到 1982 年夏日才写就,真是字字辛酸啊!

书甫编成,昔年学生、时在河南中州古籍出版社的沈伟方因事来沪,看望老师,将书稿索去。此书原为 14 篇。沈伟方曾于 1981 年夏来沪,看到老师 1978 年写的《"楚灭越在怀王二十三年后"说评议》,便要了去,读之再三,感到"引证淹博,断制精审,莹彻邃密,受益良多",便在《丁丑丙戌间论学杂著》付印时，遂将此文附于书后，成 15 篇。[6]

1985 年 7 月，《论学杂著》一书由中州出版社正式出版。

《论学杂著》交稿后，蒋天枢才真正集中时间，重新整理《楚辞新注》一书了。他对王逸的《楚辞章句》一书评价甚高，为表传承，遂将《楚辞新注》易名为《楚辞章句校释》。1982 年 2 月，蒋天枢对此书旧序再经修改，写成一篇长文，恰有刊物索稿，便誊清寄出。此书的整理，还有大部分没有做。蒋天枢便利用点滴时间，一篇一篇，逐字逐句，锲而不舍地做下去了。

疾病欺负老弱，不断来袭，且病魔防不胜防，灾难往往不期而至，常常打乱他的写作计划，使修改旧稿的工作只能断断续续地进行。

秋风萧瑟，天气渐凉，老年人发病的季节又到了。1982 年 11 月 17 日（旧历十月初三日），是蒋天枢的八十岁（虚龄）生日。家人早就商量好为他祝寿。届时，大女儿将从北京回来，外甥朱子方要从沈阳来沪，打算热热闹闹地庆贺一番。不料 11 月 13 日，蒋天枢口腔发炎，引起 40 度高烧，被家人送进医院。

1982 年 11 月，蒋天枢 80 岁，在长海医院与朱子方合影。

口中的牙齿已寥寥无几，仅有四颗臼牙，而且东倒西歪，牙床常常发炎，疼痛难耐，影响进食。起初，蒋天枢常去医院牙科就诊。这次住院，为了解除后顾之忧，他打算把余下的牙齿通通拔掉，装上假牙，彻底解决吃饭问题，哪料为此竟遭了一场大罪。蒋天枢自述道："我住院拔最后一颗牙时，出了些麻烦，因为从前的医生拔牙时把牙根未拔出，因而又生了一颗小牙，只露一点点头，医生把小牙拔掉后，才发现大牙根仍存在，拍照，底下已和其他牙骨连在一起，年久，牙根又蚀碎，更没法拔，因而锤敲凿子打，花了很长时间把它搞平些，以致半边脸肿得很大，创口又不全好，因而拖了多天……"[7]

蒋钟埔本打算 11 月初到沪，因丈夫吕开盛出差四川未回，一双儿女无人照顾，推迟了十多天；朱子方知表妹染病，执意要陪她一起来沪。这样，直到 11 月 16 日，兄妹二人才来到上海。遗憾的是，庆寿活动已无法进行，他们只能去医院陪护了。

朱子方留沪十余日，因 12 月初单位有职评会议，便返回沈阳了。蒋钟埔坚持要等父亲出院再走。父母亲担心北京的外孙、外孙女需要母亲，还是催她年底前回京了。临走时，钟埔眼泪汪汪，依依不舍，并说春节还要回来。

1983 年元月 3 日，蒋天枢出院回家。春节业已临近了。

一回到家中，蒋天枢闲不住，又情不自禁地投入到《楚辞章句校释》的写作中去了："所念念难忘的事，一则能再读点书，二则旧稿子，希望身体好些，能再修改一下。"[8]

1984 年 3 月，蒋天枢因长女蒋钟埔不幸亡故，受到沉重的打击，心情也跌到谷底。刘青莲给外孙、外孙女的信中说："两个月来，你们能知道外婆是怎样过来的吗？我是日夜在想你妈，哭你妈，有时把肝肠都哭痛了。但是，我心爱的儿一无所知。3 月 13 日晚，接到你爸电报时，当时我要去，你杨叔叔、姨不肯：一是怕外公知道，二是怕我到京病倒。我当时虽没去，也是吃不下，睡不着，常瞒着外公，我都是在哭，一直哭到不知不觉地睡去。"[9]

蒋天枢虽然不明真情，还是有所预感，心情能够好吗？过了多日，蒋天枢才得知大女儿已不在人世，度过了一段凄风苦雨的日子。但是，他不能倒下，旧稿要整理，指导研究生更不能停，不能耽误了年轻人啊！

1984年9月，蒋天枢邀请老朋友吕贞白到复旦大学古籍研究所，为研究生讲版本学。岂料刚刚开课，吕先生10月8日却不幸猝逝。

失去一位老友，蒋天枢无比痛惜。此后，他耗时一年，为吕贞白整理遗著，在老友逝世周年时编成，作为对老友最好的纪念。他在《吕伯子遗书序》中写道："余交伯子久，得读伯子诗词，始深知之。其诗其词，余即序而行之矣。伯子为人诚挚，笃于友谊，不轻然诺，久要不忘。今世之古道可风人也……伯子往矣！其所著书将长留天壤间。余以伯子老友故，为伯子整理遗著，因将其《吕氏春秋校补》《淮南子校补》《药烟录》《茹庵识小录》四种合编之，为题曰《吕伯子遗书》，藉传不朽云。伯子逝世周年矣！因理其遗著，为识其颠末如上。伯子其亦可含笑九泉而无憾欤？"[10]

蒋天枢尽管心地悲苦，卧床数日，又起身整理旧稿了。

1984年冬，天津社会科学院卞慧新南下访书，来到复旦大学，拜访蒋天枢。半年前，为卞评研究员职称，天津社科院寄来卞的评审表及其《吕留良年谱长编》手稿，请蒋先生写出评审意见。蒋先生认为："这样的水平，老早就该评研究员了。"因此，给以中肯确当的评价。[11]这次见面，受到蒋天枢的热情接待。1985年2月11日，卞慧新专门致函鸣谢，并向蒋先生借阅《晚村诗稿》校本，恭请蒋先生为《吕留良年谱长编》赐题书签。[12]

1985年，复旦大学上报文件，请求审批几位博士生导师，其中也包括蒋天枢。结果，蒋孔阳被批准了，蒋天枢却没有下文，据说原因是"年老了"。[13]

老，是一个多么沉重、多么残酷的话题！是年，蒋天枢82岁，虽体弱多病，但头脑清楚，尚无龙钟老态。他常常反躬自问：自己真的老了吗？说心里话，他还并不承认自己的老，充其量，也只是"不知老之将至"罢了。但是，不服老，是一种精神状态；老，是一种客观存在。既整理旧稿，又要带研究生，他有时确感到疲惫，慨叹道："虽然还想写点东西，但精力差了；即是改改旧稿，也需花很大气力的。"(14) 唉，还是老了啊！

蒋天枢不止一次说，很想就此歇息，但是，歇息不下来啊！有些事找上门来，不做，于心不忍啊——

《楚辞章句校释》的写作一直在做着。《陈寅恪先生编年事辑》的增补也没有放松。

1985 年 9 月，蒋天枢接到朱子方寄来的杂志，上面有中国社会科学院研究员、辽金史专家陈述的文章，想起一件事，遂写信给朱子方："当我往年将《陈寅恪先生编年事辑》出版后，曾听人讲：陈述看到书后，自言：'从前陈先生曾给他写过几封信，可以补充此书中材料'云云。因此，我曾让你具体陈述，请他将陈先生原信各复印一或两份给你，再转我。这事，你还记得吗？当时陈述是怎样向你讲的，或者是怎样写信告诉你的。此事，你一直没有向我提起。难道你后来常去北京时，把这事忘了？"(15)

朱子方回信说，陈述先生已将陈先生信的复印件给了上海古籍出版社的包敬第。蒋天枢便向上海古籍出版社查询，并没有找到，便再向朱子方写信："给陈述者先后共有几封？从前，我也曾向上海古籍出版社要过。他们给了我给缪钺的信一札，给陈垣的两短札，并说，没有给陈述的。不知何故？"(16)

当时，蒋天枢"心脏病大发，正治疗中"，仍然对陈寅恪先生给陈述的信紧追不舍。终于，寻找有了结果。他写信给朱子方："陈述给包敬第各书札，上海古籍已复印给我一份……我已用其中材料写入文章中。不但已看到陈先生给陈述信复印本，还看到给其他人信若干封。"(17)

1985 年 10 月，蒋天枢修改《楚辞章句校释》已经到最后一部分《九章》。他虽然很累，但一想到将要大功告成，对多年的研究画一个圆满的句号，又不免聊以自慰："估计再有一两个月写完后，我将完全休息。我往年许多计划中想做的工作，只有完全放弃。"(18)

1986 年春天，陈流求、陈美延姊妹联袂来到上海，看望蒋天枢先生，一则感谢蒋先生对整理出版先父文集付出的心血，二则邀请他出席中山大学将召开的陈寅恪先生纪念会。蒋天枢听了十分高兴，欣然接受，并说届时需要夫人或他人陪同前往。[19]

陈流求、陈美延走后，蒋天枢接到北京大学中古史研究中心的来函，说陈先生的学生季羡林、王永兴等为纪念陈寅恪先生诞辰百年，拟出版一部学术论文集，向他约稿。

事关陈寅恪先生，蒋天枢又闲不住了。

几年前，他曾写过一篇《陈寅恪先生传》，遂翻检出来，依据新发现的史料，字斟句酌地修改，使文章更加翔实、准确、凝练。

陈先生生前曾发"盖棺有日，出版无期"之叹。现在，先生已去世近二十年，《陈寅恪文集》已经出版，盖棺之论究竟该如何写呢？蒋天枢最了解陈寅恪先生，责无旁贷地要为先生的一生经历作出符合事实的评价：

> 综观先生一生，屯蹇之日多，而安舒之日少。远客异国，有断炊之虞。飘泊西南，备颠连之苦。外侮内忧，销魂铄骨。寄家香港，仆仆于滇越蜀道之中（在重庆，有"见机而作，入土为安"之联语）。奇疾异遇，困顿（失明而无伴护）于天竺、英伦、纽约之际。虽晚年遭逢盛世，而失明之后，继以膑足，终则被迫害致死。天之困厄斯人抑何酷耶？先生虽有"天其废我是耶非"之慨叹，然而履险如夷，胸怀坦荡，不斤斤于境遇，不戚戚于困穷；而精探力索，超越凡响，"论学论治，迥异时流"。而忧国忧民之思，悲天悯人之怀，郁勃于胸中，壹发之于述作与歌诗。先生之浩气道矣。[20]

忆起陈先生去世之前，很想把自己做学问的方法传诸后世，曾对助手黄萱说："我死之后，你可为我写篇谈谈我是如何做科学研究的文章。"[21]黄萱没有完成。蒋天枢想，陈先生的这一遗愿，不仅是对助手黄萱说的，也是对自己说的。自己既已承担整理出版陈寅恪先生文集的重任，理应力所能及地把陈先生做学问的方法传承下去。经过苦思力索，他写道：

> 先生于学，既渊且广。先生之思，既敏且锐：犀利烛牛渚之奸，
> 闳通照一代之后。综观先生治学之特色约有四端：一曰，以淑世为怀。
> 笃信白氏"文章合为时而著，歌诗合为事而作"（《与元九书》）之旨。
> 二曰，探索自由之义谛。义见《王观堂先生纪念碑铭》及《论再生缘》。
> 三曰，珍惜传统历史文化。此意则文诗中随地见之，而"迂叟当年
> 感慨深，贞元醉汉托微吟""东皇若教柔枝起，老大犹能秉烛游"之句，
> 尤为澹荡移情。四曰，"续命河汾"之向往。此虽仅于赠叶遐庵诗、
> 《赠蒋秉南序》偶一发之，实往来心目中之要事。由此四者，具见
> 先生之身实传统历史文化所托命。昔年有某诗人呈先生诗，以谢山、
> 董浦方先生，不识先生亭林、梨洲之俦。彼盖不识古人"拟人必于
> 其伦"义也。[22]

文章中，蒋天枢把写作《陈寅恪先生编年事辑》中不便明说的话说出来
了："具见先生之身实传统历史文化所托命。"至于治学方法，他写得简明扼
要，仍感言犹未尽。此后，他耗费数月，回忆亲历同陈先生交往的细事，又
断断续续地撰写了一篇一万多字的《师门往事杂录》，首次披露了一些鲜为外
界知道的陈先生佚事。[23]

写罢搁笔，已到 12 月上旬，天气渐渐寒冷，眼看就进入"三九"了。
"一九二九不出手"。蒋天枢本来可以喘口气，袖起手来，但还是闲不下
来啊！

陈小从正编辑陈衡恪先生的《同照阁诗集》，不时来信请教。事关民族
文化的传承，他还要尽一份心力。

1986 年 4 月，上海古籍出版社转来的陈寅恪先生《唐代政治史略稿》手
稿一册，请蒋先生鉴定，并撰写序言。蒋天枢倍感欣喜，确认是陈先生真迹无
疑。他想起先生曾对自己说过："此书之出版（指 1943 年 5 月由时在重庆的商

务印书馆出版），系由邵循正用不完整之最初草稿拼凑成书，交商务出版。原在香港手写清稿，则寄沪遗失矣。"想不到，这一手稿历尽磨难，尚存人间。

这部手稿的来历，还真是有些曲折呢！

《陈寅恪文集》出版后，上海文史馆副馆长陶菊隐先生接到王兼士的来信，说他保存有陈寅恪先生《唐代政治史略稿》的手稿，共计 143 页，请菊老联系出版。陶菊隐将信即转交上海古籍出版社，出版社遂派魏同贤同志拜访王兼士先生。

王兼士年过古稀，无锡人，过去是民族资本家，现为市政协委员。王兼士自言，抗战期间，曾收到陈先生自香港寄来的手稿，手稿封面上写有"请交上海浙江兴业银行王兼士先生收存弟寅恪敬托"的字样。魏同贤将手稿带回社里。上海古籍出版社拟出版影印本，便把手稿转给了蒋天枢。

面对陈先生手泽，蒋天枢喜不自胜，当然乐而为之，遂搁下旧稿，认真阅读，追怀此稿当年遗失之恨，撰写了《唐代政治史略稿手写本序》，文中谓：

> 清写稿系定稿，其中仍有改笔，有红色校笺，即双行注与括弧之增减，亦细密斟酌；其他，一字之去留，一笔画之差错，一语之补充，及行款形式之改正，无不精心酌度，悉予订正。由此具见先生思细如发之精神与忠诚负责之生活态度。先生尝称温公之读书精密，师既已效法之，而更阐发昔贤所未及见到之种种问题，斯先生之所以卓绝于世也。[24]

陈寅恪先生《唐代政治史略稿（手写本）》影印本 1988 年 11 月由上海古籍出版社出版，后来又出了新版。

1986 年 10 月，蒋天枢得知东北金氏家族正筹备金静庵诞辰百年纪念活动，想起在四川三台东北大学工作时的深厚友谊，坚持要写了一篇纪念文章《故友金静庵诞辰百周年纪念志感》。1987 年 3 月，纪念金静庵百年诞辰的文章寄出，蒋天枢就感心脏不适。他患有冠心病多年，今春脉搏稍缓，每分钟跳动不到 60 次。起初，他没有在意，还照常写文章，结果心脏病大发，不得不服用"宁心宝"等药物。

4 月，他感受风湿，腰部酸痛，背上贴满"麝香解痛膏"……

4 月 22 日，小女儿蒋钟垣飞往德国了。起因是，杨国琛 1985 年被德国一所大学录取为生物遗传学博士生，因加学德文，需延期回国，按照有关规定，其配偶可以前往探亲。钟垣从没出过国门，既然有这个机会，哪能轻易放弃呢？小女儿一走，留下一个六七岁的孩子，虽说聪明，但少不更事儿，有时又吵又闹。蒋天枢素喜安静，面对着小外孙的吵闹，往往皱起眉头。

4 月下旬，教育部副部长、全国古籍整理研究委员会主任周林来复旦大学古籍研究所视察工作。所里又邀请北大、川大、杭大、山大、南京师大等高校的代表来沪，开了五六天会议。蒋天枢是古籍所的研究生导师，而且一些会议代表是熟人，不能不尽地主之谊，出面应酬一下。会议安排参观淀山湖和大观园。他尽管身体不适，还是和夫人一起去了，活动下来，感到颇累。[25]

1987 年 9 月，上海古籍出版社要出版《陈寅恪读书札记（旧唐书新唐书之部）》，已由包敬第、王永兴、李锦琇整理好，请蒋先生撰写弁言，并题写书名。这是分内事啊，不容推托，他不仅乐于接受，而且趁此机会，对先生的读书治学，作了一番画龙点睛式的概述：

> 寅恪先生生平读书，有圈点，志其行文脉络鳃理；有校勘，对本校或意校其讹误；有批语，眉批或行间批。
>
> 先生生平读书，用思之细，达于无间，常由小以见其大，复由大以归于细；读者倘能由小以见其大，斯得之矣。先生读书，用思绵密，用语雅隽，立言不多而能发人深省。所记，大抵申抒己见，或取新材料补证旧史；或考校异同，与前贤札记之以铺叙例证得出结论者，颇异其趣。

> 先生生平所著书，大多取材于平素用力甚勤之笔记，其批校特
> 密者往往即后来著书之蓝本。⁽²⁶⁾

如此读书治学方法，陈寅恪先生不仅毕生身体力行，而且也影响了众多的学子。蒋天枢正是受益较多的一个。《弁言》写罢，蒋天枢心中稍稍释然，感叹道："将来先生书出，对于未来学术界将有深远影响，可预卜也。"⁽²⁷⁾

1987 年 8 月 13 日，陈美延寄复旦一个邮件。蒋天枢打开一看，是尘封二十年之久的陈先生部分诗稿和 1966 年 6 月修改的《寒柳堂记梦未定稿》复印件。

"梦里寻他千百遍"，"千呼万唤始出来"，虽然是珊珊来迟，但毕竟还是来了啊！

陈先生诗稿的封面上，"陈寅恪黑诗"五个大字又粗又黑，无疑是造反派的涂鸦。第一册比较完好，第二册已不完整，第三册只有个别散页。蒋天枢既愤怒，又心痛："文化大革命"史无前例，对文化的破坏也史无前例啊！"文革"结束十多年了，有关方面迟迟不肯悉数归还抄家之物，像挤牙膏似的，挤一点，吐一点，实在可气、可恨！三册诗稿虽然失而复得，可得到的竟是残篇！

蒋天枢手捧复印稿，急不可待地逐字逐句研读，一则以喜，一则以怒：

> 关于陈先生诗稿，日前美延寄来复印本若干页，大部分是晚年
> 所作，我从未见过，中也有讲到我的诗。另外还有《寒柳堂记梦未
> 定稿》全文，他们欺骗美延，给她的一份是最初草稿，当时还没写《吾
> 家与丰润之关系》之一章。此文后来当屡经修改，才写成定本，定
> 本与初稿出入甚大，以故，此初稿，即将来再版全集，亦不能附入也。
> 至于陈师母手写的诗稿三册，那些坏家伙始终不肯拿出来，又不把《寒
> 柳堂记梦稿》原文交出，不知他们是何居心也。⁽²⁸⁾

关于这次要回的《寒柳堂记梦未定稿》，蒋天枢说"再版全集，亦不得附入"，无非是宣泄情绪的气话，究其本意，不过是"以俟将来"而已。他当然担心文稿丢失，但是总善良地认为，窃持文稿者之所双迟迟不还，无非是奇货可居，另有所图，不会轻易毁弃，就像沉睡地下的文物，总会有"出土"的一天。他一直抱有信心。

1987年秋天，陈流求又来到复旦大学，与蒋天枢商议先父文集继续出版事宜。蒋天枢虽然精神、体力已大不如前，但一说继续出版先生的文集，仍然兴致勃勃。《陈寅恪文集》出版后，他已校阅一遍，并用红笔改正了错字和标点，打算日后再出版陈先生文集，拟将读书札记、书信等一并收入；新发现的陈先生诗文，文章可以编入已出书中，诗稿拟另编一集。蒋天枢虽然还要继续为整理先生文集竭尽衰年余力，但考虑自己的身体和精力，还是把所有资料、图片交给了陈流求。(29)

此后，蒋天枢每日坐在案前，面对新寄来的陈先生诗作，逐首逐句细品，体察先生写诗的心情，完全沉浸在先生的诗境中，没有心思考虑其他了……(30)

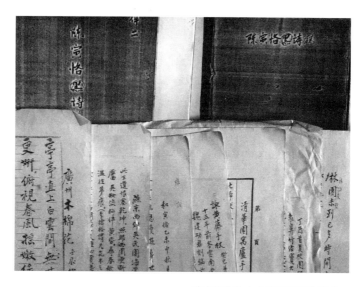

陈寅恪先生女儿要回的部分诗稿。

时针不分昼夜，一直在"嘀嘀嗒嗒"地走着，一分一秒也不停顿，一寸一寸丈量着生命的里程。

本想歇息下来的蒋天枢，一年一年下来，文事盈门，又何曾得到歇息呢！他还在带研究生，指导学生读书、研究和撰写论文，实在闲不下来啊！岂止闲不下来，他是在拼着命的工作啊！

蒋天枢仍有遗憾，早年预期的写作计划难以完成了。多年来，他精于校勘，对《诗经》《尚书》《左传》《三国志》等书，准备工作都已做好，可目前已无力去做了，只有放弃。这不能不令他慨叹："'四人帮'倒台后才稍有余闲，顾年事已迈，仅修改了几篇旧稿，成本的书，已无精力着笔，空耗岁月，诚毕生恨事，又如之何哉！"(31)

注：

（1）引自蒋天枢1977年6月20日给朱子方的信。

（2）引自蒋天枢1978年3月17日给朱子方的信。

（3）引自蒋天枢1981年9月15日给朱子方的信："去年集录旧文为《楚辞论文集》，已交陕西人民出版社（他们来了两三次，不好意思不给他们），何时出书尚不可知。"

（4）据蒋天枢1981年9月15日给朱子方的信。

（5）据蒋天枢1981年9月15日给朱子方的信。

（6）据《论学杂著》（中州古籍出版社1985年7月）书后"受业沈伟方敬识"。蒋天枢赠笔者书有红笔加写："元编无此篇，因已交西北师大《文史学林》发表。"

（7）引自蒋天枢1983年1月13日给朱子方的信、1月21日给朱浩熙的信。

（8）引自蒋天枢1983年2月17日给朱子方的信。

（9）据刘青莲1984年6月13日给海川、海春的信。

（10）据蒋天枢1985年12月所撰《吕伯子遗书序》。

（11）引自陈正宏1997年9月15日给朱浩熙的信。

（12）据卞慧新1985年2月11日给蒋天枢的信。

（13）蒋天枢1986年9月30日给李振杰的信："去年学校给我呈请带博士研究生，结果蒋孔阳批准了，而我没不批准，说是年老了。这不是古今中外的大怪事奇闻吗！"

（14）引自蒋天枢1984年12月8日给李振杰的信。

（15）引自蒋天枢1985年10月12日给朱子方信。

（16）引自蒋天枢1985年12月21日给朱子方信。

（17）引自蒋天枢1987年2月26日给朱子方信。

（18）引自蒋天枢1985年10月12日给朱子方的信。

（19）陈流求1997年8月4日给朱浩熙的信："80年代中期，86年（？）我与舍妹美延由广州到上海，拜望蒋先生及师母。这是我首次到复旦大学，也是第一次到蒋先生家。说及中山大学准备召开先父纪念会事，蒋先生虽已年迈，仍准备赴会，还说到需要师母或他人陪同等。"

（20）见蒋天枢《陈寅恪先生传》，载北京大学中国中古史研究中心编《纪念陈寅恪先生诞辰百年学术论文集》，北京大学出版社，1989年12月。

（21）见蒋天枢《陈寅恪先生编年事辑》（上海古籍出版社，1981年9月）"戊申一九六八年"条下。

（22）见蒋天枢《陈寅恪先生传》，载北京大学中国中古史研究中心编《纪念陈寅恪先生诞辰百年学术论文集》，北京大学出版社，1989年12月。

（23）见蒋天枢1986年12月5日草讫《师门往事杂录》，载北京大学中国中古史研究中心编《纪念陈寅恪先生诞辰百年学术论文集》，北京大学出版社，1989年12月。

（24）蒋天枢《〈唐代政治史略稿（手写本）影印本〉序》，上海古籍出版社，1988年11月。又见高克勤《一睹大师手泽》，载《科学时报》2009年11月19日。

（25）据蒋天枢1987年5月20日给朱耀斌的信。

（26）见蒋天枢1987年9月撰《陈寅恪先生读书札记弁言》，载《陈寅恪先生读书札记》，上海古籍出版社，1989年4月。

（27）见蒋天枢1987年9月《陈寅恪先生读书札记弁言》，载《陈寅恪先生读书札记》，上海古籍出版社，1989年4月。

（28）引自蒋天枢1987年9月16日给朱子方的信。

（29）据陈流求1997年8月4日给朱浩熙的信："（19）87年，我又到上海复旦大学拜访蒋先生，商议有关继续出版先父遗作事。此次见蒋老精神、体力比前差了。"

（30）据生活·读书·新知三联书店2001年6月出版《陈寅恪集·书信集》之《致蒋

天枢》人物介绍："蒋天枢（1903—1988）字秉南，江苏丰县人。清华国学研究院毕业。1943年起复旦大学中文系教授。1953年开始，受寅恪重托，出版陈寅恪文集工作。寅恪赠蒋秉南诗句有云：'拟就罪言盈百万，藏山付托不须辞'，足见师生情谊之深。自受命以来，殚心竭力，不负所托，为陈寅恪文集的出版，作出了巨大的贡献。正当继续收集补充整理先师其他遗著之际，不幸患脑溢血病，于1988年夏与世长辞。"

（31）据蒋天枢1986年10月14日给朱子方的信，并参见1977年6月20日给朱子方的信："我曾对《尚书》《诗经》两部书都下过很长时期功夫，以目前精力论，看来已不能再写什么了。现在时恨天格害我不浅，把我精力还好的几年都病中度过了。"

第三十章　万念俱灰

蒋天枢两个女儿，手心手背都是肉，他一样关心，一样疼爱。但大女儿更听话，并且长年帮父亲抄写文稿，他更偏爱长女蒋钟埗。没想到，老了老了，长女却给他带来不堪承受的打击——

蒋钟埗 1965 年 7 月毕业于清华大学土木建筑系建筑专业，毕业后到国家第四机械工业部第十设计院（八十年代改为电子工业部第十设计院，又称中国电子工程设计院）土建室工作，主要承担电子工业工程的有关设计。

1970 年 5 月 3 日，蒋钟埗与吕开盛结婚。吕开盛，四川省资中县（现属内江市）人，工人家庭出身，1964 年由重庆建筑工程学院供热供煤气及通风专业毕业，现在也在第十设计院工作，从事暖通空调设计工作。

起初，蒋天枢夫妇并不是很赞成他们的结合，并去信劝止过，担心女儿出身同"红五类"门不当，户不对，嫁过去会"受气"的。但是，蒋钟埗长期背着出身不好的思想包袱，坚持要找个"根正苗红"的伴侣。父母亲认为，女儿的终身大事，当然由女儿做主，最终还是听之任之了。

1971 年 9 月 8 日，蒋钟埗生下一个男婴。因吕开盛当时在河南驻马店干校，她是回上海生产的。吕开盛为儿子取名海川。海者，上海也；川者，四川也。一个名字，嵌入父母双方的籍贯。蒋天枢表示同意，并表示认海川作孙子。因此，吕海川又名蒋海川。

1973 年 5 月 21 日，蒋钟埻又生下一个女儿。蒋天枢为之取名海春。海指上海，春指春明——北京古称，亦含有盼望春来之意。

海川幼年基本跟随外祖父母生活，并在上海上幼儿园；上小学时，因户口不在上海，只有到北京读书了。

1973 年蒋天枢与小海川。

钟堉在北京医学院妇产医院生海春时，实行剖腹引产，由于医生疏忽，导致胎盘破裂，剩余小块胎盘未剥离净，造成产后大出血，并引发高烧，经及时抢救，输血多达 2000 毫升，勉强保住了性命，却留下了隐患。[1]

早在蒋钟堉怀海春时，两位老人考虑头生才一年多，曾建议中止妊娠，过几年再要二胎。可是，钟堉没有听从父母的劝告。临产时，父母劝她到上海来。钟堉因婆婆业已来京，便没有听从。

生产后，蒋钟堉既忙工作，又带孩子，生活节俭，体质明显下降，不时脚肿、关节痛、鼻出血，常去医院就诊。蒋天枢经常寄信汇钱，关照她注意营养，方便时回上海调治。高亨夫妇一度接钟堉来家。虽然高亨夫妇热情，但高家人口多，生活负担重，离医院又远，钟堉住了几天，还是搬走了。[2]

从此，大女儿的病情成了蒋天枢夫妇的一桩心事。

1973 年 10 月，蒋天枢夫妇来京看望女儿，顺便看望在京的老友和学生，住万寿路女儿家中。

一天，学生林东海登门看望老师，见蒋先生身体衰弱，面容苍老，很是心疼，劝他说："干脆移居北京算了。北京环境可以，和女儿在一起也有个照应，许德政等同学和我也都在北京，可以经常来看看。"蒋天枢半晌才说："我再考虑考虑，也许你说得对。"[3]

对于林东海的劝说，蒋天枢思之再三，还是心动了。自己和老伴年事已高，经常生病，两个女儿都不在身边，确实无人照顾；况且大女儿有病，如能来京生活，也可相依为命啊！

看望老友时，高亨留他在家住了三天。蒋天枢把这个想法一说，高亨立表赞同，并且热情地出谋划策，鼓励他向中央文革委写信，表示自己方便时从中美言，可以玉成其事。

蒋天枢回上海后，便作为当务之急，着手办理此事。提起笔来，他又犯了难，左思右想，怎么向中央领导启齿呢？憋了几天，才勉强把信写成。他唯恐写得不妥，把信寄给高亨，请他斧正。高亨认真地修改一遍，再寄回上海，嘱他抄好再寄来，并要他将同样内容的信另抄一份，寄给上海市革委会徐景贤，信笺上先写上海市革委会，次写徐景贤同志，次写马天水同志。

这封信从党的知识分子政策讲起，说北京、上海各高等院校的年老教师已有多人得到照顾，把在外地工作的子女调到身边。"我名蒋天枢，在复旦大学中文系任教已经三十年。今年七十岁，患血小板减少和风湿性关节炎等慢性病，身体虚弱，常常服药。夫人刘青莲今年六十三岁，身体也不健康。"两个女儿，均已结婚，一个在北京工作，一个在长沙工作。此外再无直系亲属。"我们一对年老夫妇，一人有病，特别是病情较重的时候，则另一人既要陪同病者去医院，又要煎药，又要炊食，往往不能兼顾；偶尔两人都病，不能互助，则医疗和饮食左右拮据，无力处理。"请求"调我到北京工作，把户口迁到北京，我们和大女儿蒋钟埻住在一起或住在她家附近"，或者"把我的小女儿蒋钟垣和女婿杨国琛调到上海工作，我们夫妇和他们住在一起或叫他们住在我家附近"。如能调京，"我虽然年老多病，不能教学，但尚能做一些研究工作……尚能从事史料的整理"。(4)

蒋天枢认为高亨言之有理，便照此办理。

寄给上海市革委会的信，上海市革委会将信又转给复旦大学革委会。考虑复旦大学无能为力，蒋天枢不免有些失望。

高亨先生来信说："您的信，我是寄转姚文元同志的，可以断定，他们都能见到。"并写信嘱咐蒋天枢："您不可坐在家里等着，或做种种猜想，要自己努力，才能有成。弟建议，您到（校）革委会问得结果之后，便写信或亲自去市革委会汇报。过些日，再向校革委问，再向市革委汇报。小资产阶级的脸皮薄、摆架子、怕碰钉子的思想作风，早就应该打掉了。而且党领导对待同志总是客客气气，决不给人钉子碰的。有时因为他们忙，见不到，见不到再去，那有什么。"(5)

为了给老友打气，高亨还说："弟拟托人租两间屋，准吾兄迁京落户，成功与否，殊不可知。遇事总须多想办法而已。"(6)

高亨先生自是一番好意。但是，在他自然不过的事情，蒋天枢其实是做不来的。

高亨先生没有放弃，还在继续动脑筋，想办法。1974 年 10 月，他打算亲自出马了："我计划托公安局的同志，准吾兄迁入北京，并安排两三间住房……如果公安局的同志肯帮助，而您来不了，就很不好了。"(7)

老朋友言辞恳切，使蒋天枢重新看到希望，表示只要办妥，便即迁京，并开始做搬家的准备。

家中里里外外都是书。平时来人走路尚且不便，要搬家，书成了一大累赘。蒋天枢为迁京方便，尽可能地把累赘去掉一些。好书不愁买家。他把一大批古典书籍卖给了东北——

> 很多的书近来想大批处理。但此间书店则苛刻异常，如刘承干影宋刻宣纸印本前四史，共一百五十册，他们给五十元；胡刻初印《资治通鉴》百册，给三十五元，几几乎又想称斤论价了。现经长春师大一个朋友冯克正介绍给牡丹江师范学院，他们很想都要（有书目单子），但近因火车运输问题，他们想让复旦出证明，很难办，又在搁置。(8)

不久，这批书籍还是被牡丹江师范学院方面设法运走了。

应该说，这些书，是蒋天枢忍痛咬牙卖掉的。

在上海，蒋天枢紧锣密鼓地做着迁京的准备；而在北京，高亨先生做了一年多工作，最终却没有成功。

1976 年 1 月 8 日，周恩来总理逝世。"四人邦"迫不及待地篡党夺权，力推"狗头军师"张春桥当总理，激起全国人民的愤慨。

4 月 5 日清明节，百万首都人民冲破重重禁令，到人民英雄纪念碑前敬献花圈、花篮，张贴、朗诵怀念周总理、声讨"四人邦"的诗词，酿成震惊中外的"天安门事件"。

4月7日，中共中央通过决议：华国锋任中共中央第一副主席、国务院总理，撤销邓小平党内外一切职务。高层政治斗争日趋白热化。

对政治高度敏感的高亨先生预感形势不妙，遂放弃了帮助蒋天枢调京的努力。唐兰先生得知此事后，写信给蒋天枢："足下迁京事，昨晤晋生，云在新形势下，已无能为力。"[9]

至此，蒋天枢调京之事只得作罢。

1978年，蒋钟垣因丈夫杨国琛考上复旦大学生物系硕士研究生，次年5月调入上海医药研究所工作，来到父母身边。

可是，蒋天枢为了调京，已经卖出了许多书。学人卖书，毕竟是件伤心事！蒋天枢为此常叫苦不迭："我的那些书，已在两年前卖给牡丹江师范学院，并早已运走了。其中有四部丛刊二、三编……他们运走后，用那里面的书时，便找不到。很后悔当时把这部丛刊卖出，已来不及了。"[10]

钟垣一家的到来，使父母有了依靠。但是，蒋天枢夫妇仍然时时为北京大女儿的身体担忧。

1979年起，蒋钟埉的病情逐渐加重，频频跑医院就诊。服用激素后，病情有所缓解，但副作用也逐渐显现：出现满月脸、牛背等症状，抵抗力下降，感染率升高，脚下更沉重了。她生性好强，一边治疗，一边仍坚持上班。

1981年3月，蒋天枢患病毒性感冒住进医院。蒋钟埉拖着病体赶回上海。大病沉沉的父亲看到女儿又黄又瘦，有气无力，"一副可怜相"，不免心生恻隐，又萌生把大女儿调到身边的念头。可是，上海人口控制紧，很难办到。他又想把大女儿调到离上海较近的地方。

卧病在床的蒋天枢，让家人搀扶着坐起来，给江苏的亲友写信，拜托将大女儿调到苏南来，最好是苏州，如有困难，南京或者无锡也可以考虑。

父女同病相怜。蒋钟埉守在父亲身边寸步不离。养儿方知报母恩。她有了一双儿女，对父母的感情又进了一层，很后悔在一些问题上，当初没有听从老人的劝告，恨不得立即调来，对年迈的父母尽一点孝心，也多享受一些父爱和母爱。

改革开放初期，人才热刚刚兴起，头脑灵活的苏南人正实施人才引进工程。苏州人事和城建部门一看蒋钟埛的简历，眼睛一亮，嗬，清华大学土建系毕业，在国家重要部门工作，业务尖子，年富力强，没说的，要！

可是，家庭毕竟也是小社会，举家南迁不是小动静。蒋钟埛调动，终因家庭意见不一，最终没有办成。每次父亲生病，蒋钟埛还要拖着病体，带着孩子，奔波于京沪之间。

蒋钟埛最不愿父亲生病。然而，只有父亲生病时，她才能请假回家团聚，聆听父亲的教诲，并和父亲进行两代人内心深处的感情交流。父女谈社会、谈人生、谈家庭、谈生活……时而，一起露出笑容；时而，又一起感叹着流泪。唉，人生，本来就是一出酸甜苦辣的悲喜剧，谁能说得清呢！

· 1980 年蒋天枢与家人合影，左起：蒋钟垣、蒋天枢、蒋钟埛、刘青莲。

痛苦和幸福交织一起。此中滋味，外人或难理喻，蒋天枢父女却实实在在地品尝到了。

蒋钟埁尽管爱父亲，却也有不能向父亲和盘托出的心里话。比如，她病情的真实情况，就一直瞒着老人，常常隐忍痛苦，强装笑颜，并经常熬夜，为父亲抄写文稿……

然而，病情能掩盖一时，却不能隐瞒长久。蒋钟埁又出现原因不明的发烧、肌肉疼痛、关节肿胀等症状。

1981 年 5 月中旬，蒋钟埁回到北京，还是带病工作，直到 7 月完成北大二分校的设计任务，才住院治疗。

经医生确诊，她患的是胶原病，又称结缔组织病，当时尚无法治愈。蒋钟埁一心想着工作、父母和孩子，家事磕磕绊绊，情绪十分低落。给父母写信时，她只说是类风湿关节炎，是可以治愈的。

蒋天枢爱女心切，坐卧不宁，写信给女儿说："这几日，天天想给你写信，并十分挂念你。你妈尤其怕你的关节炎重了，会并发其他毛病，日夜焦急。"并劝女儿注意活动，多吃些东西，增加营养，除饭食外，能买到苹果、西瓜之类，经常多吃些。[11]

10 月下旬，蒋钟埁出院了，说打算来上海过春节。父母心中略感宽慰，一再嘱她：来沪前，把转诊手续办好，在上海过探亲假，好好治病。离京时，可提前购买卧铺火车票，让家人送上车；到上海后，让钟垣接站。可是，不到一个月，他又接到钟埁的来信，说因风湿关节炎病大发，血小板低，以致不能行动。

1982 年春节，大女儿没能回沪。蒋天枢夫妇反倒安慰女儿："你春节没能回来，生了病是没有办法的事，爸妈都不介意。只望儿好好保养身体，能很快地恢复起来。你什么时候能来，要斟酌的身体完全恢复时再决定时间。"[12]并希望她："暑假里能来家一次。如儿暑假不能来，我也想秋后和你妈到京去一趟。"[13]

入夏，蒋钟埐病情好转，又出院上班了。给父母写信时，她总对自己的病情轻描淡写，而且不停地给父亲要稿子抄，让父母认为她的身体尚好。

蒋天枢身体有病，又牵挂女儿，便写信给朱子方，让他因公赴京时到钟埐家看看，探个虚实。

6月中旬，朱子方因公赴京，顺便看望表妹。钟埐虽身体虚弱，还能行动，分手时，还送子方到公交站。次日，钟埐夫妇又双双到招待所看望子方。朱子方把看到的情况写给舅父。蒋天枢才稍稍放下心来。

11月17日是蒋天枢八十寿辰。11月16日，蒋钟埐拖着病体，强打精神，到上海为父亲庆贺八十大寿，恰父亲三天前就生病住院了。到沪后，她昼夜守在父亲身边，在病房里一直陪护了近两个月，直到父亲出院前才返回北京。临走前，她还说要来上海过年。

想不到，蒋钟埐刚回到北京又病倒了。她给父母写信，只说是犯病，大体已好，工作很忙，而且单位正在调资，不便春节回沪了，还说已托人到广州为父亲购买了丙球蛋白等药。

蒋天枢心疼女儿，十分焦急："接来信，知你旧病关节炎突然发作，看字迹，想病发得不轻。我和你妈都至为悬念！希望你把让你春节来沪事完全不再予以考虑，专心医护病体。你这次的病，固然由于劳累，但营养不好，亦是重因。切盼你在养病期间，常买只鹅炖了吃。北京牛肉好买，也盼你想方设法，买牛肉炖吃。总之，万不要为了省钱，使病体不能早日恢复，至盼至嘱。再，等你的病好后，不管什么时候，还是能来上海治理，想法让你的关节炎快快地治好。兹寄去二百元，作你目前营养贴补之需。这点钱完全是让你治病的，万不可留起。"(14)

蒋天枢出院不久，三九寒天，还在调养中，便嘱咐小女钟垣和沈阳的外甥子方，让他们趁工作之便，赴京看望钟埐。

1983年4月中旬，朱子方赴京参加一个学术会议，顺便看望大表妹。5月上旬，蒋钟垣赴京出差，蒋天枢交代她：一是探望钟埐的病情，看天暖后能否来沪治疗；二是接海春来上海借读，减轻姐姐的负担。

钟垣回沪时，把海春带来了，但对姐姐的病情三缄其口，只说姐姐练气功导致手肿，血小板减少。蒋天枢便给大女儿写信问："知你因练气功手肿，近稍好否？念念……因怕你不便作书，故久未写信。你近除手肿外，还有其他什么不适吗……时常想到：你没有徐逸清毅力，终日磨难，使我时挂心怀。"(15)

5月28日，朱子方回沈多日，犹豫再三，给舅父写了一封信，报告在京看望大表妹的真实情况：钟埼住在北大医学院附属医院，患红斑狼疮，面部、身上都已浮肿，眼已肿得睁不开，经常昏迷不醒，说话已很困难，病情十分严重……(16)

蒋天枢览信大惊，涕泪俱下，泣不成声，立即颤颤地提起笔来，给钟埼写信：

> 埼儿：
>
> 首先，接此信后不要回信。
>
> 你的病情，钟垣一直瞒着我。我还以为你仅是手肿，仍在上班呢，因而我也没有询问海春。现在，我才完全清楚了。
>
> 子方已经半年没信来，昨天忽来一信，告诉你的病的情况。不是子方来信，你妹怕我和你妈挂念，还一直不肯讲。
>
> 你的身体居然坏到如此！虽然看到你所写的信，你是强打起精神写的。但爸妈看到后，却懵无所知，竟不知你的病情那么厉害！埼儿，盼你能安心、宽心，养你的病，在饮食上，尽量宽宏大量起来！不要顾虑到许多。因你妹不让我写信给你，你上次的来信没给她看，只给海春看了。
>
> 子方除告诉你的病情外，还谈到他要接海川去东北事。别的什么话都没提。先写到这里，别的已详你妈信中。企盼你身体、心情

都一天天好起来。

爸爸写于六月四日 ⁽¹⁷⁾

刘青莲非常自责，附信给女儿说："你平时身体不好，从不愿告诉我们，以致你爸爸生病，你陪的最多，也影响了你的健康。现在想起来，我非常后悔。"⁽¹⁸⁾

朱子方发出这封信后，许久不见二舅信来，再写信亦不见回，惴惴不安，要负荆请罪了："我于 5 月 28 日报告钟垍病情的那封信，对舅父母的震动和打击是可想而知的。舅父母必然震惊、生气、焦虑不安。钟垣必要受到斥责。错误确实严重，只有上书请罪，请求舅父宽恕：'请二舅、舅母批评我、骂我，或者叫我前去跪在二老面前，痛打我一顿也好，但千万不要与我断绝关系。我从小就是在外祖父的抚养下长大的，念中学以后，又一直受到二舅的教养栽培。没有二舅，哪有我的今天！这种恩情，胜过我的父母。我是永远不能忘记的。如果不与我来信，这种惩罚比打我骂我还痛苦。近来夜间常常失眠。每想起二舅久未来信，就心急如焚。'"⁽¹⁹⁾

蒋天枢确实对朱子方有些生气，但不是因为报告了表妹的真实病情。上年蒋天枢生病时，抵抗力差，遵照医嘱，要用丙球蛋白药，但此药紧俏，南北托人采购。朱子方买到一盒，却许久没有寄来，寄来后又少了两支，被舅父原封退回；这次钟垍病情这么严重，子方却忙于开会、评职称，竟未能尽到守护之责，径自返回沈阳了……

蒋天枢不断地给长女寄钱带物，希望她加强疗养，多吃营养品，切盼她能以精神的力量战胜病魔，顽强地好转起来，从心坎里恢复青春的活力！

入秋，蒋钟垍病情略所好转，血小板升到八万，改服中药调理。

10 月 5 日，蒋钟垣因公赴京。蒋天枢嘱咐她，如你姐姐出院，可陪同来沪。10 日，蒋钟垍勉强出院了，但行走困难，无法离京。父母为她逃过一劫而庆幸，又为她不能来沪而怅然，认为垍儿之病，除工作劳累、营养不良外，心境不佳也是一因，希望她"不要想这想那，整天心境愉快地养你的病。你这次病，损伤的太厉害了，都缘平时太不知道保养身体。经此教训，希望醒悟，我们就放心了"。[20]

蒋天枢夫妇不时念叨大女儿的病情，说关节炎为什么总治不好呢？在一次与北京的通话中，小外孙童言无忌，脱口而出："我妈得的是胶原病。"胶原病是一种什么病，竟然如此难治呢？

11月的一天，蒋天枢从广播里突然听到一条新闻，说上海瑞金医院有位老中医丁济南，专门治疗疑难病症，并治好了多例胶原病。他立即想到，既然电台作了宣传，想必这位老中医有些本领，即令治愈的病例不多，也说明此病是可治的。他一方面把这个消息写信告诉钟埛，给她鼓气，一方面四处打听，有谁认识这位老中医大夫？因为医院人满为患，挂号排队要很长时间，钟埛的身体是吃不消的。

1984年1月14日，上海古籍出版社吕贞白得知蒋钟埛所患之病，跟蒋天枢写来一张手书："丁济南医师与弟极熟极熟。令女公子如需丁诊病，毫无问题。弟有一女弟子亦患胶原病，是济南诊好。机会万不可失，万不可失。谨此奉告。弟贞白拜。"蒋天枢十分感激，立即写信告诉钟埛："我有位老朋友和这位老医师是深交。你来后，我可托这位老友介绍。希望你能于春暖后来沪治疗。但望你在这段时间内好好保养身体，无再生别的病。至为切盼。"[21]

回信时，钟埛对春暖后来沪避而不谈，却说暑假可同海川一起来。

重病在身，怎么能拖呢？蒋天枢急了，立即写信去："前几天，接老友吕贞白来信，附了一页，讲给你找医生看病的事。现将此一页附上。你的病，既然找到有专长的医生能治，万万不要失此良机。而且吕先生讲，可以到他家去看，不必到瑞金医院去排队挂号。估计从给你开始看到完全治好，总需一段时间。你务必在旧历三月初动身来沪。你妈说，即令办不好转院手续，就自己出费。我过去吃了几年药，也都自报自销。只图你的病能完全治好，就不要再计其他了。有了好身体才能计算其他，才能操心儿女的事。你想，如其按你那暑假同海川一道来的成见，那么暑假里的大热天，来后不但对你的身体不利，而且医生在炎热下诊病，要知医生是老年的医生呀！还有，从暑假到秋后，是多么短的一段时间，你也不能看病看不出一个结果就走嘛。我是多方面地考虑到，想你这来回沪医病，总要把你的病完全看好为目的……你务必立即打下旧历三月间来沪的计划。"（22）

蒋天枢唯恐女儿意志不坚，频频写信相催："给你规定了旧历三月初来上海。今年春节后立春，恐怕到旧历二月间已很暖了。三月初不会再有什么湿冷天气，你何必那么犹豫不决呢？这位丁济南医师是我很好朋友的挚友。而且，他治好过些胶原病病人。儿要知道，现在这些有名的医生，都是上了年纪的。盼儿千万不要错过这机会，务于旧历三月初动身来沪。盼望着能把你的病完全治好再回去。这事，你必须听我的。"（23）

父亲说得这样严厉，女儿只有顺从，并说很想念海春。蒋天枢也尽量满足："你想让海春回京事，目前正在各方觅能偕带她的人。最晚的话，也可在此月底到下月初之间。"（24）

1984 年元宵节前，复旦大学有人赴京，把海春带到北京。也正在这时，病魔从天而降，再次把蒋钟堉击倒了。

1984 年 3 月 13 日，电报飞到上海：蒋钟堉病危！

蒋钟垣同母亲商议后，对父亲只说出差，独自一人，火速赴京。

蒋钟堉已处于弥留之际，全身高度浮肿……

蒋钟堉估计这一次在劫难逃，回光返照时，泣不成声地告诫上六年级的儿子海川：妈死后，希望把骨灰葬在阿公、阿婆墓旁……（25）

1984 年 3 月 23 日下午 3 时 35 分，年仅 42 岁的蒋钟堉在北大医院停止了呼吸。至此，她已在中国电子工程设计院工作 29 年，多次出差广元、青川、宝鸡、长沙、襄樊等地，先后参加 4400、774、长沙电校、北大二分校等 20 多个工程的设计，并圆满完成了任务。（26）

按照有关不开追悼会、丧事从简的精神，中国电子工程设计院第十设计院召开了院领导与亲友的座谈会，3月31日10时半在八宝山举行了遗体告别仪式。

蒋钟垣参加过姐姐的遗体告别仪式，安放好骨灰盒，唯恐千里之外的父母出现意外，匆匆返回上海……

蒋钟垣尽量装出若无其事的样子，轻轻推开家门，先是报告父亲回来了，然后同母亲躲进小屋里窃窃私语。此后数日，她一点一滴向父亲吹风，让他思想有所准备，增强心理承受能力，最后才将实情和盘托出……

这时，蒋天枢才知道大女儿患的是白血病……

蒋天枢悲痛欲绝，双目无神，泪水无声外流……

后来，蒋天枢又小外孙海川口中，知道了更多的事情……

白发人送黑发人，本来就是一场人生悲剧。蒋天枢的精神近乎崩溃了！他意识到，女儿在很大程度上是抑郁而死！不听父母之言，铸成大错，终致送命！后来虽知悔悟，岂奈木已成舟。[27]

蒋天枢沉默寡言，从此进入无语的黄昏。痛定思痛，他写给学生和亲友的信中，满纸洒满了悲凉：

> 钟埥不幸夭折，哀痛未忘……一时心乱如麻。[28]
>
> 爱女夭折，能无悲痛，即欲忘之，固未能也。钟埥的身体，从前是那么好，怎能料到他会短命！无可推诿，只能说这就是命运吧。从表面上看，她是死在白血病，白血病是不治之症。她如果不生海春，或者晚两年再生，根本不会得上这种症，如其能来上海生产，也不会得这种病。偏偏凑巧，那年须在北京生，而××医院又是那么不负责，以剖腹产，医生给胡乱输血，于是由于输血而得上了白血病。医生固然不会承认病是由输血而来，但他从来没生过什么病，生海川时也输过血，母子平安。却是××医院那次输血却得了白血病了，责任何在，不是很显然吗？现在"指定"医院

就医的制度，实在并不可取的呀！咳！无可奈何，只能说人生有命吧！[29]

我长年在外，长女殇而弟惨死，四顾茫茫……[30]

我漂泊一生，后顾茫茫……[31]

自长女夭亡，我万念俱灰……[32]

钟埘死得太冤枉了！一步走错，短命夭折！人欤？天欤？恸哉！

我老年遭此不幸，为之万念俱灰。[33]

……

1985年年底，蒋天枢还在做着修改《楚辞章句校释》的工作，想起长女在日，病中还给自己修改稿复印过两三篇，又止不住泫然流泪："钟埘故后，我是万念俱灰。有点旧的稿子剩下最后部分尚未改写完。这一稿子最前的三篇，还是钟埘替我复写的，每览及旧稿，不禁为之涕下也。"[34]

蒋天枢痛失长女，受到致命的一击。

长女生前最后一个愿望——希望葬在父母墓旁。对女儿的这一愿望，父母无论如何也要满足。可蒋天枢至今还没有考虑自己的身后事呢！

这时，也只有这时，蒋天枢才认真考虑最后的归宿了！不然，大女儿该魂归何处呢？

青山处处可埋骨。蒋天枢从来不言死，也不怕死，但却从未考虑过百年后的长眠之地。

叶落归根是一句老话。自己多年不回家乡，女儿对家乡更是陌生，望断故乡路，也只有"反认他乡是故乡"了。

抗战胜利，全家一直生活在上海。可今日的上海，处处高楼大厦，人满为患，哪能找到一处清幽的栖身之所呢？

他听说，有人到离上海不远的苏州选择墓地，不免心有所动。苏州历史悠久，人文荟萃，是古往今来多少人向往的人间天堂。自己也很喜欢苏州。再说，苏州与家乡徐州同属江苏，也可说是自己的故乡吧！几年前，大女儿差一点调来苏州。将来，能在姑苏青山绿水之间，分享一抔黄土，不也是一种夙缘吗？

蒋天枢命小女钟垣和女婿杨国琛前往考察。二人跑遍了苏州四围青山，最后在吴县凤凰山麓凤凰公墓买得生圹一区，备有三个穴位。

蒋天枢夫妇打算，1986 年春暖花开时节，将长女骨灰从北京取回，后因事却耽搁下来。

1987 年早春，大女儿逝世三个年头了。蒋天枢说，今年一定要让垗儿的灵魂得到安息。

钟垣专程赴京，把姐姐的骨灰盒小心翼翼地抱回上海，悄悄放置到家中最高处的阁楼上。

蒋天枢心知肚明，又不忍细问，只是默默地念叨着："垗儿回家了……"

3 月 8 日凌晨，霜华遍地，寒气森森。刘青莲和蒋钟垣一身素服，带着蒋钟垗的骨灰出了家门。蒋天枢双眼噙着泪水，执意要送上一程。老伴和小女儿考虑他的身体和心情，说什么也不同意。家人疼他，蒋天枢无声地服从了。他站立门前，目不转睛地送老伴和小女远去，泪水模糊了双眼……

蒋钟垣一手抱着骨灰盒，一手挽着母亲，挤上 55 路公共汽车，来到长途汽车站，再换乘赴苏州扫墓的大巴士，驶往苏州凤凰山公墓。

整整一天，蒋天枢无语独处，自晨至午，又自午至昏。

天色渐渐地黑下来。他望着门外，等候母女二人从姑苏归来。

自长女去后，蒋天枢的精神垮下来了。一段时间，他每天除了带研究生，就是呆呆地坐在书桌前，常常魂不守舍。他让吕开盛找出钟垗儿时的照片和日记寄来，想写点文章，可是难过得不能落笔……

春天，到处青翠欲滴。蒋天枢的心情却似秋风扫落叶一般，入眼都是伤心的碧绿……

注：

（1）据吕开盛1997年3月16日给朱浩熙的信。

（2）据高亨1973年9月17日给蒋天枢的信："钟埁于前天搬回家去，因她鼻子有时出血，我家离医院太远，就医不便。"

（3）据林东海《记蒋天枢先生》，载《师友风谊》，人民文学出版社，2010年9月。

（4）蒋天枢1973年12月给中央文革的信。

（5）引自高亨1974年8月14日给蒋天枢的信。

（6）引自高亨1974年10月3日给蒋天枢的信。

（7）引自高亨1974年10月21日给蒋天枢的信。

（8）引自蒋天枢1975年11月5日给朱子方的信。1973年给朱子方的信已写道："我搬家不但东西多，书更多，尤不易找地方放。"1975年3月2日写给朱子方的信又说："能否迁，何时能迁，都要看晋生接洽得怎样（经他办好房子、户口事才能谈到迁）。拟尽可能地把赘累处理一些，便于行动。"

（9）据唐兰1976年7月1日给蒋天枢的信。

（10）引自蒋天枢1978年1月24日给朱子方的信。

（11）据蒋天枢1982年1月10日给蒋钟埁的信。

（12）据蒋天枢1982年2月21日给蒋钟埁的信。

（13）据蒋天枢1982年3月10日给蒋钟埁的信。

（14）据蒋天枢1982年12月31日给给蒋钟埁的信。

（15）据蒋天枢1983年5月22日给蒋钟埁的信。

（16）据朱子方1997年12月《忆舅父蒋天枢先生》（手抄件）。

（17）据蒋天枢1983年6月18日给蒋钟埁的信。

（18）据刘青莲1983年6月19晶给蒋钟埁的信。

（19）据朱子方1997年12月《忆舅父蒋天枢先生》（手抄件）及1984年2月1日寄给蒋钟垣的信。

（20）据蒋天枢1983年11月4日给蒋钟埁的信。

（21）据蒋天枢1984年1月14日给蒋钟埁的信。

（22）据蒋天枢1984年1月24日给蒋钟埇的信，并附吕贞白的手书。

（23）据蒋天枢1984年2月给蒋钟埇的信。

（24）据蒋天枢1984年2月14日给蒋钟埇的信。

（25）据蒋天枢1986年2月22日给朱浩熙的信："前函言想去苏州，并非是想去游玩。因我大女钟埇不幸前年3月病故，殁前遗言交代孩子，将来她的骨灰要葬父母墓旁。"

（26）据第十设计研究院1984年3月31日《深切悼念蒋钟埇同志》和吕开盛1997年3月16日给朱浩熙的信。

（27）据蒋天枢1985年6月8日给李振杰的信。

（28）据蒋天枢1984年7月20日给吕开盛的信。

（29）据蒋天枢1984年12月8日给李振杰的信。

（30）引自蒋天枢1985年9月17日给朱淑云的信。

（31）据蒋天枢1986年2月22日给朱浩熙的信。

（32）引自蒋天枢1985年10月12日给朱子方的信。

（33）据蒋天枢1985年6月8日给李振杰的信。

（34）据蒋天枢1985年11月25日给李振杰的信。

第三十一章　泪洒楼台

1987 年 12 月上旬，强冷空气接连南下，上海气温骤然下降，室内与室外相差无几。

蒋天枢一向怕冷畏寒，近来尤其如此，天气乍冷，心中便惴惴不安："今冬冷得这么早，恐怕还有最冷的时间在后边吧？无可奈何，既无暖气，又买不到煤来生炉子，只好听其自然。"[1]

蒋天枢很少外出，由于心脏不适，每天定时服药，除了研究生不时上门，平日多袖手观书，只是坐得太久，腰酸腿痛，偶尔手扶黄藤手杖，到门外走几步。

这副手杖，原是陈寅恪先生的心爱之物，1938 年春夏在云南蒙自西南联大任教时所得。陈先生目盲之后，便与这支手杖朝夕相伴了，多年颠沛流离，不知丢掉多少东西，唯有手杖一路相随，直至晚年。

1986 年，陈流求、陈美延来上海时，把父亲的黄藤手杖带来，作为纪念，赠给了蒋天枢。这支手杖较短，由于多年手摩汗浸，痕迹斑斑，已变得像一枝湘竹了。

蒋天枢拿起黄藤手杖，就好像见到了陈先生，感到非常亲切。偶尔室内走走，门外转转，他才把在手中，一边缓缓踱步，一边吟诵起陈先生的《咏黄藤手杖》诗：

> 陈君有短策，日夕不可少。登床始释手，重把天已晓。
>
> 晴和体差健，挂步庭园绕。岁久汗斑痕，染泪似湘筱……
>
> 家中三女儿，谁得扶吾老。独倚一枝藤，茫茫任苍昊。

蒋天枢一边吟诵，一边感叹，这支手杖紧随先生四十年，实是先生最亲近的朋友了！现在，自己的晚景不是也和陈先生也差不多吗？虽有女儿，一个亡故，一个远在异国他乡，如此看来，也只有与这支手杖相伴了。

人老了，常常不由自主地回忆往事。因为太痛，他不愿回首，但往事并不如烟云易散，经常浮现眼前，萦绕心头……

也许是机缘巧合。一天，青年教师何佩刚找上门来，说中文系要求为老教授留点资料，想请蒋先生谈谈身世和治学道路。

既然是系里要求，看来，不愿回忆也要回忆一下了。

蒋天枢一生不记日记，平时也不愿向人谈及身世，哪怕对身边的学生。这样做，或是出于自我保护，怕引起不必要的麻烦，但主要还是往事不堪回首，话题过于沉重……

面对着何佩刚，他沉思片刻，敞开了心扉——

祖父早逝，祖母抚育三孤至于成立，生于乱世，土匪横行，于艰难拮据之日，即便移家避难，亦未能幸免：叔父及长兄惨死在土匪枪口之下，母亲与父亲相继含忿去世，真可谓祸不单行，多灾多难啊……

在军阀混战的年代，走读书救国之路，在无锡国专师从唐文治先生，在清华国学院师从梁启超、陈寅恪先生，奠定了一生从教治学的根基。刚刚步入社会，到辽宁第三高中任教一年，就遭遇"九一八"事变，流亡北平，滞留开封高中；1937年到北平，又亲历"七七事变"；抗日战争期间，随东北大学累次内迁，饱历艰辛，迁四川三台后，连殇二子，自己又大病几死……

从教六十年，培养了很多学生，其中有所成就者不可胜数，很感欣慰。但是，运动一个接着一个，尤其是十年浩劫，虚掷了大好时光，胞弟惨死，长女夭亡，思之常痛心疾首……

晚年，主要编辑整理《陈寅恪文集》，没有辜负陈寅恪先生的托付，聊可自慰。长女亡故，自己体弱多病，精力不济，预期的研究已无法进行，这是最遗憾的……

次女不在身边，觅个好的保姆都不容易，经常由老伴糊口饭吃，难呐……

他毫不讳言自己的秉性：坦率而任性，从不和人耍心眼儿！也无情地解剖自己："最大的短处是见事迟，失误多，生平多悔。"(2)

讲到伤心处，蒋天枢几度中辍，唏嘘叹息，讲不下去。

谈到治学，蒋天枢一路走来，有很多话说——

关于治学，首先重在建立广博、深厚的学识基础，才能高瞻远瞩，溯流探源，形成表里相符、宏阔与精微相统一的学术襟抱。读书既要勤，又要广，除古代文学典籍外，也要读历史和地理。对二十四史，自己读了大部分，对前四史还作过校订。学过清代杨守敬的《历代疆域沿革图》，对春秋、战国、两汉、三国亲自绘制过地图。如果对古代社会没有系统的知识，难以理解古代文学。指导青年教师和研究生，则要求先读《通鉴》《说文解字》，再读《史记》《汉书》《后汉书》《三国志》，然后是《尔雅注疏》《方言》，还要学版本、目录、校勘学，最后是系统阅读古代文学作品。

关于读书的方法，自己的经验是：第一，务求甚解。从正面到反面、从内容到形式了解透彻。第二，读书必校。将各种版本和注释尽量搜集起来，校过一遍，从校读中将著作吃透，掌握第一手材料。第三，掌握版本。把凡能找到的版本搜齐，比较优劣，厘清来龙去脉。旁的书籍中凡用得上的文字资料也下力气搜集。好学多思，系统爬梳，能使眼界开阔，故研究领域也更宽广、更深入。自己一生用功最勤最深的有《诗经》

《尚书》《左传》《楚辞》《三国志》，而于周文、汉赋、清代学者顾炎武、全祖望以及现代学者陈寅恪、陈垣先生等，也花过许多心血。广博精深的文史学识，能涵养开阔的思路和敏锐的目光，成为学术研究坚实牢靠的基石。

关于治学的目标，不外"求真"二字，即是让学术追求的迹象、过程，呈现其精确的本来面目，学理和识见近乎历史的真实。为求真，对史事和旧说总要"脱枝落叶"，正本寻源，占有丰富的材料，作全面系统的求证。要善于将历史、文学融会贯通，多方阐释，发现真义。自己的《楚辞》研究，正是坚持这样做的，通过清理历来研究成果得失，发现和提出诸多问题，运用以诗解诗，诗史互证，古典、今典贯通等方法，全面考核论证，从而恢复屈原的本来面目，考察出屈原作品的真实社会内容，证明屈原不仅是一位伟大的诗人，更是一位伟大的政治家。

关于治学的方法，主要是严密精审，系统运思。搜求材料要广博、丰富，通过思索和考证问题，形成自己的系统。在系统研究的同时，特别着力于字酌句校，每一个见解都建筑在一字一句的精准理解上，"不容凭藉想象，肆意为之说也"。这样，便容易发现问题，也能透彻地阐明问题，穿越历史的隧道，进入深邃的境界。在东北大学工作时，发现前人对《三国志·魏书·陈思王传》中的一字理解不妥，遂以这一字的阐释为核心，写成一篇校记，不仅对传记中的一段文字以确凿的考校和说明，还把曹植的生平系统地梳理了一遍，将疏证和论述熔于一炉，解开了一个历史谜团。

蒋天枢谈治学颇有兴致，总有讲不完的话题。

何佩刚老师怕蒋先生疲劳，时间一到，便起身告辞，约好时间再来。这样断断续续谈了七八次。

蒋天枢的治学精神，使何佩刚感触颇深："综观蒋天枢先生在中国古典文学领域的研究，实自树一帜，贡献良多，尤其是博学、求真、精审、发微的治学精神和方法，很值得我们晚辈传习。"[3]

蒋天枢讲罢，心中感到轻松一些，但还有一件心事，让他放心不下，甚至有些隐忧，那就是《陈寅恪先生编年事辑》的增补本——

三四年来，蒋天枢不遗余力，从海内外继续搜集陈先生的家世、生平资料，对 1981 年出版的《事辑》进行修订。1985 年底、1986 年上半年，增补工作大体完成，形成了一个厚厚的粘贴本，亟须整理誊清，交付上海古籍出版社。可是，身边无人啊！由于一年来与天津社科院的卞僧慧交往频繁，便想委托他进行整理。经过联系，卞僧慧愿意接受此项委托。这样，他遂将增补本《陈寅恪先生编年事辑》粘贴本寄往天津。(4)

这样，自己就可以集中精力和时间，进行《楚辞章句校释》的整理工作了。

《事辑》粘贴本寄天津后，蒋天枢一直同卞僧慧保持着通信联系，了解整理工作的进展情况。以后又搜集到一些新的资料，也陆续寄给卞慧新。1987 年 7 月，蒋天枢得知《事辑》增补本将于年底前完成，非常高兴，给一位亲友写信说：

> 关于《事辑》，过去早想增补、修改，想将其中引用陈先生《读书札记》的地方，全部删掉，而把近出有关陈先生记录，悉行采入。我已老迈，无此精力，已将原增补粘贴本寄给老朋友卞僧慧，代为整理。卞系清华大学部第六届历史系毕业，也是陈先生的学生，现任天津社会科学部研究员。我和他深交近二十年，他亦愿意受此委托。将来校好后，打算仍交上海古籍出版。届时书出，您将读到《增订本陈寅恪先生编年事辑》。看样子，可能年底前整理好。(5)

蒋天枢在满怀希望地期待着。

可是，1987 年过去了，1988 年春节也过了，委托卞僧慧整理的《陈寅恪先生编年事辑》增补本竟没有了消息，那本《事辑》粘贴本也没有寄回。蒋天枢不免生疑：这究竟是怎么回事呢？难道说所托非人吗？不会的吧？

　　文命多蹇。当年,《全谢山先生年谱》增补本四大册,存在谢刚主处,竟
渺如黄鹤;这次《事辑》增补本不会再遭非命吧?

　　一生多悔的他,现在又一次后悔了:都怪自己老了,无能为力了,也怪
自己所托非人啊……

　　伏案一久,蒋天枢便扶着手杖在室内转转。环顾斗室,处处是书。

　　上年纪后,蒋天枢遇到好书还是买。小女儿出国前,一见爸爸买书就嚷
嚷:"这么大岁数了,还买这么多书干什么? 妈妈什么都依着爸爸,这怎么
行! "温良贤惠的刘青莲笑笑说:"钱是你爸爸挣的,怎么花由他! 反正有你
爸爸吃的,咱们也饿不着! 他一辈子教书、做学问,不看书怎么行! "[6]

　　两代人之间出现"代沟"。提起此事,蒋天枢常摇摇头,不由叹道:"儿
辈日劝我少看书,不知能得时间读点书,正是莫大的乐趣。此情,少年人所
难喻也。"[7]

晚年的蒋天枢、刘青莲夫妇。

蒋天枢一生爱书，经常买书，读书。他认为，读书主要为充实自己，教好学生，人是活到老学到老的，人生也有涯，知也无涯，学无止境，新的东西又层出不穷，不学习怎么行呢？

他也把这种思想传给学生们。

他现在的研究生叫陈正宏，浙江人，基础扎实，聪明勤奋，目前正在撰写毕业论文——《沈周年谱》。

蒋天枢当年就读清华国学研究院的论文是《全谢山先生年谱》，真是一脉相承啊！

沈周是明代颇为著名的画家，吴门画派的领袖人物。他不仅在绘画方面成就很高，而且在文学创作上开创了以俗语俗事入诗的一代诗风，在严格遵循传统道德规范人品方面独树一帜，是位很有研究价值的人物。

陈正宏的毕业论文即将完成。蒋天枢想，年事高了，精力不济了，自己还有些事情要做，为不耽误学生，等送走陈正宏，就不再带研究生了……

1988 年 3 月下旬的一个下午，陈正宏带着部分已经誉清的论文，冒着天上霏霏的细雨，来到导师的寓所，晋见先生。

一进门，他同师母打了个招呼，问起先生的情况。师母告诉他："前几天，先生一个人出去散步，跌了一跤。"

陈正宏忙问："摔得怎样，今天是否让先生休息？"

师母说："不用休息。你不来，先生还念叨呢！"

正说着，楼梯上便响起熟悉的脚步声。原来蒋天枢听到陈正宏说话的声音，已下楼来了。

陈正宏连忙迎上前去，搀扶先生，并向先生问安。

蒋天枢给研究生上课，一向在一楼冲门的一间小房子。进门摆放一张陈旧的木制方桌，既是饭桌，又是讲台。

先生坐在一张旧藤椅上。陈正宏坐在对面。由于光线较暗，师生相对时，往往要把电灯打开。

一入坐，蒋先生便向陈正宏要了论文，戴上老花镜，从头看起来。

论文写得较长。这是论文的第一部分。

蒋先生看得非常认真、仔细，从体例、用词到标点符号都不放过。他边看，边一一指出不当之处。比较方便改正的，就让陈正宏当面改过来。

半个小时过去了。陈正宏担心先生太疲劳，便说："蒋先生，您不要太累了。我把论文留下来，您慢慢看吧！"

蒋天枢尽管有点累，还是摆摆手："没关系，再看一点吧！"仍然屏心静气地审读论文，遇到问题，还不时关照几句。

时间在不知不觉中过去，天色渐渐地暗了下来。蒋天枢这才将论文放在一边。

陈正宏告辞时，想起先生散步摔倒的事，关切地说道，现在天气还冷，先生一个人外出不便，不要外出散步了。如果先生愿意的话，等春暖花开时节，自己的论文也基本做完时，可以定期地陪先生到校园里走走。

蒋天枢很是高兴，满口答应，连连说："好，好。"[8]

此后，一连几天，蒋天枢都是在家中批阅论文。需要改动的地方，他习惯于用比较醒目的红色圆珠笔在字句下画线、纠错，或在纸边写出意见，需要斟酌的，便在行末打个问号。哪里要改写，如何写，他都用文字标出。字迹虽小，但一笔一画，清清楚楚，让人一目了然。

毕业论文，是研究生几年学习的总结，不仅是对研究生的一次大考，也是对导师教学成果的一次检验，厥关匪轻啊！蒋天枢审读几天，还没有看完……

3月25日，蒋天枢还在批改陈正宏的论文。时间一长，他感到累了，想站起来活动活动，出门怕摔跤，就不出去了。不知怎地，他突然想起了顶层的小阁楼，说要上去看看，便抓着楼梯扶手，颤颤巍巍地向上攀登……

正是春寒时节，气温偏低。老伴想到楼上风大，劝他不要上去。

蒋天枢不听，也不说话，兀自一人默默上行。

阁楼在家中最高处，只有几平方米大，存放着积年私珍。阁楼外连着平台，盛夏之晚，也可纳凉小坐。

蒋天枢打开阁楼的小门，走了进去，站立许久。这里每件物品是那么熟悉，都有一段难忘的故事……

起风了。小阁楼的窗棂被风吹得"哐当哐当"响。蒋天枢打了个哆嗦，才感到站得太久了。

刘青莲担心先生着凉，已不止一次唤他下楼了。不过，前几次，他都没有听到。知冷知热，还是厮守一生的老妻啊！

蒋天枢掩上阁楼的小门，搭着楼梯扶手，一步一步，缓缓走下。

刘青莲犹自埋怨着。先生不置一词，只是神情严峻，心中颇不平静，眼角处可见点点泪痕……

老伴也在纳闷，先生他究竟是怎么了？

是他在小阁楼上看到了祖上之物，又勾起对家庭灾难史的悲惨回忆……

是他在阁楼上翻检到 1952 年所写的《惜梦室主自订年谱》，抚忆一生的漂泊经历，痛定思痛……

是他在小阁楼上看到弟弟被抄家的退还之物，又想起蒋天格的惨死……

是他在阁楼上看到长女的骨灰盒曾经放置之处，又在伤心流涕？或者感叹大女儿虽魂归有处，却孤零零地守候在父母的空圹旁……

是他在小阁楼上看到业已下过很大功夫校勘过的《左传》《诗经》《三国志》等古籍（《尚书》校勘本已寄给高亨），痛惜"文革"中无谓荒废的岁月……

蒋天枢上了一次阁楼，情绪何以一落千丈？这真是一个难以破解的谜。

下楼后，蒋天枢怏怅无语，即感到困乏畏冷，身上烧得发烫，服了点药，早早睡了。

当夜，刘青莲被"唔哩"的声惊醒，连忙开灯，只见蒋天枢摔倒在床前地板上，蒋天枢神志不清，已不能言语。

次日一早，在章培恒的安排下，复旦大学古籍研究所的年轻人把蒋天枢教授送进了华东医院。医生诊断说，蒋教授患重度脑溢血……

陈正宏还没有来得及把毕业论文的第二部分送上，蒋天枢就病倒了。师母把先生看过的论文退还给他。陈正宏心事沉重，动情地说："当我从师母手中接到已经先生审阅的前一部分论文时，发现那上面多了许多红圆珠笔写的批语，字迹依然那么清秀，只是笔画略显颤抖。我禁不住一阵心酸。"（9）

这是蒋天枢先生最后的字迹。他一生最爱学生，把生前最后一刻，也给了学生。

六十年的教育生涯，就此画上了一个句号。

注：

（1）引自蒋天枢1987年12月3日给朱浩熙的信。

（2）蒋天枢1985年10月12日给朱子方的信："子方：你知道二舅的脾气，坦率而任性，从来不和人耍小心眼儿。"何佩刚1988年3月16日《蒋天枢先生的治学道路简述》："蒋先生深有感触地说：'自己最大的短处是见事迟，失误多，生平多悔。其实，这也反映出他守正秉常，虔心学业，在世事多变中不相适应的心绪。'"

（3）据何佩刚1988年3月16日《蒋天枢先生的治学道路简述》（初稿）《后记》："秉南教授对所撰《陈寅恪先生编年事辑》进行增订，拟编撰先生年谱，因年迈体弱，无力完成。1985年不以不佞才疏相垂委，以宿疾时作，竟将慧所抄寄之资料及《先生编年事辑》贴补本及续得之资料，邮寄天津……"。

（4）据卞僧慧1985年2月11日给蒋天枢的信，及卞僧慧纂、卞学洛整理《陈寅恪先生年谱长编》之《后记》。

（5）见蒋天枢1987年7月20日给朱浩熙的信。

（6）据刘青莲女士1991年3月讲述。

（7）引自蒋天枢1982年9月8日给朱耀斌的信。

（8）据陈正宏《怀念蒋天枢先生》一文，载《复旦》校刊新编第218期，1988年7月5日出刊。

（9）据陈正宏《怀念蒋天枢先生》一文，载《复旦》校刊新编第218期，1988年7月5日出刊。

第三十二章　龙华挽歌

春暖花开的日子到了，复旦大学校园里浓荫匝地，熏风宜人。陈寅恪先生的黄藤手杖，静静地依在一舍十一号二楼的床头。蒋天枢却再也不能回来散步了。

1988 年 5 月 26 日，纪念陈寅恪先生国际学术讨论会在广州中山大学开幕。蒋天枢的《陈寅恪先生传》和《师门往事杂录》已打印下发。人们在殷切地期待着会议执行委员蒋天枢先生的光临，可是，曲终人散，仍然不见蒋天枢先生的影子。

蒋天枢的缺席，使与会者大为怅惘，也使会议减了色彩。

两个多月来，蒋天枢先生一直静静地躺在病床上，虽神志清楚，已不能言语。老伴刘青莲虽然年事已高，每天一早照例赶来医院，为他擦脸洁身，清理身下秽物。复旦大学古籍整理研究所的老师和研究生排班轮值，不分白天黑夜，不论刮风下雨，一直守护在先生床前，为先生喂水、喂药、打吊针、照顾大小便、更换卧垫……

蒋天枢经常处于昏迷之中，即使偶尔清醒，也不能言语。一次，他睁开眼睛，看到身旁的陈正宏，吃力地吐出几个字："论文、论文……"陈正宏连忙说："先生看过的，师母已交给我了。第二部分由章先生在看。您放心好了。"大女婿吕开盛到宁波出差，路过上海，到医院看望。他在床前伫立很久，蒋先生才睁开眼睛，看到开盛，只是轻轻摇了摇手。老伴怕先生想念小女儿，伏在枕边小声问："想见小女儿吗？叫钟垣回来好吗？"先生说不出话来，只是摇了摇头……

时间一天天过去了。家人、同事和学们不离不弃，一直陪护蒋先生身边，盼望他的病情能一天天好起来；医护人员也竭尽全力，希望能挽救蒋先生的生命……

可是，一个月过去了，又一个月过去了，蒋天枢先生本来清癯的面庞还在一天天消瘦，病情一天天加重……

6月10日，复旦大学发布讣告："复旦大学教授、我国著名文史学家蒋天枢先生，因患脑溢血，于1988年6月9日上午11时零5分逝世，享年86岁。蒋天枢教授追悼会定于6月16日下午3时在上海龙华殡仪馆举行。蒋天枢先生治丧委员会"

6月12日，北京《光明日报》、上海《解放日报》同时发布消息："复旦大学教授、我国著名文史学家蒋天枢先生，因病医治无效，于1988年6月9日上午11时零5分逝世，享年86岁。蒋天枢教授的逝世，是我国教育界学术界的重大损失。"

身在异国的蒋钟垣，正患胃病，听到噩耗，一直子昏倒了。杨国琛匆匆飞回上海，料理岳父的后事。

6月16日下午三时，蒋天枢先生的遗体告别仪式在上海龙华殡仪馆举行。

是日，风凄云暗，天幕低垂。龙华万木肃立，一染伤心的碧绿，簇簇夹竹桃的枝头绽满了洁白的花朵。

全国政协副主席苏步青、复旦大学校长谢希德以及全国数百名学者、数十所大学送了花圈，发来唁电、唁函……

当代著名学者、蜚声书坛的章草书法家王蘧常先生业已九十高龄，久病足不出户，也手持拐杖，神情肃穆，蹒跚而来。

上海市委宣传部副部长徐俊西等人胸佩白花，无声地踏进灵堂的大门。

复旦大学中文系的老师们成群结队而来，同蒋先生依依惜别……

蒋天枢先生的学生专程从各地赶来，为的是能见恩师最后一面……

灵堂内，高士摩肩，名流如云，巨幅挽联接天垂地，挽诗挽言雪飘两厢。

王蘧常先生的擘窠大书挽联悬在正中，十分引人注目：

> 秉南兄千古：
>
> 悲忆一灯与君研经常共迎惠山晓色
>
> 最难百卷为陈清稿能力回寒柳春光
>
> 　　　　弟王蘧常　敬挽　时戊辰五月叹

复旦大学古籍研究所的挽联紧随其后：

> 秉南先生千古：
>
> 风雨如晦霜雪无垠遍历坎坷见本色
>
> 学殖似海志节凌云广滋兰蕙传明灯
>
> 　　　　复旦大学古籍整理研究所　敬挽

其他挽联妙语佳句，也非常醒目：

> 守先哲遗范何遽山颓木坏
>
> 贻后生谠论会看火尽薪传
>
> 　　　　陕西师大古籍所　黄永年　敬挽

> 天枢教授前辈不朽：
>
> 潜修耻闻达
>
> 硕学出名门
>
> 　　　　后学陈从周　拜挽

天枢先生大人千古：

先生古人也举首秦时明月

淑世君子哉披襟颖上清风

　　　　　　晚吴广洋　敬挽

名重德俭声播士林钦师长

志怀松菊芳流学府忆春风

天枢老师千古

　　　　　　学生周斌武　敬挽

花圈上，缀满了挽诗，令人目不暇接：

昔命东林驾，西溪一水通。

传灯千载业，立雪几人同。

舍瑟音犹在，乘桴道许从。

望回吾岂敢，兀傲想深丛。

水木清华地，陈门几辈登。

礼堂得删定，古学独精能。

岁在龙蛇厄，神伤狸豹乘。

寝门未能到，雪涕一沾膺。

天枢教授灵鉴

　　　　　　同门弟　钱仲联　敬挽

望之俨然即之温，长松千尺比精神。

识荆四十年前事，名论依旧著耳根。

青史洞观具只眼，范经挥发古无伦。

歌风英气依稀在，刚直一生式后生。

天枢教授千古

刘季高　敬挽

论著名山垂秘文，一庵老学早留痕。

尊师寒柳成新谱，立雪情怀更仰君。

桃李在，看盈门，卅年高府有传薪。

薤歌咫尺江千路，邻笛声凄系梦魂。

鹧鸪天　奉唁天枢先生千古

潘景郑　谨挽

史海书山探秘珍，瓣香长系义宁陈。

立深寒柳堂前雪，坐揽清华苑里春。

白鹿传薪成《事辑》，屋乌推爱启芜榛。

谆谆细雨无声润，遗札犹含绛帐温。

陈小从　敬挽

著名学者、上海市委宣传部王元化先生高度赞扬蒋天枢先生的人品："蒋先生为人正直，从不阿世媚俗。他的高尚品格是作为后辈的楷模，值得我们认真学习。"

……

唁电如雪片一样，从全国各地飞来：

著名中国文史学家、教育家、词人、南京师范大学博士生导师唐圭璋先生："惊悉蒋天枢教授逝世，无任痛悼……"

国学大家、教育家、浙江大学博士生导师、清华国学研究院"同学弟"姜亮夫先生泣拜："义宁陈寅恪先生全集是您编纂考订，是我们同学中最大成就者……"

南京师范大学古文献整理研究所赵国璋、李灵年教授："蒋先生毕生从事治学与教育，硕果累累，世所钦敬……"

北京人民文学出版社周镇吴、季定洲编辑："蒋先生刚正的人格、严谨的学风永远铭记在我们心中……"

杭州大学大学古籍研究所常务副所长、《全明诗》编辑室平慧善教授："蒋老是著名文史学家、《全明诗》顾问，学术成就、高风亮节，素为人钦敬。我曾多次聆教，受益匪浅……"

天津市社会科学院卞僧慧研究员："秉南先生高文硕德，群流宗仰，惊闻谢世，曷胜哀悼……"

著名历史学家、文献学家、版本学家、目录学家、金石学家谢国桢先生之女谢季青女士："回忆数年前，先父每次来沪，必亲至府上，长谈忘返。此情此景仍历历在目。而今两位清华研究院同窗老友、文史学界前辈却先后作古，怎不令人哀伤! 安息吧，蒋伯伯! 您一生光明磊落，著述精湛，蜚声中外，留芳后世。"

复旦大学昔年学生、山东师范大学宋遂良教授："我将终生感戴先生教诲之恩，学习他崇高风范……"

先生的表侄、首都师范大学副教授朱耀斌："伯父一生为人高洁，严以治学，俯首执教，功德之深，为当世所罕见，是一位卓越的文史学家和教育家。伯父逝世确是国家和人民的重大损失，更使我失去一位慈祥的尊长和善良的恩师。伯父的亲切关怀和谆谆教诲至今历历，我将铭记在心，身体力行，以示对伯父的永久怀念……"

……

在肃穆凝重的悲哀气氛中，复旦大学古籍整理研究所所长章培恒教授主持告别仪式，人们缅怀蒋天枢的坎坷生涯和学者风范，深深感受到蒋天枢先生伟大的人格力量。

杨国琛代表蒋先生的家人致辞。

蒋天枢教授还有不少学生闻讯从各地赶来，仍然未能赶上先生的遗体告别仪式，只好来到蒋先生家中，望着先生的遗像失声痛哭……

蒋天枢先生在日，尽心教书，勤苦治学，正道直言，对人一片真情。先生在日，人们习以为常，或不甚惜，一旦失去他，才认识到先生的价值的损失的分量，发现与先生之间难割难舍的感情。

桃李不言，下自成蹊，其蒋天枢先生之谓欤？

1988 年 7 月 14 日，蒋天枢先生的骨灰安葬在苏州吴县凤凰山公墓。[1] 碑文由章培恒撰文，黄永年书石：

显南蒋秉南墓碑

女　蒋钟垣

婿　杨国琛

一九八八年七月十六日立

蒋先生讳天枢，字秉南，江苏丰县人，弱岁入清华学校研究院，为陈寅恪先生高弟，继教授东北、复旦诸大学。作育英才，绳以道义，清介自守，粪土显贵，屡处否悔而不易其操。所撰有《全谢山年谱》《论学杂著》《楚辞论文集》《楚辞章句校释》，复编次寅恪先生遗文，谱其行事，存说论于人间，为硕学所同钦也。先生生于清光绪二十九年癸卯十月初三日，一九八八年六月九日以疾终。夫人刘青莲女士。子钟奇、钟霖悉殇。女钟埼适吕开盛，举子女各一；女钟垣适杨国琛，举子一。钟埼亦已先卒。铭曰：哲人云亡，明者永悼，泰山梁木之悲，曷其有极！

受业　章培恒撰文　黄永年书石

蒋天枢夫人刘青莲女士在澳大利亚悉尼。

　　蒋天枢去世后，按照他生前的遗愿，其书籍大部分捐献给了北京古籍整理研究委员会，还有一部分，由蒋先生夫人刘青莲女士赠送给复旦大学古籍整理研究所。[2]

　　1989 年 11 月，蒋天枢先生的《楚辞章句校释》一书由上海古籍出版社出版，书名改为《楚辞校释》。

　　蒋天枢先生去世后，其研究生陈正宏的论文写作改由章培恒教授指导。陈正宏毕业后，留本校古籍研究所工作，其毕业论文《沈周年谱》经修定后，于 1993 年由复旦大学出版社出版，获得好评。作者在《跋》中表达了对导师蒋天枢先生的无限崇敬之情和深切怀念：

　　　　作者也要向蒋天枢教授和章培恒教授致以诚挚的谢意和由衷的敬意，两位导师不仅以其高水平的学术造诣指导作者完成了学术论文，而且以极大的热情与耐心引导作者跨入学术之门。如果说呈现在读者面前的本书尚有一二可取之处，那它们完全归功于两位恩师的教诲。遗憾的是，导师之一的蒋天枢教授已于 1988 年不幸去世，看不到本书的出版了。[3]

1991 年春天，《中国文化》创刊号问世，发表蒋天枢先生 1938 年 12 月撰写、1940 年 1 月改定的《如何发扬中国固有文化》一文，表示对蒋先生的纪念。

1992 年 3 月下旬，刘青莲女士飞往澳大利亚悉尼。其时，小女钟垣全家已定居悉尼。

2002 年 3 月 21 日，刘青莲女士病逝于悉尼，同年 7 月 9 日与蒋天枢先生合葬于苏州吴县凤凰山公墓，原碑文中的"夫人刘青莲女士"，改为："妻刘夫人讳青莲，生于清宣统二年三月十五日，二零零二年三月二十一日疾终，与先生合葬苏州。"

蒋天枢先生逝世后，学生们连篇累牍地发表回忆文章：

章培恒《跟蒋先生读书》

吴中杰《蒋天枢：不肯跟风的独行者》

许道明《蒋天枢先生的故事》

徐百柯《蒋天枢：师道的重量》

许学仁《蒋天枢先生：不要随便发有论文，而是要多读书，把基础夯实》

邵毅平《跟蒋天枢先生读书》

陈四益《臆说前辈》

李北陵《怀念陈寅恪、蒋天枢为学尊师的操守》

黄天祥《文章千古事　薪火有人传》

周思源《蒋天枢先生二三事》

何镇邦《严师驾鹤去　师恩无尽期》

林东海《师德风规——忆蒋天枢先生》

立华《章培恒与蒋天枢：一脉相承的特立独行》……

这些文章盛赞蒋先生尊师重教、勤苦治学的崇高风范和道德品行……

这是学生们发自肺腑的心声，是一位特行独立学人远去的回音，是时代向民族文化奉献者作出的礼赞。

研究者的目光也投向到蒋天枢先生，探索蒋先生的治学道路，高度评价他的学术研究成果：

高扬《论蒋天枢先生楚辞学的历史研究向度》

邵毅平《蒋天枢先生的〈楚辞论文集〉》

陈正宏《蒋天枢先生与〈陈寅恪文集〉》

王志彦《读书不肯为人忙——蒋天枢先生学述》

王志彦《蒋天枢先生治学方法及特色》……

《陈寅恪文集》出版40周年之际，上海古籍出版社为纪念陈寅恪先生，纪念为出版《陈寅恪文集》作出重要贡献的蒋天枢先生和出版社的前辈们，决定重版《陈寅恪文集》，以记录中国当代学术史、出版史上浓墨重彩的一笔。社长高克勤说，给学者出文集，这是上海出版人的一个创举，也是当代学术史、当代出版史的一大亮点。

2020年1月4日，复旦大学中文系、复旦大学古籍所和上海古籍出版社在复旦大学联合召开"纪念《陈寅恪文集》40周年暨纪念版发布会"。系主任陈引驰教授称陈寅恪先生是二十世纪中国最重要的历史学家，其学术研究兼括了传统文史的诸多领域，而且都达到了极高的境界，尤其具有开辟新天地、引领一代学术方向的典范性。同时，陈先生绝不仅是传统文史学术的延续和光大，更融通与化合了海外的学术观念。作为陈先生的弟子，蒋天枢先生所表现的精神是一样的。他在非常困难的情况下，忠于老师，忠于学术，勉力完成第一部《陈寅恪文集》的编校，传续学术文化之精义而不坠，可歌可泣。蒋天枢编校的这部《陈寅恪文集》，在八十年代以来的很长的时间里，对学术界认识和发挥陈先生的学术起到了极大的作用，很可能是超越以后的各种文集的。

复旦大学古籍所所长陈广宏说，蒋天枢先生晚年做了两件重要的事情：

一件是为老师出版《陈寅恪文集》，一件是古籍所 1983 年成立之后，带古典文献学和古代文学研究生。蒋先生整理师说，是因为他认为陈寅恪先生是中国历史文化所托命之人，而他传授师说，也是要为中国文化续命。《陈寅恪文集》当然是陈寅恪先生一生学问所系，陈先生和蒋天枢先生传授的渊源同样是一笔精神文化遗产。古籍所一直在筹建蒋先生文库，并已建立章培恒先生纪念室，对研究生进行学术传统的教育，把前辈学者的精神发扬光大。

陈寅恪先生的女儿陈流求、陈小彭、陈美延委派董景同到会致辞，认为《陈寅恪文集》的出版，首先是复旦大学资深教授蒋天枢先生功不可没。"作为先父文稿出版托付之人的蒋先生，他在先父生前就花了大量精力修订整理旧作，搜集考辨、抄录了有关史料寄给先父。1976 年后，他不顾自己年事已高，义无反顾地中断了自己的学术研究与写作，转而将全部精力用于编纂先父的这套文集，为使文稿尽早付梓，又致信相关领导给予支持。他为此呕心沥血的付出，不仅超越了一般意义上的师生之谊，更体现了一位学人以传承中华文化为己任的崇高信念。正是蒋先生这种对学术传承的执着精神，促成了《陈寅恪文集》的出版。"〔4〕

蒋天枢先生墓碑照片（苏州凤凰公墓）。

这是世纪的回响，后人的心声，也是历史的评价。

蒋天枢和陈寅恪先生一样，把自己的一生奉献给了中国的文化事业，对民族作出了一项历史性的交代。

文化之水长流不尽，文化之木长青不凋，会永远滋养我们这方东方绿洲生生不息。

注：

（1）蒋天枢葬在吴县凤凰公墓凤凰池区1级西4路7排9号，总1212＃，编号2282。

（2）据刘青莲1992年2月11日给朱浩熙的信："这里的家暂时让学生保管不动。伯父的书，大部分捐献给北京古籍委员会；还有一部分是伯父在时比较喜欢的没动，但国琛最近来信，考虑这部分书我走后没人细心管理，怕坏掉，我正考虑如何处理。"

（3）引自陈正宏《沈周年谱·跋》，复旦大学出版社，1993年。

（4）据上海古籍出版社2020年1月8日公众号《纪念〈陈寅恪文集〉出版40周年暨纪念版发布会》。

附录

蒋天枢先生著述编年

乙丑 一九二五年

且弄亭杂文 抄本 就读无锡国学专修馆时所作 含《拟屈原桔颂》《拟韩诗外传五首》《国风次第论》《空谷寻兰记》《游梅园观梅记》《游孝悌廉让乡记》《凤笙玉笛两生合传》《藐姑射山神人传》《与友人论学说文书》《释说文干支篇》《原学》《礼说》《释论语孔子所言孝字义》《里仁篇专言心学论》《问子罕言利与命与仁》《平旦之气其好恶与人相近说》（稿佚）《易坎卦大象传君子以常德行习教事论》《问荀子论学》《行己与耻使于四方……》（稿佚）《书柳子厚封建论后》《唐元和之世……》《问中国之祸亟矣……》《对客问》《拟津门寓公对临城归客……》（稿佚）《拟都卢缘撞赋》《过随园感言》（稿佚）《寿施子英先生》（稿佚）

崇廉论 《无锡国学专修馆文集二编》第三册，民国十五年刊刻

问中国之祸亟矣！或谓行联邦制委员制可以救国，其说然欤？总统之制至于睹觎争夺，委员制能免于争欤？议院卑污流弊于斯为极，选举法宜如何改良，方可渐臻妥善？兹事体大，宜各探本言之 《无锡国学专修馆文集》第三册，民国十五年刊刻

藐姑射山神人传 《无锡国学专修馆文集二编》第四册，民国十五年刊刻

参之离骚以致其幽参之大史以著其洁论 《无锡国学专修馆文集二编》第四册，民国十五年刊刻

秋月篇　《无锡国学专修馆文集二编》第四册，民国十五年刊刻

拟屈原《桔颂》《论学杂著》一九八五年七月

庚午　一九三〇年

全谢山先生年谱　一九三〇年六月就读清华国学研究院时论文，何炳松主编《中国史学丛书》之一，上海商务印书馆，民国二十一年出版

书年华录后　一九三〇年春作，《重华月刊》创刊号，民国二十年五月；又《论学杂著》，一九八五年七月

辛未　一九三一年

全谢山先生年谱（增补本）　凡四大册，存谢国桢（刚主）处，久索不归，云已付之故纸摊云

癸酉　一九三三年

全谢山先生著述考　《北平图书馆馆刊》第七号第一卷、第二卷连载，民国二十二年二月、四月

甲戌　一九三四年

中国文学史讲稿　开封高中石印本 初编四册 修订本五册，民国二十三年

国文修辞学　开封高中石印本一册，民国二十三年

乙亥　一九三五年

孙氏族谱序　民国二十四年三月撰，徐州丰县《孙氏族谱》；又台湾《丰县文献》一九八九年

戊寅　一九三八年

如何发扬中国固有文化　民国二十七年草此文，翌年一月十八日脱稿，民国二十九年一月三日改讫。《中国文化》创刊号，一九八九年

己卯　一九三九年

汉赋之双轨　民国二十八年（己卯）十二月二十三日写于四川三台，东北大学《志林》，民国二十九年；又《论学杂著》一九八五年七月

庚辰　一九四〇年

《三国志·魏书·陈思王》校记　一九四〇年六月写于三台城郊水观音之寓居,《论学杂著》,一九八五年七月

《三国志·吴书·虞翻张温传》校记　寓居四川三台水观音时写,新会《陈垣诞辰百年纪念刊》,一九七九年;又《论学杂著》一九八五年七月

周诗戋说　庚辰旧历十月写讫于三台水观音寓居,《论学杂著》,一九八五年七月

辛巳　一九四一年

论顾亭林　辛巳冬时在四川三台,《论学杂著》,一九八五年七月

壬午　一九四二年

诸葛玄事迹考　壬午年七月十日下午三时初稿写讫于三台城郊山居之苦酒斋,《论学杂著》,一九八五年七月

甲申　一九四四年

周代散体文发展之趋势　甲申年二月录旧稿于复旦新村,《论学杂著》,一九八五年

己丑　一九四九年

商代盘庚篇笺证　其中《叙言》(校笺),一九四九年三月寓江湾之徐汇村时写;《笺证》(证释),避战火移居沪西广元路云裳村时写。抄本　一九八二年夏分为《商书盘庚篇校笺》《商书盘庚篇证释》。《论学杂著》一九八五年七月

庚寅　一九五〇年

诗大明"缵女维莘"考释　一九五〇年十月初稿,《复旦学报》(人文科学)第二期,一九五七年;又《论学杂著》,一九八五年七月

辛卯　一九五一年

释邶风"日居月诸"　一九五一年六月初稿,十六日再校订,《论学杂

著》，一九八五年七月

己亥　一九五九年

楚辞新注　排印本　集五十年代后期授专业课《楚辞》讲稿辑成

庚子　一九六〇年

《楚辞新注》导论　一九六〇年写，《中华文史论丛》第二辑，一九六二年；又《楚辞论文集》，一九八二年七月

甲辰　一九六四年

《楚辞新注》导论二　一九六四年八月初稿，一九七八年夏删改。《中华文史论丛》一九七九年第二辑；又《楚辞论文集》，一九八二年七月

乙巳　一九六五年

汉人论述屈原中的一些问题　抄本　《楚辞论文集》，一九八二年七月

戊申　一九六八年

《后汉书·王逸传》考释　一九六八年八月修改旧稿旋《中华历史文献研究集刊》第二集，一九八一年十二月；又《楚辞论文集》一九八二年七月

己酉　一九六九年

论楚辞章句　撰《〈后汉书·王逸传〉考释》后作《楚辞论文集》，一九八二年七月

辛亥　一九七一年

周易校勘札记　抄本　一九七一年十二月寄北京，佐高亨先生著《周易大传今注》增一家之说

戊午　一九七八年

"楚灭越在怀王二十三年"说平议　一九七八年一月写，西北大学《文史学林》一九七八年；又《论学杂著》一九八五年七月

致周扬同志信　一九七八年二月初写，二月十五日由王元化自昆明寄京。

烟屿楼集记《杭董浦》辨诬　一九三一年初稿，为《全谢山先生著述考》之《鲒埼亭集》附篇，一九七八年修改旧稿写成。《学林漫步初集》一九八〇年；又复旦学报（社会科学版）增刊《古典文学论丛》一九八〇年八月；《论学杂著》一九八五年七月

己未　一九七九年

陈寅恪先生编年事辑　一九七九年六月二十日撰毕，为《陈寅恪文集》附录。上海古籍出版社，一九八一年九月出版，一九九七年出增订本

《全祖望集汇校集注》序　一九七九年十一月写于复旦寓舍，全祖望撰　朱铸禹汇校集注《全祖望集汇校集注》，上海古籍出版社，二〇〇〇年十二月

庚申　一九八〇年

盘庚篇校笺　本年八月改旧稿以应海宁王国维先生学术讨论会，《王国维学术研究论集》第一辑，华东师大出版社，一九八三年

辛酉　一九八一年

屈原年表初稿　一九八一年一月改旧稿并增写《屈原年表后记》，《楚辞论文集》，一九八二年七月

《楚辞论文集》引言　一九八一年二月识于上海复旦第一宿舍，《楚辞论文集》，一九八二年七月

《同照阁诗钞》前言　一九八一年春《同照阁诗钞》陈隆恪著　香港里仁书局一九八四年四月出版

壬戌　一九八二年

致陈云副主席信　一九八二年一月十六日写

《楚辞校释》叙　一九八二年二月修改旧稿讫《楚辞校释》，上海古籍出版社，一九八九年十一月

楚辞论文集　陕西人民出版社出版，一九八二年七月

乙丑 一九八五年

丁丑丙戌间论学杂著 中州古籍出版社出版，一九八五年七月

吕伯子诗词集弁言 一九八五年应吕小姮一九八六年（丙寅）印行《吕伯子诗存》《吕伯子诗词集》撰

吕伯子遗书序 抄本 一九八五年十二月

陈寅恪先生编年事辑（增补本） 本年将粘贴本及有关资料寄天津卞僧慧委托代为整理，卞"亦愿意受此委托"。

丙寅 一九八六年

《唐代政治史略稿手写本》序 一九八六年四月写 陈寅恪著《唐代政治史略稿手写本》（外一种），上海古籍出版社，一九八八年十一月

陈寅恪先生传 一九八六年六月重修改旧稿讫 北京大学中古史研究中心编《纪念陈寅恪先生诞辰百年学术论文集》，北京大学出版社，一九八九年十二月

师门往事杂录 一九八六年十二月五日草讫于上海复旦大学寓居 北京大学中古史研究中心编《纪念陈寅恪先生诞辰百年学术论文集》，北京大学出版社，一九八九年十二月

楚辞校释 上海古籍出版社出版，一九八九年十一月

《楚辞校释》弁言 一九八六年十二月八日写 《楚辞校释》，上海古籍出版社，一九八九年十一月

丁卯 一九八七年

故友金静庵诞辰百年纪念志感 一九八七年三月志于上海复旦 吉林社会科学院《社会科学战线》杂志第三期，一九八七年

《陈寅恪先生读书札记》弁言 一九八七年九月写 《陈寅恪读书札记》，上海古籍出版社，一九八九年四月

陈寅恪先生读书札记《云溪友议》之部 《海上丛论》第一辑，复旦大学出版社，一九九六年

2022 年 5 月 7 日整理

后 记

因为乡亲的关系，我自幼就仰慕蒋天枢先生。上大学后，我开始向蒋天枢写信，报告学习情况，并请教文学方面的问题；蒋先生总是每信必复，并且书信往往长达数页，文字一丝不苟。到安徽工作后，我因公赴沪，才得以见到蒋天枢先生。蒋天枢视我为晚辈，平易近人，慈祥亲切，不仅赠我以书，而且无所不谈。我也正是从谈话中，知道了陈寅恪先生。此后，我又多次赴沪看望蒋天枢先生，十分敬重蒋先生的人品和文品，也非常钦佩蒋先生为编校《陈寅恪文集》所作出的卓越贡献。

蒋天枢先生逝后，我作为家乡唯一的代表参加了遗体告别仪式，并萌发写作《蒋天枢传》的愿望，立志展示一位正直的中国学人崇高的道德风范。很感谢刘青莲伯母，她跟我作了数日长谈，并提供了很多第一手材料；很感谢章培恒先生，他在上海复旦大学古籍整理研究所为我安排了座谈会，使我有幸接触到蒋先生的许多同事和学生；更感谢朱子方先生，他竭尽全力支持传记材料的搜集和写作，给了我有求必应的诸多帮助，并且审阅了初稿，提出很多很有价值的修改意见。我还访问了蒋先生过去学习和生活过的地方，受到了热情接待，增加了许多认知。

由于公务繁忙，身不由己，我只能忙中抽闲，锲而不舍地进行写作。1997年10月完成《蒋天枢传》初稿，奉调徐州市教育委员会主持工作后，日日忙得不可开交，每欲改稿，却苦于心有余而力不足。2001年初春，我率教育代表团访问澳大利亚来，在悉尼看望了年迈体衰的刘青莲伯母，更促使我把《蒋天枢传》完成。

我意识到自己的责任，遂自加压力，于 5 月初整理旧稿。10 月间，我去北京高级教育行政学院学习三周，听课之外，也全部用于《蒋天枢传》的写作了，直至 2002 年初完成。

谨以此书，纪念蒋天枢先生百年诞辰，寄托我对蒋天枢先生的深切怀念。

借《蒋天枢传》出版之际，我谨向所有关心、支持、帮助本书出版的各位朋友表示诚挚的谢忱。

作者　2002 年元月 15 日